I0118590

www.ingramcontent.com/pod-product-compliance
Lightning Source LLC
Chambersburg PA
CBHW031502270326
41930CB00006B/213

9 781961 420465

الإسلام
المسروق

الإسلام المسروق | معالم من سرقة الإسلام واستبعاد الناس في الفكر الإسلامي

تأليف: محمد عبد الفتاح حليقاوي

عدد الصفحات: 284

الطبعة الأولى: 2025

الناشر: الخيّاط

ISBN: 978-1-96-142046-5

First published in 2025
Copyright © Mohammad Abdol Fattah Heliqawi

KHAYAT®
PUBLISHING HOUSE

Washington, DC
United States
+17712221001
info@khayatpublishing.com
www.khayapublishing.com

محمد عبد الفتّاح حليقاوي

الإسلام المسروق

معالم من سرقة الإسلام
واستبعاد الناس
في الفكر الإسلامي

بسم الله الرحمن الرحيم

"واتَّبِعوا ما أُنْزِلَ إليكمْ مِنْ رَبِّكُمْ ولا تَتَّبِعوا مِنْ دُونهِ أولياءَ قليلاً مَا تَذَكَّرون"

صدق الله العظيم

سورة الأعراف: الآية رقم 3

"وَاستولَتْ أفعالُ البَشرِ على عَالَمِ الحوادثِ، بما فيهِ، فكانَ كُلُّهُ في طاعتهِ وتَسَخُّرِهِ، وهذا معنى الاستخلافِ المُشَارِ إليهِ في قولهِ تبارك وتعالى: "إنِّي جاعلٌ في الأرضِ خليفةً" (سورة البقرة، الآية 30)، فهذا الفِكْرُ هو الخاصَّةُ البشريَّةُ التي تُمَيَّزُ بها البَشَرُ عن غيرهِ مِنَ الحيوانِ، وعلى قَدْرِ حُصولِ الأسبابِ والمُسَبَّباتِ في الفِكْرِ مُرتَّبَةً تكونُ إنسانيَّتُهُ"

ابن خلدون، ديوان المبتدأ والخبر، ج 1، ص 593

الإهداء

إلى زوجتي

منار خضر الطعَّاني

وهي تأتلق نُوراً وأمَلاً وإخْلاصاً مِثْلَ دُعَاءٍ صَادِقٍ على مِحْرَابِ المَسْجد الأقصَى المُبَارَك.

وإلى أبنائي

المُهَندس مُعزّ الإسلام

وهو ينتقلُ مِنْ قلبي إلى روحي كالضياءِ الذي تَسْعَى إليهِ عُيونُ المؤمنين.

الدكتور عُبَيْدَة

وهو يُبْدِعُ في حَياتي كما مِئْذنةٍ لا تعرف المستحيل

لهم، ومِنْ أجلهم، أُهدي هذهِ الأوراق.

المحتوى

المُقدِّمة

أكِتَابٌ آخر في الفِكْرِ العربيِّ والإسلاميِّ؟، أجَلْ! ولكنَّـهُ لا يُقدِّم فكراً انطباعيّاً مكروراً، ولا قولاً مُعَاراً، بل ولا يسعى إلى نَسْخِ ما سبقهُ مِنْ دراسات، كما أنَّه لا يَنْتَسِبُ إلى القراءاتِ الأيديولوجيَّة، وإنَّما هو بَحْثٌ في جدليَّةِ الدينيِّ والسياسيِّ فـي تاريخِ الأفكارِ منذ بدايةِ عَصْرِ الراشدين مُروراً بالعَصْرَيْنِ الأُمويِّ والعبَّاسيِّ، تعييناً، مع إمكانيةِ الاستفادةِ مِنْ بَعْضِ الأحداثِ أو الأفكارِ مِنْ عُصورٍ أخرى، وهـيَ أوراقٌ طموحها استلهام التَّاريخ الإسلاميِّ إلـى جانبِ الفِكْرِ الإسلاميِّ بهدف اجتراحِ فِقْهِ الواقعِ وصولاً إلى استشرافِ المُسْتقبَل، وهذا كلُّهُ في سبيلِ الإنسانِ العربيِّ، ومِنْ أجلِه، فقد آنَ لأخلاقِ الطَّاعةِ السياسيَّةِ التي قَتَلَتْ التجربة الحَضَاريَّة الإسلاميَّـة بصورةٍ مُريعـةٍ أنْ تنتهي، ولا يُمْكـن الانعتاقُ مِنْ تلكم السطوةِ الهَائلةِ للفِكْرِ السياسيِّ المُؤسَّسِ على الطَّاعة، وسَرِقةِ الإسلامِ، واستبعادِ النَّاسِ، إلاَّ مِنْ خلال المنهجيَّـةِ العلميَّـةِ، والعَقْلِ، والوَسَطيَّة، والاجتهادِ، وقبولِ الآخرِ، في إطارِ الإسلامِ، والثقافة العَربيَّة، والخُصوصيَّة الحضاريَّة.

الحُريَّـةُ صوتُ النَّاس، ودولتُهـم الحقيقيَّة، إنَّها ليست أُطروحـة أيديولوجيَّة، أو حَدَثـاً تاريخيَّاً هامشيَّاً، ولكنَّ الحيـاة في مجتمعٍ عربيٍّ وإسلامـيٍّ لا يملكُ حقَّ التفكيـر، وإلـى جانـب عُلمَـاء ومُثقَّفيـن ومُفكِّريـن لا يملكونَ حقَّ الكلام، تجعل السؤال: أيـنَ ذَهَـبَ النَّاس منذُ الفتنة الكُبْرى عـام 35 للهجرة حتى الآن؟! سؤالاً شرعيَّاً، وإذا كانَ أهلُ العِلْمِ والاجتهاد والتنوير يُمْسكونَ قَلَمَ رَصَاصٍ في سبيل بناءٍ حضاريٍّ عربيٍّ جديد، ويواجهون الأعداء في جبهات شتَّى يقاتلونهم بالرصاص، فإنَّ رحلـةَ البحثِ عن النَّاس البُسَـطاء فـي المجتمع العربيِّ والإسلامـيِّ المُعَاصِر تظلُّ مفتوحـةً على جميع الاحتمالات، إذ أنَّـه وفي الوقت الذي دعاهم فيه الإسلامُ إلى

بناء عالم الإنسان الحقيقيِّ، يُصرُّ هؤلاء على بناءِ أهراماتٍ جديدة، وإلقاء أنفسهم في جميع الأنهار، والصَّبر الذي يُمارسهُ النَّاس منذ منتصف القرن الهجريِّ الأول لا علاقةَ له بمفهوم الصَّبرِ في الإسلام، ولهذا فالإسلامُ حَاضِرٌ، والنَّاسُ غَائبون.

وَتَرْبِطُني بمسـألة الإنسـان في الشَّـريعةِ الإسلاميَّة، والفِكْرِ الإسلاميِّ، والثقافة العَربيَّة، صلاتٌ وشيجةٌ تعودُ إلى أواسط تسعينيَّات القرن العشرين عندما اخترتُ هذا الموضوع لكتابةِ مَقالةٍ صغيرة، وكنتُ في بداية العشرينيَّات مِنْ حياتي أيضاً، وظلَّ هاجس الكتابة حول هذا الموضوع يعود مع كلِّ كتابٍ، أو دراسةٍ، أو مؤتمرٍ، يُقَارب المسـألة ولو مِنْ بعيد، ولكـنَّ البحث والكتابة في مجـالاتٍ وقضايا أخرى وَقَـفَ فـي طريـقِ إنجاز هـذا الكتـاب - الحلم، وعندمـا أنجزتُ كتاب "المشـروع الحضـاريُّ لإنقـاذ مدينـة القـدس"، ثمَّ كتـاب "أ ل م: لافتـاتٌ على طريـقِ التجديدِ والوَسـطيِّة"، ثـمَّ كتاب "المُثقَّفون العرب: دراسـةٌ في الحـالاتِ والأدوار"، ثمَّ كتاب "إنِّـي آنسـتُ نـاراً: دراسـاتٌ في الفكـرِ العربـيِّ المُعَاصـر"، وكتاب "آلُ فلسـطين: انقسـام الحركة الوطنيَّة الفلسـطينيَّة وتجربة عزّ الدين القسَّـام 1939 - 1917م"، وكتاب "الأمل ضدَّ الهزيمة: أسئلة المُوَاطنة والهويَّة الوطنيَّة في المجتمعِ العربيِّ"، كان الشـعور بـأنَّ هـذه القضايـا والأنظـار سـوف تقودني فـي النهايـة للكتابةِ عن أطروحتي الأكبر حول الإنسـانِ كما أرادهُ الإسلام، حُرَّاً وعقلانيَّاً ومُبْدِعَاً، وليسَ كما صوَّرتهُ التجربة التاريخيَّة الإسلاميَّة، وبلورهُ الفكر السياسيُّ الإسلاميُّ، وكتب الآداب السُّـلطانيَّة، عبارة عَنْ كَسْـرٍ عَشْريٍّ تجمعهُ السُّـلطة السياسيَّة متى شاءتْ، وتلغيهِ سُلطة بعض العُلماءِ والفُقَهاءِ والمُفكِّرين في كلِّ منعطفٍ خطير، ومِنْ هنا، كانت فكرة الكتابِ، وفصولهِ، ومصادرهِ ومراجعهِ، ومعارفهِ، تأتي وتذهبُ، ولكنْ دونَ أنْ تتمكَّن مِنَ استبعاد فكرة الكتابة عن الإنسانِ العربيِّ، وطموحهِ، وريادتهِ.

وأصْعَبُ مسـألةٍ كانتْ تواجه هذهِ الأوراق كيفيَّة الكتابة في قضيَّةٍ محسـومةٍ منذ استشهاد الخليفة الفاروق عمر بن الخطَّاب رضيَ الله عنه ألا وهيَ أينَ ذهبَ النَّاسُ عام 35 هـ مرَّة أخرى؟ مع أنَّ الإسلام جاء من أجلهم تحديداً!!، فقد حَسَمَتْ السـلطة السياسـيَّة أمرها مِنْ خلال تحالفها مع فريقٍ مِنَ النُّخبة العلميَّة بأطيافها

الواسعة إلى جانبِ أغلب أركان المُعَارضة كالتالي: القتالُ مِنْ أجلِ السُّلطة، وفي سبيلها، هو العنوان والمضمون، والشريعة تمَّت سرقتها باسم السُّلطة السياسيَّة، والنَّاس تمَّ استبعادهم حفاظاً على السُّلطة، وحفاظاً عليهم، والمثير، هنا، أنَّ السُّلطة والنُّخبة والمُعَارضة لم يجتمعوا يوماً على شيءٍ سوى هذه الغاية المُتعلِّقة بالشريعة والنَّاس، وليس يخفى أنَّ قرابة ألف عامٍ من القهرِ، والاستبدادِ، والجَبْرِ، التي مارستها السلطة الثلاثيَّة آنفة الذكر ضدَّ أبجديَّات الإنسانيَّة قبل أبجديَّات الإسلام آنَ لها أنْ تنزلَ عن أكتاف المجتمع العربيِّ والإسلاميِّ الذي يئنُّ مِنْ آلامها، وجرائمها، بحيث تغدو التشاركيَّة بديلاً عن الاستئصال، واستلهام مرجعيَّة الإسلام مباشرةً من القرآن الكريم والسُنَّة النبويَّة والحديث الشريف دون وساطةٍ أو وصايةٍ أو شريكٍ استراتيجيٍّ، وصولاً إلى تعميق وتكريس وتعظيم الحريَّة، فتغدو هيَ العنوان والمضمون والغاية والسَّنَدُ والإسناد.

وَحينَ أُقلِّب النَّظرَ في هذهِ الأوراق، وأُرْجِعُ البَصَرَ فيها مِنْ جديد، يتبيَّنُ لي مجموعةٌ مِنَ الظواهر والدلالات التي لا يمكن تجاوزها قُبيْل الشروع في القراءة والمقارنة والتعليل وهيَ:

أولاً: هذه الأوراق القادمة تُعبِّر عَنْ مراحل استنطاقي وقراءتي وتحليلي للأحداث التاريخيَّة، والأنظار الفكريَّة العربيَّة والإسلاميَّة، في سياق قدرتي على استلهام مرجعيَّات الإسلام: الكتاب والسُنَّة وحدهما، بعيداً عن أيِّ تأثيرات، أو موروثات، تتناقض معهما.

ثانياً: تسعى هذه الأوراق إلى تقديمِ ملامح وبِنْية الأصول التاريخيَّة للفكرِ السياسيِّ الإسلاميِّ، قديمهِ ووسيطهِ، والكشفِ عَنْ مَداخل فكرِ وأخلاقِ الطَّاعة، وتقديم نماذج فكريَّة دالَّة، سعياً وراء حقيقة واحدة: الإسلامُ جاءَ مِنْ أجلِ الإنسان، ولا يمكن استبعاد الإنسان بذريعةِ الحفاظ عليه.

ثالثاً: مِنَ الإنصاف الإشارة إلى الاهتمام الكبير الذي يقوم به المثقَّفون والمفكِّرون المغاربة بقضايا الفكر السياسيِّ الإسلاميِّ عموماً، وخاصَّة الآداب السلطانيَّة، مقابل شبه غياب لجهود المفكِّرين المشارقة، ويأتي في مقدِّمة

الأساتذة المَغاربة الذينَ استفادتْ منهم هذه الأوراق الدكتور مُحمَّد عابد الجابريّ، والدكتور كمال عبد اللطيف، والدكتور عليّ أومليل، والدكتور عزّ الدين العلاَّم، والدكتور إبراهيم القادري بوتشيش، أمَّا المشارقة فيأتي في مقدّمتهم الدكتور رضوان السيِّد.

رابعاً: لا تسعى هذه الأوراق إلى دراسة الفكرِ السياسيِّ الإسلاميِّ، أو تقدِّيم قراءة جامعة لأصولِ البنية التاريخيَّة المرتبطة بذلكم الفكر، وإنَّما تنحصرُ غايات هذهِ الأوراقُ بقراءةِ وتحليلِ ونَقْدِ ملامح سَرِقة الشريعة الإسلاميَّة، واستبعاد النَّاس في الفكرِ الإسلاميِّ، وبالذات الآداب السُّلطانيَّة، والتأكيد على أنَّ أيَّة محاولة لإعادة النهوض الحضاريِّ، والتنميَّة، وصناعة الإنسان العربيِّ، لنْ تكونَ ممكنة قبل استعادة الإسلام إلى حياة الإنسان العربيِّ الذي هو بدورهِ بحاجة إلى استعادة ذاتهِ.

وَتنتظِمُ هذه الدراسة في ثلاثة فصول هي: الفصل الأول وعنوانه "بِنْية الفكر الإسلاميِّ التأسيسيِّ" وهو ينقسم إلى مبحثين اثنين، أمَّا الفصل الثاني فقد جاء بعنوان" جدليَّة الدينيِّ والسياسيِّ في التراثِ الفكريِّ الإسلاميِّ.. مراكبٌ وأنهار "وهو ينقسم إلى خمسة مباحث، بينما جاء الفصل الثالث والأخير بعنوان" مَلامِحُ مِنْ سَرِقة الإسلامِ واستبعادِ النَّاسِ في الفكرِ الإسلاميِّ "وهو ينقسم إلى ستة مباحث، وتظلُّ غاية القصد، أولاً وآخراً، أنْ تُساهِمَ هذه الأوراقُ في تعميقِ استراتيجياتِ الاجتهاد، والعَقْلِ، والمَنْهجِ، والحريَّةِ، وليْسَ تحصيل معرفة تاريخيَّة، وفكريَّة، وحسب.

مُحمَّد عبد الفتَّاح حليقاوي

عمَّان - الأردن

6 رجب 1446 ه

6 كانون الثاني 2025م

الفصل الأول

بِنْيةُ الفِكْرِ الإسلاميِّ التأسيسيّ

المبحث الأول | المَدْخلُ التاريخيُّ إلى بِنْيةِ الفِكْرِ الإسلاميِّ التأسيسيِّ

قبلَ كلِّ شيءٍ، وقبلَ النَّظر في تاريخِ وبِنْيةِ وأصولِ الفِكْرِ الإسلاميِّ، تنبغي الإشارةُ إلى أنَّ الإسلامَ في جوهرِهِ، ورسالتهِ، وتجلِّياتهِ، يدعو إلى الحُريَّةِ، وصناعةِ الإنسان الحقيقيِّ، بعيداً عَنْ مشاريع سَرقةِ الإسلام المُتوَاترة، واستبعادِ هذا الإنسان الذي جاءَ الإسلامُ من أجلهِ تحديداً، كما أنَّ "فكَّ الارتباطِ" التاريخيِّ بينَ الإسلامِ بوصفه ديناً سماوياً ومنهجَ حياةٍ شاملٍ يضمُّ أرقى القيم والتصوُّرات، وبينَ وقائعِ التاريخِ التي قام بها المُسْلمون هيَ الخطوة الأولى وليست "الوحيدة" على طريقِ تحقيقِ وحدةِ المَنْهجِ ووحدة التحليل ووحدة النَّظر للأحداثِ التاريخيَّة، مع ضرورة التأكيد، هنا، إلى إمكانية أنْ يؤدِّي الحِيادُ المُصْطَنَع والمَوضوعيَّة المُبْتَسَرة إلى جعلِ المؤرِّخ شريكاً في إيجادِ وَعْي زائفٍ مِنْ جهة، وابتعاد المؤرِّخ عَنْ الواقع نتيجة هذا الوَعْي الزائفِ والمثاليِّ مِنْ جهةٍ أخرى، وبدلاً مِنْ تكوينِ المُؤسسيَّة العلميَّة التاريخيَّة ينتشر النَّقد الشكلانيُّ والتخديريُّ للنُّصوص، وهكذا فإنَّ القيم السماويَّة والجليلة للإسلام يتمُّ توظيفها للتغطية على جريمةِ السَّرقة التاريخيَّة، ومِنْ ذلك تضخيمُ الجوانب السياسيَّة والعسكريَّة على حسابِ التَّاريخ الحضاريِّ للمُسْلمين اجتماعيَّاً واقتصاديَّاً وثقافيَّاً ممَّا جعلَ تاريخنا أسيراً للقراءة المُؤدْلَجة ذاتِ الرؤية الأُحاديَّة التضليليَّة، وباتَ أصحاب هذهِ التوجُّهات لا يقبلون أيَّة رؤية مختلفة مع تفسيراتهم لاعتقادهم أنَّها الصورة النهائيَّة لهم وللتَّاريخ.

وصَدْرُ هـذهِ المسـألة مُشْتَقٌّ مِـنَ القرآنِ الكريـم، والسُـنَّة النبويَّة الشَّـريفة، والأحاديث الصحيحة، والتي أكَّدت بصورةٍ قاطعةٍ على العَدَالةِ، والحُرْيَّة، والشُّورى، وكَرَامـةِ الإنسـان، وحُقوقـهِ وواجباتهِ، وكرَّسـتْ مفاهيـم الأُمَّة، والجماعـة، والدور الحقيقيِّ للإنسـانِ فـي إطارِ الإسلامِ وصيرورة التَّاريخ[1]، ولمَّـا كانَ الإسلامُ في أبرزِ تجلِّياتهِ يقومُ على تقديرِ عَقْلِ الإنسـانِ، واحترامِ إرادتهِ، فقد توفيَّ الرسـول مُحمَّد صلَّى الله عليه وسلَّم في عامِ 11 للهجرة دونَ أنْ يُحدِّدَ مَنْ سيقودُ الأُمَّة، ومِنْ هنا، واجهَ المُسْلمون منذُ تلك اللحظة السؤال الأبرز في تاريخهم بصورةٍ غيرَ مسبوقةٍ، فقـد تقدَّمَ سـؤالُ مَنْ يَحْكُم؟ على سـؤالِ كَيْفَ يكونُ الحُكْـم؟، ولهذا كانَ لاجتماعِ سـقيفةِ بني سـاعدة والأحداث التي رافقتهُ أكبر الأثرِ في بِنْية السُّلطة التي مثَّلتها مسـألة الخلافـة في العَصْرِ الراشـديِّ، وكانت نتيجة ذلك الاجتمـاع اختيار أبي بكر الصدِّيق خليفةً للرسول عليهِ الصلاة والسلام، وهيَ خطوةٌ تاريخيَّةٌ على طريقِ رِفْضِ وجودِ أكثر مِنْ حَاكمٍ للمُسْلمين مِنْ زاوية، وترسيخِ وحدة الأُمَّة مِنْ زاويةٍ أخرى.[2]

وواضِـحٌ أنَّ الأُمَّـة الإسلامية باتَـتْ، منذ هـذهِ اللحظةِ التاريخيَّـة، في مواجهةٍ مُبَاشـرة مـع التحديَّات التـي فَرَضَتْها الشَّـريعة الإسلاميَّـة وفي مقدِّمتهـا الحُرْيَّة، والعَدَالـة، والمُسَـاواة، وأنَّـه لا وَصَايـة لأحـدٍ، أو احتـكارٍ للنُّصـوصِ، أو تهميـشٍ للإنسـان، ولكـنَّ الافتـراق بيْـنَ معياريَّـة الشَّـريعة وصدمـة تاريخيَّتهـا لَـمْ يمنح

1. أكرم ضياء العمري، المجتمع المدني في عهد النبوة: خصائصه وتنظيماته الأولى «محاولة لتطبيق قواعد المُحدِّثين في نقد الروايات التاريخيَّة»، المدينة المنورة، منشورات الجامعة الإسلاميَّة، ط1، 1983، ص 57 - 70، ص 71 - 84 / عبد العزيز الدوري، مقدمة في تاريخ صدر الإسلام، بيروت، مركز دراسات الوحدة العربية، ط 2، 2007، ص 37 - 85.

2. الطبري، محمد بن جرير "ت 310 هـ"، تاريخ الرسل والملوك، تحقيق محمد أبو الفضل إبراهيم، القاهرة، دار المعارف، ط2، 1967، ج 3، ص 201 - 206 / ابن هشام، جمال الدين عبد الملك "ت 213 هـ"، السيرة النبوية، تحقيق مصطفى السقا وإبراهيم الأبياري وعبدالحفيظ شلبي، القاهرة، مطبعة مصطفى البابي الحلبي، ط2، 1955، ج 2، ص 656 - 660 / الخطَّابي البستي، حمد بن محمد "ت 388 هـ"، غريب الحديث، تحقيق عبد الحميد العزباوي، مكة المكرَّمة، منشورات جامعة أم القرى، ط1، 1982، ج 2، ص 128 / ابن الأثير، عزّ الدين أبو الحسن علي "ت 630 هـ"، الكامل في التاريخ، تحقيق عمر عبد السلام التدمري، بيروت، دار الكتاب العربي، ط1، 2012، ج 2، ص 187 - 192 / إبراهيم العلي، صحيح السيرة النبوية: مؤلف جامع للسيرة النبوية المشرَّفة مرتبة حسب الوقائع والأحداث ويقتصر على الأحاديث الصحيحة، عمَّان، دار النفائس للنشر والتوزيع، ط9، 2010، ص 698 - 699 / مهند مبيضين، أُنْس الطاعة: السياسة والسلطة والسلطان في الإسلام، بيروت، الدار العربية للعلوم ناشرون، ط1، 2012، ص 13 - 42.

الخليفـة الراشـديَّ أبـا بكـرٍ الصدِّيـق رضيَ اللـه عنـه (11 - 13 هـ) أو غيْـره مِنَ الصَّحابـةِ فُرْصـة التفكيرِ أو البحثِ في قضايا محوريَّة مثل مَعَالِم شـخصيَّة حَاكِمِ الأُمَّـةِ الجديـد، وحـدودهِ وصلاحيَّاتِه، حيـث وَاجَهَت التجربة الجديدة الراشـديَّة تحديـاً كبيـراً تمثَّـل في حـروبِ الـرِدَّة(3)، ولكنَّ هـذهِ التجربة بعـد انتصارها في حروبِ الردَّة كانت قد أنجزتْ مسـألةً في غاية الأهميَّة تبلورت بقرشـيَّة الخلافة والتي لَمْ تشـهد ثباتاً أو قبولاً واسـعاً حتى أواسـط القرن الثالث الهجريِّ، وكانت أبـرز الصفـاتِ التي بَرَزت في اختيـار أبي بكرٍ الصدِّيق هيَ السَّـابِقَةُ في الإسلامِ، والقُـرْبُ مِنَ الرسـولِ عليه الصلاة والسلام(4)، وقد أقـرَّ أبو بكرٍ الصدِّيق رضي الله عنـه بحقـوقِ الأُمَّة بصـورةٍ لا تَقْبَل التأويل، وأوضحَ دور النَّاسِ في تقويمِ سُـلوكِ الخليفـةِ إذا خَاَلَـفَ الشَّـريعة(5)، فالبيْعـةُ عَقْدٌ بيْـنَ الأُمَّة وحَاكِمِهـا، إلاَّ أنَّ كيفية عَـزْلِ الخليفة لَمْ تكنْ واضحة المَعَالـمِ إنْ هو انحَرَفَ عن النَّهجِ القويم.

ثـمَّ يأتي سـياقٌ ثانٍ هو عَهْدُ أبي بكرٍ إلى خليفتـهِ عُمَر بن الخطَّاب رضيَ الله عنهما (13 - 23 هـ)، فالاختيار الذي تمَّ في سقيفةِ بني سَاعدة انتقل إلى طَوْرٍ جديدٍ

3. الواقدي، أبو عبدالله محمد بن عمر "ت 207 هـ"، كتاب الردَّة مع نبذة من فتوح العراق وذكر المثنى بن حارثة الشيباني، تحقيق يحيى الجبوري، بيروت، دار الغرب الإسلامي، ط1، 1990، ص 20 - 55 / ابن خيَّاط، خليفة بن خيَّاط "ت 240 هـ"، تاريخ خليفة بن خيَّاط، تحقيق أكرم ضياء العمري، الرياض، دار طيبة، ط2، 1985، ص 101 - 116 / الطبري، تاريخ الرسل والملوك، ج 3، ص 249 وما بعدها / ابن الأثير، الكامل في التاريخ، ج 2، 201 - 227 / محمد شعبان عبد الحيّ، صدر الإسلام والدولة الأموية، بيروت، دار الأهلية للنشر والتوزيع، ط1، 1983، ص 30 - 45 / عبد العزيز الدوري، مقدمة في تاريخ صدر الإسلام، ص 42 - 85 / حسين مروّة، النزعات المادية في الفلسفة العربية الإسلاميَّة، بيروت، دار الفارابي، ط2، 2008، ج 1، ص 443 - 447.

Elias, choufani, AL-Riddah and conquest of Arabia. University of taronto press, 1972, pp 84 – 86.

4. ابن هشام، السيرة النبوية، ج 2، ص 660 - 662 / الطبري، تاريخ الرسل والملوك، ج 3، ص 203 - 210، ص 218 - 223 / ابن كثير، أبو الفداء إسماعيل "ت 774 هـ"، البداية والنهاية، تحقيق رياض مراد ومحمد عبيد، الدوحة، وزارة الأوقاف والشؤون الإسلاميَّة، ط1، 2015، ج 7، ص 5 - 9 / جمال مسعود ووفاء جمعة، استخلاف أبو بكر الصديق رضي الله عنه، المنصورة، دار الوفاء، ط1، 1986، ص 163 - 166، ص 195 - 205 / رضوان السيِّد، السلطة في الإسلام: دراسة في نشوء الخلافة، ضمن منشورات المؤتمر الدولي الرابع لتاريخ بلاد الشام "بلاد الشام في صدر الإسلام عام 1985"، عمَّان، الجامعة الأردنيَّة، ط1، 1987، ص 399 - 416.

5. . أشار أبو بكر الصدِّيق رضي الله عنه في خطبته بعد البيعة إلى هذا الأمر بقوله: "أطيعوني ما أطعتُ الله فيكم، فإنْ عصيت فلا طاعة لي عليكم".

خليفة بن خياط، تاريخ خليفة بن خياط، ص 100 / ابن هشام، السيرة النبوية، ج 2، ص 661 / الطبري، تاريخ الرسل والملوك، ج 3، ص 210 / إبراهيم العلي، صحيح السيرة النبوية، ص 717 - 721.

تمثَّل في استشارةِ كبار الصَّحَابة في تَولية عُمَر، والذي لاقى قبولاً مِنْ أهلِ المدينةِ المنوَّرة، فكانَ العَهْدُ بالخلافةِ إلى عُمَر نمطاً مُغَايراً لِمَا قَبْلَهُ ممَّا يؤكِّد فكرة البحث عَنْ إطارٍ واضحٍ ومُنْضَبِطٍ حول هذهِ المسألة المصيريَّة[6]، ولَمْ يلبث هذا النَّمط أنْ تحوَّل في خلافةِ عُمَر بن الخطَّاب إلى مجلسٍ مِنْ ستَّة رجالٍ مِنْ كبار المُهَاجرين القُرَشيين، على أنْ يكونَ أحدهم الخليفة، وهم أصحابُ سَابِقةٍ في الإسلام، فضلاً عن النُّفوذِ والحِكْمةِ والإخلاص، وانتهى الأمر باختيار الخليفة عثمان بن عفَّان رضيَ الله عنه (23 – 35 هـ)، ممَّا ساهم في تراكم تجربة اختيار الحَاكِم المُسْلم[7]، أمَّا عليٌّ بن أبي طالب رضيَ الله عنه (35 – 40 هـ) فلَمْ يصبح خليفةً بموجبِ وصيَّةٍ أو عَهْدٍ، وإنَّما اختير في سياقِ تداعيات ونتائج الفتنة الكبرى عام 35 هجريَّة[8]، وظلَّت فترة حُكْمهِ أسيرة ظروفها السياسيَّة والعسكريَّة التي انتهتْ باستشهاده.

وعلى تطاولِ الأيَّام، هنالك مجموعةٌ مِنَ المَلامحِ التي ارتسمتْ في عَصْرِ الراشدين، أولاها أنَّ أبا بكرٍ وعُمَرَ وعثمان رضيَ الله عنهم استأنفوا حركة الجهادِ ونشرِ الإسلام، واستطاعتْ الجيوشُ الإسلاميَّةُ تحقيق انتصاراتٍ نوعيَّةٍ شرقاً وغرباً، وازدادتْ أهميَّة السلطة السياسيَّة في المدينةِ المنوَّرة، وانتقلت الكثير مِنَ القبائل العربيَّة إلى الأمْصَارِ الجديدة[9]، وثانيها أنَّه قد بدأت أجهزة هذا الكيان الجديدِ بالظهور تدريجيَّاً على المستوى الإداريِّ والعسكريِّ، وظَهَرَ بوضوحٍ انبثاق التوجُّه الإسلاميِّ دَاخِلَ المُجْتمعات التي دَخَلَها الإسلامُ مع الكثيرِ مِنَ التثاقُفِ اللغويِّ والحضاريِّ مع موروثاتِ تلكم الشُّعوب[10]، ولمَّا بدأت حَرَكة

6. الطبري، تاريخ الرسل والملوك، ج 3، ص 428 – 431 / أبو هلال العسكري، الحسن بن عبد الله" توفي 395 هجرية"، كتاب الأوائل، تحقيق محمد السيد الوكيل، طنجة، دار أمل، ط1، 1966، ص 120.

7. ابن هشام، السيرة النبوية، ج 1، ص 653 / الطبري، تاريخ الرسل والملوك، ج 4، ص 228 – 229 / البلاذري، أحمد بن يحيى "ت 279 هـ"، أنساب الأشراف، تحقيق سهيل زكَّار ورياض زركلي، بيروت، دار الفكر، ط1، 1996، ج 6، ص 99 – 119.

8. خليفة بن خياط، تاريخ خليفة بن خياط، ص 180 – 197 / الطبري، تاريخ الرسل والملوك، ج 4، 427 – 435 / عبد العزيز الدوري، مقدمة في تاريخ صدر الإسلام، ص 37 – 87.

9. ابن هشام، السيرة النبوية، ج 2، ص 661 / الطبري، تاريخ الرسل والملوك، ج 3، ص 210 / محمد شعبان، صدر الإسلام والدولة الأموية، ص 39 – 50.

10. عبد العزيز الدوري، مقدمة في تاريخ صدر الإسلام، ص 50 – 80 / محمد شعبان، صدر الإسلام والدولة الأموية، ص 26 – 36.

الفتوحـات الإسلاميَّـة بالتراجـعِ أثنـاء حكـم الخليفةِ عثمـان بن عفَّان رضـيَ الله عنـه، إلى جانبِ تراجع حَجْـمِ الدَّخْلِ الذي أوجدتهُ الفتوحات، بَرَزَت الانتقادات السياسـيَّة، والإداريَّة، وبـدأتْ بعض القبائلِ تدعو إلى مواجهةِ سياسـات الخليفة عثمان بن عفَّان بصورةٍ غير متوقَّعة، وتفاقَمَتْ الأمور بَعْدَ دخولِ بعض الصَّحابةِ رضـوان اللـه عليهم في انتقادِ السياسـات أو تأييدها، وصولاً إلـى حصار المدينة المنوَّرة واستشهاد الخليفة الراشديِّ الثالث[11]، واشتعال ما عُرِفَ تاريخياً بالفتنة الكُبْرَى وتداعياتها الخطيرة.

ولا جَرَمَ أنَّ قضية الفتنة الكُبْرى تَطْرَحُ مجموعةً مِنَ التسـاؤلاتِ حول أسـبابها، وأهدافها الحقيقيَّة؟ وَهَلْ هيَ ثورةٌ على سياسـاتِ عثمان بن عفَّان رضيَ الله عنه أمْ أنَّهـا ثـورةٌ على الإسلامِ وما يمثِّلهُ مِنْ تحديَّـاتٍ لِمَطَامِحِ ومَطَامِعِ بعض الأطرافِ الداخليَّة والخارجيَّة؟، وإلى أيِّ مدى تتماهى الفتنة مع توجُّهات المَكيِّين ومصالح القبائل العربيَّة؟، أمْ أنَّها صراع المركز والأطراف؟، وصولاً إلى التنافسِ بيْنَ الشَّريعةِ ومُخْرَجَاتها مع الرُّوحِ القَبَليَّة ونُكوصِها؟[12]، وعلى الرَّغمِ مِنْ كونِ الفتنة مِنْ حيث

11. الطبري، تاريخ الرسل والملوك، ج 4، ص 365 وما بعدها / البلاذري، أنساب الأشراف، ج 6، ص 119 - 133 / خليفة بن خياط، تاريخ خليفة بن خياط، ص 168 - 177.

12. حول قضية الفتنة الكبرى انظر:

صلاح الخالدي، الخلفاء الراشدون بين الاستخلاف والاستشهاد، دمشق، دار القلم، ط5، 2010، ص 100 - 125، ص 140 - 165 / أكرم ضياء العمري، عصر الخلافة الراشدة: محاولة لنقد الرواية التاريخية وفق مناهج المحدِّثين، الرياض، مكتبة العبيكان، ط1، ص 415 - 447 / محمد مختار الشنقيطي، الخلافات السياسية بين الصحابة: رسالة في مكانة الأشخاص وقدسية المبادىء، بيروت، الشبكة العربية للأبحاث والنشر، ط1، 2013، ص 63 وما بعدها / محمد أمحزون، تحقيق مواقف الصحابة في الفتنة من روايات الإمام الطبري والمحدِّثين، الرياض، مكتبة الكوثر، ط1، ج1، ص 15 وما بعدها / عواطف محمد شنقارو، فتنة السلطة، بيروت، دار الكتاب الجديدة المتحدة، ط2، 2001، ص 44 - 63 / هشام جعيط، الفتنة: جدلية الدين والسياسة في الإسلام المبكِّر، ترجمة خليل أحمد خليل، بيروت، دار الطليعة، ط4، 2000، ص 55 - 114 / سليمان بشير، مقدمة في التاريخ الآخر: نحو قراءة جديدة للرواية الإسلاميَّة، القدس، د. ن، ط1، 1984، ص 296 - 319 / السيد عبد العزيز سالم، دراسات في تاريخ العرب: تاريخ الدولة العربية، الاسكندرية، مؤسسة شباب الجامعة، ط1، د.ت ، ج 2، ص 273 - 330 / صالح درادكة، العلاقات العربية اليهودية حتى نهاية عهد الخلفاء الراشدين، عمَّان، الدار الأهلية للنشر والتوزيع، ط1، 1992، ص 403 - 411 / عدنان ملحم، المؤرخون العرب والفتنة الكبرى: القرن 1 - 4 الهجري دراسة تاريخية منهجية، بيروت، دار الطليعة، ط2، 2001، ص 83 - 175 / عبد العزيز الدوري، مقدمة في تاريخ صدر الإسلام، ص 50 - 58.

أسـبابها ونتائجهـا وآثارهـا لا تقع في إطار دراسـتنا هذه، ولكـنَّ المنهجيَّة العلميَّة تقتضي القول أنَّ التساؤلات التي طُرِحَتْ يمكنُ العثورُ على إجاباتها بيْنَ مضامينِ وطُرُوحَاتِ الفتنة، وليْسَ يَخْفى أنَّ جميع التفسـيراتِ، والسـرديَّات، والاجتهاداتِ، التي تناولت الفتنة، تملكُ بصورةٍ مِنَ الصور شيئاً من الحقيقة، ولكنْ يبقى السياق الأبرز، والأوَّل، أنَّ الفتنة كانتْ صراعاً بيْنَ الشَّـريعةِ الإسلاميَّة وآفاقها السَـامية مِنْ جهـة، ومحاولات الروح القَبَليَّة، وقوى الشـدِّ العَكْسـيِّ داخل الجزيـرة العربيَّة مِنْ جهةٍ أخرى، وهذا كلُّه مِنْ أجلِ السُّلْطة، وفي سبيلها.

وإذنْ، سَـاهَمَ تراجُـعُ الغَنَائِمِ نتيجة التوقُّف المُفَاجـىء في حركةِ الفتوحاتِ فـي تدهـورِ مـا يَحْصُلُ عليـهِ الكثيرون مِـنْ مَكَاسـب ماديَّة، أمام حصـول الكثير مِـنَ القُرَشـيين علـى ثـرواتٍ طائلـةٍ جـرَّاء العَمْلِ فـي التِّجـارة، إلى جانـبِ بروزِ حَالةِ الامتعاضِ مِنَ الاسـتِئْثَارِ بالسُّـلطة، وهذهِ جميعها مَسَـائِلٌ مُمْكِنةُ الحدوث، ومتوقَّعـة، فـي نظامٍ سياسـيٍّ يبحث عَنْ سـياقاتٍ قانونيَّة، وبلورة طبقةٍ سياسـيَّةٍ حَاكِمَة، سواء تَوَافَقَ هذا الأمْرُ مع الشَّريعةِ أَمْ لا، غيْرَ أنَّ المثير للتساؤلِ في أمْرِ الباحثيـن عـن الغنائمِ أو الطَامِحين للثَّراءِ عبر التجارةِ هو الانتقال إلى المُعَارَضَة السياسـيَّة الدمويَّـة، والتفكيـر بقتـلِ الخليفة لأنَّـه يَقِفُ في وجهِ مآربهم، سـواء كانـت شـرعيَّة أَمْ غيْر ذلـك، والقفز على حقوقِ النَّاسِ البُسَـطاء مِنَ المُسْـلمين، وبصـورةٍ أدق، ليْسَـت المشـكلة فـي الطمـوحِ السياسـيِّ، أو البحـثِ عـن النُّفوذِ الاقتصـاديِّ والثـروة، وإنَّما فـي انتهـاكِ المرجعيَّـة الدينيَّة والأخلاقيَّـة الإسلاميَّة، وشَـرْعَنة القتل، والوصول إلى الأهدافِ الخاصَّة عبر طريقِ الاسـتئصالِ السياسيِّ، وتغييـبِ النَّاسِ الذين جاءَ الإسلام مِنْ أجلهم، بحيث يعود الأقوياء والأغنياء زَمَنَ الجاهليَّـة مـرَّة أخـرى إلـى مكانتهم ولكـنْ بلباسِ الدِّيـنِ الجديد، وفـي الحالتيْنِ يَخْسَـرُ النَّاسُ قضيَّتهم في الحُرْيَّةِ، والعَدَالةِ، والحياة.

وليْـسَ صَحَيحَـاً محاولـة البعـض(13) تصوير الصِّراع السياسـيِّ إبـان الفتنة بأنَّه فـي جوهـرِهِ رغبـة القبائل العربيَّـة في الانفصـال، أو الاسـتقلال الذاتـيِّ على أقلِّ

---

13. هاملتون جب، دراسات في حضارة الإسلام، ترجمة إحسان عبَّاس ومحمد يوسف نجم ومحمد زايد، بيروت، دار العلم للملايين، ط3، 1979، ص 8 – 10.

تقدير، مقابل رَفْضِ القُرَشيين "المكيِّين، المُهَاجرين" ذلك الأمر طَمَعَاً في السلطة ونفوذها، وإنَّما الحقيقةُ أنَّ التناقضَ والافتراقَ بيْنَ مفاهيم الشَّريعةِ الإسلاميَّة وما تطرحهُ مِنْ ضروراتِ الوَحْدَة، وسيادة الدِّين، وخضوع الجميع لمخرجاتِ الشَّريعة ومضامينها، هيَ الدوافع الحقيقيَّة وراء الصِّراع، حيث أصرَّت بعض القبائل على العودةِ إلى سيرتها الأولى وعدم الاعتراف بالسُّلطة المركزيَّة[14]، ومِنْ صوابِ الرأي، هنا، الإشارة إلى كونِ استشهاد الخليفة عثمان رضيَ الله عنه أشعل القَبَليَّة مِنْ جديد، وتراجَعَتْ القوَّة السياسيَّة التي مثَّلتها المدينة المنوَّرة كعاصمةٍ ومَرْكَزٍ لصُنْعِ القرار، وفي ضوءِ اختيار الخليفة عليّ بن أبي طالب نتيجة هذه المُدْخَلات، قام الخليفة الجديد بنقلِ مركز الخلافة إلى مدينةِ الكوفة، في محاولةٍ منه لمواجهة القَبَليَّة السياسيَّة الجديدة بأخرى لا تقلُّ عنها في الولاءِ والخُصُومَة، وفَشِلَت المحاولة لأنَّ القبائل التي شَارَكَتْ في موقعة صِفِّين عام 37 هجريَّة في الجيشيْنِ المُتَحَاربيْنِ هيَ ذَاتُ القبائل[15] التي ظَهَرَت في المواجهاتِ الأُخرى مع تعديلِ الانتماءِ والولاءِ حَسَب المصلحة السياسيَّة والماديَّة.

والدخولُ في هذهِ المسألة يتطلَّبُ بياناً، لا بُدَّ منه، فقد نَجَحَ معاوية بن أبي سفيان في المواجهةِ مع عليٍّ بن أبي طالب رضيَ الله عنهما، لأنَّه استثمر التجربة التاريخيَّة السياسيَّة لأهلِ الشَّامِ في ظلِّ الوجود البيزنطيِّ وإدراكهم أهميَّة وجود حَاكمٍ كمعاوية بيْن ظهرانيهم، إلى جانبِ استنادهِ إلى فرضيَّة أنَّه كانَ وليَّاً لعثمان، فضلاً عن توظيفهِ المفاهيم القبليَّة مستنداً على القاعدة القبليَّة، بينما وَظَّفَ عليٌّ رضيَ الله عنه المفاهيم الإسلاميَّة بالاستنادِ على

14. عبد العزيز الدوري، مقدمة في تاريخ صدر الإسلام، ص 42- 53 / عبد الجواد ياسين، الدين والتديُّن: التشريع والنص والاجتماع، الدار البيضاء، المركز الثقافي العربي، ط2، 2014، ص 125 – 168.

15. نصر بن مزاحم "ت 212 هـ"، وقعة صفين، تحقيق عبد السلام هارون، القاهرة، المؤسسة العربية الحديثة ومكتبة الخانجي، ط3، 1981، ص 115 – 125 / الدينوري، أحمد بن داود "ت282 هـ"، الأخبار الطوال، تحقيق عبد المنعم عامر، القاهرة، منشورات وزارة الثقافة والإرشاد القومي، ط1، د.ت، ص 155 – 177 / الكلبي، عمر بن الحسن "ت 633 هـ"، أعلام النصر المبين في المفاضلة بين أهليْ صفين، تحقيق محمد أمحزون، بيروت، دار الغرب الإسلامي، ط1، 1998، ص 41 – 156 / خليفة بن خياط، تاريخ خليفة بن خياط، ص 191 – 195 / الطبري، تاريخ الرسل والملوك، ج 4، ص 558 ،ج 5، ص 11 – 15 / محمد أمحزون، تحقيق مواقف الصحابة من الفتنة، ج1، ص 325 – 335.

القاعدةِ القَبَليَّة، وتأسيساً على هذا، واجَهَ عليٌّ مُخْرَجاتِ الفتنة بمفاهيمِ الشَّريعة محاولاً الاستفادة مِنَ الرَّصيدِ القَبَليِّ ولَمْ تنجح محاولتهُ لأنَّ الرَّغبة بسرقةِ الإسلامِ واستبعاد النَّاس بدأتْ بالظهور آنذاك، ونَجَحَ معاويةُ لأنَّه استخدم خبرة رَجُلِ الدولة، وطُمُوح العصبيَّة القَبَليَّة، ولهذا فإنَّ القبولَ بمبدأ التَّحكيمِ كانَ المقدِّمة لانتصارِ الفريق الثاني الذي يمثِّله معاوية، والاتجاه نحو وُصُولهِ إلى الخلافة[16]، وفَشِلَ الفريق الأول بقيادة عليٍّ لأنَّ الانقضاضَ على الشَّريعة ومَقَاصِدها بدأ منذ استشهاد الخليفة الثاني عُمْر بن الخطَّاب، تعييناً، وكانَ استشهاد الخليفة الثالث والرابع بقيَّة المشروع.

الآن، وقد استشهد الإمام عليٌّ بن أبي طالب رضيَ الله عنه، يكادُ يكونُ مِنَ المقطوعِ به أنَّ الجولة السابقة ومُخْرَجَاتها وَصَلتْ مآلاتها إلى نقطةٍ محوريَّة تمثَّلتْ بعدم استقرارِ بَيْعةِ أهلِ الكوفةِ للحَسَنِ بن عليٍّ رضيَ الله عنهما، ناهيكَ عَنْ مصداقيتها، مقابل تَعَاظُمِ قوَّة ونفوذ فريق معاوية بن أبي سفيان رضيَ الله عنه، وأمام هذه الحقائق اضطرَّ الحَسْنُ إلى التنازلِ عن الخلافة لصالح معاوية، فيما عُرِفَ باسم عام الجماعة سنة 41 هجرية، وكانت البَيْعة لمعاوية على أنْ يعمل بكتاب الله تعالى، وسُنَّة رسولهِ عليه الصلاة والسلام، وأنْ يكون الأمر شورى بيْنَ المُسْلمين، وألاَّ يعهد لأحدٍ مِنْ بعده بالخلافة[17]، وعليه، يكون الإقرار بانتقال النموذج الراشديِّ التأسيسيِّ والذي لم يستمر طويلاً نحو النموذج الملكيِّ باتَ أمراً واقعاً، دون أنْ يعترف أحدٌ بأنَّ المسألةَ لم تتوقَّف على هذا الانتقال وحسب، وإنَّما المؤامرة التاريخيَّة التي ما تزال توابعها ماثلة حتى يومنا هذا فهي سرقة الإسلام من زاوية، واستبعاد النَّاس عن دولتهم الحقيقيَّة بصورة مريعة من زاويةٍ ثانية.

16. نصر بن مزاحم، وقعة صفين، ص 484 – 490 / الطبري، تاريخ الرسل والملوك، ج 4، ص 562 / محمد شعبان، صدر الإسلام والدولة الأموية، ص 90 – 95 / عبد العزيز الدوري، مقدمة في تاريخ صدر الإسلام، ص 58 – 60 / محمد أمحزون، تحقيق مواقف الصحابة من الفتنة، ج1، ص 335 – 360 / عدنان ملحم، المؤرخون العرب والفتنة الكبرى، ص 245 – 313.

17. خليفة بن خياط، تاريخ خليفة بن خياط، ص 203 / البلاذري، أنساب الأشراف، ج 3، ص 288 – 295 / الدينوري، الأخبار الطوال، ص 217 – 218 / محمد شعبان، صدر الإسلام والدولة الأموية، ص 89 / عبد العزيز الدوري، مقدمة في تاريخ صدر الإسلام، ص 58 – 63.

يبـدو جليَّـاً أنَّ الأمـرَ قـد خَـرَجَ عَـنْ الطَـوْقِ، والصراع الـذي كان بيـنَ القبائل، وأصحـاب المطامـح، والخليفة الشـهيد الثالث، والخليفة الشـهيد الرابع، والخليفة معاوية، وغيرهم، كان في صورتهِ صراعاً على السلطة السياسيَّة، ولكنْ في جوهره كانت الشريعة الإسلامية هي المحور الأساسيُّ، حيث وظَّف الجميع النصَّ القرآنيَّ الكريـم، والحديـث النبـويَّ الشـريف، في أتـونِ الصراع، حيـث التأويـل، والتأويل المُضَاد، واستمرَّتْ عملية استتباع الفكر الدينيِّ للتوجُّهاتِ السياسيَّة قسراً، وإذا ما توقَّـف الصراع السياسـيُّ يوماً لـم يتوقَّف الصراع الفكريُّ على الأسـاس البراغماتيِّ ذاته، على الرغم من إبراز الاستقلاليَّة النسبيَّة عن السلوك السياسيِّ، ومِنْ جرَّاء هذا الإيهام كانت النفعيَّة تتجلَّى حيناً على شكل الفعلِ وردِّ الفعل، أو الفكرة ونقيضها، وأحياناً يتمُّ التوفيق بينهما[18]، وأضحى بيِّناً أنَّ القضية المطروحة بصورةٍ أساسـيَّةٍ أمام الوعي الإسلاميّ هي مسألة الإمامة وشرعيَّة الإمام[19].

نعـودُ أدراجنا، مـرَّة أخرى، إلى التأكيـد على أنَّ عصر الخلفاء الراشـدين يمثِّلُ العلامـة الفارقـة بَيْـن المُتَعالـي والتاريخـيِّ، والمعيـاريِّ والواقعيِّ، وهـو النموذج الأبهـى والأرقى عند معظم الفرق الإسلاميَّة السُـنيَّة[20]، وهي الفترة التي شـهدتْ بـروز بعـض القوى السياسـيَّة التي انتقلـت إلى حالـة العقائد السياسـيَّة وبالذات الخوارج، والشِّيعة، وانتهت هذه المرحلة التاريخيَّة نتيجة الإرهاصات والتطورات الجذريَّـة السياسـيَّة، والاقتصاديَّـة، والاجتماعيَّـة، وسـاهمت الخبرات الشـخصيَّة، والنُّضج السياسـيِّ للخليفةِ معاوية بن أبي سـفيان رضي الله عنه[21]، في تأسـيس دولةٍ جديدة، دولة عنوانها الاتجاه القبليُّ، وقيادتها قُرَشيَّة، وإدارتها مَرْكزيَّة، دون

18. نصر حامد أبو زيد، النص والسلطة والحقيقة: إدارة المعرفة وإرادة الهيمنة، الدار البيضاء، المركز الثقافي العربي، ط1، 2000، ص 50.

19. هشام جعيط، الفتنة، ص 128.

20. محمد شعبان، صدر الإسلام والدولة الأموية، ص 26 – 89 / عبد العزيز الدوري، مقدمة في تاريخ صدر الإسلام، ص 48 – 60 / مونتغمري وات، الفكر السياسي الإسلامي: المفاهيم الأساسية، ترجمة صبحي حديدي، بيروت، دار الحداثة، ط1، 1981، ص 58 – 63.

21. البسوي، يعقوب بن سفيان "ت 277 هـ"، كتاب المعرفة والتاريخ، تحقيق أكرم ضياء العمري، بيروت، مؤسسة الرسالة، ط2، 1981، ج 3، ص 318 / الطبري، تاريخ الرسل والملوك، ج 4، ص 324 – 326 / البلاذري، أنساب الأشراف، ج 2، ص 211 – 212.

إغفال أنَّ الدعم مِنْ بعضِ الصَّحابة رضوان الله عليهم، والقرَّاء، سَاهَمَ في استقرارِ الأمر فـي بداياتهِ لحكـم الأمويين، وبكلمـةٍ أخرى، تمَّ اسـتثمار البُعْـد الدينيِّ في مرحلةِ الحاجة إلى الشـرعيَّة، وبعد التمكين تمَّ استدراج البعض، واستبعاد البعض الآخـر ممَّـن رَفَضَ التنازل عَـنْ دور الشَّـريعة، أمَّا عمـوم النَّاس مِنَ المُسْـلمين لَمْ يسألهمْ أحدٌ قبلَ ذلكَ عَنْ شيءٍ منذُ استشهاد الخليفة الراشديِّ الثاني.

فـي السياقِ ذاتـه، ظَهَـرَتْ الدولـة الأُمويَّـة للوجـود، دون أنْ يكـونَ لـدى الأمويـيـن أو لـدى معاويـة ذاته فكـرة واضحـة المعالم عَنْ ماهيَّـة الخلافة(22)، وكانَ علـى الخليفـة الجديـد أنْ يُحَـارب علـى عـدَّة جبهـات مِـنْ أجـلِ تثبيـت أركان الدولـة الجديدة حيث يواجه تيَّاراً قبليَّاً طَامِحَاً، وقوى سياسـيَّة مُعَارِضَة، واتجـاه ضعيـف يَحْمِـلُ لـواء الشَّـريعة مِـنْ علماء وفقهـاء مِنْ زاويـة، ويضمن اسـتمراريتها مِنْ حيث ولاية العهد مِنْ زاويةٍ أخرى، وانطلق معاوية رضيَ الله عنـه مِـنْ معادلـةٍ بالغـة الأهميَّة فـي بناءِ دولتـهِ الجديـدة تقوم علـى التقاطع مـع مَطَامِـحِ القبائل ورغباتها دون التنازل عن توجُّهاته وسياسـاته، وسَـاعَدَ في تحقيـقِ ذلـك اسـتئناف حركة الفتوحات، وعـودة الغنائمِ مِـنْ جديد، فضلاً عن انخـراطِ القبائـل اليمانيَّة، تحديداً، في حركةِ الفتوحات والحصول على مناصب عسـكريَّةٍ وإداريَّـةٍ رفيعـة(23)، وبـدأ فـي التقاربِ مع القـوى السياسـيَّة التي لا تمثِّـلُ خَطَـراً على الدولة الأمويَّة(24)، أمَّا الخوارج على وجهِ الخصوص لم ينجح في اسـتمالتهم فاسـتخدم القوَّة العسـكرية في محاولة القضاء عليهم(25).

---

22. رضوان السيِّد، الخلافة والمُلْك: دراسة في الرؤية الأموية للسلطة، ضمن بحوث المؤتمر الدولي الرابع لتاريخ بلاد الشام 1987، القسم العربي، المجلد الأول، تحرير محمد عدنان البخيت، عمَّان، الجامعة الأردنية، ط1، 1989، ص 96 - 100.

23. نبيه عاقل، دراسات في تاريخ العصر الأموي، دمشق، منشورات جامعة دمشق، ط1، 1975، ص 23 - 50 / قارن مع : نجدت خماش، الإدارة في العصر الأموي، دمشق، دار الفكر، ط1، 1980، ص 128 - 135، ص 254 - 260.

24. الطبري، تاريخ الرسل والملوك، ج 5، ص 220 / قارن مع: نبيه عاقل، دراسات في تاريخ العصر الأموي، ص 15 - 25.

25. الطبري، تاريخ الرسل والملوك، ج 5، ص 220 - 221 / نايف معروف، الخوارج في العصر الأموي: نشأتهم، تاريخهم، عقائدهم، أدبهم، بيروت، دار الطليعة، ط3، 1986، ص 114 - 115، ص 117 - 122 / حسين مروّة، النزعات المادية في الفلسفة العربية الإسلامية، ج 1، ص 475 - 482.

ومع مرورِ الوقت، بَلَغَ معاويةُ بن أبي سفيان رضيَ الله عنه الغاية الكبرى التي كانَ طموحه السياسيُّ يسعى إليها، وهيَ تكريس ولاية العَهْدِ لابنهِ يزيد، في خطوةٍ غير مسبوقةٍ نحو الانتقال مِنْ فكرة الخلافة إلى فكرة المُلْك، وعلى الرغم مِنْ قناعة جميع مَنْ حَكَمَ بعد معاوية مِنْ خلفاء وملوك وسلاطين ودول وإمارات بأنَّ هذه الخطوة تتناقض مع الشَّريعة ولوازمها إلاَّ أنَّ هؤلاء جميعاً لم يحاولوا تغيير الأمر الواقع كأنَّهم كانوا فقط بانتظار معاوية رضيَ الله عنه أنْ يفتح الباب كي يدخلوا إلى المُلْكِ بلا عودة، وإلى جانب الرغبة الأكيدة لمعاوية بتولية يزيد مِنْ بعدهِ إلاَّ أنَّه أرادَ تهيئة الظروف مِنْ أجل بلورة الفكرة وتكريسها، وكانت المبررات التي ساقها معاوية للترويج والعمل على تطبيق تلكم الخطوة هي: المشكلات التي تَعْصِفُ بالمجتمعِ الإسلاميِّ، والصراع الكبير بيْن التيَّارات السياسيَّة المختلفة الطَامِحَة إلى السُّلطة، إلى جانب تطلُّع القبائل إلى منصب الخلافة، ناهيك عن عدم وجودِ آليات مُحدَّدة في كيفية تداول السُّلطة، وانتقالِ سُلطاتِ الخليفة[26]، وكانَ ظاهراً الاتجاه نحو المَلَكيَّة في خطواتِ معاوية بصورة غيَّرت مسار التَّاريخ الإسلاميِّ.

لَمْ تكن الطريق مُمهَّدة أمام الخليفة الأمويِّ الأوَّل معاوية رضيَ الله عنه نحو التأسيس لولاية العهد على الرغم من النُّضْجِ السياسيِّ الذي وَصَلَ إليه[27]، وكانت المُعَارضة لهذا التوجُّه ليستْ نحو المبدأ، وإنَّما نحو مَنْ صاحب الحقِّ في الوصولِ إلى السُّلطة، فَظَهَرَ مِنَ الأمويين أنفسهم مَنْ عَارَضَ العَهْدَ ليزيد[28]، وكان

26. الطبري، تاريخ الرسل والملوك، ج 5، ص 301 – 302 / ابن قتيبة الدينوري، عبد الله بن مسلم "ت 276 هـ"، الإمامة والسياسة، تحقيق علي شيري، بيروت، دار الأضواء، ط1، 1990، ج 1، ص 188 – 193، ص 197 / ابن الجوزي، عبد الرحمن بن علي "ت 597 هـ"، المنتظم في تاريخ الأمم والملوك، تحقيق محمد عبد القادر عطا ومصطفى عبد القادر عطا، بيروت، دار الكتب العلميَّة، ط1، 1992، ج 5، ص 285 – 287 / علي الصلابي، معاوية بن أبي سفيان: شخصيته وعصره، بيروت، دار المعرفة، ط1، 2006، ص 407 – 408.

27. ابن قتيبة الدينوري، الإمامة والسياسة، ج 1، ص 198 – 212 / قارن مع: الطبري، تاريخ الرسل والملوك، ج 5، ص 301 – 303.

28. ابن قتيبة الدينوري، الإمامة والسياسة،ج 1، ص 213 / الطبري، تاريخ الرسل والملوك، ج 5، ص 322 / المسعودي، علي بن الحسين "ت 346 هـ"، مروج الذهب ومعادن الجوهر، تحقيق محمد محيي الدين عبد الحميد، بيروت، المكتبة العصرية، ط1، 1987، ج 3، ص 29 – 30 / محمد الشيباني، مواقف المعارضة في عهد يزيد بن معاوية 60 – 64 هـ"البيعة، معارضة الحسين بن علي، معركة كربلاء، معركة الحَرَّة، معارضة عبدالله بن الزبير، حريق الكعبة"، ، الرياض، دار

للحجازِ دَوْرٌ في رَفْضِ البَيْعة وبالذات في المدينةِ المنوَّرة التي أكَّد أبناء الصَّحابةِ فيها أنَّ ولاية العَهْدِ هذهِ نكوصٌ نحو الهرقليَّة والكَسْرويَّة، فضلاً عَنْ كونها مُخَالَفة بيِّنة لمفهومِ الشُّورى ومخرجاته التي انبثقتْ في عَهْدِ الشيخيْنِ الراشديْنِ الأوَّل والثاني رضيَ الله عنهما، غير أنَّ معاوية رضيَ الله عنه استطاع التوافق مع القبائلِ الشاميَّةِ خصوصاً، ومع بني عمومتهِ أيضاً، وكانت هذه التحرُّكات مِنْ أمَاراتِ قُدْرةِ الدولة التي أسَّسها معاوية على فَرْضِ توجُّهاتها، والحفاظِ على مكتسباتِ خُلفائِها، أمَّا الذين رَفَضوا الانصياع لهذا الأمر فالإجبارُ كانَ عنوان التَّعامُلِ معهم، وهو الأمْرُ الذي سيكون له ما بعدهُ لاحقاً[29]، ولعلَّ الشَّرْخ السياسيِّ والفكريِّ الذي أحدثتهُ هذه الخطوة ما زال حاضراً حتى يومنا هذا.

أمَّا الذي يوضِّحُ هذا الأمر توضيحاً وافياً فهو أنَّ مبدأ الوراثة قد تجاوز مبدأ الشورى، بل وسعى يزيد ابن معاوية للحصول على البَيْعة مِنْ جديدٍ بعد وفاةِ والده، وتمَّ ترسيخ ولاية العَهْدِ حينَ بايعَ يزيدُ ابنه معاوية الثاني بولاية العهد[30]، ولَمْ تكنْ فترة حُكْمِ يزيد بن معاوية سوى المزيد مِنَ الشروخ السياسيَّة والعسكريَّة والفكريَّة، فقد أعلنَ الحُسَيْن بن عليّ رضيَ الله عنهما الثورة على يزيد باسم أبناء الصحابة مِنْ جهة، وباسم البحث عَنْ الشرعيَّة من جهةٍ ثانية، وأعلنَ عبد الله بن الزبير رضي الله عنهما رفضهُ حُكْمَ يزيد أيضاً انطلاقاً مِنْ مبدأ الشورى الذي تجاوزه الأمويون[31]، وتبلورتْ في هذه الفترة تحديداً فكرة آل البيت والمطالبة باستعادة الحق في

طيبة للنشر والتوزيع، ط2، 2009، ص 191 وما بعدها، ص 437 وما بعدها، ص 617 وما بعدها.

29. خليفة بن خياط، تاريخ خليفة بن خياط، ص 213 – 215 / الطبري، تاريخ الرسل والملوك، ج 5، ص 302 – 303، ص 322 / أبو هلال العسكري، كتاب الأوائل، ص 190 / بثينة بنت حسين، الفتنة الثانية في عهد يزيد بن معاوية 60 – 64 هـ، بيروت، دار الجمل، ط1، 2013، ص 19 – 37، ص 76 – 113.

30. خليفة بن خياط، تاريخ خليفة بن خياط، ص 216.

الطبري، تاريخ الرسل والملوك، ج 5، ص 338 / الدينوري، الأخبار الطوال، ص 227 / ابن قتيبة الدينوري، الإمامة والسياسة، ج 1، ص 194 – 195.

31. خليفة بن خياط، تاريخ خليفة بن خياط، ص 231 – 233، ص 251 – 252، ص 257 / الطبري، تاريخ الرسل والملوك، ج 5، ص 473 – 480 / الدينوري، الأخبار الطوال، ص 262 – 268 / نبيه عاقل، دراسات في تاريخ العصر الأموي، ص 57 – 60 / المقدسي، المطهر بن طاهر "ت 355 هـ"، البدء والتاريخ، بورسعيد، مكتبة الثقافة الدينية، ط1، د. ت، ج 6، ص 8 – 9.

السُّـلطة والإمامة[32]، بينما اشـتعلتْ ثورات الخوارج مع وفاة يزيد وانتقال الحكم إلـى ابنـه معاوية الثانـي[33]، وكانت المفاجـأة أنَّ الخليفة معاويـة الثاني الجديد رَفَضَ أنْ يَمْنَحَ ولاية العَهْدِ مِنْ بعدهِ لأحد، ونادى بضرورة تطبيق الشُّـورى فيختار المُسْلمون مَنْ يرتضونه خليفةً لهم[34]، وبهذا العمل تضاعفت الصراعات السياسيَّة في الفترة الأموية الأولى بصورةٍ كادتْ تعصف بأركانها بعد وفاته عام 64 هجريَّة.

ثـمَّ أُخـرى، ينبثقُ الخيـار القبليُّ بقيادة مروان بن الحَكَـم، وخيار ولاية العهد بقيادة خالد بن يزيد، في مواجهة إعادة الحياة إلى الخيار الذي تُمثِّله الشـريعة، والخيـار الثالـث هذا كان يقـودهُ عبدالله بـن الزبير، في بداياته، قبـل أنْ يطالب بالخلافة لنفسه، وظلَّ هذا التنافسُ قائماً حتى حَسَمَهُ مروان بن الحَكَم في مؤشِّرٍ بيِّـنٍ علـى غَلَبَة القبليَّة ومحوريتها في العقليَّة العربيَّة مِنْ زاوية، وسَـرِقة مبادىء الإسلام واسـتبعاد النَّـاس مِـنْ زاويةٍ ثانية، واسـتطاع جميع الطَامِحيـن والطَامِعين بالسُّـلطة مِنَ التوافق الشـكليِّ في مؤتمر الجابية الذي أكَّد على خلافة مروان بن الحَكَـم على الرغم مِنْ نفوذ عبدالله بـن الزبير المتنامي ورغبته بالحكم[35]، وفي

32. أحمد محمد صبحي، نظرية الإمامة لدى الشيعة والإثنا عشريَّة، بيروت، دار النهضة، ط1، 1991، ص 49 – 50 / عواطف شنقارو، فتنة السلطة، ص 63 – 81، ص 225 – 274 / عبد العزيز الدوري، مقدمة في تاريخ صدر الإسلام، ص 63 – 64 / محمد شعبان، صدر الإسلام والدولة الأموية، ص 103.

33. البغدادي، عبد القاهر بن طاهر "ت 429 هـ"، الفرق بين الفِرَق وبيان الفرقة الناجية منهم، تحقيق محمد محيي الدين عبد الحميد، القاهرة، مكتبة التراث، ط1، د.ت، ص 91 – 92 / الشهرستاني، محمد بن عبد الكريم "ت 548 هـ"، الملل والنِّحل، تحقيق أمير مهنا وعلي فاعور، بيروت، دار المعرفة، ط3، 1993، ج 1، ص 133 وما بعدها/ لطيفة البكّاي، حركة الخوارج: نشأتها وتطورها إلى نهاية العهد الأموي، بيروت، دار الطليعة، ط1، 2001، ص 11 – 24، ص 65 - 83 / نايف معروف، الخوارج في العصر الأموي، ص 125 وما بعدها / عواطف شنقارو، فتنة السلطة، ص 278 – 305.

34. الطبري، تاريخ الرسل والملوك، ج 5، ص 530 – 531.

يذكر الطبري في تاريخه أنَّ معاوية بن يزيد أمر بالمناداة في الشام بأنَّ الصلاة جامعة: "فحمد الله وأثنى عليه ثمَّ قال: أمَّا بعد، فإنِّي قد نظرتُ في أمركم فضعفتُ عنه، فابتغيت لكم رجلاً مثل عمر بن الخطَّاب رحمه الله حين فزع إليه أبو بكر فلم أجده، فابتغيتُ لكم ستَّة في الشورى مثل ستَّة عمر، فلم أجدها، فأنتم أولى بأمركم، فاختاروا له مَنْ أحببتم" / المسعودي، مروج الذهب ومعادن الجوهر، ج 3، ص 82 / ابن قتيبة الدينوري، الإمامة والسياسة، ج 2، ص 17 – 18.

35. الطبري، تايخ الرسل والملوك، ج 5، ص 536 – 537 / يوسف العش، الدولة الأموية، دمشق، دار الفكر، ط2، 1985، ص 189 – 191 / إبراهيم بيضون، مؤتمر الجابية: دراسة في نشوء خلافة

موقعة مرج راهط عام 64 هجريَّة حُسِمَتْ مسألة الخلافة لصالح مروان بن الحكم وأنصاره مِنْ قبائل اليمانيين ضدَّ ابن الزبير وأنصاره مِنَ القيسيين[36]، أمَّا ثورات الشِّيعة والخوارج فقد استمرَّت طويلاً بمواجهتها للأمويين الذين استطاعوا أنْ يُخْمِدوا جميع المحاولات التي قامتْ ضدَّهم[37]، وكان العنف هو العنوان الأبرز للأطراف جميعها.

وما كادتْ الأمورُ تستقرُّ قليلاً حتى قام مروان بن الحَكَمْ بنقض عهودهِ في مؤتمر الجابية، وعَزَلَ خالد بن يزيد، وعمرو بن سعيد "الأشدق" عن ولاية العهد، وأعلن البيعة لولديه: عبد الملك، وعبد العزيز، ونَجَحَ في مسعاه هذا بعد ضمان ولاء القبائل العربيَّة المختلفة له[38]، مع ملاحظة أنَّه بدأ في تدابير جديدة تتعلَّق بالخلافةِ وهيَ أنْ يُعيِّن اثنيْن في منصبِ وليِّ العَهْدِ فاتحاً بذلك الباب على مصراعيهِ نحو مزالق جديدة استمرَّت قروناً طويلة نتيجة الصِّراعات الدمويَّة بيْنَ المُتَنافسين على الحُكْم، وبوصولِ عبد الملك بن مروان إلى الخلافةِ تعودُ الوراثة مِنْ جديد دونَ أنْ يتمكَّن مِنْ تحويلها إلى ابنه الوليد ويخلع شقيقه عبد العزيز [39]رغم محاولته ذلك، وبعد وفاة عبد العزيز قام عبد الملك بتكرار ذات الخطأ بمبايعة ولديْهِ الوليد وسليمان[40]، وفَشِلَ الوليد كذلك بعزل شقيقه سليمان وتعيين ابنه عبد العزيز ولياً للعهد،

بني مروان، ضمن منشورات المؤتمر الدولي الرابع لتاريخ بلاد الشام "بلاد الشام في العهد الأموي عام "1987"، عمَّان، الجامعة الأردنية، ط1، 1989، ص 143 – 160.

36. خليفة بن خياط، تاريخ خليفة بن خياط، ص 259 – 261 / الطبري، تاريخ الرسل والملوك، ج 5، ص 535 – 544 / ابن كثير، البداية والنهاية، ج 8، ص 340 – 342.

37. فاروق عمر فوزي، الخلافة الأموية: دراسة لأول أسرة حاكمة في الإسلام، عمَّان، دار الشروق للنشر والتوزيع، ط1، 2009، ص 166 – 235، ص 259 – 280 / قارن مع: محمد شعبان، صدر الإسلام والدولة الأموية، ص 106 – 125.

38. خليفة بن خياط، تاريخ خليفة بن خياط، ص 261 / الطبري، تاريخ الرسل والملوك، ج 5، ص 610 / المسعودي، مروج الذهب ومعادن الجوهر، ج 3، ص 97 / المقدسي، البدء والتاريخ، ج 6، ص 18.

39. خليفة بن خياط، تاريخ خليفة بن خياط، ص 289 / الطبري، تاريخ الرسل والملوك، ج 6، ص 412 – 414 / ابن كثير، البداية والنهاية، ج 9، ص 213 – 214.

40. خليفة بن خياط، تاريخ خليفة بن خياط، ص 289 – 290 / البسوي، المعرفة والتاريخ، ج 1، ص 473 – 477 / الطبري، تاريخ الرسل والملوك، ج 6، ص 413 – 416.

حيث لم يوافقه على ذلك سوى الحَجَّاج بن يوسف الثقفيّ وقتيبة بن مُسْلم الباهليّ وبعض المُقرَّبين من الخليفة(41).

تولّى سليمان بن عبد الملك الخلافة في الدولة الأمويَّة، وكانت المُفَارقة الجديدة في اختياره لابنِ عمِّه عمر بن عبد العزيز ولياً للعهد، وإلى جانبه شقيقه يزيد بن عبد الملك(42)، وأول عَمَلٍ قام بهِ بعد مبايعتهِ هو عزل جميع رجالات أخيه الوليد عَنْ مناصبهم(43)، ثمَّ كانت خلافة هشام بن عبد الملك، وبعده الوليد بن يزيد، تطبيقاً للوراثة داخل الأسرة الأموية(44)، واستحدثَ الوليد بدوره تدبيراً جديداً بمبايعة ولديه الحكم وعثمان في سياق ولاية العهد، وقد لقيَ هذا الأمر معارضةً من الأسرة الأموية لأنَّهما غلامان لَمْ يحتلما(45)، ويرى الطبري أنَّ توجهات الوليد هذه مثَّلت استفزازاً للمشاعر القبليَّة وبالذات اليمانيَّة ذات الأغلبية في جند الشام، فضلاً عن استعداء بني عمومته من أولاد هشام والوليد ابنيْ عبد الملك بن مروان، وكانت النتيجة انحياز القبائل اليمانيَّة في الشام إلى جانب يزيد بن الوليد ودعمهِ في تمرُّدهِ الذي أدى إلى قتل الوليد وولديهِ من بعدهِ(46).

ولا جَرَمَ، إذن، أنْ يكونَ استخلافُ يزيد بن الوليد شكلاً من أشكال النكوص على مبدأ الوراثة، وانتصاراً للعقليَّة القبليَّة، وإنْ كانت داخل البيت الأمويِّ، مع ملاحظة جديرة بالذكر وهي ملامح تأثير بعض الاتجاهات السياسيَّة في

41. الطبري، تاريخ الرسل والملوك، ج 6، ص 498 - 499 / ابن عساكر، علي بن الحسن "ت 571 هـ"، تاريخ دمشق، تحقيق عمرو العمروي، بيروت، دار الفكر، ط1، 1995، ج 36، ص 368 - 373.

42. الطبري، تاريخ الرسل والملوك، ج 6، ص 550 / المسعودي، مروج الذهب ومعادن الجوهر، ج 3، ص 183 / المقدسي، البدء والتاريخ، ج 6، ص 45 / الأصفهاني، عماد الدين محمد بن محمد 597 - 519" هـ"، البستان الجامع لجميع تواريخ أهل الزمان، تحقيق محمد الطعاني، (إربد، مؤسسة حمادة للنشر، الدمَّام، مكتبة المتنبي)، ط1، 2003، ص 153 - 154 / عماد الدين خليل، ملامح الانقلاب الإسلامي في خلافة عمر بن عبد العزيز، بيروت، مؤسسة الرسالة، ط 3، 1978، ص 21 - 80.

43. الطبري، تاريخ الرسل والملوك، ج 6، ص 498 - 499.

44. المصدر نفسه، ج 7، ص 209 - 210.

45. المصدر نفسه، ج 7، ص 218.

46. ابن قتيبة الدينوري، الإمامة والسياسة، ج 2، ص 150 - 154 / الطبري، تاريخ الرسل والملوك، ج 7، ص 218، ص 231.

انتصار تمرُّدِهِ، وبالذات القَدَريَّة، ويتجلَّى أثرهم في دعوتهِ للشورى، واتِّباع العدل، وتطبيق الكتاب والسنَّة، وتوزيع الفيء بصورة حقيقيَّة[47]، وبالطبع مع ملاحظة أكثر أهميَّة أنَّه لم يتنازل عن العرش ما دام يطالب بتطبيق الشريعة وإفساح المجال أمام المسلمين لاختيار خليفتهم، وقبل وفاتهِ وفي خطوة برَّرَها هو بالحفاظِ على وحدة الأُمَّة عيَّن شقيقه إبراهيم بن الوليد، وعبد العزيز بن عبد الملك، في ولاية العهد[48]، ولكنَّ الأمور ازدادت سوءاً نتيجة رفض مروان بن محمد، وأغلب القبائل العربية هذه البيعة، وتحوَّل الرفض إلى تمرُّدٍ انتهى باستخلاف مروان بن محمد، وخلع إبراهيم بن الوليد، ومقتل عبد العزيز بن عبد الملك[49]، وهكذا كانت القوَّة والتغلُّب هما الفَيْصلُ في الخلافةِ حتى داخل البيت الأمويِّ، وكانت القبيلة ما تزال تملكُ الكثير مِنَ الأوراق كي تُمارس ضغوطها وترجيح كفَّة مَنْ يُحقِّق طموحاتها ومطامعها.

ومِنَ المعلومِ أنَّ مرحلة صدر الإسلام تشتمل على الأحداث التاريخيَّة الممتدَّة منذ وفاة الرسول محمَّد صلَّى الله عليه وسلم عام 11 هجريَّة إلى غاية مقتل آخر خلفاء الدولة الأمويَّة مروان بن محمد عام 132 هجريَّة، حيث يبدأ تاريخ الدولة العباسيَّة[50]، وهي مرحلةٌ تتسم بغيابٍ شبهِ كاملٍ للكتابات التي دَرَسَتْ مفاهيم السلطة والدولة وفق الرؤية الإسلاميَّة[51]، وبرزت ضمن هذا السياق التاريخيِّ مؤسَّسة الخلافة مِنْ أجل بلورة المشهد السياسيِّ الإسلاميِّ في

---

47. خليفة بن خياط، تاريخ خليفة بن خياط، ص 363 - 365 / الطبري، تاريخ الرسل والملوك، ج 7، ص 268 - 269، ص 276 / المسعودي، مروج الذهب ومعادن الجوهر، ج 3، ص 234.

48. خليفة بن خياط، تايخ خليفة بن خياط، ص 369 - 370 / الطبري، تاريخ الرسل والملوك، ج 7، ص 295 - 298 / المسعودي، مروج الذهب ومعادن الجوهر، ج 3، ص 234.
الدينوري، الأخبار الطوال، ص 349 - 350 / الجهشياري، محمد بن عبدوس "ت 322 هـ"، كتاب الوزراء والكتَّاب، تحقيق مصطفى السقا وإبراهيم الأبياري وعبد الحفيظ شلبي، القاهرة، مطبعة مصطفى البابي الحلبي، ط1، 1938، ص 67 - 68.

49. خليفة بن خياط، تاريخ خليفة بن خياط، ص 372 - 374 / قارن مع: الطبري، تاريخ الرسل والملوك، ج 7، ص 295 - 300 / قارن مع: المسعودي، مروج الذهب ومعادن الجوهر، ج 3، ص 233 / قارن مع: الدينوري، الأخبار الطوال، ص 350 - 252.

50. عبد العزيز الدوري، مقدمة في تاريخ صدر الإسلام، ص 37 - 100.

51. امحمد جبرون، نشأة الفكر السياسي الإسلاميّ وتطوره: دراسة في المثلث الإشكالي "المدنية والأصالة والعقلانية السياسية"، الدوحة، منتدى العلاقات العربية والدولية، ط1، 2015، ص 71.

أعقـاب وفـاة النبـيِّ عليه الـصلاة والسلام، والذي جَمَـعَ أثناء حياتـه بين تكريس الدعوة ومظاهرها وتجلياتها مِنْ زاوية، وتأسـيس قواعد بنيان الدولة ومخرجاتها المتعـدِّدة مِـنْ زاويـةٍ ثانيـة، وهذا كلُّه فـي ضوءِ الشـريعة الإسلامية السـماويَّة، وتأسيساً علـى هذا، بـاتَ التماهي بيْنَ الخلافةِ والقداسـة الدينيَّة مسـألةٌ جليَّة، ولكـنَّ الخلفـاء منـذ بداية العهد الأمـويِّ، تعييناً، سـرقوا تلكم القداسـة مِنْ أجل ترسـيخ شرعيَّتهم وتوجيه ذهنيَّة الإنسان العربيِّ والمُسْـلم نحو تقديس الخليفة بديلاً عَنْ أولوية ومرجعيَّة مؤسسـة الخلافة ذاتها، وانتقل غالبية خلفاء الدولتيْن الأمويَّـة والعباسـيَّة إلى دائـرة تقديس الخليفة، وتلازَمَ الولاء له بأُسُـسِ الولاء لله تعالـى ورسـوله عليه الصلاة والـسلام، وأضحى الخليفـة فوق النقدِ، والمُسَـاءلة، وبشـريَّة المُسْـلم، مِـنْ خلال ادِّعـاء أنَّهـم كالقَـدَر الإلهـيِّ لا يُمْكـن، ولا ينبغـي، الاعتراض عليه[52].

بـدأتْ سـرقة مؤسَّسـة الخلافة مِـنَ الإنسـان العربيِّ والمُسْـلم بصورةٍ أولى مِنَ الاسـمِ والشَّـكلِ وصولاً إلى الجَوْهرِ والمضمون، إذْ أنَّ خلفاء بني أميَّة وبني العبَّـاس حرصـوا علـى إطلاقِ لقـب خليفـة الرسـول عليـه الـصلاة والـسلام علـى أنفسـهم، ولـم يتورَّع بعضهم عَنْ إطلاق مسـمَّى خليفة اللـه تعالى، وهذا بدوره يمثِّل مشروعاً كاملاً من أجل استدراج سلطة النبوَّة، وتوظيفها، واستغلالها، ليس في السـياق الدينيِّ المرتبط بصورة أساسـيَّة وجوهريَّة بالوَحيْ، بلْ يتجاوز ذلك نحـو ميـدان السياسـة، وبكلمة، تـمَّ تغييب مؤسَّسـة الخلافـة الحقيقيَّة بشـكلها الإسلامـيِّ التأسيسـيِّ الأوَّل وانتقلتْ إلى مؤسَّسـةٍ وراثيَّةٍ بكلِّ ما فـي التعبير مِنْ دلالات[53]، ومنـذ بدايات الدولة الأمويَّة ذَهَـبَ العلماء والفقهاء إلى الإقرار بأنَّ الإمامة في قريش دونَ غيرها، وأنَّ الأمَّة تختارُ الخليفة عن مشورةٍ وتوافق بينها،

52. خليل عثامنة وجمال جودة، الانتقالية السياسية في الوطن العربي، رام الله، جامعة بيرزيت، ط1، 2001، ج2، ص 5 - 12 / سيف الدين عبد الفتاح، الزحف غير المقدَّس: تأميم الدولة للدِّين، بيروت، الشبكة العربية للأبحاث والنشر، ط1، 2016، ص 21 - 26 / السيِّد ولد أباه، الدِّين والهوية: إشكالات الصدام والحوار والسلطة، بيروت، دار جداول للنشر والتوزيع، ط1، 2010، ص 11 - 42.

53. هشام جعيط، الفتنة، ص 37 - 38.

وأنَّ بيعة هذا الخليفة لا تنعقدُ إلاَّ بإجماعها بصورة قاطعة[54]، مع ما رَافَقَ ذلك مِنْ تجاوزاتٍ وخروقات.

فـي ظلِّ هـذا المَشْـهدِ افتتحتْ الدولة الأمويَّة تاريخها السياسـيّ في سـياقِ صراعٍ طويلٍ على السُّلطة، واستئصالٍ منهجيٍّ لجميع المُعَارضين مِنَ الهاشميين، وأتباع عبدالله بن الزبير، والشيعة، وصولاً إلى العبَّاسيين، وقد تبلور هذا الصراع مُجدَّداً بالتلازم مع بداية حكم يزيد بن معاوية بن أبي سـفيان، تعييناً، ذلكم أنَّ الأُمَّـة قـد أَجْمَعَتْ علـى بَيْعة معاوية منذ عـام الجماعـة 40 هجريَّة[55]، وكانت أقسـى لحظـات تاريخ الدولـة الأمويَّة آنذاك خروج الحُسَـيْن بن علـيّ ثائراً على السُّلطة السياسيَّة القائمة حيث توجَّه إلى مدينة الكوفة، واستُشْهِدَ قبل أنْ يصل إليها في عام 61 هجريَّة[56]، وظهرت على إثرِ استشـهادِ الحُسَـيْن حركة التوَّابين في الكوفة بقيادة سليمان بن صُرَد الخزاعيّ التي أرادتْ الانتقام له ولكنَّ القائد الأمـويّ عُبَيْدالله بن زياد انتصر عليهم في معركة عَيْن وردة[57]، ثمَّ بدأ المختار بن أبي عُبَيْد الثقفيّ ثورته على السُّـلطة الأمويَّة انتقاماً لمقتلِ الحُسَـيْن بن عليّ أيضـاً ولكنـه انهزم أمـام الأمويين بقيـادة مصعب بن الزبير عـام 67 هجريَّة[58]، أمَّـا أكبـر تهديد واجه الأمويين فقـد تمثَّل بحركة عبدالله بـن الزبير، الذي رَفَضَ بيعـة يزيـد بـن معاوية، وانتقل إلـى مكَّة المكرَّمة ثائـراً فيها، ومتحصِّناً داخلها، فأرسـل يزيـد إليه جيشـاً بقيـادة الحُصيْن بن نُميْـر[59] والذي قـام بفرض حصار

---

54. خليفة بن خياط، تاريخ خليفة بن خياط، ص 252 – 255 / قارن مع: الطبري، تاريخ الرسل والملوك، ج 5، ص 301 – 305.

55. الطبري، تاريخ الرسل والملوك، ج 5، ص 158 – 161 / صالح الرواضية، زياد بن أبيه ودوره في الحياة العامة في صدر الإسلام، الكرك، منشورات جامعة مؤتة، ط1، 1994، ص 210 – 231.

56. ابن كثير، البداية والنهاية، ج 8، ص 217 – 284 / الطبري، تاريخ الرسل والملوك، ج 5، ص 381 – 399 / الأصفهاني، البستان الجامع، ص 132 – 134.

57. ابن كثير، البداية والنهاية، ج 8، ص 355 – 359 / الطبري، تاريخ الرسل والملوك، ج 5، ص 606.

58. الذهبي، شمس الدين محمد بن قايماز "ت 748 هـ"، تاريخ الإسلام ووفيات المشاهير والأعلام، تحقيق بشار عواد معروف، بيروت، دار الغرب الإسلامي، ط1، 2003، ج 2، ص 706 / ابن كثير، البداية والنهاية، ج 9، ص 40 – 47 / الطبري، تاريخ الرسل والملوك، ج 6، ص 63 – 116.

59. المقريزي، تقي الدين أحمد بن علي "ت 845 هـ"، كتاب المقفى الكبير، تحقيق محمد اليعلاوي، بيروت، دار الغرب الإسلامي، ط1، 1991، ج 3، ص 651 – 654.

شـديدٍ على ابن الزبير وأتباعه انتهى مع وفاة يزيد ابن معاوية عام 64 هجريَّة.

أعلـن عبدالله بـن الزبير فـي عـام 64 هجريَّة نفسـه خليفةً على المُسْـلمين وحصـل على بيعـة الحجاز والكوفة والبصرة والجزيرة وبلاد الشـام سـوى دمشـق وأعمالها، وخاض عدَّة معارك ضدَّ الأمويين، كان أبرزها معركة مرج راهط في الشام والتي استطاع فيها مروان بن الحَكَم أنْ ينتصرَ على أتباع خصمهِ عبد الله بن الزبير الذين كانوا تحت قيادة الضحَّاك بن قيس الفهري[60]، وانتهت طموحات آل الزبير بشكل مأساويٍّ حيث قُتِلَ مصعب بن الزبير في عهد عبد الملك بن مروان عام 71 هجريَّة، ثمَّ كانت الضربة القاصمة بقتل عبدالله بن الزبير في مكَّة المكرَّمة على يد الحجَّاج بن يوسـف الثقفيّ بصورة تراجيديَّـة أوضحتْ تجليات الصراع الدمويّ على السُّـلطة السياسـيَّة، وبذلك اسـتطاع الأمويون التخلّص مِنْ أحد أكبر الأخطار التي هدَّدتْ وجودهم على مدى سنوات.

وجدير بالإشـارة، هنا، أنَّ مجموعة مِنْ سـكَّان المدينة المنوَّرة كانوا قد خلعوا بَيْعة يزيد بن معاوية، فما كانَ مِنَ الأخير إلاَّ أنْ أرسـل إليهم جيشـاً بقيادة مُسْـلم بن عقبة المرّي الذي انتصر عليهم في موقعة الحرَّة عام 63 هجريَّة[61]، وفي عام 81 هجريَّـة ثـار عبد الرحمن بن الأشـعث الكنديّ أمير سجسـتان ضـدَّ عبد الملك بـن مـروان وخَلَعَ بيعته، وانتصر على الحجَّاج بن يوسـف الثقفـيّ، في بداية أمره، ثمَّ ما لبث أنْ هُزِمَ وقُتِلَ في موقعة دير الجماجم عام 82 هجريَّة[62]، وقام عمرو بن سـعيد بن العاص المشـهور بالأشْدَق بالتمرُّد على عبد الملك بن مروان، واتخذ

60. الطبري، تاريخ الرسل والملوك، ج 5، ص 535 – 544 / قارن مع: ابن كثير، البداية والنهاية، ج 8، ص 340 – 342.

61. الطبري، تايخ الرسل والملوك، ج 6، ص 151 – 162، ص 174 – 175، ص 187 – 193 / ابن كثير، البداية والنهاية، ج 9، ص 86 – 93، ص 109 – 125.

62. الصفدي، خليل بن أيبك "ت 764 هـ"، الوافي بالوفيات، تحقيق أحمد الأرناؤوط وتركي مصطفى، بيروت، دار إحياء التراث، ط1، 2000، ج 18، ص 134 – 135 / الطبري، تاريخ الرسل والملوك، ج 5، ص 482 – 495 / ابن كثير، البداية والنهاية، ج 8، ص 307 – 315 / مضر طلفاح، عمرو بن سعيد الأشدق ودوره في الدولة الأموية 50 – 70 هـ، عمّان- الجامعة الأردنية، المجلة الأردنية للتاريخ والآثار، المجلد السادس، العدد الأول، 2012، ص 10 – 31 / كارل بروكلمان، تاريخ الشعوب الإسلاميَّة، ترجمة نبيه أمين فارس ومنير البعلبكي، بيروت، دار العلم للملايين، ط5، 1968، ص 121 – 134.

دمشق مركزاً وحِصْناً له، وحصلت مفاوضات بين الطرفين انتهت بالصلح، ولكنَّ عبد الملك بن مروان نَقَضَ الاتفاق بينهما ولم يتورَّع عن قتله في عام 70 هجريَّة(63)، وبهذا يكون الاستقطاب السياسيّ، والموت من أجل السلطة، قد تفوَّق على أيَّة قيمة أخلاقيَّة، أو معيارٍ إنسانيٍّ، قبل الوصول إلى ما دَعَتْ إليه الشريعة الإسلاميَّة حول أهمية البناء المجتمعيِّ، والمُشَاركة في اتخاذ القرار، والابتعاد عَنْ الاستئصال، والإقصاء، والتهميش، ولكنْ هيهات أنْ يَمْنَحَ صوت السُّلطة مجالاً لأحدٍ غيره.

لَمْ تقتصر مظاهر الصراع الدمويِّ على الاتجاهاتِ السياسيَّة المناوئة للأمويين، حيث بَرَزَتْ بعض الأحداث داخل الأسرة الأمويَّة ذاتها، فقد قَتَلَ يزيد بن الوليد ابن عمِّه الخليفة الوليد بن يزيد سعياً وراء الحصول على منصب الخليفة عام 126 هجريَّة(64)، وفي ذات الإطار، رَفَضَ مروان بن محمَّد وهو آخر خلفاء بني أُميَّة بيعة إبراهيم بن الوليد في عام 126 هجريَّة أيضاً وحدث قتالٌ بينهما انتصر فيه مروان بن محمَّد وأجبرَ إبراهيم بن الوليد على خلع نفسه، ثمَّ أخذ البيعة من النَّاس بالإجبار في عام 127 هجريَّة(65)، ولكن الخطر الأعظم الذي واجه الدولة الأمويَّة واستطاع القضاء عليها فقد تمثَّل بالدعوة العباسيَّة التي عملت بصورةٍ سريَّةٍ طوال 30 عاماً انتهتْ بالإعلان عَنْ قيام الدولة العباسيَّة وانتهاء حكم بني أُميَّة عام 132 هجريَّة(66)، والمثير أنَّ الخلافات، والاصطفافات، السياسيَّة، والمذهبيَّة، والقَبَليَّة، كانت باسم الدِّين، ومن أجلِهِ، شعاراتيَّاً على الأقل، ولكنَّها لم تحترم منطلقاته، أو تلتزم رؤاه، بل على النقيض تماماً.

63. الطبري، تاريخ الرسل والملوك، ج 9، 75 – 77.

64. الطبري، تاريخ الرسل والملوك، ج 7، ص 208 – 223 / قارن مع: ابن كثير، البداية والنهاية، ج 10، ص 217 – 220.

65. الطبري، تاريخ الرسل والملوك، ج 7، ص 295 – 298 / قارن مع: ابن كثير، البداية والنهاية، ج 10، ص 239 – 242.

66. الطبري، تاريخ الرسل والملوك، ج 7، ص 412 – 443، ص 446 – 458 / ابن كثير، البداية والنهاية، ج 10، ص 259 – 277 / ابن الجوزي، المنتظم في تاريخ الأمم، ج 7، ص 303 – 323 / فاروق عمر فوزي، طبيعة الدعوة العباسية، بغداد، مكتبة الفكر العربي، ط1، 1995، ص 87 / حسين عطوان، الدعوة العباسية: تاريخ وتطور، بيروت، دار الجيل، ط2، 1995، ص 43 / عبد العزيز الدوري، العصر العباسي الأول: دراسة في التاريخ السياسي والإداري والمالي، بيروت، دار الطليعة، ط2، 1988، ص 24 – 45.

فَقَدَتْ الدولة الإسلاميَّة زمن الأمويين الكثير مِنْ ملامحها التي تبلورت في العهد الراشديِّ، واستعادتْ بعضاً منها منذ عام الجماعة عام 41 هجريَّة، وبصورة خاصَّة الوَحْدة السياسيَّة، وانبثقت أهميَّة العهد الجديد في مدينة دمشق وبلاد الشام بعد انتقال مركز الخلافة مِنَ المدينة المنوَّرة في معظم مراحل العهد الراشديِّ إلى مدينة الكوفة التي اختارها عليٌّ بن أبي طالب رضيَ الله عنه مركزاً للخلافةِ بُعيْد موقعة الجَمَل وتداعياتها، بل وأصبحتْ الجزيرة العربيَّة عموماً على هامشِ الحَدَث السياسيِّ في دمشق على الرغم مِنْ حركات التمرُّد التي برزت فيها أكثر مِنْ مرَّة، وتمكَّن معاوية بن أبي سفيان بقدراته السياسيَّة، ومواهبة الإداريَّة، ومرونتهِ المَدْروسة، وحَزْمِهِ المُتدرِّج، في إقامة دولةٍ قويَّةٍ في مواجهة الكثير مِنَ الخصومِ على المستوى السياسيِّ والدينيِّ في آنٍ واحدٍ معاً[67]، وتمكَّن وفق رؤية خاصَّة به مِنْ تحويل الخلافة إلى مؤسَّسة ملكيَّة وراثيَّة.

مِنْ زاويةٍ أخرى، أضحى القتال منذ موقعة الجَمَل مِنْ أجل السُّلطة السياسيَّة مِنْ خلال توظيف الإسلام، وليس دفاعاً عنه، ووصَلَ الخلفاءُ بعد ذلك إلى مناصبهم بالقوَّة وليسَ مِنْ خلال الشُّورى، أو الأُمَّة، أو الجماعة، وعادت الروح القَبَليَّة تستأثرُ بالعقلِ السياسيِّ العربيِّ مِنْ جديد، ولَمْ يكنْ مُسْتغرَباً، وقتذاك، بروز مصطلح القبائل الشاميَّة، والقبائل العراقيَّة، والقبائل اليمانيَّة، والقبائل الحجازيَّة[68]، بلْ لعلَّه كانَ مطلوباً مِنْ أجل تكريس الأوضاع السياسيَّة القائمة، وتعظيمها، وللمرَّة الأولى منذ ظهور الدعوة الإسلاميَّة يتحوَّل الجنود من مُسمَّى المجاهدين والمفهوم الرساليِّ في نشر قيم الخير، والمحبَّة، والإنسانيَّة، إلى طبقةٍ مِنَ المُقَاتلين مِنْ أجل صمود النظام السياسيِّ الذي يدفع لهم الرواتب والأُعْطِيات، في أطروحةٍ تتناقض تماماً مع مقاصد الشريعة الإسلاميَّة، فالجميع مِنَ العلماء، والفقهاء، والأدباء، ورجال الإدارة، والجنود، وطبعاً عامَّة الناس، عليهم الابتعاد عن السُّلطة السياسيَّة بشكلٍ كاملٍ مقابل الحصول على

67. الطبري، تاريخ الرسل والملوك، ج 5، ص 322 – 325 / قارن مع: ابن كثير، البداية والنهاية، ج 8، ص 171 – 209.

68. فاروق عمر فوزي، الخلافة الأموية، ص 50 – 57.

الامتيـازات فـي حالـة التناغـم مـع توجهـات الدولـة، أو الحصـول علـى الإقصاء، والتهميـش، في حالة التفكير في أولويات الشـريعة، ودور الإنسـان الذي جاءت من أجله أساسـاً، أو تحقيق مبدأ المشـاركة، والمُسَاءلة، والنَّقد.

ويمكن القول أنَّ التحوُّلات التي أحاطتْ بالدولة الأمويَّة قد تركَّزت حول ثلاثةِ محاور، أولاها التغيُّرات السياسيَّة في بيئةِ النظام، وتتلخَّص بدورِ الجيش والانتقال نحـو المَلكيَّـة الفرديَّـة، وثانيها يتعلَّق بالسياسـة الداخلية وما يتضمَّنه مِنْ شـؤون الإدارة، والتوازن القبليِّ، وولاية العَهْدِ، وترويض المُعَارضة، وثالثها اسـتئنافُ حركة الفتوحـات(69)، ويبـدو جليّـاً أنَّ معاوية بن أبي سـفيان رضيَ الله عنه كان يسـعى طـوال فتـرة خلافتـهِ الطويلة إلى تمهيد السُـبُل نحـو مبدأ التوريث وولايـة العَهْد، وقـد اسـتثمر خلال خلافتهِ المحاور السـابقة مِنْ أجلِ تحقيق تلكـم الغاية، ولعلَّه ظنَّ أنَّ الأمر قد اسـتقام له في هذا الإطار ممَّا جعله يُبَادر إلى طرح مسـألة ولاية العهـد(70)، ولكنَّ المفاجـأة أنَّ جذوة المُعَارضة لحكمِ الأمويين لم تزل مُتَّقِدة، ولم تنجح محاولات تحويل الخلافة إلى مُلْك نظريّاً على الأقل.

ومِنْ ذلك أنَّه عندما بدأ مشروع تسويق يزيد الأول بن معاوية كوليٍّ للعَهْد، قـامَ مـروان بن محمد والي معاوية علـى المدينة المنوَّرة خطيبـاً، فقال "إنَّ الله قد أرى أمير المؤمنين رأياً حسـناً في يزيد، وإنْ يسـتخلفهُ فقد استخلفَ أبو بكر وعمـر، فقـال عبـد الرحمن بن أبـي بكر: هِرَقْليَّـةٌ، إنَّ أبا بكرٍ والله مـا جعلها في أحدٍ من ولده، ولا في أهل بيته، وما جعلها معاوية إلاَّ كرامةً لولده، فقال مروان: خـذوه، فدخـل بيـت عائشـة، فامتنعوا مـن الدخول خلفـه إعظاماً لعائشـة(71)"، وتطـوَّر الخطـاب الأمويُّ لاحقـاً إلى مرحلةِ إلغـاء الآخر وبالذات مَـنْ رَفَضَ بيعة يزيـد بـن معاويـة حيـث ازداد الأمـر حدَّةً بعـد وفاة والـده، بل وصـل الأمر إلى اسـتباحة قتل كلِّ مَـنْ يرفض الطَّاعة للخليفة الجديد، أو يمتنعُ عن بيعتهِ، سـواء

69. إبراهيم بيضون، تكوُّن الاتجاهات السياسية في الإسلام الأول: من دولة عمر إلى دولة عبد الملك، بيروت، دار اقرأ، ط2، 1986، ص 149.
70. فاروق عمر فوزي، الخلافة الأموية، ص 90 – 91.
71. العسقلاني، ابن حجر أحمد بن علي "ت 852 هـ"، فتح الباري شرح صحيح البخاري، تحقيق محمد فؤاد عبد الباقي، بيروت، دار المعرفة، ط1، 1959، ج 8، ص 577.

حمل السلاح ضدَّ الدولة، أو كانت معارضتهُ باللسـان، أو الموقف السياسـيّ(72)، لكأنَّ مبادىء الشـريعة ما كانـت، ولا عرفها أحدٌ في الزمان القريب.

أمَّـا الخليفـةُ عبـد الملك بن مـروان فإنَّه يخاطـبُ النَّاس في إحـدى خطبهِ أثنـاء الحـج عام 75 هجريَّـة بعد أنْ حمد الله سـبحانه تعالى وأثنى عليه قائلاً: "أمَّا بعد، ذلكم أيُّها النَّاسُ فلسـتُ بالخليفةِ المُسْـتَضْعَفْ - يعني عثمان - ولا بالخليفـةِ المُدَاهِـنِ - يعنـي معاوية - ولا الخليفـةِ المأفون - يعني يزيد - ألا وإنَّ مَـنْ جـاءَ قبلي مِنَ الولاة كانوا يأكُلون ويُؤْكَلون، وإنِّي والله لا أداويكم إلاَّ بالسـيف، فَمَـنْ أحبَّ أنْ يُبدي صفحتـه ليفعل، فلا تكلِّفونـا أعمال المهاجرين، ولسـتمْ تعملـون أعمالهـم، فوالله مـا زلتـمُ تـزدادونَ اسـتجراحاً ونـزدادُ لَكُـمْ عقوبة، حتى التقينا نحنُ وأنتم عند السـيوف، هذا عمرو بن سـعيد - الأشـدق - قال برأسـه كذا، فقلنا بسـيفنا كذا، ألا فليُبْلِغُ الشَّـاهِدُ الغائبَ إنَّه ليسـتْ مِنْ لعبـةٍ إلاَّ ونحـنُ نحتملهـا، مـا لم تبلـغْ أنْ تكونَ صعـود منبرٍ أو نَصْـبَ راية، ألا وإنَّ جامعـة عمرو بن سـعيد التي جعلناها في عنقـهِ عندنا، وإنِّي أُعطي عَهْداً ألاَّ أجعلهـا فـي عنـقِ أحـدٍ فأخرجهـا منـه إلاَّ صُعُداً، أقـول قولي هذا وأسـتغفر الله لـي ولَكُمْ" (73)، وهـو خطابٌ اسـتئصاليٌّ بامتيـاز، يقمـعُ المُعَارَضة والرأيِ الآخر، ويقتلُ كلَّ مَنْ تسـوِّل له نفسـهُ مجرَّد التفكير بالتناقض مع رؤية الخليفة ومطامحـهِ، ويقـدِّم صورة للنَّاس عَـنْ مصيرهم المُنْتَظَر إنْ هـم فكَّروا بمحاولة التفكيـر خارج صندوق الدولـة ومفاتيحها.

وأكثـر مِنْ ذلك، لَـمْ يكنْ الخليفة يُفرِّقُ بيْنَ قريـبٍ أو بعيدٍ إذا ما تعلَّق الأمرُ بسـلطةِ الخليفـة، أو سـطوتهِ، أو صورتـهِ، ومِـنْ ذلـك أنَّ رجاء بن حَيْـوَة كانَ في أحـد المجالـس يتذاكرُ مع بعض الرجال شُـكر النِّعَم، فقالَ: "ما أحدٌ يقومُ بشـكرِ نعمـةٍ، وخلفهُ رجلٌ على رأسـهِ كِسـاءٌ، فقال: ولا أميرُ المؤمنيـنَ؟، فقلنا: وما ذِكْرُ أميـرِ المؤمنيـن هنـا، وإنَّما هو رجلٌ مِـنَ النَّـاس، فَغَفَلنا عنهُ، فالتفـتَ رجاءٌ فلم

---

72. الطبري، تاريخ الرسل والملوك، ج 5، ص 338 - 343، ص 400 - 467، ص 470 - 471 / ابن كثير، البداية والنهاية، ج 8، ص 320 - 332.

73. ابن عساكر، تاريخ دمشق، ج 37، ص 135 / البلاذري، أنساب الأشراف، ج 7، ص 212 - 213.

يـرهُ، فقال: أُتيتمْ مِنْ صاحبِ الكِسَـاء، ولكنْ إنْ دُعيتُمْ فاستُحْلفتمْ فاحلفوا، فما عَلِمْنا إلاَّ بحَرَسـيٍّ قد أقبلَ، فقال: أجيبوا أمير المؤمنين، فأتينا باب هشـام، فَإِذِنَ لرجاءٍ وحـده، فلمَّا دَخَلَ عليـه قال: هيه يا رجاء، يُذْكَرُ أميـرُ المؤمنينَ فلا تحتجَّ لـهُ، فقـال: ومـا ذاك يا أميـرَ المؤمنين؟، قال: ذَكرتُم شُـكْرَ النِّعَـم، فقلتم: ما أحدٌ يقـومُ بشـكرِها، قيـل لكـم: ولا أميرَ المؤمنيـن، فقلتَ: أميـرُ المؤمنيـنَ رجلٌ مِنَ النَّاس، فقال رجاء: لَمْ يكنْ ذاكَ، قالَ: آللهِ؟، قال رجاء: آللهِ، فأمرَ بذلك السَّـاعي فَضُـرِبَ سـبعينَ سَـوْطاً، فـكان رجـاءٌ بعـد ذلـك إذا جلـس التفتَ وقـال: احذروا صاحـبَ الكِسـاء" (74)، هـذا ورجـاء بـن حيوة أحـد رجـالات الدولـةِ البارزين في العصر الأمويِّ لم يَسْـلَمْ مِنْ إمكانية البطش بهِ على كلمةٍ قالها في سـياق نقاشٍ عـام لا علاقـة لهُ بالخليفةِ أو سـلطاتهِ، فما هو معيارُ الـرأي لدى عموم النَّاس إنْ حاولوا مُسَـاءلة الخليفة، أو انتقاد سياسـاتهِ، أو طالبوا المشاركة في صُنْعِ القرار، كمـا جـاءت الشـريعة الإسلاميَّة التـي تُلْزِمْ السـلطة السياسـيَّة بتطبيـق ضوابطها ومحدِّداتهـا مِنْ أجلِ هؤلاء النَّاس تحديداً.

ومِنَ المُفَارقاتِ العجيبةِ التي تتناقضُ تماماً مع جوهر الشـريعة ومضامينها، أنْ يكـونَ قتلُ النَّاسِ مسـألةٌ تخضع لاستشـارة بعـض المُقرَّبيـن، أو العُلَماء، بدلاً مِنْ خضوعها لمعايير مستقاة بشكل جليٍّ من الأحكام الشرعيَّة سواء كان الاتِّهام علـى خلفيَّـة سياسـيَّة، أو جنائيَّـة، فقـد أرسـلَ زيـاد بن أبيـه مجموعةً مِنْ أهلِ العراق على رأسـهم حجر بن عدي إلى دمشـق بعد معارضتهـم للخليفةِ معاوية بـن أبي سـفيان، فاستشـار معاوية النَّـاس في قتلهم، فأشـار بعضهـم بذلك، ولم يتكلَّـم البعـض الآخـر، فصلَّى معاوية الظهر، ثـمَّ قام خطيباً في النَّـاس، ثمَّ جَلَسَ على المنبر، فقام المُنادي، فنادى: أين عمرو بن الأسـود العنسـيِّ - أحد العلماء والزهَّـاد -، فقـام، وتحـدَّث فـي الأمـر دون أنْ يُبدي رأيـاً واضحاً، وأعلـن الطَّاعة لقرار معاوية دونَ نقاش، ثمَّ قام المنادي وقال: أينَ أبو مسلم الخولانيّ؟ - أحد رجـالات الدولة -، فقـام، وقال كلاماً لا يَخْرُج عن نطاق الطَّاعـة لما يراه معاوية، ثـمَّ قـامَ المُنـادي فقـال: أين عبد اللـه الشـرعبيّ - أحـد العلماء -، فقـام، وقال:

74. الذهبي، تاريخ الإسلام، ج 3، ص 235 - 236.

إنْ تعاقبهم فقد أصبت، وإنْ تعفو فقد أحسنتْ، ثمَّ قام المُنادي، فقال: أين عبدالله القسريّ؟ - أحد القادة -، فقام، وقال: إنْ تُعاقبهم فقد جنوا أنفسهم العقوبة، وإنْ تعفوا أقرب للتقوى، يا أمير المؤمنين لا تطع فينا مَنْ كانَ غشوماً لنفسهِ، ظلوماً بالليل، نؤوماً عن عمل الآخرة، وبعد ذلك أمر معاوية بقتل عدي بن حجر وبعض مرافقيه وعفا عن البعض الآخر[75]، وبهذا تغدو حياة النَّاس رهينة مواقف الدولة منهم، أو رهينة توجهات بعض رجالاتها، وليس المعيار أنَّ هدم الكعبة المشرَّفة هو البديل الموضوعيُّ لإراقة دَمِ مُسْلمٍ حتى ولو كان مُعَارضاً للدولة وسياساتها، أو ينتقدُ توجُّهات الخليفة.

وظَاهِرٌ أنَّ لذَّة الألم لدى الإنسان العربيِّ والمُسْلم، والعشق المبكِّر للقيام بدور الضحيَّة قد بدأت بواكيره منذ قرونٍ طويلة، حتى أنَّ السلطة السياسيَّة وجبروتها وطغيانها وصل إلى درجة جَعَلت النَّاس أنفسهم يطالبون بقتل غيرهم مِنَ النَّاس، دون أدنى تفكيرٍ بإمكانية أنْ يكونوا هُمْ الضحيَّة التالية، وهل كانت الدولة بحاجة إلى مرسومٍ شعبيٍّ يمنحها حق قتل مُعارضيها لولا كانت ذهنيَّة إلغاء النَّاس وتجريدهم مِنْ إنسانيَّتهم واضحة في العقل السياسيِّ العربيِّ منذ استشهاد الخليفة عمر بن الخطَّاب رضي الله عنه مروراً بالدولة الأمويَّة وخروقاتها الأولى ووصولاً إلى الدولة العباسيَّة وتجلِّياتها العميقة في اغتيال أدوار النَّاس بصورة جماعية؟، ولذا فإنَّ عبد الملك بن مروان بعد مقتل عمرو بن سعيد بن العاص الأشدق وهو أحد أقاربهِ المُعَارضين له، راودتهُ هواجس قتل شقيقهِ يحيى بن سعيد بن العاص، فَصَعَدَ المنبر، واستشار النَّاس في ذلك، فقام رجلٌ، فقال: يا أميرَ المؤمنين، هل تَلِدُ الحيَّةُ إلاَّ حيَّة، نرى والله أنْ تقتلهُ فإنَّه منافقٌ عدو، ثمَّ قام عبدالله الفزَّاريّ، فقال: يا أمير المؤمنين، إنَّ يحيى ابن عمِّك، وقرابتهُ ما قد علمتَ، وقد صَنَعُوا ما صَنَعُوا، وصنعتَ بهم ما قد صنعتْ، ولستَ لهم بآمِنْ، ولا أرى لكَ قتلهم، ولكنْ سيِّرهم إلى عدوِّك، فإنْ هم قُتِلوا كنتَ قد كُفيتَ أمرهم بيد غيرك، وإنْ هُمْ سَلِمُوا ورجعوا رأيتَ فيهم رأيك، فأخذَ برأيهِ، وأخرج آل سعيد بن العاص

75. أحمد بن حنبل، مسائل الإمام أحمد بن حنبل، تحقيق فضل الرحمن دين محمد، دلهي - الهند، الدار العلميَّة، ط1، د. ت، ج 2، ص 329 – 330.

إلى مصعب بن الزبير[76]، وهكذا لا يُستَشار النَّاس إلاَّ في قتل النَّاس، أمَّا غير ذلك فإنَّه لا رأي لهم، ولا شورى، ولا مشاركة، وكأنَّ الشريعة التي جاءَ بها الرسول عليه الصلاة والسلام كانت منذ ألف عام وقد أقصاها أصحابها إلى كوكبٍ آخر.

وبقيَ بعدَ هذه الأطروحات وجوهاً أخرى جديرة بالنَّظر، في سياق الدولة الأمويَّة، ومنها أنَّ العصبيَّة القبليَّة لا تزال هي المُحرِّك الأساسيُّ في الدولة الإسلاميَّة، الراشديَّة والأمويَّة، سواء مِنْ حيث دورها في توجهات "مؤسَّسة الخلافة"، أو أثرها الحاسم في طُرُقِ الوصول إلى الخلافة، ويبدو جليَّاً أنَّ الراشدين والأُمويين لم يتمكَّنوا مِنْ تكريس صورةٍ واحدة، أو إطارٍ مُنْسجم، أو تطوُّر طبيعيٍّ، حول قضيَّة الخلافة، بلْ لَمْ تظهر حتى نهاية الدولة الأمويَّة نظريَّة سياسيَّة، ولو بالأحرف الأولى، تستلهمُ الشريعة الإسلاميَّة، والقيم العربيَّة، والموروث الحضاريَّ للشعوبِ التي دَخَلَتْ في الإسلام، مع أنَّ المفاهيم الإسلاميَّة المُتعلِّقة بالسُّلطة السياسيَّة مثل الشورى، والانتخاب، والقيم الإسلاميَّة، وتجربة الخلافة الراشدة وبالذات زمن أبي بكر الصدِّيق وعمر بن الخطَّاب رضي الله عنهما، استمرَّت شاهدةً على تجاوزاتِ جميع الطامِعين والطامِحين إلى الخلافة، ويتجلَّى أحد مظاهر الانتقال مِنَ الخلافة إلى المُلْك حرص الأمويين على الانتقال من المدينة المنوَّرة، عاصمة الدولة الإسلاميَّة الأولى، إلى دمشق، بعد انتقالها إلى الكوفة، زمن الإمام عليٍّ كرَّم الله وجهه، فضلاً عَنْ دلالات المدينة المنوَّرة الدينيَّة، وما تطرحه مِنْ تاريخ، وحقائق، ومبادىء، لا يريد أحد استحضارها مرَّة أخرى[77].

على الشاطىء ذاته، ينبغي عدم الإفراط في تقدير أدوار القبيلة، إذ عَمِلَ الأمويون على توظيفها، في ذاتِ الوقت الذي كرَّسوا فيه إبعادها عَنْ مفاصل التغيير، مع السعي الدائم إلى ضرب القوى المختلفة القبليَّة والسياسيَّة مع بعضها البعض، بل إنَّ جزءاً من دوافع الاهتمام بالجوانب الأمنيَّة والإداريَّة في

76. الطبري، تاريخ الرسل والملوك، ج 6، ص 146 - 147 / ابن كثير، البداية والنهاية، ج 9، ص 22 - 32.

77. لا يوجد في تاريخ المسلمين بعد الخلافة الراشدة محاولة للعودة إلى المدينة المنوَّرة كعاصمة للدولة الإسلاميَّة باستثناء محاولة عبد الله بن الزبير: الطبري، تاريخ الرسل والملوك، ج 5، ص 501 - 502.

الدولـة الأمويَّـة كان نتيجـة الرغبة في تحجيم قـدرات القوى الأساسـيَّة المؤثِّرة، مثـل وظيفـة الحاجب، وديـوان الخاتم، وديوان البريد، وصولاً إلى تسـريع حركة الفتوحات، والحرص على مركزيَّة القرار السياسيِّ، والتقليل ما أمكن مِنْ تطلُّعات الأمصـار المختلفـة باتجاه الاسـتقلاليَّة النسـبيَّة التي سـعى البعـض إليها[78]، ولا يخفى أنَّ مواجهة الأمويين للقوى السياسـيَّة التي برزت بصورٍ متفاوتة في قوَّتها وخطورتهـا قـد سـاهمتْ في نزوع خلفاء بنـي أميَّة نحو المزيد مـن الابتعاد عَنْ همـوم النَّاس، وحقوقهم، ومشـاركتهم، وتحديـداً، المواجهة مع الخوارج، وحركة الحُسَـيْن بـن عليّ رضي الله عنهما، وحركـة عبدالله بن الزبير رضـي الله عنهما، وحركـة التوَّابين، والمختار الثقفيّ.

لقـد نَجَـحَ عبد الملك بـن مروان، وهو الرجل السياسـيُّ المُحنَّك، في تعميق فكرة توسيع صلاحيات الخليفة، وسُلُطَاتِه، ومَهابَتِه، وسارَ أغلب الخلفاء الأمويين على دربهِ، كما ازداد سـعيْ الأمويين إلى تحقيق أكبر قَدْرٍ ممكنٍ مِنَ الإمكانات الاقتصاديَّـة بعـد أنْ أدركوا أهميتها في كسـب الولاءات، وبنـاء الدولة، ومواجهة الأخطـار السياسـيَّة والماليَّـة، وظهرت الدولة بصـورة أكثر قمعيَّة فـي مواجهاتها السياسـيَّة والعسـكريَّة في الحجاز أو العراق، أو مواجهاتهـا الدامية مع الخوارج تحديـداً[79]، وفي سـبيلِ المزيد مِنْ بَسْـطِ هيبتهـا، وسـلطاتها، ورجالاتها، قامت الدولـة الأمويَّة بحركةٍ ذات أبعاد حضاريَّة وتجديديَّة مِنْ جهة، وخطوة وحدويَّة ومركزيَّـة، ورقابيَّـة، مِنْ جهةٍ ثانية، ألا وهي حركـة تعريب الدواوين والنقود[80]، ومِـنَ الأهميَّـة بمكان، في هذا المقام، الإشـارة إلى بلورة فكـرة الطَّاعة منذ زمن

78. خليفة بن خياط، تاريخ خليفة بن خياط، ص 228 / الطبري، تاريخ الرسل والملوك، ج 5، ص 530 - 532 / أبو هلال العسكري، كتاب الأوائل، ص 191 - 193 / القلقشندي، أحمد بن علي "ت 821 هـ"، صبح الأعشى في صناعة الإنشا، تحقيق محمد حسين شمس الدين، بيروت، دار الكتب العلمية، ط1، 1987، ج 3، ص 287 - 288 / قارن أيضاً: بندلي جوزي، من تاريخ الحركات الفكرية في الإسلام، د. م، منشورات الاتحاد العام للكتَّاب والصحفيين الفلسطينيين، ط2، 1981، ص 17 - 52، ص 54 - 75.

79. الطبري، تاريخ الرسل والملوك، ج 6، ص 116، 118، 195، 211.

80. أبو هلال العسكري، كتاب الأوائل، ص 203 - 207 / الجهشياري، الوزراء والكتَّاب، ص 38 - 40 / الطبري، تاريخ الرسل والملوك، ج 6، ص 256 - 260.

عبـد الملـك بن مـروان بصورة رسـميَّة، والحرص علـى تعظيم الروابـط والصِّلات مـع العلمـاء والفقهـاء، والتأكيـد على كونـهِ خليفة اللـه[81]، دون إغفـال حقيقة قيـام حـركات مُعَارِضَة مُسـلَّحة ضدَّ الدولـة ذات طابع دينيٍّ يقودهـا أهل العلم والفقـه والحديـث كما هو الحال مع حركـة المُطرِّف بن المغيرة بن شـعبة التي كان عنوانهـا الشُّـورى، والانتخـاب، وتطبيق الكتاب والسـنَّة[82]، كما وقفَ بعض الفقهـاء إلـى جانـب حركة عبد الرحمن بن الأشـعث ضـدَّ الأمويين[83]، وبعبارة أوضـح، كانـت الدولة الأمويَّة تعيش في أتونِ فوضى سياسـيَّة في أغلب مراحلها التاريخيَّـة علـى الرغـم مـن مظاهـر الوَحْـدة، والتقـدُّم الحضـاري، والفتوحـات المسـتمرَّة، والرغبة في تماسك الدولة وأركانها.

وعلـى الصعيدِ ذاتـه، ذَهَـبَ الأمويـون بعيـداً فـي مسـألة تقنيـن القضـاء والفتـوى، فـي خطـوةٍ مُهِمَّـةٍ نحـو السيطرة علـى مُـدْخَلات ومُخَرَجـات أدوار العلمـاء والفقهـاء السياسـيَّة وليسـت الدينيَّة وحسـب، ومِنْ ذلك سَـعْيُ الوليد بـن عبد الملك إلى توحيـد المدوَّنة القضائيَّة وفق رأيٍ مُحَدَّدٍ، حيث كان يميل إلـى اجتهادات العَالِم والمُحَدِّث خالد بن مَعْدان الشـاميِّ[84]، وحاول الخليفة عُمَـرُ بـن عبـد العزيز ذلـك مرَّة ثانيـة إلاَّ أنَّه أحجم عـن الأمرِ منعاً للمشـكلات الناتجـة عن اخـتلاف البيئات والظروف[85]، وظاهِرٌ أنَّ تجربـة الخلافة والحُكْم القصيـرة فـي عهـد عمر بـن عبد العزيـز 101 - 99" هـ" لم تمنحـه القدرة على تحقيـق كافَّـة طموحاتـه في إعـادة الاعتبـار للقيـم الإسلاميَّة، وتقديـمِ نموذجٍ

81. خليفة بن خياط، تاريخ خليفة بن خياط، ص 261 - 292.

82. الطبري، تاريخ الرسل والملوك، ج 6، ص 284 - 287 / البلاذري، أنساب الأشراف، ج 7، ص 397 - 405 / خير الدين الزركلي، الأعلام، بيروت، دار العلم للملايين، ط15، 2002، ج 7، ص 251.

83. خليفة بن خياط، تاريخ خليفة بن خياط، ص 280 - 282 / الطبري، تاريخ الرسل والملوك، ج 6، ص 336 - 340 / الدينوري، الأخبار الطوال، ص 318 - 320 / المسعودي، مروج الذهب ومعادن الجوهر، ج 2، ص 331 - 334.

84. أبو زرعة الدمشقي، عبد الرحمن بن عمرو "ت 281 هـ"، تاريخ أبي زرعة الدمشقي، تحقيق شكرالله القوجاني، دمشق، مجمع اللغة العربية، ط1، 1984، ج 1، ص 601 / ابن عساكر، تاريخ دمشق، ج 16، ص 195.

85. رضوان السيد، الجماعة والمجتمع والدولة، بيروت، دار الكتاب العربي، ط2، 2007، ص 110 - 116 / أبو زرعة الدمشقي، تاريخ أبي زرعة الدمشقي، ج 1، 202.

بديلٍ للسُّلطة السياسيَّة القائمة على العدل، والتسامح، ومشاركة الفقهاء في اتخاذ القرار، وإعادة إنتاج أساسيَّات الخراج، والجِزْيَّة[86]، وجديرٌ بالذكر أنَّ هذه التجربة العُمَريَّة، خصوصاً، سعى مَنْ جاء بعدها إلى طَمْسِ معالمها بصورة واضحة لأنَّها تجربة كاشفة، وتستدعي البديل الموضوعيِّ لمختلف أوجه سرقة الشريعة، واستبعاد النَّاس عن أيَّة صورةٍ للمُشَاركة في صنع حاضرهم ومستقبلهم.

ومِنْ خلال التفريق السابق بين تجربة الأمويين التي تسعى إلى تكريس المُلْك، والتغلُّب، والقهر، وتجربة عمر بن عبد العزيز المتناقضة تماماً مع تلكم السياسات، نستطيع القول بأنَّه منذ عهد هشام بن عبد الملك 125 - 105" هـ" بدأت محاولات تفكيك معالم تجربة عمر بن عبد العزيز التي أثَّرت على خزائن أموال بني أُميَّة، فحاول هشام وفق سياساته الجديدة استئناف الفتوحات، واستعادة جبروت الدولة، ولكنَّ الأمور كانت قد بلغت مداها إلى حدٍّ كبير في ضعف الأمويين أنفسهم وانقسامهم، إلى جانب تنامي القوى المُعَارِضَة لهم، ورفض القبائل لتوجهَّات الخلفاء الأمويين[87]، وكانت الخطوة الأبرز، والأخطر كذلك، الانفتاح الكبير جداً على الموروث الفارسيِّ - الساسانيِّ، وسواء كان ذلك من باب التثاقف الحضاريِّ، أو رغبة من الأمويين في استلهام التجربة الفارسيَّة في المُلْك، وتدبير الدولة، وتكريس فكر الطَّاعة، وقهر النَّاس، فإنَّ النتيجة هي الدخول في متاهة الانتقاء، والاندماج، والذوبان، والرفض، في ظلِّ عشوائية الخيارات، وفوضى الأولويات[88].

86. الطبري، تاريخ الرسل والملوك، ج 6، ص 568 - 569 / ابن عبد الحكم، أبو محمد عبد الله"ت 214 هـ"، سيرة عمر بن عبد العزيز على ما رواه الإمام مالك وأصحابه، تحقيق أحمد عبيد، بيروت، عالم الكتب، ط6، 1984، ص 27 - 130 / عماد الدين خليل، ملامح الانقلاب الإسلامي في عهد عمر بن عبد العزيز، ص 60 وما بعدها / عبد العزيز الدوري، مقدمة في تاريخ صدر الإسلام، ص 62 - 72.

87. حليفة بن خياط، تاريخ خليفة بن خياط، ص 332 - 339 / الطبري، تاريخ الرسل والملوك، ج 6، ص 507 - 509 / فاروق عمر فوزي، الخلافة الأموية، ص 118 - 126.

88. إحسان عباس، عبد الحميد بن يحيى الكاتب وما تبقى من رسائله ورسائل أبي العلاء، عمَّان، دار الشروق، ط1، 1988، ص 215 - 225.

ونعودُ أدراجنا، الآن، مرَّة أخرى، إلى المطلب الأوَّل، والأساسيِّ، وهي قضية الشرعيَّة التي ظلَّت على الدوام مكمن الخلاف بين الأمويين منذ عهد معاوية بن أبي سفيان رضي الله عنه حتى سقوط الدولة عام 132 هجريَّة، وبيْنَ معارضيهم مِنَ الخوارج، والشيعة، والعلماء، والفقهاء، وغيرهم، وكان الجميع بلا استثناء يدرك أنَّه بلا شرعيَّة ما دامت الشورى مُهمَّشة، والكِتاب والسنَّة يخضعان لعملية إقصاء التجربة الراشديَّة، والنَّاس تمَّ استبعادهم بصورة مريعة، والعلماء والفقهاء ممن ثبتوا على المبدأ جرى ممارسة جميع أنواع الترغيب والترهيب معهم، ولذا استند الأمويون حيناً إلى ارتباطهم بالخليفة عثمان بن عفَّان رضي الله عنه، وأحياناً بنتائج حادثة التحكيم(89)، وقد قادتهم تلكم القضيَّة نحو تكريس فكرة الجبر وتدعيمها بالآيات القرانيَّة، وبهذا دخلت الساحة الفكريَّة والسياسيَّة الإسلاميَّة طوراً جديداً مِنَ الصراع بحثاً عن الشرعيَّة، والغاية هيَ السُّلطة، ومِنْ هنا، تمَّ توظيف النصوص الدينيَّة لصالح الشيء ونقيضه في الوقتِ ذاته، مِنَ السُّلطة والمُعَارضة في آنٍ واحدٍ معاً (90).

إنَّ الفكرة المركزيَّة التي تتجلَّى في سياقِ الدولة الأمويَّة هي السُّلطة، والمُلْك، والاستئثار بهما، إلى درجة أنَّ الدولة الإسلاميَّة منذ الفتنة الكبرى عام 35 هجرية قد تأسَّست على مبدأ الغَلَبَة والقهر والاستبداد، وهذه العروش لم ترتفع إلاَّ على رؤوس النَّاس، ولم تستقرْ إلاَّ على أعناقهم(91)، وهذا النَّهج استمرَّ في دولة بني العبَّاس، التي وصفها الجاحظ بمبالغةٍ بيِّنة أنَّها أعجميَّة خراسانيَّة، ووصف دولة بني مروان بأنَّها أمويَّة عربيَّة، وقال غيره أنَّ استخدام الموالي

89. الطبري، تاريخ الرسل والملوك، ج 4، ص 562 / البلاذري، أنساب الأشراف، ج 2، ص 211 – 212.
ابن قتيبة الدينوري، الإمامة والسياسة، ج 1، ص 149 – 155 / حسين عطوان، الأمويون والخلافة، بيروت، دار الجيل، ط1، 1986، ص 13 – 22.
90. الطبري، تاريخ الرسل والملوك، ج 5، ص 220، ص 332 / ج 7، ص 222 – 223 / الدينوري، الأخبار الطوال، ص 346 / المسعودي، مروج الذهب ومعادن الجوهر، ج 3، ص 75 – 77 / البلاذري، أنساب الأشراف، ج 3، ص 277 / حسين عطوان، الأمويون والخلافة، ص 146 – 185.
91. عبد الله العروي، مفهوم الدولة، الدار البيضاء، المركز الثقافي العربي، ط2، 1983، ص 115 – 116.

في الدولة أسقط قيادات العرب، فزالتْ رياستهم، وذهبتْ مراتبهم، وصولاً إلى القول بأنَّ حكم العرب قد انتهى بمجيء العباسيين، وأنَّ الفارسيَّة انتصرت على العربيَّة تحت ستار الأُمميَّة الإسلاميَّة[92]، وهذه الرؤى بمجملها لا تكاد تقف على قدميْن، فقد ظلَّ كبار القادة ورجال الدولة في العصر العباسيِّ الأوَّل مِنَ العرب، وظلَّت اللغة العربيَّة لغة السياسة والثقافة والأدب والكتابة، واستمرَّ النزوع إلى الفخر بالنَّسَبِ العربيِّ، حتى أنَّ أبا مُسْلمٍ الخراسانيِّ، الشخصيَّة الأبرز في بدايات الدولة العباسيَّة، انتحل لنفسهِ نَسَباً عربيّاً[93]، ولكنَّ هذا لم يدمْ طويلاً حيث تراجعت كلُّ المعايير مع تراجع الانتماء إلى المبادىء والقيم والأخلاقيَّات التي طرحتها الشريعة الإسلاميَّة.

تأسيساً على ما سبق، فقد انتصرتْ الدولة العباسيَّة وأوَّل غاياتها تجذُّر تقديس السُلْطة السياسيَّة، والخليفة على وجهِ الخصوص، وقد ظهرت هذه الخلافة بعد دعوة مُنظَّمة انتهتْ بثورةٍ على الأمويين وخلافتهم، واعتقَدَتْ كلُّ جهةٍ عَارضَتْ الأمويينَ أنَّ تلكم الدعوة سوف تأتيها بالخَراج السياسيِّ أنّى ذَهبتْ، وكانَ محور هذه الدعوة - الثورة في بداياتها هو مواجهة الظلم، وإعادةُ الحقِّ إلى أصحابهِ، والمساواة، وتطبيق العمل بالقرآنِ الكريمِ والسنَّة النبويَّة، ورافقَ هذا كلّه دعاية مُنظَّمة حول ظلم بني أُميَّة، وتسلُّطهم، وأولويَّة محاربتهم، فضلاً عن الحديث الدائم حول آل البيت، والرايات السُّود، والمهدي المنتظر، وأنَّ دولة الأمويين لا محالة إلى زوال[94]، ومِنَ المثير أنَّ الدعوة العباسيَّة شهدتْ قبولاً وانتشاراً في المناطق الشرقيَّة مِنَ الدولة الإسلاميَّة،

92. عبد العزيز الدوري، العصر العباسي الأول، ص 36.

93. المرجع نفسه، ص 37.

94. حول خلفيات وأهداف ومجريات الدعوة العباسية انظر:

خليفة بن خياط، تاريخ خليفة بن خياط، ص 399 - 409 / الطبري، تاريخ الرسل والملوك، ج 6، ص 616 / ج 7، ص 421 - 425 / ابن كثير، البداية والنهاية، ج 10، ص 249 - 250، ص 259 - 264 / الدينوري الأخبار الطوال، ص 332، ص 337 - 339، ص 360 - 366 / البلاذري، أنساب الأشراف، ج 4، ص 157 - 178 / المسعودي، مروج الذهب ومعادن الجوهر، ج 3، ص 354 - 355 / عبد العزيز الدوري، العصر العباسي الأول، ص 9 - 35 / حسين عطوان، الدعوة العباسية، ص 169 - 203، ص 240 - 271، ص 316 - 323 / السيد عبد العزيز سالم، العصر العباسي الأول: الجزء الثالث، الإسكندرية، مؤسسة شباب الجامعة، ط1، 1993، ص 51 - 55.

وبالـذات خُرَاسـان، وهـي منطقـةٌ غيـر مسـتقرَّة سياسـياً واجتماعيـاً واقتصاديـاً، وكانـت خبـرة العباسـيين واضحة في ضرورة تكويـن جيشٍ تابعٍ لهـم قبل إعلان الثورة[95]، لأنَّ الأمويين اسـتخدموا القوَّة العسكريَّة بصورة كبيرة في مواجهاتهم مع عبدالله بن الزبير والخوارج والشـيعة أثناء مواجهاتهم السـابقة.

ومِـنَ الملامحِ الأساسـيَّة في سـياقِ تطـوُّر الدعوة العباسـيَّة إلى الثـورةِ وصولاً إلـى السـلطة، اسـتمرار الانتصـارات العسـكريَّة لجيش الدعـوة بقيادة أبي مُسْـلم الخراسـانيِّ المُكوَّن مِنَ العربِ والخراسانيين والموالي، ومثَّل دخول مدينة الكوفة الخاضعة للأمويين مرحلةً حاسـمة في انتصار العباسيين، ويتجلَّى تزاحم الأحداث وتناقضها بصورةٍ خاصَّة في مسـتلزمات الثورة وما تواجهه مِنْ قضايا يوميَّة تتعلَّق بالمجتمعـات التـي باتت تابعة لها، ومِنَ الجديرِ بالذِّكر أنَّ العباسـيين كانوا الأكثر تخطيطـاً وانضباطاً ورؤيةً بدليل أنَّ أبا العبَّاس السـفَّاح أعلنَ نفسـه خليفةً للدولة الجديدة بينما يقوم أبو سَلَمة الخلاَّل الشهير بوزير آل محمَّد وأحد أعمدة الدعوة بانتظـار الوقت الملائم للإعلان عن الخليفة الجديد مِنْ بين العلويين الذين ظلَّت الدعوة طويلاً تدعو لَهُمْ ومِنْ أجلهم[96]، وبالتالي تراكمتْ التجارب الفاشـلة التي رافقت مسـيرة العلويين منذ بدايات العصر الأمويِّ، واسـتطاع العبَّاسيون الاستئثار بالسُّلطة وحدهم، ولَمْ تلبث الدولة الجديدة طويلاً حتى تخلَّصتْ مِنْ جميع رفاق الأمس في الدعوة والثورة، الذين باتوا، الآن، عبئاً وخطراً على الدولة.

وفي عامِ 132 هجريَّة تنتصرُ الثورة ويبدأ العهد الجديد مع الخلافة العباسيَّة، ويعلنُ أبو العبَّاس السفَّاح أول خليفةٍ عباسيٍّ أنَّهم سيحكموا وفق القرآن الكريم والسـنَّة النبويَّة، وسـتكون مفاهيم العدل والمسـاواة معاييـر الدولة، وأنَّ الفيء وخيـرات الدولة سـوف تصل إلـى أصحابها، وأنَّ المسـلمين مِنَ العـرب وغيرهم سواسيَّة في توجُّهات الخليفةِ الجديد، وأنَّ الصراع مع الأمويين لَمْ يكنْ مِنْ أجلِ

95. الطبري، تاريخ الرسل والملوك، ج 8، ص 134 / ابن كثير، البداية والنهاية، ج 10، ص 28 – 39.
96. خليفة بن خياط، تاريخ خليفة بن خياط، ص 409 – 410 / قارن مع: الطبري، تاريخ الرسل والملوك، ج 7، ص 424 – 425 / قارن مع: الدينوري، الأخبار الطوال، ص 370 – 377 / عبد العزيز الدوري، العصر العباسي الأول، ص 42 – 45.

السُّـلطة بـل في سـبيل رفع الظلم والقَهْر، أمَّا ثالثة الأثافـي فقد كانت في خطبةِ أبي العبَّاس السـفَّاح يـوم بيعته بأنَّ الله اختارَهُمْ لخلافتهِ، كمـا اختارَهُمْ لنبوَّته، وجعلهـم الوارثيـن فلـنْ يسـلِّموا الراية إلاَّ إلى عيسـى بن مريم عليـه السلام[97]، وبدورهِ أعلنَ أبو جعفر المنصور بأنَّ الله تعالى قد اختارهم أيضاً لخلافتهِ حيث يقـول فـي إحـدى خطبـه: "أيُّها النَّـاسُ، إنَّما أنا سـلطانُ الله في أرضهِ، أسوسـكم بتوفيقهِ وتسديدهِ، وتأييدهِ وتبصيره" [98]، في تجاوزٍ صارخٍ على جوهرِ الشريعة الإسلاميَّة.

هـذا والمَـرْءُ مُحْتـاجٌ، فيمـا أحسـبُ، إلـى قَـدْرٍ كبيـرٍ مِـنَ العقلانيَّـة أملاً في التوفيق بينَ إعلان العبَّاسيين منذُ بدْءِ دعوتهم أنَّ الشورى، والانتخاب، والحريَّة، والاختيار، هيَ غاياتهم العليا، وبين الواقعِ الفعليِّ في صيرورة التاريخ العباسيِّ، حيـث كـرَّس خلفـاء بنـي العبَّاس مبـدأ الوراثة فـي عائلتهـم بصورةٍ تتفـوَّق على الأموييـن، حيث لَمْ يصل إلى العرش العباسـيِّ خليفةٌ لَمْ يكنْ والـدهُ خليفةً منذ أبـي العبَّاس السـفَّاح عـام 132 هجريَّة حتى عـام 295 هجريَّة سـوى الخليفتيْن المُسـتعين والمُعْتَضـد[99]، ومِـنْ هنـا، كان الاختلاف بيْـن الدولتيْن فـي الدعاية السياسـيَّة مـع تفوُّقٍ ظاهرٍ للعباسـيين في الخطاب، وإصرارٍ أكيدٍ في السـيطرة، والقهـر، بـل واسـتثمر العبَّاسـيون شـرعيَّة الثـورة والقوَّة فـي بداياتهـم أكثر ممَّا ارتكـزوا علـى شـرعيَّة القُرَشـيَّة، وأكثر ممَّـا وظَّفوا النصـوص الدينيَّـة، وظَهَرَ هذا جليَّـاً فـي توجُّه أبي العبَّاس السـفَّاح عندمـا عيَّن أبا جعفر المنصور وعيسـى بن موسـى بولايـة العهـد[100]، وهي خطـوة تمثِّل إعادة إنتـاج للتجربـة الأمويَّة مِنْ حيث الاسـتئثار بالسُّـلطة مِنْ جهة، والوقوع في خطأ توليـة أكثر مِنْ وليٍّ للعهد فـي الوقت ذاته مما يجعـل الخلافة في صراعٍ دائم مِنْ جهةٍ ثانية.

---

97. خليفة بن خياط، تاريخ خليفة بن خياط، ص 409 / الطبري، تاريخ الرسل والملوك، ج 7، ص 425 - 428.

98. الطبري، تاريخ الرسل والملوك، ج 8، ص 89 - 90.

99. المسعودي، علي بن الحسين "ت 345 هـ"، التنبيه والإشراف، صححه وراجعه عبد الملك إسماعيل الصاوي، بغداد، مكتبة المثنى، ط1، 1938، ص 321.

100. االطبري، تاريخ الرسل والملوك، ج 7، ص 470.

Mohammad Shaban, The Abbasid Revolution, Cambridge, 1970, pp.5 - 31.

وإذنْ، فالعقل يستنكفُ أنْ يكونَ هذا السطو الأيديولوجيّ، والواقع التاريخيُّ الواهـن، والتبريـر المصنوع والمفتَعَل، ضَريعاً للشَّـريعة، أو قسـيماً لها يشـاركها فـي الاسـم، أو نظيـراً لها وإنْ باينهـا في الصِّفـة، وانطلاقاً مِنْ هـذه الرؤى، كيف يُمْكِـنُ تفسـير خطـوات أبي جعفـر المنصور في البيْعـة لابنه المهـدي، بدلاً مِنْ عيسـى بن موسـى، ثمَّ هادنَ قليلاً في الأمرِ وأعاد الأخير لولاية العهد ولكنْ بعد ابنهِ(101)، ثمَّ عادَ وعزلهُ بعد إجباره على التنازل باستخدام قوَّة الجيش العباسيِّ، ثمَّ ما لبثَ المهديُّ أنْ عيَّن ولديْه الهادي والرشـيد في ولاية العهد، وبعد وصول الخليفـة الهـادي إلـى الحُكْمِ أراد نقل ولايـة العهد مِنْ شـقيقهِ الرشـيد إلى ابنه الطفـل جعفـر ولكنَّ مسـاعيهِ قـدْ خابت نتيجـة رفض قادة الجيـش، وكبار رجال الدولـة(102)، وهكذا تتحوَّل الدولة إلى مُلْكيَّة خاصَّة للعباسـيين وبطانتهم وليسَ للمُسْـلمين رأيٌ، أو دورٌ، أو مشـاركة في اتخاذ القرار، وإنَّما يتمُّ اسـتدعاء النَّاس للبيعـة، أو القتـال، أو دفع المكـوس والخَراج، فقط، وبصورة تكرِّس اسـتبعادهم خارج التاريخ، وبعيداً عَنْ مبادىء شـريعتهم.

ثـمَّ أخـرى، لا تتوقَّف المسـألة عند حدود الصراع على ولايةِ العَهْد، وترسـيخ مبدأ الوراثة، والاسـتخفافِ بالشـريعة الإسلاميَّـة، والنَّاس، والحقـوق، والحريَّات، وإنَّما تَدْخُلُ الدولة الإسلاميَّة برمَّتها في أتونِ صراعٍ مسلَّحٍ بينَ الأمينِ والمأمون، حيـث يقـوم الخليفـة هـارون الرشـيد بتعييـن أبناءه الأميـن والمأمون والقاسـم كأوليـاء للعهـد(103)، وبعـد وفـاة الخليفة قـرَّر الأمين عـزل شـقيقه المأمون عن ولايـة العهـد مما أشـعل فتنـةً انتهت بقتل الأخيـر بحرابِ جيشٍ خراسـانيٍّ دَخَلَ

101. الطبري، تاريخ الرسل والملوك، ج 8، ص 20، ص 39 / البسوي، المعرفة والتاريخ، ج 1، ص 138.

102. الطبري، تاريخ الرسل والملوك، ج 8، ص 207 - 209 / المسعودي، مروج الذهب ومعادن الجوهر، ج 3، ص 342 - 343 / ابن كثير، البداية والنهاية، ج 13، ص 556 / إحسان العمد وآخرون، تاريخ الدولة العباسية، عمَّان، منشورات جامعة القدس المفتوحة، ط1، 1995، ص 169 - 170.

103. الطبري، تاريخ الرسل والملوك، ج 8، ص 240، ص 275 - 285 / الدينوري، الأخبار الطوال، ص 231 - 234 / ابن الجوزي، المنتظم في تاريخ الأمم، ج 10، ص 11 - 12 / السيد عبد العزيز سالم، العصر العباسي الأول، ج 3، ص 75 / عبد العزيز الدوري، العصر العباسي الأول، ص 141 - 156 / أحمد فريد الرفاعي، عصر المأمون، القاهرة، دار الكتب المصرية، ط2، 1927، ج 1، ص 219 - 234.

العاصمة بغداد، في تطورٍ خطيرٍ في مسار الدولة الإسلاميَّة أعاد إلى الذاكرة الفتنة الكبرى زمن الراشدين[104]، كما أعادت هذه الفتنة أيضاً حقيقة غياب المؤسَّسيَّة عن فكرة الخلافة، وأنَّ الاجتهادات والمصالح الخاصَّة هي الفيْصلُ في اختيار الخليفة ووليِّ العَهْد، وكانت المُفَارقة الجديدة في هذا السياق هي قيامُ المأمون بنقلِ ولاية العهد مِنَ الأُسرة العباسيَّة إلى العلويين، حيث اختار عليَّاً بن موسى الرضا وليَّاً للعهد، وكانت النتيجة تمرُّد أبناء الأسرة العباسيَّة في بغداد، وخلعهم للمأمونِ، وتنصيب إبراهيم بن المهدي خليفة جديداً، وفَشِلَ المأمون في إعادة الاستقرار إلى الدولة إلى حين وفاة عليّ الرضا[105]، وما كان يعلم هؤلاء بأنَّ صنيعهم هذا بإدخال العسكر في الحياة السياسيَّة سوف يكون وبالاً على الدولة، والمجتمع، والأمَّة، وأنَّ العسكر لَنْ يخرجوا مِنَ المعتركِ السياسيِّ أبداً حتى يومنا هذا.

وأمَّا الذي يوضِّح الأمر توضيحاً كاملاً فهو خضوع الخلافةِ للعسكر منذ تلك المرحلة، فقد تدخَّلوا بُعيْد هذه التجربة في تفاصيل البيعة للخليفة المعتصم عام 218 هجريَّة، وأصرُّوا على البيْعةِ للعبَّاس بن المأمون، ولولا حنكة المعتصم لما استطاع إخماد الفتنة في مهدها[106]، ولمَّا أدرك المعتصم خطر تغوُّل العسكر في الحياة السياسيَّة، وفي سلطاتِ الخليفة تحديداً، قرَّر التخلُّص مِنْ خطر الجنود الفرس والعرب وقادتهم بصورة غريبة، حيث استبدل السيطرة الفارسية والعربيَّة المتنامية للعسكر بأخرى تركيَّة[107]، ولعلَّه أراد ضربَ هذه القوى ببعضها البعض،

104. خليفة بن خياط، تاريخ خليفة بن خياط، ص 460 – 468 / الطبري، تاريخ الرسل والملوك، ج 8، ص 374 – 380، ص 387 – 390 / المسعودي، مروج الذهب ومعادن الجوهر، ج 3، ص 387 – 389، ص 439 – 440 / أحمد الرفاعي، عصر المأمون، ج 1، ص 240 – 255.

105. خليفة بن خياط، تاريخ خليفة بن خياط، ص 470 / الطبري، تاريخ الرسل والملوك، ج 8، 554 – 564. المسعودي، التنبيه والإشراف، ص 302 – 305.

106. الطبري، تاريخ الرسل والملوك، ج 8، ص 645 – 646، ص 667 / الدينوري، الأخبار الطوال، ص 401 – 405 / المسعودي، مروج الذهب ومعادن الجوهر، ج 3، ص 381 – 382 / ابن كثير، البداية والنهاية، ج 14، 232 / عبد العزيز الدوري، العصر العباسي الأول، ص 175 – 179 / إحسان العمد وآخرون، تاريخ الدولة العباسية، ص 131.

107. المسعودي، مروج الذهب ومعادن الجوهر، ج 3، 465 / ذو النسبيْن، أبو الخطَّاب عمر بن الحسن "ت 633 هـ"، النبراس في تاريخ خلفاء بني العباس، صحَّحه وعلَّق عليه عبَّاس العزَّاوي،

وكانت النتيجة أنَّ الضربة تمَّ توجيهها إلى استقرار الدولة، والمزيد من استبعاد النَّاس، ورَحَلَ عَنْ بغداد وبنى لجنوده الجدد الأتراك مدينة سُرَّ مَنْ رأى، فازدادت الصراعات السياسية ذات الصبغة العسكريَّة، ولهذا لمَّا توفيَّ الخليفة الواثق بن المعتصم عام 227 هجريَّة دون تعيين وليٍّ للعهد، لم يتردَّد العسكر ورجال الدولة في اختيار الخليفة الجديد المتوكِّل[108] بصورة عمَّقتْ سيطرة هذه الطبقة على الدولة وخياراتها وخيراتها، ومع وفاة الواثق ينتهي العصر العباسيِّ الأول، وقد شهد عصر المتوكِّل تعاظماً كبيراً في نفوذ العسكر، وبين مقتل الخليفة المتوكِّل ودخول البويهيين الفرس إلى بغداد عام 334 هجريَّة، استمرَّ انتقال السُّلطة من جهةٍ إلى أخرى، دون وصولها إلى أصحابها الحقيقيين.

وانطلاقاً مِنَ التجربةِ الأولى التي قامت بسرقةِ الشَّريعة الإسلاميَّة مِنْ أصحابها في عصر الأمويين والعباسيين، مروراً بالتجربة الثانية التي قادها العسكر مِنَ الأتراك والبويهيين ومعهم معظم الوزراء والكتَّاب، يمكن القول أنَّ السُّلطة السياسيَّة لَمْ تكن بيد الخليفة في أغلبِ الحالات، وكلَّما تَعَاظَم نفوذ الفُرْسِ والأتراك تراجعتْ كلُّ السُّلطاتِ وَضَعُفَتْ، حتى باتَ تعيينُ وعَزْلُ الخليفة، مثلاً، مسألة تمَّ تكريسها مِنْ أجل الهزيمةِ المعنويَّة للإنسان في المجتمعِ الإسلاميِّ، حيث يقوم العسكر بقتل أو سَمْلِ عيون، جميعِ مُعَارضيهم، وبالذات الخلفاء، فانقسمتْ الدولة الإسلاميَّة، وبرزت إمارات مستقلَّة، مثل الأدارسة والأغالبة والطاهريين والصَفاريين والسامانيين والطُّولونيين[109]، ودفعتْ هذه

بغداد، مطبعة العارف، ط1، 1946، ص 63 – 72 / عبد العزيز الدوري، العصر العباسي الأول، ص 177 – 179 / السيد عبد العزيز سالم، العصر العباسي الأول، ج 3، ص 93 / كارل بروكلمان، تاريخ الشعوب الإسلاميَّة، ص 216 – 210.

108. الطبري، تاريخ الرسل والملوك، ج 9، ص 175 – 180 / المسعودي، مروج الذهب ومعادن الجوهر، ج 4، ص 87 / ابن الجوزي، المنتظم في تاريخ الأمم، ج 11، ص 353 / ابن خلدون، عبد الرحمن بن محمد "ت 808 هـ"، تاريخ ابن خلدون المسمَّى: ديوان المبتدأ والخبر في تاريخ العرب والعجم والبربر ومن عاصرهم من ذوي الشأن الأكبر، مراجعة سهيل زكار، بيروت، دار الفكر، ط1، 2000، ج 3، ص 340 – 349.

109. الطبري، تاريخ الرسل والملوك، ج 9، ص 351 / ج 10، ص 116 / ابن الجوزي، المنتظم في تاريخ الأمم، ج 10، ص 141 / ج 12، ص 34 – 35، ص 173 – 174، ص 222، ص 350 – 351 / ابن خلدون، تاريخ ابن خلدون، ج 3، ص 367 – 568، ص 389، ص 398، ص 438.

التطوُّرات الخطيرة الأمير الأموي عبد الرحمن النَّاصر إلى إعلانِ الخلافة الأمويَّة في الأندلس[110]، وبذا لم تتوقَّف عوامل الضعف على تراجع مؤسَّسة الخلافة، وتسلُّط السَّاسة العرب والعسكر الأتراك والفرس ورجالات الدولة بلْ وَصَلَ إلى درجة الشرخ العميق في بِنْية الوَحْدة الإسلاميَّة التي كانت تعاني أساساً مِنَ الضعف، والتمزُّق، وإلغاء الآخر، وتهميش النَّاس، وسرقة الشريعة، وتراجعت الأسئلة الحقيقيَّة المتعلِّقة بحقوق النَّاس وحريَّاتهم أمام بروز أسئلة جديدة مؤدَّاها: أنَّ القَهْرَ والاستبدادَ هما اللافتة الوحيدة المطروحة في عالم الأفكار والأشياء والإنسان في المجتمع العربيِّ.

وواضحٌ أنَّ متتالية التقهقر لا تتوقف في ظلِّ مجتمعٍ يقودهُ لصوصٌ، ويسوسهُ تجَّارٌ، ويمثِّل مصالحه عبيد، ولذا لَمْ يكنْ مُسْتَغرباً استحداث منصب أمير الأمراء تعويضاً عن انهيارِ صورة وسلطة الخلافة، كيما يسيطر أمير الأمراء على كاملِ صلاحيَّات الخليفة، وتحويله إلى مجرَّد موظَّفٍ يتقاضى راتباً مِنْ بيْتِ المال، وتحوَّلت مؤسَّسات الدولة العسكريَّة والإداريَّة ودواوينها إلى مجرَّد مسمَّيات أمام تسلُّط العسكر[111]، ودخلتْ الخلافة الإسلاميَّة، أو ما تبقى مِنْ صورتها، في مرحلة التيهِ السياسيِّ ما بيْن التسلُّط التركيِّ والفارسيِّ بحيث لَمْ تعد المسألة هل يَحْكُم العرب، أَمْ الترك، أَمْ الفرس؟، وإنَّما المسألة هي تحطيم كينونة الإنسان المُسْلم، وسرقة شريعتهِ، وتحوَّلت الخلافة إحدى أبرز عناوين وَحْدة الأُمَّة الإسلاميَّة إلى

110. المقري، شهاب الدين أحمد التلمساني "ت 380 هـ"، نفح الطيب من غصن الأندلس الرطيب وذكر وزيرها لسان الدين بن الخطيب، تحقيق إحسان عباس، بيروت، دار صادر، ط1، 1988، ج 1، ص 353 – 355 / أحمد مختار العبادي، في التاريخ العباسي والأندلسي، بيروت، دار النهضة، ط1، 1955، ص 60 – 62 / خليل السامرائي وآخرون، تاريخ العرب وحضارتهم في الأندلس، الموصل، دار الكتاب، ط1، 1986، ص 157.

111. ابن الطقطقا، محمد بن علي بن طباطبا "ت 709 هـ"، الفخري في الآداب السلطانية والدول الإسلامية، بيروت، دار صادر، ط1، د. ت، ص 280 – 283 / ابن كثير، البداية والنهاية، ج 12، ص 165 – 166، ص 172 – 173 / ابن الجوزي، المنتظم في تاريخ الأمم، ج 14، ص 29 – 48 / كارل بروكلمان، تاريخ الشعوب الإسلامية، ص 239 – 240 / وجيه كوثراني، الفقيه والسلطان: جدلية الدين والسياسة في تجربتين تاريخيتين العثمانية والصفوية – القاجارية، بيروت، المركز العربي للأبحاث ودراسة السياسات، ط1، 2015، ص 40 – 48.

مجـرَّد شـكلٍ بلا مضمـونٍ، أو سُـلطةٍ، أو تقديـر[112]، وأيضاً، تغيَّر مضمون السـؤال التاريخـيِّ منـذ التجربـة النبويَّـة والراشـديَّة: كيف يكونُ الحُكْم؟ إلى سـؤالٍ أشـدُّ وطأةً: متى نتخلَّص مِنَ الظلمِ والتسلُّط والعسف والقهر والتخلُّف والتهميش على المستوى السياسيِّ والمجتمعيِّ والأخلاقيِّ على حدٍّ سواء؟.

وإنْ شـأتَ أنْ تَعْلمَ أيضاً، فاعلمْ أنَّ مبادىء الشُّـورى، والعدل، والانتخاب، لَمْ تكـن حاضـرةً في العصـر العباسـيِّ الأوَّل، أو الثاني، فيما يتعلَّـق باختيار الخليفة، وإنَّمـا كانَ الأمـر فـي بدايتـهِ يعتمـد علـى ولايـة العهـد، بمعنـى كانت الشـرعيَّة مسـتمدَّة مِـنْ كتـابِ البَيْعـة، وبالتالي تـمَّ تكريس نظـام الوراثة بصورتـهِ الأمويَّة مـع بعـض الاختلافات الشـكليَّة، ومع نهاية العصر العباسـيِّ الأوَّل تلاشـتْ جميع هذه المظاهر نتيجة سـيطرة العسـكر على الحياة السياسيَّة في الدولة الإسلاميَّة، مـع حرص العسـكر والإمـارات المُنْفَصِلة على الشـرعيَّة القادمة مِـنْ بغداد حتى ولـو كانـت بلا معنـى أو أثـر، كمـا اسـتمرَّت ظاهـرة وجود أكثـر مِنْ ولـيٍّ للعهد، والحصول على البيعتيْن الخاصَّة والعامَّة، طوال العصر العباسـيِّ الأوَّل، مع الإقرارِ بتراجـعٍ مُمَنْهَـجٍ فـي تدابيـر الخلافـة[113]، دونَ التنازل طـوال تلكـم المرحلة عَنْ شـرط القُرَشـيَّة في الخلافـة، ودخول الفقهـاء بصورة متزايدة على سـياق تكريس هـذا المبـدأ[114]، ولعلَّـه مِـنَ الأهميَّـة بمـكان الإشـارة إلى كـون الاهتمـام الكبير

112. حول أوضاع الخلافة والخلفاء في مرحلة النفوذ التركي والفارسي بصورة أوسع من خلال العودة إلى:
الطبري، تاريخ الرسل والملوك، ج 9، ص 234، ص 244 - 246، ص 256، ص 282 - 285، ص 456 - 458 / المسعودي، مروج الذهب ومعادن الجوهر، ج 4، ص 136 - 145، ص 162 - 163، ص 184 - 186 / ابن الطقطقا، الفخري في الآداب السلطانيَّة، ص 240 - 247، ص 262 - 287 / الأزدي، علي بن منصور "ت 613 هـ"، أخبار الدول المنقطعة، تحقيق عصام هزايمة ومحمد محافظة ومحمد الطعاني وعلي عبابنة، إربد، مؤسسة حمادة ودار الكندي، ط1، 1999، ج 2، ص 400 - 417 / القرماني، أحمد بن يوسف "ت 1019 هـ"، أخبار الأُوَل وآثار الدول في التاريخ، تحقيق أحمد حطيط وفهمي سعيد، بيروت، عالم الكتب، ط1، 1992، ج 2، 147 - 163.

113. وفاء محمد علي، الخلافة العباسية في عهد تسلُّط البويهيين، الاسكندرية، المكتب الجامعي الحديث، ط1، 1990، ص 39 - 60 / السيد عبد العزيز سالم، العصر العباسي الأول، ج 3، ص 247 - 259.

114. الشافعي، محمد بن إدريس 204 - 150" هـ"، الأم، بيروت، دار الفكر، ط1، 1983، ج 1، ص 188 - 190 / وائل حلاَّق، نشأة الفقه الإسلامي وتطوره، ترجمة رياض الميلادي، بيروت، دار

بشكلانيَّة الخلافة كان على الدوام مُلازِمَاً لمراحل التراجع على المستوى السياسيِّ والاقتصاديِّ والاجتماعيِّ والعلميِّ، لأنَّه في هكذا مراحل تاريخيَّة تغيب الحقائق أمام الأوهام، وتبرز الفروع على حسابِ الأصول.

ولكيْ لا نقع في الوهمِ والضَّلال، ظلَّ الخليفة، في العصرِ العباسيِّ الأوَّل تحديداً، مصدراً للشرعيَّة، لا يمكنْ تجاوزه، ولمَّا ضَعُفَتْ الخلافة لاحقاً، حافظَ على تلكم المكانة والشرعيَّة، وسعى جميع المقتنعين وغير المقتنعين بدورهِ إلى الحصول على شرعيَّتهِ الصُّوَريَّة، والتشرُّف بالخِلَع والألقابْ، وقد استمرَّت هذه التدابير الشكليَّة بالتراجع إلى أنْ تمَّ إقصاؤها تماماً منذ عهد الخليفة العباسيِّ الراضي بالله329 - 322" هـ" [115]، ومِنْ هنا، بدأتْ تظهر بشكلٍ علنيٍّ خطوات عَزْل الخلفاء نتيجة تسلُّط العسكر، وسواء كان التبرير هو فِسْقُ ذلكم الخليفة، أو عدم كفاية إحدى الحواس لديهِ، أو فقدانه أحد أعضاء جسمه، فقد ظَهَرَ جليَّاً أنَّ هذه التبريرات كانت للتغطية على قوَّة وطموحات وأطماع العسكر ورجالاتِ الدولة مِنَ العرب والأتراك والفرس، وكانت المؤامرات السياسيَّة، والعنف الدمويُّ، والاستهتار بكلِّ القيم الإسلاميَّة[116]، تساهم بشكلٍ مُطَّرِدٍ في عملية الانهيار السياسيِّ لمؤسَّسة الخلافة، وقيمةِ وقَامَة الخليفة، وانعكاساتها الكبيرة على المشروعِ الحضاريِّ الإسلاميِّ الذي كانَ للمفارقة يخطو بشكلٍ ثابتٍ نحو الإنجاز، وفي تناقضٍ ومفارقةٍ جديرةٍ بالدراسة بينَ المجتمع بمستوياتهِ وطبقة الحُكْمِ وأتباعها جميعاً.

المدار الإسلامي، ط1، 2007، ص 245 - 264 / قارن مع: عبد المجيد الصغير، الفكر الأصولي وإشكالية السلطة العلمية في الإسلام: قراءة في نشأة علم الأصول ومقاصد الشريعة، بيروت، دار المنتخب العربي، ط1، 1994، ص 81 - 119، ص 232 - 251.

115. ابن الطقطقا، الفخري في الآداب السلطانية، ص 280 / المسعودي، التنبيه والإشراف، ص 336 - 343 / الأزدي، أخبار الدول المنقطعة، ج 2، ص ص 401 - 409 / القرماني، أخبار الأُوَل وآثار الدول في التاريخ، ج 2، ص 145 - 148 / ذو النسبيْن، النبراس في تاريخ خلفاء بني العباس، ص 114 - 119.

116. المسعودي، التنبيه والإشراف، ص 398 - 399 / شاكر مصطفى، دولة بني العباس، الكويت، وكالة المطبوعات، ط1، 1973، ج 2، ص 432 - 441 / فاروق عمر فوزي، الخلافة العباسية في عصر الفوضى العسكريَّة، بغداد، مكتبة المثنى، ط1، 1977، ص 66 - 70.

ورأسُ الأمْرِ، كما نرى، هو أنَّ صيرورة التاريخ منذ نهاية العصر الراشديِّ تبلورت معها أطيافٌ سياسيَّة وعسكريَّة وعلميَّة لعبتْ الأدوار المؤثِّرة في تحوُّلات المجتمع والحياة السياسيَّة في الدولة الإسلاميَّة، وباتتْ محوريَّة وظاهرةً في العصر العباسيِّ بصورةٍ أكبر، فظهرتْ المُنَافسة التي اتخذت شكل الصِّراع في بعضِ الأحيان بينَ الأحزاب المُعارِضَة، والعَسْكرِ، وطبقة الفقهاء وأصحاب الحديثِ الشَّريف، وكان مدى تأثُّرها وتأثيرها بالدولة يتفاوت حسب موازين القوى، وليس يخفى تقدُّم العَسْكر في سياقِ السيطرة على بقية الأطياف في الإمساك بزمامِ الخلافة ومؤسَّسات الدولة منذ بدايات العصر العباسيِّ الثاني[117]، وظاهرٌ أنَّ الخلفاء العبَّاسيين الأوائل أدركوا بجلاءٍ كبير ضرورة توظيف الدِّين مِنْ أجلِ السيطرة على التنافر داخل صفوف مؤيديهم منذ بدءِ الدعوة العبَّاسية وصولاً إلى إعلانِ خلافتهم، وكان التوجُّه نحو العلماء والفقهاء واضحاً مِنْ أجلِ تمزيق وَحْدة الأمويين وإضعافهم، مع أهميَّة الإشارة إلى عهد الخليفة القادر بالله 422 – 381" هـ" ومحاولات إحياء الخلافة، وحَشْد أهل السنَّة والحديث وراء "الاعتقاد القادريِّ"[118]، الذي يمثِّل مشروعاً إصلاحيَّاً سُنِّيَّاً لمواجهة الفكرِ الشيعيِّ تحديداً، واستدعاءً لمرجعيَّات الخلافة، ولكنَّ انتصار العباسيين في كلِّ محاولةٍ ظلَّ يدفعهم إلى القيام بخطوات تصفية مَنْ يُمثِّلون خطراً عليهم مِنْ جهة، واحتواء مَنْ يمكن أنْ يخدموا سيطرتهم ويسوِّغوا وجودهم ويردُّوا على خصومهم مِنْ جهةٍ أخرى.

إنَّ الفكرة المركزيَّة، هنا، كيفَ دَفَعَتْ الطموحات والمطامع السياسيَّة

---

117. وفاء محمد علي، الخلافة العباسية في عهد تسلُّط البويهيين، ص 61 وما بعدها / عبد العزيز الدوري، العصر العباسي الأول، ص 81 – 84 / حسن إبراهيم حسن، تاريخ الإسلام: السياسي والديني والثقافي والاجتماعي "الجزء الرابع: العصر العباسي الثاني"، بيروت، دار الجيل، ط14، 1996، ص 292 – 307.

118. حسين عطوان، الفقهاء والخلافة في العصر الأموي، بيروت، دار الجيل، ط1، 1991، ص 50 – 64 / حسين عطوان، الدعوة العباسية، ص 175، ص 353 – 397، ص 451 – 453 / وانظر نصّ الاعتقاد الظاهريّ في: ابن الجوزي، المنتظم في تاريخ الملوك والأمم، ج 15، ص 279 – 282 / آدم متز، الحضارة الإسلامية في القرن الرابع الهجري، ترجمة محمد عبدالهادي أبو ريدة، بيروت، دار الكتاب العربي، ط4، 1967، ج 1، ص 382 – 384 / عبد العزيز بن محمد آل عبد اللطيف، الاعتقاد القادري: دراسة وتعليق، مكة المكرمة، جامعة أم القرى، مجلة جامعة أم القرى لعلوم الشريعة واللغة العربية وآدابها، المجلد 18، العدد 139، 1427هـ، ص 225 – 278.

العباسـيين إلـى تغييـر مواقفهـم كلَّما غيَّروا مواقعهـم، وبيان هذا الأمـر يظهر في تطوُّر علاقتهم مع العلويين، مثلاً، ذلك أنَّه لمَّا بُويعَ أبو العبَّاس السفَّاح في مدينة الكوفـة، لـم يتـردَّد في إعلان ما كان معلومـاً إبان الدعوة السـريَّة بأنَّهم ما خرجوا ضـدَّ الأموييـن إلاَّ مِـنْ أجلِ آل عليٍّ رضيَ اللـه عنه، وأنَّ أهل الكوفة هم شـيعتهم وأهلهـم وأنصارهـم المُخْلِصيـن، وأنَّهـم سـوف يعيدوا الحـقَّ إلى أصحابـهِ، بل إنَّ العباسـيين أقرُّوا مسـبقاً بـأنَّ عليّاً ابن أبي طالب رضي اللـه عنه هو صاحب الحقِّ فـي الخلافـة[119]، ولمَّـا وَصَلَ العباسـيون إلى العـرش قلبوا ظَهْرَ المِجـنِّ للعلويين، وغيرهـم، وقـد أعلـنَ العلويون ذلـك صراحةً، ثمَّ تحوَّلـوا إلى الثورة المُسـلَّحة في عهـدِ أبـي جعفر المنصـور، مما دفعَ الأخير إلـى التنصُّل مِنْ خطابهِ السـابق حول العلوييـن، والإعلان عـن كونهم ورثوا الإمامة والخلافة مِـنْ جدِّهم العبَّاس بن عبد المطلب رضي الله عنه والذي هو صاحب الحقِّ أكثر مِنْ عليٍّ بن أبي طالب رضي الله عنه[120]، وبهذا لَمْ يجد أي طَرَفٍ سياسـيٍّ ما يمنعهُ من اجتراح أيَّة شـرعيَّة ما دامت الغاية هيَ العرش، والوسـيلة ليست خاضعة لأيِّ معيارٍ أخلاقيٍّ، أو إسلاميٍّ، والنَّاس، وهم أهل الشـريعة وغايتها، تمَّ اسـتبعادهم منذ أواخر العصر الراشـديِّ، وباتوا خارج حسابات مَنْ سرقوا الشريعة.

وأكثر مِنْ ذلك، انتقل العبَّاسيون إلى لافتةٍ جديدةٍ تجاوزت مسألة الشرعيَّة، والحـقِّ الإلهـيِّ في الحُكْم، نحو تعميق أدوارهم في المجال السياسـيَّ مِنْ خلال توظيفِ المجال الدينيِّ، ومِنْ ذلك توثيق العلاقات والروابط مع الفقهاءِ والعلماء الذين لديهم قابليَّة للاقتراب مِنَ السُّـلطة، ورَفْعِ سـقف محاربة الزندقة، بالتلازمِ مـع طَلَـبِ الطَّاعة والانقيـادِ للخليفة، ونتيجة تقاطـع المصالح هذه ازدادتْ قوَّة السُّلطة، وتعاظَمَتْ مكانة الفقهاء المُقرَّبين منها، مع ضرورة الإشارةِ هنا إلى أنَّ هذهِ التداعيات لَمْ تصل إلى النتائج المنشـودة بصورةٍ كاملةٍ حيث سَعَتْ الكثير

119. خليفة بن خياط، تاريخ خليفة بن خياط، ص 409 / الطبري، تاريخ الرسل والملوك، ج 7، ص 425 – 428 / المسعودي، مروج الذهب ومعادن الجوهر، ج 3، ص 270.

120. الطبري، تاريخ الرسل والملوك، ج 7، ص 425 – 426، ص 568 – 671 / المسعودي، مروج الذهب ومعادن الجوهر، ج 3، ص 311 – 312 / عبد العزيز الدوري، أوراق من التاريخ والحضارة، بيروت، دار الغرب الإسلامي، ط1، 2007، ج 3، ص 67 – 85.

مِنَ القوى الفكريَّة والاجتماعيَّة في الدولة العباسيَّة إلى الاستقلال عن تسلُّط المؤسَّسة السياسيَّة التي تأثَّرت بالموروث الفارسيِّ بصورةٍ كبيرةٍ في بداياتها إلى جانب الموروث البيزنطيِّ[121]، وأبرز تجلِّيات التلاقي بيْن هذيْن الموروثيْن مع الطموحات العباسيَّة هي توجُّه الدولة نحو تقنين الفقه، وتوحيد الرؤية كما يريد الخليفة، وقمع حرية التفكير، ظهرتْ مع أبي جعفر المنصور الذي مَارَسَ ضغوطاً على الإمامِ مالك بن أنس بحيث يصبح كتابه"الموطَّأ " هو المرجع المُعْتَمد والوحيد داخل الدولة، غير أنَّ الإمام مالكاً رفض هذا الأمر مؤكِّداً على مشروعيَّة الاختلاف، وحقِّ المُسْلمين في الاجتهاد[122].

وتواصَلَتْ الجهود الحثيثة لاحتواء السُّلطة الفقهيَّة والقضائيَّة، وبالذاتِ ممَّن كانوا أعلاماً وخارج سيطرة الدولة، فقام الخليفة العباسيُّ هارون الرشيد بمحاولةٍ ذكيَّة لإعادة ترتيب العلاقة بيْن الدولة والفقهاء مِنْ خلال استحداث منصب قاضي القضاة، وتأكيد تعيينه مِنْ قِبَل الخليفة، وبهذا تَضْمَنُ السُّلطة السياسيَّة تبعيَّة القضاء لها، وكانتْ هذه الخطوة مُقدِّمةٍ لخطواتٍ أخرى لَمْ تنجح جميعها وفق خطَّة الدولة[123]، وبلَغَتْ المسألةُ ذروتها في عَهْدِ الخليفةِ العباسيِّ المأمون بن الرشيد عندما أرادَ إحكام السيطرة على المجال الدينيِّ بأسرهِ مِنْ خلال اختراعِ فتنةٍ كبرى تأسَّستْ على القول بخلْقِ القرآن الكريم،

---

121. فاروق عمر فوزي، التاريخ الإسلامي وفكر القرن العشرين: دراسات نقدية في تفسير التاريخ، بغداد، مكتبة النهضة، ط2، 1985، ص 143 – 179 / محمد ضياء الدين الريّس، النظريات السياسية الإسلامية، القاهرة، دار التراث، ط7، 1976، ص 113 – 117 / عبد العزيز الدوري، الجذور التاريخية للشعوبية، بيروت، دار الطليعة، ط3، 1981، ص 30 – 36، ص 37 – 46، ص 57 – 62 / حسين عطوان، الزندقة والشعوبية في العصر العباسي الأول، بيروت، دار الجيل، ط1، د. ت، ص 162 – 167.

122. ابن قتيبة الدينوري، الإمامة والسياسة، ج 2، ص 192 – 193 / قارن مع: ابن خلكان، أحمد بن محمد "ت 608 هـ"، وفيات الأعيان وإنباء أبناء الزمان، تحقيق إحسان عباس، بيروت، دار صادر، ط1، 1978، ج 4، ص 135 – 139.

123. طاش كبرى زادة، أحمد بن مصطفى "ت 968 هـ"، طبقات الفقهاء، تحقيق أحمد نيلة، الموصل، مطبعة الزهراء الحديثة، ط2، 1961، ص 15 / ابن قتيبة الدينوري، الإمامة والسياسة، ج 2، ص 206 – 209 / عبد المجيد الصغير، الفكر الأصولي وإشكالية السلطة العلمية في الإسلام، ص 105 – 111.

وتحوّلت الخلافة بهذا التوجُّه إلى دولةٍ شموليَّة بمعنى الكلمة، وقد عَصَفَتْ هذه الفتنة بكلِّ مكوِّنات الدولة الإسلاميَّة، وكانتْ امتحاناً عسيراً بيْنَ الطامحين إلى أدلجةِ الشريعة الإسلاميَّة، واستكمال مراحل سَرِقتها مِنْ أصحابها الحقيقيين وهم جميع المُسْلمين، وبيْن علماء وفقهاء وأفراد رفضوا فكرة الوصاية المُطْلقة مِنَ الدولة على الدِّين بذريعةِ حمايتهِ، أو تفسيرهِ، أو توظيفهِ، أو تنقيتهِ، والنتيجة في الحالتيْن أنَّ ادِّعاء الحقيقة المُطْلقة مِنْ قِبَل الدولة أو رجالاتها المُعمَّمين ساهم في تشويه الدولةِ والمجتمعِ والإنسانِ في المجال الإسلاميِّ(124).

وبعض هذا الحديث عن الأيديولوجيَّة لا بُدَّ منه، لأنَّ محنة خلق القرآن الكريم تمثِّلُ امتداداً للصراع السياسيِّ مع المجال الدينيِّ الذي بَرَزَ منذ زمن الراشدين، وتحديداً في خلافةِ عثمان بن عفَّان رضيَ الله عنه إبان جمع القرآن الكريم، ورغبة السُّلطة السياسيَّة في توحيد الرؤى، ولكنَّ هذه الرغبة تمَّ توظيفها في سياقاتٍ سياسيَّة لاحقاً، وظهرتْ هذه الرؤى وتجلِّياتها منذ بدايات العصر الأمويِّ، مروراً بالعصر العباسيِّ، وبكلمةٍ أدق، أدى تعاظُم المجال الحيويِّ للسُّلطة السياسيَّة في الدولة الإسلاميَّة إلى بروز رغبة الخلفاء بعد زمن الراشدين إلى تحقيق السيطرة

124. حول فتنة خلق القرآن الكريم ومحنة الإمام أحمد بن حنبل انظر:
التميمي، أبو العرب محمد بن أحمد "ت 333 هـ"، كتاب المحن، تحقيق يحيى الجبوري، بيروت، دار الغرب الإسلامي، ط3، 2006، ج 5، ص 340 - 345 / الذهبي، شمس الدين محمد بن أحمد "ت 748 هـ"، سير أعلام النبلاء، تحقيق صالح السَّمر بإشراف شعيب الأرناؤوط، بيروت، مؤسسة الرسالة، ط1، 1982، ج 11، ص 177 - 358 / ابن خلكان، وفيات الأعيان، ج 1، ص 63 - 65 / نيمرود هوروتيز، أحمد بن حنبل وتشكّل المذهب الحنبلي: الورع في موقع السلطة، ترجمة غسان علم الدين، مراجعة رضوان السيّد، بيروت، الشبكة العربية للأبحاث والنشر، ط1، 2011، ص 199 - 239 / فهمي جدعان، المحنة: بحث في جدلية الديني والسياسي في الإسلام، عمَّان، دار الشروق، ط1، 1989، ص 65 - 75، ص 113 - 120، ص 278 - 285 / محمد عابد الجابري، المثقفون في الحضارة العربية: محنة ابن حنبل ونكبة ابن رشد، بيروت، مركز دراسات الوحدة العربية، ط2، 2000، ص 65 - 111 / ناجية الوريمي بوعجيلة، في الائتلاف والاختلاف: ثنائية السائد والمهمَّش في الفكر الإسلاميّ القديم، دمشق، دار المدى للثقافة والنشر، ط1، 2004، ص 215 - 321.
Harry Austryn Wolfson, the Philosophy of the Kalam, Structure and Growth of Philosophic Systems from Palto to Spinoza, 4 (Cambridge, MA: Harvard University Press, 1976.

المُطْلقـة علـى الدولة، وأبرز وأكبر وأهم محرِّكات الدولة هيَ الشـريعة الإسلاميَّة، وفي السياق ذاتهِ، كانَ عصر الخليفة المأمون يشهد ازدياد نفوذ أهل الفقه والعلم بين "النَّاس " في مدينة بغداد، وهم الذينَ رفضوا خلافته سابقاً، إلى جانب نمو تيار الزندقـة، وحركات المُعَارضة المناوئة لـه، فضلاً عن علاقاتهِ مع المعتزلة(125)، وقد تضافـرتْ هـذه العوامل جميعها نحـو افتعال تلكم المحنة لأهدافٍ سياسـيَّةٍ بيِّنة، وإذن، سـخَّرت الدولة كلَّ نفوذها وسـطوتها من أجل تحقيق رؤيتها في فتنة خَلْق القرآن الكريم، وبلغت المسـألة إلى درجة قتل مَنْ يرفض الانصياع لها، واسـتمرَّت الفتنـة منـذ عهد الأمون مروراً بالمعتصم والواثق علـى التوالي، حتى جاء المتوكِّل على الله وأوقف كلَّ مجرياتها وتوابعها.

وبهـذا تكـون حياة الإنسـان في المجتمـع العربيِّ والإسلاميِّ منـذ تمَّ النكوص على مكانتهِ فيها وفق ما قرَّر القرآن الكريم، والسـنَّة النبويَّة، والحديث الشـريف، عبارة عَنْ متوالية لا تتوقَّف من التهميش، وغنيٌّ عن البيان حجم النقلة الإنسـانيَّة التي أحدثتها التجربة النبويَّة، والراشـديَّة، في كينونة الإنسـان، ومكانتهِ، وحريَّاتهِ، وآفاقهِ، وكيف استطاعتْ أنْ تضعَ العربيَّ والروميَّ والفارسيَّ في صعيدٍ واحد، وكلَّما ابتعدتْ الحياة في المجتمع العربيِّ والإسلاميِّ عن الشَّـريعة، والحقيقة، والحُريَّة، والمنهج، كانت المآلات خطيرة، ومُدمِّرة، على المجتمعِ، والإنسانِ، ذلكم أنَّ تاريخ مكانة الإنسـان في مجتمعنا هو تاريخ سـيادة الإسلام، والأُمَّة، والجماعة، والابتعاد عن الاسـتقطاب، والاسـتبعاد، والاسـتئصال، ومِنْ هنا، يجب التأكيـد بصورةٍ قاطعة على ضرورة اسـتعادة الإسلام مِنْ خلال أصحابِهِ الحقيقيين وليس مِنْ خلال انتظار إعادتهِ بقرارٍ رسميٍّ، أو جهودِ مؤسَّسة بعينها، لأنَّه ما كانَ موجوداً، وحاضراً، وفاعلاً، منـذ عَهْدِ الرسـول مُحمَّد صلَّـى الله عليهِ وسـلَّم، إلاَّ من خلال إيمـان، وتضحيَّات، وقناعات، ومنهجيَّة التلقِّي، التي تميَّز بها الإنسان العربيُّ والمُسْلم يوماً ما.

125. خليفة بن خياط، تاريخ خليفة بن خياط، ص 470 – 473 / الطبري، تاريخ الرسل والملوك، ج 8، ص 376، ص 554 – 555 / المسعودي، مروج الذهب ومعادن الجوهر، ج 4، ص 26 – 28 / فهمي جدعان، المحنة، ص 65 – 113 / فتحي الشواورة، سياسة الخليفة المتوكِّل على الله الدينية 232 – 247 هـ: دراسة تاريخيَّة تحليلية، الأحساء، المجلة العلمية لجامعة الملك فيصل "العلوم الإنسانية والإدراية"، المجلد الثاني عشر، العدد الأول، 2011، ص 423 – 474.

المبحث الثاني | السـياق الفكريُّ والسياسـيُّ الإسلاميُّ ومؤثِّراته المحوريَّة

إنَّ الإلماعاتْ التاريخيَّة التي ظفرنا بها في الأوراقِ السَّالفة، تشيرُ إلى محاولاتِ السُّلطة السياسيَّة منذ استشهاد عمر بن الخطَّاب، تعييناً، احتواء وترويض الشَّريعة الإسلاميَّة، والانتقال مِنْ دولة الخلافة إلى دولة المُلْك، كما تمَّ العمل على تصميتِ الإنسـان العربيِّ والمُسْـلِمِ بصورةٍ مريعةٍ لا لمُجرَّد المَنْعِ مِنَ التفكير، والمُشَـاركة، والكلام، ولكنْ منعهُ كانَ أيضاً مِنَ الحضورِ وفقَ النَّهج الذي جاءتْ الشَّريعة أساساً مِنْ أجلهِ، وهذه حقيقةٌ أدركها جميع الطامِحين والطامِعين بالسُّلطة السياسيَّة في المجتمعِ العربيِّ والإسلاميِّ، ومِنْ هنا، أحسبُ أنَّ هذا الإدراك تأسَّس عليه مشروعٌ مُمَنْهَجٌ للسـطوِ على الشَّـريعة وسـرقتها، واسـتبعاد النَّـاس، في آنٍ واحـدٍ معاً، لأنَّ الإسلامَ هو الحقيقة الكبرى، والواقع التاريخيُّ، الذي يَحول دونَ اسـتبداد السُّـلطة السياسـيَّة بمقاليدِ الحياةِ بأكملها، وليسَ السياسـة، أو الاقتصاد، أو الاجتماع، فهذا المشروع الذي أضحى دولاً متتالية كرَّس ثقافة جوهرها الانقياد، والطَّاعة للسُّلطة، وتسويغ كلِّ ممارساتها بصورةٍ شرعيَّة وتاريخيَّة.

والسياسةُ في هذهِ المعادلة ليستْ مُنبتَّة عن الدِّين، بل هيَ تعبيرٌ عنه، وجزءٌ مُتخلِّـقٌ في تربتهِ، وهيَ وسـيطٌ متغيِّـرٌ، وتغيُّرها يعتمد على السـياقاتِ التاريخيَّة والاجتماعيَّة والثقافيَّة، مع أهمية الإشارة إلى كونِ القرآن الكريم والحديث النبويِّ الشريف، لم يُقدِّما تصوُّرات متكاملة حول طبيعة النظام السياسيِّ أو هوية وانتماء الحاكـم الذي سـيتولى إدارة شـؤون الأُمَّـة الإسلاميَّة، وهو ما تكرِّسـهُ تباينات طرق اختيـار الخلفـاء الراشـدين الثلاثـة قبل وصول علـيّ بن أبي طالب رضـي الله عنه، وليـس يخفـى أنَّ النـصَّ القرآنـيَّ والنبويَّ قامـا بهذه الخطـوة الحضاريَّـة مِنْ أجل بنـاء قاعدةٍ جوهريَّة أساسـها حقُّ الأُمَّـة، أو الجماعة، أو الإنسـان، باختيار حكَّامه، بواسـطة الشـورى، وهو ما يتماهى مع حقيقة المعنى الرسوليّ للدعوة الإسلاميَّة،

وكون النبيِّ مُحمَّد صلى الله عليه وسلم هو خاتم الأنبياء والمُرْسَلين، ورسالته آخر الرسالات السماويَّة[126]، بل وكانَ هذا الموقف النبويُّ ينسجم مع معايير المفهوم السياسـيِّ الـذي كان يسـود المجتمع العربـيَّ القبليَّ في تلك الحقبـة مِنَ التاريخ، والذي يأْنَفُ أنْ يحكمه مَلِكٌ أو زعيمٌ أوتقراطي[127]، وبهذا يكون الإسلام قدَّم رؤية سياسيَّة تتفق مع جوهره وآفاقه.

ولَـمْ يكـنْ بُدٌّ مِنَ التوقُّف عند الصدمة العنيفـة التي أحدثتها وفاة النبي صلى الله عليه وسـلَّم فـي نفوسِ المُسْـلمين، وتبلورت مَلامِحٌ جديـدةٌ ومصيريَّة تتعلَّق بضـرورة الحفاظ على منجزات الدِّين والدولة، أيْ خلافته عليه الصلاة السلام[128]، ولقد سَـاهَمَ غياب الرسـول والقائد في انبثاقِ الطابع التاريخـيِّ والدنيويِّ للحَدَثِ الإسلاميِّ، وباتَ جليّاً أنَّ المَصَالح والمَطَامح للفكرِ القبليِّ ستبدأ بالتعبير عَنْ نفسها بأشـكالٍ مباشـرة[129]، ومع إعلان خبر وفاة النبي عليه الـصلاة والسلام برزتْ لدى كبار الصحابة من الأنصار قضيَّة اختيار خليفة يَحْكُم المُسْلمين[130]، فكانَ اجتماع سـقيفة بني سـاعدة الذي كان في بداياتهِ يقتصرُ على الأنصار حيث اسـتمعوا إلى خطبـةِ سـعد بـن عبادة رضيَ اللـه عنه ألقاها نيابـةً عنه ولده قيـس نتيجة مرضه، وتحـدَّثَ عَنْ سـابقة الأنصار فـي الإسلام، وحمايتهـم للدِّين والصَّحابـة، وتأييدهم للرسـول عليـه الـصلاة والسلام، وصـولاً إلى خلاصـة الخطبة: "فشـدُّوا أيديكم بهذا الأمـر، فإنَّكـم أحقُّ النَّاسِ وأولاهم به" [131]، ولمَّا التحق أبو بكر الصدِّيق وعمر بن الخطَّاب وأبو عبيدة رضي الله عنهم باجتماع السقيفة، ألقى الصدِّيق خطابه فيهم مذكِّراً إياهم بأسبقيَّة وفَضْلِ المُهَاجرين وصولاً إلى قوله: "إنَّ العربَ لا تعرفُ هذا

126. خليل عثامنة وجمال جودة، الانتقالية السياسية في الوطن العربي، ج 2، ص 18.
127. صلاح الدين محمد نوَّار، نظرية الخلافة أو الإمامة وتطورها السياسي والديني، الاسكندرية، منشأة المعارف، ط1، 1961، ص 23 – 25.
128. صلاح الدين محمد نوَّار، نظرية الخلافة أو الإمامة وتطورها السياسي والديني، الاسكندرية، منشأة المعارف، ط1، 1961، ص 23 – 25.
129. محمد سهيل طقوش، تاريخ الخلفاء الراشدين: الفتوحات والإنجازات السياسية، بيروت، دار النفائس، ط1، 2003، ص 15 – 16.
130. أيمن إبراهيم، الإسلام والسلطان والمُلْك، دمشق، دار الحصاد، ط1، 1998، ص 115 – 125.
131. الطبري، تاريخ الرسل والملوك، ج 3، ص 218 / ابن قتيبة الدينوري، الإمامة والسياسة، ج 1، ص 22 / ابن خلدون، تاريخ ابن خلدون، ج 2، ص 488.

الأمـرَ إلاَّ لهـذا الحـيِّ مِنْ قريـش" (132)، وهنا، يطـرح بعض الأنصار مقترحاً وسـطاً مـؤدَّاه: "منَّا أميرٌ ومنكم أمير" (133)، ولكنَّ الخوف مِنَ الفتنةِ وانقسـام المُسْـلمين دَفَعَ الجميع إلى رفضِ هذا المقترح وإنكاره.

وأَفْضَـتْ هذهِ المشـاورات إلـى حدوثِ نوع مِـنْ إعادة التفكيـر بمقتضياتِ الأمـر، وبالـذات في صفـوفِ الأنصار، حيث قامَ بشـير بن سـعد الأنصاريّ وألقى كلمـةً حَسَـمَتْ غالبيـة الجـدل الدائـر بقولـهِ: "يا معشـر الأنصـار، إنَّا واللـه لئنْ كنَّـا أولـي فضيلـةٍ فـي جهادِ المُشْـركين، وسـابقةٍ في هـذا الدِّين، ما أردنـا به إلاَّ رضـا ربِّنـا وطاعـة نبيِّنا، والكَدْحَ لأنفسـنا، فما ينبغـي لنا أنْ نسـتطيلَ على النَّاسِ بذلـك، ولا نبتغـي بـه مـن الدنيـا عَرَضـاً، فإنَّ اللـه وليُّ المنَّـة علينا بذلـك، ألا إنَّ مُحمَّـداً صلـى اللـه عليه وسـلم مِنْ قريـش، وقومهُ أحقُّ بـهِ وأولى، وأيْـمُ الله لا يرانـي اللـه أنازعهـم هـذا الأمر أبـداً، فاتقـوا اللـه ولا تخالفوهـم ولا تنازعوهم" (134)، وفـي ضـوء هـذه التطـوُّرات بـادَرَ عُمَر بـن الخطَّاب إلـى مبايعـةِ أبي بكر الصدِّيـق رضي الله عنهما، وبايعهُ المهاجرون والأنصار لاحقاً في خطوةٍ تجاوزتْ احتمـالات الخلاف بين الصَّحابة، ويرى البعض أنَّ رؤية الأنصار السـالفة ارتكزت علـى ظـروف مجتمـع المدينة المنوَّرة والعلاقـة بيْن المُهَاجريـن والأنصار، بينما اشـتملتْ رؤيـة المهاجرين علـى مصلحة الدولـة بأجمعها، وأنَّ العـرب لن تقبل بخـروجِ قريـش مِنَ السُّـلطة نظراً لمكانتهـا التاريخيَّة أولاً والدينيَّـة ثانياً، ممَّا قد يُهـدِّد وحدة الدولة الناشـئة(135)، وهذه رؤى لها وعليهـا العديد مِنَ المُلاحظات ولكـنَّ الثابتَ أنَّ وَحْدة المُسْـلمين، ووحـدة الدولة كانت الهاجس الأول والأخير لدى جميع المعنيين أثناء اجتماع السـقيفة.

---

132. الطبري، تاريخ الرسل والملوك، ج 3، ص 220 / الواقدي، كتاب الردَّة، ج 1، ص 36.

133. الطبري، تاريخ الرسل والملوك، ج 3، ص 218 – 219 / ابن قتيبة الدينوري، الإمامة والسياسة، ج 1، ص 23 – 24 / ابن خلدون، تاريخ ابن خلدون، ج 2، ص 488 – 485.

134. الطبري، تاريخ الرسل والملوك، ج 3، ص 221 / قارن مع: ابن قتيبة الدينوري، الإمامة والسياسة، ج 1، ص 25 – 26.

135. أكرم ضياء العمري، عصر الخلافة الراشدة، ص 49 / محمد حسين هيكل، عثمان بن عفَّان: بين الخلافة والمُلْك، القاهرة، مؤسسة هنداوي للتعليم والثقافة، ط1، 2012، ص 12 – 24.

وينضافُ إلى هذه الأنظار أنَّ القاعدة السياسيَّة التي ارتكز عليها العَهْد النبويُّ وعهد أبي بكر وعمر رضيَ الله عنهما قد طرأ عليها تحوُّلات جوهريَّة، إذْ شكَّل الصَّحابة عماد دولة الرسول صلَّى الله عليه وسلَّم، وهُمُ الذين شاركوا بصورةٍ محوريَّة في حمايةِ وضَمانِ المرحلة الانتقاليَّة زمن الخليفة الراشديِّ الأوَّل، وبدايات تأسيس أركان الدولة ودواوينها زمن الخليفة الرشديِّ الثاني، ومواجهة الخطريْن الفارسيِّ والرومانيِّ، بما لهم مِنْ تربيَّة وإعدادٍ وإخلاصٍ وانتماءٍ إلى الشَّريعة، غير أنَّ هذا الواقع بدأ يتغيَّر مع تدفُّق رجال القبائل مِنَ الأعراب الذينَ ما زالت العصبيَّة القبليَّة راسخة في نفوسهم[136]، إلى جانب انتقال أهل البادية إلى الأمصارِ واستقرارهم فيها وتراجُع دور الصَّحابة إمَّا نتيجة التقدُّم في السنِّ أو الشهادة في المعارك المختلفة[137]، ولم تعد القيم والغايات والمقاصد النبويَّة هي ما سَعَتْ القاعدة الجديدة للدولة الإسلاميَّة إلى تحقيقهِ بقدر ما سَعَتْ لخدمة مصالحها الخاصَّة ومطامعها أولاً وأخيراً[138]، وانتقل المجتمع الإسلاميُّ إلى مجالٍ جديدٍ يتناقض مع الأسسِ والموجِّهاتِ التي تشكَّلَ وفقها منذ بدايات الدعوة وصولاً إلى الإسلام التأسيسيِّ سياسيَّاً واجتماعيَّاً وفكريَّاً زمن النبي صلَّى الله عليه وسلَّم وصحابته الأوائل رضوان الله عليهم.

وممَّا يَعْضُدْ هذه التجلِّيات معالم المجال الاقتصاديِّ الجديدة، فقد حدَثَتْ قفزة هائلة في بِنْية المُجْتمع العربيِّ والمُسْلمِ العقليَّة والمَسْلكيَّة، حيث أضحى هذا المجتمع الذي اعتاد نمط الحياة العسيرة يَمْلِكُ مقوِّماتٍ اقتصاديَّة هائلة نتيجة الخَراج والغنائم التي أدخلتها الفتوحات ضدَّ أكبر امبراطوريتيْن في ذلك الزمان[139]، وكانَ للمناصبِ الكبيرةِ أو الصغيرةِ والأموالِ والجَاهِ والعَصَبيَّة القبليَّة

136. جميل المصري، أثر أهل الكتاب في الفتن والحروب الأهلية، المدينة المنورة، مكتبة الدار للنشر والتوزيع، ط1، 1989، ص 245.

137. حمدي شاهين، الدولة الأموية المفترى عليها: دراسة الشبهات وردّ المفتريات، القاهرة، دار القاهرة للكتاب، ط1، 2001، ص 279.

138. عبد الحميد أبو سليمان، أزمة العقل المسلم، القاهرة، دار القارىء العربي، ط1، 1991، ص 46.

139. محمد عابد الجابري، العقل السياسي العربي: محدداته وتجلياته، بيروت، مركز دراسات الواحدة العربية، ط4، 2000، ص 99 - 128، ص 165 - 196 / محمد عمارة، الإسلام والثورة، القاهرة، دار الشروق، ط3، 1988، ص 81 - 82.

ومُلْكيَّة الأرضِ الجديدةِ أكبر الأثر في انقلاب المفاهيم والتوجُّهات داخل المجتمع العربيِّ والإسلاميِّ[140]، وباتتْ الأوضاع أشبه ما تكون بالعودةِ إلى مرحلةِ ما قبل الدولة، إذْ أصبح المال هو الوسيلة والغاية للكثيرينِ مِنْ زعماء القبائل ورجال الدولة، مما يؤشِّر على تراجعِ وضعف مقوِّمات المجتمع العربيِّ والإسلاميِّ وقيمهِ[141]، ومع ظهورِ هذا الجيل الجديد المُخْتَلِف عَنْ جيل الصَّحابة اختلفتْ ملامح العصرِ ذاته في شتَّى المجالات، وقادتْ هذه الفتنة المفهوميَّة الكبرى إلى الفتنةِ السياسيَّة الكبرى التي تجلَّت منذ عام 35 هجريَّة بصورةٍ واضحة.

ولهذهِ الرؤى ما يُناصِرُها أيضاً في القضيَّة التي ظلَّ النبي صلى الله عليه وسلَّم يوظِّفها حيناً، ويحاربها أحياناً، ويسعى إلى تخليص الإنسان العربيِّ والمُسْلِم منها طوال فترة دعوته، ألا وهيَ العصبيَّة القبليَّة، وأنَّ الشَّريعة جاءتْ للمساواةِ والعَدْلِ والإنصافِ بيْن الجميع، وقد سَاهَمَتْ حركة الفتوحات الإسلاميَّة ونشر الدعوة بعد وفاتهِ عليه السلام في استمرار وَحْدة وتضامُن المُسْلمين مِنْ زاوية، وتراجع الروح القبليَّة مِنْ زاويةٍ ثانيَّة، بل إنَّ استثمارها كانَ أحد عوامل الحَسْمِ في الكثيرِ مِنَ المواجهات مع الفرس والروم[142]، ولكنْ مع تراجع حركة الفتوحات النسبيِّ عادَتْ العصبيَّة القبليَّة للبروزِ مِنْ جديد، وبالذات إبان الفتنة الكبرى واستشهاد الخليفة عثمان بن عفَّان رضيَ الله عنه، ومِنْ أبرز عوامل إثارتها الرغبة في سَرقة الشريعة مِنْ حياة النَّاس، والتحوُّلات الاقتصاديَّة، وتبلور معالم الدولة بدلاً من نموذج الخلافة الراشدة، وباتت القبائل العربيَّة تريد الحصول على ذاتِ المكاسب التي حصلت عليها قريش طوال فترة الفتوحات وما رافقها مِنْ أحداث[143].

---

140. أحمد عباس صالح، اليمين واليسار في الإسلام، بيروت، المؤسسة العربية للدراسات والنشر، ط1، 1973، ص 113 – 114.

141. إبراهيم بيضون، تكوُّن الاتجاهات السياسية في الإسلام الأول، ص 104 – 105 / أكرم ضياء العمري، عصر الخلافة الراشدة، ص 419 – 421.

142. محمد عابد الجابري، العقل السياسي العربي، ص 156 – 157.

143. علي سعدالله، نظرية الدولة في الفكر الخلدوني، عمَّان، دار مجدلاوي، ط1، 2003، ص 280 – 281 / هشام جعيط، الفتنة، ص 18 – 20 / محمد الجابري، العقل السياسي العربي، ص 157 – 158 / عبدالله العروي، مفهوم الدولة، ص 195 – 196.

وأفْضَتْ هذه التطورات إلى المزيدِ مِنَ الأزمات، فمن غَلَبَة الفرع الأمويِّ في قريش على سائر القبائل منذ عهد الخليفة عثمان بن عفَّان رضي الله عنه[144] وما رافقه مِنْ تهويلٍ وتزوير، مروراً بانتقال الخلاف بين قريش والقبائل العربيَّة إلى الخلاف بين فرعي قريش الكبيريْن، بني هاشم وبني أُميَّة، بيْنَ عليٍّ ومعاوية رضي الله عنهما، فانقسم المُسْلمون بين مؤيِّدٍ ومُعَارِضٍ حتى كانت وقعة صفين التعبير المؤلم عن حقيقة هذا الصراع[145]، وكانَ الوصول إلى حادثة التحكيم تفسيراً لقناعة عقلاء المسلمين بضرورة حقن الدماء مِنْ جهة، ورغبة القبائل العربيَّة بالتخلُّص مِنْ صراعٍ كانت خاتمتهُ أنْ يحكم إمَّا عليٌّ أو معاوية، وكلاهما مِنْ قريش، مِنْ جهةٍ ثانية[146]، وما كان أبعد في الدقَّة، وأقرب إلى الصدق والإيضاح في هذا السياق، وآثاره المستقبليَّة على مرِّ العصور، مِنْ قول عثمان بن عفَّان رضيَ الله عنه قبل استشهاده لرؤوس الفتنة: "لا تقتلوني فوالله لئن قتلتموني لا تُقاتلونَ عدوَّاً جميعاً أبداً، ولا تَقْسِمونَ فيْئاً جميعاً أبداً، ولا تُصَلُّون جميعاً أبداً" [147].

وأخالُ أنَّ السياقَ الفكريَّ، والفكر السياسيَّ، والعقل الفقهيَّ، في المجتمعِ العربيِّ والإسلاميِّ، قد بدأتْ بوادره بالتكوين منذ لحظة وفاة النبيِّ صلَّى الله عليه وسلَّم، مروراً بلحظةِ استشهاد عمر بن الخطَّاب، وصولاً إلى لحظةِ الفتنة الكبرى، وانتقال النموذج الراشديِّ إلى الدولة المَلَكيَّة، هذه الأنظار جميعها صَاغتْ التاريخ الإسلاميّ وفق محدِّداتها وآفاقها بصورٍ شتَّى، وساهمتْ ثلاثيَّة الفقيهِ والكاتبِ والسياسيِّ في كتابةِ تاريخ الأفكار الإسلاميِّ، ومنذ بدأت المَلَكيَّة تطلُّ برأسها في العصرِ الأمويِّ عادتْ الصراعات السياسيَّة والفكريَّة إلى المجتمعِ الإسلاميِّ، وكانتْ البداية في المدينة المنوَّرة عندما رفض أبناء الصحابة فكرة ولاية العهد والتوريث التي تتناقض مع الشَّريعة، وتحوَّل الرفض إلى ثورة مسلَّحة أولاها بقيادة الحُسَيْن

144. الطبري، تاريخ الرسل والملوك، ج 4، ص 416 – 419، ص 461 – 462 / ابن عساكر، تاريخ دمشق، ج 25، ص 110 / محمد الجابري، العقل السياسي العربي، ص 159 – 160.

145. محمد عمارة، الإسلام وفلسفة الحكم، القاهرة، دار الشروق، ط1، 1989، ص 104.

146. محمد عابد الجابري، العقل السياسي العربي، ص 162.

147. خليفة بن خياط، تاريخ خليفة بن خياط، ص 171 / الطبري، تاريخ الرسل والملوك، ج 4، ص 365 / ابن كثير، البداية والنهاية، ج 7، ص 186.

بـن علـيّ رضـيَ اللـه عنهما، وثانيهـا بقيادة عبـد الله بـن الزبير رضيَ اللـه عنهما، وشـعارات هاتيْن الثورتيْن هـيَ العدالة، وتطبيق الشّـريعة، والعودة إلى النموذجِ الراشديِّ في الفِكْرِ والحُكْمِ والمُمَارسةِ والأفقِ والغاياتِ[148]، عندما وصلتْ الدولة إلى الفوضى الكاملة.

انهزَمَـتْ جميـع الثـوراتِ التي حاولتْ تقويـض الحكم الأمـويّ، وأبرزها حركة عبدالله بن الزبير، ثمَّ كانَ بداية ظهور الفقهاء في المعتركِ السياسيِّ، وفي مقدِّمتهم المُطرِّف بن المغيرة بن شعبة في العراق والذي دعا مع رفاقهِ إلى تطبيقِ الشَّريعة وانتهتْ حركتهُ بقتلهِ عام 77 هجريَّة، ثمَّ اشـتعلتْ ثورة عبد الرحمن بن الأشـعث التي شاركَ فيه الفقهاء وانتهتْ بقتلهِ أيضاً عام 82 هجريَّة[149]، مع ملاحظةٍ جديرةٍ بالانتباهِ، هنا، وهيَ اتخاذ مجموعة مِنَ الفقهاء موقفاً محايداً في ثورةِ ابن الأشعث وعلـى رأسـهم الحَسَـنْ البَصْريّ، وكانَ موقفهـم هذا نتيجة قناعتهـم بضرورةِ حقنِ الدِّماء، ودرءِ الفتنة بيْنَ المُسْلمين، على الرغمِ مِنَ الاتِّهامات القادِحَة التي أشاعَها الفقهاء حول ابن الأشـعث[150]، ولمَّا قامت ثورة يزيد بن المُهلَّب في البصرة عام 101 هجريَّة ضدَّ الأمويين أعلن الحَسَـنُ البصريُّ كذلك رفضه لها باعتبارها تحاول توظيـف الشَّـريعة مِنْ أجلِ غايـاتٍ سياسـيَّة[151]، ويمكن القول أنَّ هـذه الثورات جـاءتْ ضمـن معطيات لم تمنحها عوامل النَّجاح، ومِنْ أبـرز تلكم المُعْطَيات قوَّة

148. خليفة بن خياط، تاريخ خليفة بن خياط، ص 199، ص 203، ص 231 – 234، ص 251 – 256 / الطبري، تاريخ الرسل والملوك، ج 5، ص 343، ج 6، ص 138، ص 416 / الدينوري، الأخبار الطوال، ص 227، ص 243 – 268 / ابن قتيبة الدينوري، الإمامة والسياسة، ج 1، ص 197، ج 2، ص 7 – 10، ص 17 – 20 / ابن خلدون، تاريخ بن خلدون، ج 3، ص 29.

149. خليفة بن خياط، تاريخ خليفة بن خياط، ص 280 – 290 / الطبري، تاريخ الرسل والملوك، ج 6، ص 278، ص 336 – 358 / الدينوري، الأخبار الطوال، ص 317 – 319 / ابن الجوزي، المنتظم في تاريخ الملوك والأمم، ج 6، ص 231 – 234 / ابن خلدون، تاريخ ابن خلدون، ج 3، ص 62 – 67 / محمد الملحم، تحليل تاريخي لموقف الدولة الأموية من خروج ابن الأشعث عليها "79 – 83 هـ"، الرياض، مجلة جامعة الملك سعود، المجلد 13، كلية الآداب، العدد الأول، 2001، ص 127 – 165.

150. الطبري، تاريخ الرسل والملوك، ج 7، ص 244 / قارن مع: أبو العرب التميمي، كتاب المحن، ج 3، ص 176 – 180.

151. الطبري، تاريخ الرسل والملوك، ج 6، ص 678 – 588 / قارن مع: ابن خلدون، تاريخ ابن خلدون، ج 3، ص 94 – 95.

الدولـة الأمويَّة، وشـخصيَّة أبرز خلفاء المراحل الأولى مِـنْ عهدِ الدولة، إلى جانب تشـتُّت جهود المُعَارضين، وعدم القدرة علـى بلورة جبهة موحَّدة تواجه الأمويين وسطوتهم، فضلاً عَنْ عدمِ ثبات موقف الفقهاء والعلماء مع أو ضدَّ هذه الحركة أو تلك ممَّا أضعف أيَّ تحرُّكٍ يستهدفُ الدولة.

وثمَّـة قضيَّـة بالغـة الأهميَّـة، في سـياقِ بلـورة الفِكْـرِ الإسلاميِّ السياسـيِّ، ألا وهيَ مواقف وتوجُّهات الفقهاء والعلماء وأصحاب الحديثِ الشَّـريفِ مِنَ الدولة، والحركات السياسيَّة، والفِرَقِ الفكريَّة، فقد تميَّزت مواقف هؤلاء بيْنَ القبول بالأمرِ الواقع كما حَدَثَ عام الجماعة وتسلُّم معاوية بن أبي سفيان رضيَ الله عنه الخلافة، أو القبـول بالفتنـة، ثمَّ تطوَّرت المسـألة بعد ظهـورِ الخوارج، والشِّـيعة، والثورات المسـتقلَّة نسـبيَّاً مثـل عبداللـه بـن الزبير رضـيَ الله عنـه، وقد بايَـعَ أغلب فقهاء وعلماء المُسْلمين الدولة الأمويَّة وبالذات عبد الله بن عبَّاس، ومحمد بن الحنفيَّة، وعبدالله بن عمر، وعروة بن الزبير، وسعيد بن المسيِّب، والحَسْن البصريّ، وسعيد بن جبير، وعامر الشـعبيّ[152]، ومِنَ المثير أنَّ هـذه العلاقة بيْنَ الفقهاء والأمويين اسـتفادتْ منها السـلطة السياسـيَّة بصـورةٍ كبيرة، بينمـا لَمْ يسـتطع الفقهاء تبرير موقفهم مِنَ السلطة رغم عقلانيَّة دوافعهم، ولم يكنْ يسيراً أيضاً تفسير عدائيتهم للأمويين مِنْ زاوية، وقبولهم بالمناصب الرسـمية وبالذات القضاء مِنْ زاويةٍ ثانية، ومبايعتهـم للخلفـاء الأمويين من زاوية ثالثة[153]، وباسـتثناء فتـرة خلافة عمر بن عبـد العزيـز التـي تقاطعتْ فيهـا رغبة الخليفـة بتطبيق الشَّـريعة، وإقـرار العدلِ والمسـاواة، مـع توجُّهـات الفقهـاء[154]، لَـمْ يكـنْ هنالك الكثيـر مِنَ التوافـق بيْنَ

152. الطبري، تاريخ الرسل والملوك، ج 5، ص 343 / البسوي، المعرفة والتاريخ، ج 3، ص 338 - 345 / المسعودي، مروج الذهب ومعادن الجوهر، ج 3، ص 212 / حسين عطوان، الفقهاء والخلافة في العصر الأموي، بيروت، دار الجيل، ط1، 1991، ص 12 - 13.

153. الطبري، تاريخ الرسل والملوك، ج 6، ص 554، ص 587 - 588 / البسوي، المعرفة والتاريخ، ج 3، ص 338 - 345 / وكيع، محمد بن خلف "ت 306 هـ"، أخبار القضاة، تحقيق عبد العزيز المراغي، القاهرة، المكتبة التجارية الكبرى، ط1، 1947، ج 1، ص 213 - 220 / حسين عطوان، الفقهاء والخلافة الأموية، ص 10 - 12، ص 50 - 65.

154. أبو يوسف القاضي، يعقوب بن إبراهيم "ت 182 هـ"، كتاب الخراج، تحقيق إحسان عباس، بيروت، دار الشروق، ط1، 1985، ص 93 - 95 / عبد العزيز الدوري، النظم الإسلامية، بيروت، مركز دراسات الوحدة العربية، ط1، 2008، ص 44.

السُّلطة السياسيَّة والفقهاء في الكثير مِنَ الأحيان، كما ظلَّت العلاقة غير الواضحة بيْنَ الفقهاءِ والعلماءِ والسلطة السياسيَّة تساهم في توتُّر الحياة السياسيَّة مِنْ جهة، وبروز أدوار الفِرَقِ والتيَّاراتِ السياسيَّة المُعارِضَة للدولة مِنْ جهةٍ ثانية.

ولقد نَهَضَتْ الكثير مِنَ الفِرَقِ المذهبيَّةِ والسياسيَّةِ لمواجهةِ الأمويين سياسيَّاً وفكريَّاً وعسكريَّاً، ويأتي في مقدِّمتها الشِّيعة الذين اعتبروا خلافة معاوية بن أبي سفيان رضيَ الله عنه غير شرعيَّة، بل وأنَّه انقضَّ عليها دون قبول الأُمَّة الإسلاميَّة(155)، ولذا فقد اعتبروها باطلة شرعاً، ذلكم أنَّ معاوية لَمْ يحكم بنصٍّ دينيٍّ، أو يستخلفه أحدٌ، ولا حَظِيَ بموافقة أهل الحلِّ والعَقْدِ كما يرى الشِّيعة(156)، ويفسِّر الشِّيعة أيضاً موقفهم مِنَ الأمويين مِنْ خلال التأكيد على فسادِ الأصل والفَرْعِ في مسألة ولاية العهد، فإذا كانَ معاوية وهو الأصل لخلافة يزيد أَصْلُ حُكْمِهِ باطِلٌ فإنَّ الفرع وهو يزيد بيعتهُ وخلافتهُ باطلةٌ أيضاً، فضلاً عَنْ كونِ تنازل الحَسَن بن عليٍّ رضي الله عنهما في عام الجماعة كان مشروطاً بعدم تولية معاوية لأحدٍ بعده، وأنْ يكون الأمر شورى بيْن المُسْلمين(157)، وفي ضوءِ هذا ظلَّت العلاقة بين الشِّيعة والأمويين دامية طوال حكم بني أُميَّة، دون أنْ يتوقَّف أحد الطرفيْن عن توظيف الإسلام لغايات سياسيَّة، فكانت السِّجالات الكلاميَّة، والثورات المتتاليَّة(158)، ووقود

155. الطبري، تاريخ الرسل والملوك، ج 5، ص 352 / البلاذري، أنساب الأشراف، ج 2، ص 288 / ابن أعثم الكوفي، أحمد بن محمد "ت 314 هـ"، كتاب الفتوح، بيروت، دار الكتب العلمية، ط1، 1986، ج 6، ص 110 – 115 / أحمد معيطة، الإسلام الخوارجي، اللاذقية، دار الحوار للطباعة والنشر، ط1، 2000، ص 45 / محمد مغنية، الشيعة في الميزان، بيروت، دار الشروق للنشر والتوزيع، ط1، د. ت، ص 334 / وجيه قانصوه، الشيعة الإمامية بين النص والتاريخ: دراسة في مراحل التكوين الأولى، بيروت، دار الفارابي، ط1، 2016، ص 245 – 270، ص 313 – 357.

156. الأشعري، علي بن إسماعيل "ت 330 هـ"، مقالات الإسلاميين واختلاف المصلّين، تحقيق محمد محيي الدين عبد الحميد، القاهرة، مكتبة النهضة المصرية، ط1، 1995، ج 1، ص 190.

157. المجلسي، محمد بن باقر "ت 1111 هـ"، بحار الأنوار الجامعة لدرر أخبار الأئمة الأطهار، بيروت، دار إحياء التراث، ط3، 1983، ج 44، ص 65 – 66.

158. الطبري، تاريخ الرسل والملوك، ج 5، ص 352 / ج 6، ص 183 – 196، ص 336 / ج 7، ص 146 / البلاذري، أنساب الأشراف، ج 2، ص 37 – 38 / ج 5، ص 225 – 226 / ابن أعثم الكوفي، الفتوح، ج 6، ص 110 – 111، ج 8، ص 316 / الإسفراييني، طاهر بن محمد "ت 471 هـ"، التبصير في الدين وتمييز الفرقة الناجية عن الفرق الهالكين، تحقيق كمال الحوت، بيروت، دار عالم الكتب، ط1، 1983، ص 45 وما بعدها.

هذه السجالات والثورات هم النَّاس البسطاء مِنَ المُسْلمين الذين تمَّ استبعادهم مِنَ المُشَـاركة، والتفكير، وصنع حاضرهم، ومسـتقبلهم، وليـس صحيحاً أنَّ تطبيق الشريعة كان هاجساً، ومطلباً حقيقيّاً، لأولئك الطامحين بالسلطة السياسيَّة، وقيادة الدولة، وتوريث الأبناء.

وينضـمُّ إلى فرقة الشِّـيعة، بأطيافها المختلفة، فرقةٌ أخـرى، تتباين معها في أغلـبِ الوسـائل والأدوات، وتتفـق فـي معظم الغايـات، ألا وهيَ فرقـةُ الخَوَارج، الذيـن اسـتخدموا سلاح الكُفْـرِ والإيمانِ في مواجهة سلاح الجَبْـرِ والقَهْرِ الأمويِّ، فقـد حَكَمَ الخـوارج علـى عثمان وعلـيّ وطلحة والزبيـر ومعاويـة بالكفر لأنَّهم وقعـوا فـي القتـال مع بعضهـم، بل وكفَّـروا بقيـة خلفـاء الأمويين نتيجـة الظلم والاسـتبداد[159]، ويعتقـدُ قِسْـمٌ مِنَ الخـوارج أنَّ الإمامة غيـر ضرورية، وأنَّ على النَّـاس أنْ يتناصفـوا بينهـم، لأنَّ تنصيب الإمام يقـود إلى الفتنة بين المسـلمين، إلاَّ أنَّ غالبيـة الخـوارج قالـوا بوجـوب الإمامـة، يختـاره المسـلمون اختيـاراً حُرّاً، ولـم يشـترطوا فيـه أنْ يكـون قُرَشـيّاً، طالمـا كانَ مُسْـلماً[160]، ورأى الخـوارج أنَّ الأمويـيـن لا يمثِّلـون الجَمَاعة، ولَمْ تكنْ لهم سـابقةٌ في الإسلام، وفي المُسْـلمين مَـنْ هو أَجْـدَرُ منهم بالخلافة، وأخطـر جنايات الأمويين حسـب اعتقادهم أنَّهم اغتالـوا الشـورى بعـد أنْ حوَّلوا الخلافة إلـى حُكْمٍ وراثـيٍّ، وقهروا النَّـاس بالجَبْرِ والاسـتبداد[161]، وأعلنوا هذا بكلِّ وضوحٍ أمام المُسْلمين.

---

159. ابن قدامة، موفق الدين عبدالله"ت 620 هـ"، المغني، تحقيق عبد الله التركي وعبد الفتاح الحلو، بيروت، دار عالم الكتب، ط3، 1997، ج 12، ص 239 وما بعدها / النووي، يحيى بن شرف الدين 676 - 631" هـ"، روضة الطالبين وعمدة المفتين، تحقيق عادل عبد الموجود وعلي معوض، بيروت، دار عالم المكتبات، ط4، 2013، ج 10، ص 51 – 55 / ابن تيمية، أحمد بن عبد الحليم 728 - 661" هـ"، الفتاوى الكبرى، تحقيق محمد عبد القادر عطا ومصطفى عبد القادر عطا، بيروت، دار الكتب العلمية، ط1، 1987، ج 28، ص 489 – 490 / الإسفراييني، التبصير في الدين، ص 45 / الأشعري، مقالات الإسلاميين، ج 1، ص 167 وما بعدها / حسين عطوان، الفرق الإسلامية في بلاد الشام في العصر الأموي، بيروت، دار الجيل، ط1، 1986، ص 110 – 115.

160. الشهرستاني، الملل والنِّحَل، ج 1، ص 107 – 112 / الأشعري، مقالات الإسلاميين، ج 1، ص 204.

161. محمد عمارة، تيارات الفكر الإسلامي، القاهرة، دار الشروق، ط2، 1997، ص 16 – 32 / فاروق عمر فوزي، التاريخ الإسلامي وفكر القرن العشرين: دراسات نقدية في تفسير التاريخ، بغداد، مكتبة النهضة للنشر والتوزيع، ط2، 1985، ص 22 – 42.

وعلى هذا، انبثق اتجاهٌ فكريٌّ مضاد للخوارج يرفض فكرة تلازم العمل والإيمان، عُرِفَ باسم المُرْجِئة، وهؤلاء يتمحورُ عَمَلُهُم حول مسألة ارتكاب الكبائر مِنْ جهة، والإيمان والكفر مِنْ جهةٍ ثانية، وكانت ذروة موقفهم الفكريِّ ظاهراً، والسياسيِّ جوهراً، هو أنَّ الإيمانَ شيءٌ لا تُزيلهُ المَعَاصي، ويبدو جليّاً أنَّ الغاية وراء هذه المواقف مِنْ فرقة المُرْجِئة هو إثبات شرعيَّة الخلافة الأمويَّة باعتبارها ضمن المنظومة الإسلاميَّة، حتى وإنْ خالفوا مَسَار الأُمَّةِ أو الجَماعة، وأنَّ الله سبحانه وتعالى صاحب الحقِّ في تقريرِ المُخْطىء والمُصيب في سياقِ الحَدَثِ الإسلاميِّ، وكانتْ المُفَارقة في التماهي بين فكرةِ الإرْجاءِ لدى هذه الفرقة مع فكرةِ الجَبْرِ لدى الأُمويين[162]، ولكنْ في أواخرِ العصر الأمويِّ انتقل المُرْجِئة إلى المُطَالبة بحقوقِ الموالي وفق ذات المبادىء الأولى التي طرحوها، وأبرزُ حضورٍ لهم كانَ في حركةِ الحارث بن سُرَيْج بالاشتراك مع جَهْمِ بن صفوان ضدَّ الأمويين في مناطق انتشارهم الكبرى في العراق وخُرَاسان[163]، ولعلَّ المُرْجِئة مِنْ أبلغ الأمثلة على تقاطُعِ المصالح بين السلطة السياسيَّة وفريقٍ مِنَ الفقهاء والعلماء قام على المصلحةِ ثمَّ ما لبث أنْ انفضَّ بعد حدوث التحوُّلات السياسيَّة والاجتماعيَّة، فالدولة الأمويَّة لَمْ تلتزم بشيءٍ عندما وَجَدَتْ أنَّ ذلك يتناقض مع توجُّهاتها، وقادة المُرْجِئة بدورهم انتقلوا مِنْ موقف التصالح إلى المُعَارضة المسلَّحة دون أدنى اعتبارٍ لأيِّ مبادىء أو معايير كانت أساس خطابهم، وسلوكهم، ودعوتهم.

تأسيساً على ما سَبَق، وفي ضوءِ الاحتراب السياسيِّ بينَ الأُمويين وخصومهم، إلى جانب التِّيهِ في مسألة الشرعيَّة، وبدايات التصدُّع الاجتماعيِّ والاقتصاديِّ[164]، كانَ لا بُدَّ أنْ تكتمل منظومة سَرِقَة الإسلام، واستبعاد النَّاس، مِنْ خلال بروز فرقة

162. أحمد أمين، ضحى الإسلام، القاهرة، مؤسسة هنداوي للتعليم والثقافة، ط1، 2012، ج 3، ص 931 – 941 / أحمد حسين، من قضايا الرأي في الإسلام، القاهرة، دار الكتاب العربي للطباعة والنشر، ط1، د. ت، ص 101 – 102 / محمد الفيومي، الخوارج والمرجئة، القاهرة، دار الفكر العربي، ط1، 2003، ص 113 – 120 / سفر الحوالي، ظاهرة الإرجاء في الفكر الإسلامي، هولندا، دار الكلمة للنشر والتوزيع، ط1، 1999، ص 161 – 248، ص 251 – 275.

163. الطبري، تاريخ الرسل والملوك، ج 7، ص 109 – 111 / قارن مع: ابن كثير، البداية والنهاية، ج 10، ص 247 – 248.

164. عبد العزيز الدوري، النظم الإسلامية، ص 38 – 43، ص 118 – 136.

جديـدة سياسـيَّة ودينيَّة وكلاميَّة، ألا وهـيَ المُعْتزِلة، كانت طروحاتها تسـعى إلى الابتعاد عن تطرُّف الخوارج وتكفيرهم، وإفراط المُرْجِئة ودعوتهم المُسْلمين إلى تأجيلِ كلِّ شـيءٍ حتى الآخرة، وقد توقَّف مُؤسِّـسُ هذه الفرقة واصل بن عطاء عن إطلاق أحكام الكفر والإيمان بخصوص الكبائر، وأعلنَ أنَّ مرتكبها فاسِـقٌ وحَسَـبْ لا هـوَ مؤمـنٌ ولا هوَ كافر، فضلاً عن كونهِ مِـنَ الصعوبة بمكان الحُكْم على جميعِ المشـتركين فـي الفِتَـنِ التي مـرَّتْ بالمُسْـلمين نتيجة عـدم وجود معرفـةٍ قاطعةٍ حولهـم، مـع الإقرارِ بـأنَّ أحد الطرفيْن لا بدَّ أنْ يكون فاسـقاً، ولا جَـرَمَ أنَّ المعتزلة بدأت مسـيرتها فرقة دينيَّة فقط، وانتهت في معتركِ السياسـة بصورةٍ مريعة، على الرغم مِنْ طروحاتها الأولى ومحاولاتها الابتعاد عن السـلطة السياسـيَّة، والحركات المُعَارضة، وبالذات الخوارج والمُرْجِئة (165)، ولكنَّ هذه المحاولات فَشِلَتْ وباتتْ فرقة المُعْتَزِلة لا تختلف في سلوكها وطرحها عن سابقاتها إنْ لَمْ تكن تفوَّقت عليها.

إنَّ هـذا التنميط الفكريِّ والسياسـيِّ سـوف يتركُ إيحاءاتـه، ومضامينه، وآثاره الخطيرة، على مُجْمَلِ المشهدِ السياسيِّ والدينيِّ منذ الفتنة الكبرى عام 35 هجريَّة مروراً بالعَصْرَيْن الأمويِّ والعبَّاسيِّ، وليس يخفى أنَّه: "كما كانت القيم الدينية زمن الاندفاعة ونشر الرِّسَالة، وسيلة للتعبئة والتحميس مِنْ أجلِ الفتحِ والجهاد، سيلجأ الحـكَّام زمـن الثورات والفتن إلى توظيف القيم الدينية ذاتها مِنْ أجل الدعوة إلى التـزام الطاعـة التي تعني القُعود والسَّـكينة" (166)، مع ملاحظـة منهجيَّة مهمَّة أنَّ

165. حول نشأة وخلفيات ظهور فرقة المعتزلة انظر:
ابن دريد، أبو بكر محمد الأزدي 321 - 223" هـ"، كتاب الاشتقاق، تحقيق عبد السلام هارون، بغداد، مكتبة المثنى، ط2، 1979، ص 212 – 213 / الإسفراييني، التبصير في الدين، ص 21 – 22، ص 67 – 69 / أبو هلال العسكري، الأوائل، ص 298 – 301 / طاش كبرى زادة، مفتاح السعادة، ج 2، ص 162 / ابن خلكان، وفيات الأعيان، ج 2، ص 93 – 94 / ج 4، ص 85 – 86 / المسعودي، مروج الذهب ومعادن الجوهر، ج 3، ص 234 – 235 / أحمد أمين، ضحى الإسلام، ج 3، ص 703 – 720، ص 727 – 759 / محمد عمارة، تيارات الفكر الإسلامي، ص 43 – 96 / أحمد العمرجي، المعتزلة في بغداد وأثرهم في الحياة الفكرية والسياسية، القاهرة، مكتبة مدبولي، ط1، 2000، ص 19 – 44 / حسن صادق، جذور الفتنة في الفرق الإسلامية، القاهرة، مكتبة مدبولي، القاهرة، ط2، 1993، ص 147 وما بعدها.

166. محمد عابد الجابري، العقل الأخلاقي العربي: دراسة تحليلية نقدية لنظم القيم في الثقافة العربية، بيروت، مركز دراسات الوحدة العربية، ط1، 2001، ص 135.

هـذا التوظيف يَنْسَحِبُ كذلك علـى حركات المُعَارضة السياسـيَّة، وأغلب الفقهاء والعلمـاء، وظلَّـتْ الحيـاة في المجتمـعِ العربيِّ والإسلاميِّ أشـبه بحـربِ عصاباتٍ مسـتمرَّة بيـن طُلَّاب السُّـلطة والطَّامِحِيـن إليهـا، دون وجـود أيِّ تفسـيرٍ آخر لهذا السـطو المؤسَّسـيِّ على الشَّـريعة، وأهدافها، ومَقَاصِدها، أو تسويغ عقلانيٍّ لهذه الجُـرْأة في اسـتلابِ الإنسـان العربيِّ والمُسْـلمِ مِـنْ منظومتهِ الأخلاقيَّـةِ والفكريَّةِ والدينيَّةِ، بل وأيَّة مرجعيَّة اعتمدها هؤلاء في حربهم الدائمة على الشَّريعة وأهلها مِنَ النَّاسِ البُسَطاء؟.

يَلْزَمُ مِنْ هذا التصوُّر الإشـارة إلى كونِ النموذج الراشـديِّ في الحُكْمِ والعَدْلِ لَمْ يكن مرغوباً في العصرِ الأُمويِّ، ولَمْ يكن حاضراً في العصر العباسيِّ، فالأُمويونُ غالباً اعتمدوا على الطَّاعة القائمةِ على الجَبْرِ، والقَهْرِ، والعصبيَّة القبليَّة، أمَّا بني العبَّـاسِ فقد فرضوا الطَّاعة بتوظيفِ القيم الإسلاميَّة حيناً، وبالسلاح أحياناً، وفي الحالتيْن غاب النَّاس، أو تمَّ تغيببهم، بذريعة أنَّ الساسـة ومَنْ مَعَهُمْ مِنَ العلماء والكُتَّـاب والفقهـاء ورجـال الدولـة يعلمـون ويدركـون مصلحة الإنسـانَ العربيِّ والمُسْـلمِ أكثر منه، بل ويمكن القول بشيءٍ مِنَ المجازفة وكثيرٍ مِنَ اليقين أنَّهم اعتقـدوا أيضـاً معرفـة مصلحة ذلك الإنسـان أكثر مِنْ شـريعتهِ كذلـك، ومن هنا، فقد شَـهِدَ العصر العباسـيُّ الأوَّل، تحديداً، تقارباً مع الفقهـاءِ والعلماءِ والكُتَّاب، أكثـر مِنْ سـابقهِ الأُمـويِّ، وبـرزت تجلِّيات هذه المسـألة في اسـتحداث منصب قاضي القضاة[167]، مع وجود نماذج رَفَضَتْ منصب القضاء في العصريْن الأُمويِّ والعباسيِّ على التوالي كما هو الحال مع الإمام أبي حنيفة النعمان [168]، ورَفَضَ الإمام مالك بن أنس إلزام الآخرين برأيٍ فقهيٍّ واحد[169]، وقد نتج عن العلاقات

167. الصابي، إبراهيم بن هلال "ت 384 هـ"، المختار من رسائل الصابي، نقّحه وعلق عليه شكيب أرسلان، بيروت، دار النهضة، ط1، د. ت، ص 168 – 174 / الأربلي، عبد الرحمن سنبط "ت 717 هـ"، خلاصة الذهب المسبوك مختصر من سير الملوك، اعتناء مكّي السيد جاسم، بغداد، مكتبة المثنى، ط1، 1964، ص 129 / وكيع، أخبار القضاة، ج 3، ص 256.

168. العسقلاني، ابن حجر أحمد بن علي 852 - "773" هـ"، تهذيب التهذيب، بيروت، دار الفكر، ط1، 1984، ج 10، ص 402 / وكيع، أخبار القضاة، ج 1، ص 26.

169. ابن خلكان، وفيات الأعيان، ج 6، ص 379 – 380.

الجيـدة بين العباسـيين والفقهاء والعلماء عدم اشـتعالِ أيِّ حركةٍ احتجاجيَّةٍ مِنْ جانبِ العلمـاء على العكسِ مِنَ العصر الأُمويِّ.

بيدَ أنَّ الذي ينبغي تمييزه منذ أواخرِ العصر الأمُويِّ وبدايات العصر العباسـيِّ هـو توجُّهات كبار الفقهاء والعلماء نحو التفريقِ بين الإيمان والعمل بصورةٍ جليَّة تتناقـض مـع الخَـوَارجِ والمُعْتزِلـة، وذلكـم لغاياتِ توحيـد رؤية المجتمـع العربيِّ والإسلاميِّ نحو جماعة المسـلمين الأولى " صحابة الرسـول صلَّى الله عليه وسـلَّم تحديـداً"، وبالـذات ضـرورة وضعهم في الإطـار الأخلاقيِّ المُلائِم، وتثبيتِ شـرعيَّة خلافة الراشـدين وصولاً إلى الأُمويين والعباسـيين، بل إنَّ أبا الحَسَنِ الأشعريِّ إمام المُتَكلِّمين يُصرِّح بجلاءٍ عن أصول ديانة أهل السُّـنَّة بقولهِ: "ونَدينُ بحبِّ السَّـلف الذين اختارهم الله لصحبة نبيِّهِ عليه السلام، ونُثْنِي عليهم بما أثنى الله بهِ عليهم، ونتولَّاهم أجمعين، ونقول إنَّ الإمام الفاضل بعد رسـول الله صلى الله عليه وسـلَّم أبو بكر الصدِّيق، ثمَّ عمر بن الخطَّاب، ثمَّ عثمان بن عفَّان، ثمَّ عليّ بن أبي طالب، فهؤلاء الأئمَّة بعد رسـول الله صلى الله عليه وسـلَّم وخلافتهم خلافة نبوَّة، ونشهد بالجنَّة للعشـرة الذين شَـهِدَ لهم رسول الله صلَّى الله عليه وسلَّم بها، ونتولَّى سائر أصحـاب النبـيِّ صلَّـى الله عليه وسـلَّم، ونكـفُّ عمَّا شَجَرَ بينهـم (170)"، وقد مثَّل هـذا الموقف من الفقهاء أحـد الردود التاريخيَّة على تطـرُّف الخوارج قولاً وفعلاً، واعتماد الشيعة على النصِّ بصورة قاطعة.

يمتدُّ النسيج الفكريُّ بينَ السياسةِ والشَّريعةِ في التاريخِ الإسلاميِّ وفق سياقاتٍ عَصيَّـةٍ علـى التأطير، أو التفسـير، أو النقد العلميِّ، في معظـم الأحيان، ومع ذلك، يبدو بيِّناً أنَّ الأُمويينَ حكموا في ضوءِ موروثٍ قَبَليٍّ، وتسلُّطٍ سياسيٍّ، مع استبعادٍ مقصـودٍ لشـرعيَّة الدِّيـن في حُكْمِهم، بينما أسَّـس العبَّاسـيونُ خطابهـم ودعوتهم وثورتهم ودولتهم التي انتصرتْ على الأُمويين تحت رايةٍ عَقَديَّة وسياسـيَّة بامتياز،

170. الأشعري، أبو الحسن علي بن الحسين 324 - 260" هـ"، الإبانة عن أصول الديانة، تحقيق صالح التميمي، الرياض، دار مدار المسلم للنشر، ط1، 2011، ص 241 – 246 / مالك بن أنس 179 - 93" هـ"، الموطَّأ، تحقيق محمد فؤاد عبد الباقي، القاهرة، دار إحياء الكتب العربية، ط1، 1951، ج 2، ص 898 – 901.

وتمَّ إقصاء الشِّيعة الذين ظلّوا وقود الثورات طيلة العَصْرَيْن الأُمويِّ والعباسيِّ، دون أنْ يحصدوا شيئاً على المستوى السياسيِّ يحقِّقُ طموحاتهم، ومِنْ هنا، على الرغم مِنْ كلِّ الرصيد الفكريِّ، والسياسيِّ، والكلاميِّ، والفقهيِّ، فقد انحصرت الأطياف السياسيَّة الحَاكِمَة، أو التي طَلَبَتْ الطَّاعة في الحكم، بين ثلاثِ فئاتٍ أساسيَّة جميعها مِنْ قريش، مع أهمية الإشارة، والتذكير بما لم ينساه أحد، أنَّ الشريعة جاءتْ مِنْ أجلِ جميعِ المُسْلمين، بلا استثناء، مِنْ أجلِ الإنسانِ المُسْلمِ، أولاً وآخراً.

إنَّ مُقَارَبةً جُوَّانيَّةً لمنهجيَّة سَرِقَة الشَّريعة واستبعاد النَّاسِ في التاريخِ والفِكْرِ الإسلاميَيْن تشير بجلاءٍ إلى أنَّ استشهاد عمر بن الخطَّاب، تعييناً، والفتنة الكبرى عام 35 هجريَّة، أسهمت بشكل مؤثِّرٍ في انبثاقِ مقولاتٍ سياسيَّة تحوَّلت مع مرور الوقت إلى مذاهب سياسيَّة، وفرقٍ كلاميَّة، وقد مثَّل عصر التدوين منذ الثلث الأخير مِنَ القرن الهجريِّ الأوَّل ميداناً شاسعاً لبلورة أصول الفِكْرِ الإسلاميِّ السياسيِّ، ومقوِّماتِه، وليس يخفى أنَّ السلطة السياسيَّة في العصر العباسيِّ قد أدركتْ، منذ عهد أبي جعفر المنصور 136 – 158 هـ، ضرورة وجود هيكليَّة دينيَّة تكون تحت سيطرتها، ولها الكلمة العليا في توجُّهاتها، وكانَ مِنْ نتائج هذه السياسة العباسيَّة الوصول إلى الصراع الدمويِّ بين الدولة ورجالاتها والفقهاء والعلماء التابعين لها، وبين الفقهاء والعلماء "المستقلِّين"، في خلافة المأمون 198 – 218 هـ[171]، حيث مثَّلت فتنة خلق القرآن الكريم، مِنَ الناحيةِ السياسيَّة، استئصالاً فكريّاً وثقافيّاً لكلِّ مُعَارضة تختلف مع منطقِ الدولة، وأيديولوجيَّتها، وهي محاولةٌ مؤسَّساتيَّة تهدف إلى سَرِقَة الإسلام بصورةٍ رسميَّة، واغتيالِ جميع العلماءِ والفقهاءِ والنَّاسِ الذين يرفضون الانصياع للدولة، وليسَ الأمر، مِنْ قبلُ ومِنْ بعد، سوى مشروع سلطةٍ سياسيَّةٍ تريد ترسيخ وجودها، وديمومتها، وقتل مُعَارضيها، بأيِّ ثمن، وبشتَّى الوسائل، حتى ولو كانت النتيجة تتناقض مع مبادىء، وأصول، وقيم، وتوجُّهات،

171. الطبري، تاريخ الرسل والملوك، ج 8، ص 632 – 635 / طيفور، أبو الفضل أحمد بن أبي طاهر 280 - 204" هـ"، كتاب بغداد، تحقيق هَنْس كَلَر، بيروت، دار الجنان، ط1، د. ت، ص 184 – 189 / فهمي جدعان، المحنة، ص 275 – 285 / عبد العزيز الدوري، التكوين التاريخي للأمة العربية: دراسة في الهوية والوعي، بيروت مركز دراسات الوحدة العربية، ط1، 1984، ص 42 – 45.

وأخلاق، الشَّريعة الإسلاميَّة، التي استخدمتها ذات السلطة لتكريس أحقيَّتها بالوجودِ، والحُكْمِ، والشرعيَّة، وإلغاء الجميع مِنْ أجل حياة السلطة السياسيَّة.

وثمَّة مَلْحَظ تومىء إليهِ هذه المُقَارَبة، وتُفْصِحُ عنه في سياق جدليَّة الدينيِّ والسياسيِّ في التاريخِ والفِكْرِ الإسلاميين، ألا وهيَ تَلاقي جهود الدولة العباسيَّة ومصالحها مع قابليَّة فريقٍ مِنَ الفقهاء والعلماءِ للترويضِ والتدجينِ مقابل الاقترابِ مِنْ عَالَمِ السُّلطة والجَاهِ والثراءِ والنُّفوذ، وهنا نقصد علاقة السلطة السياسيَّة العباسيَّة مع المعتزلة، تعييناً، فَمِنْ جهةِ السلطة السياسيَّة كان المعتزلة على طرفِ نقيضٍ مِنَ الشِّيعة الإماميَّة في أسس نظريَّتهم السياسيَّة مِنْ زاوية، إلى جانب تركيزهم على مسألةِ مُحَاربة الزندقة التي وَجَدَتْ فيها السلطة السياسيَّة مدخلاً لتأكيد دورها في حماية الإسلامِ مِنْ زاويةٍ ثانية، بينما وَجَدَ المعتزلة أنفسهم في عَالَمِ السُّلطة بكلِّ مغرياتهِ ومزالقهِ وآفاقه، وكان التحدِّي أكبر مِنْ قُدْرَتهم على المقاومةِ والرَّفض(172)، ومِنْ هنا، استطاعت الدولة مِنْ أجلِ الحفاظِ على وجودها إيجاد مناخ رسميٍّ للفوضى الخلاَّقة، عَقَديَّاً وفقهيَّاً وسياسيَّاً، واستقطاب فريق مِنْ جنودها الفقهاء والعلماء، وفي المقابلِ، انبثق مجموعة مِنَ العلماء والفقهاء والنَّاس البسطاء لاسترجاعِ شريعتهم المَسْروقة، وبعيداً عن مجريات المحنة ونتائجها فإنَّ الشاهد، الآن، هو تعميق الشرخ الفكريِّ والسياسيِّ بين السلطة السياسيَّة وأدواتها وبين العلماء والفقهاء والنَّاس حتى يومنا هذا.

ويُستَشَفُّ مِنْ هذهِ الرؤى مسألةٌ في غايةِ الخطورة حول ادِّعاء فئة المتعاونين مع السلطة السياسيَّة مِنَ العلماء والفقهاء والكتَّاب أنَّهم بمعزلٍ عن مزالق السلطة ودهاليزها، ولعلَّ أعمق الآثار التي أبرزها التقارب بين السلطة والعلماء هو سقوط الخطاب السياسيِّ للعلماء في بئر التبرير والتسويغ للسلطة الذي ظَهَرَ أنَّه بلا قرار، وكان التناقض الأساسيُّ في ذلكم الخطاب هو كيفية الجمع بين الدعوة إلى وَحْدة الأُمَّة، وثبات مؤسَّسة الخلافة مِنْ جهة، ومقاومة الاستبداد، والاستبعاد،

172. عبد المجيد الصغير، الفكر الأصولي وإشكالية السلطة العلمية في الإسلام، ص 81 - 146 / عبد العزيز الدوري، النظم الإسلامية، ص 44 - 49 / ناجية الوريمي بوعجيلة، في الائتلاف والاختلاف، ص 281 - 342.

والاستئصال، إلى جانب دخول عناصر غير عربيَّة تقترب تدريجياً مِنْ السطو على مقاليدِ الخلافة وبالذات الأتراك والفُرْسِ مِنْ جهةٍ ثانية[173]، والحقيقة أنَّ حالة التيهِ التي عَصَفَتْ بأغلبِ العلماء والفقهاء والكتَّاب منذ مواجهة ثنائية الخلافة أمْ المُلْك لم تتوقَّف منذ بدايات العصر الأُمويِّ وصولاً إلى العصر العباسيِّ[174]، وأصبحت القاعدة الأوضح في مسألة الخلافة هي أنَّ العصر الراشديَّ هو النموذج والمعيار، أمَّا حُكْمُ الأُمويين والعباسيين فقد أقرَّ الفقهاء بشرعيَّتِهِ مع ضرورةِ الإشارةِ إلى كونهم النموذج التالي في الجانب القيميِّ والأخلاقيِّ مقارنةً مع النموذج الأرقى، وهذا المَخْرَجُ الفقهيُّ لَمْ يَسْلَمْ مِنَ النَّقدِ والرَّفْضِ[175]، وظلَّت هذه التناقضات ركناً في بناء الفكر السياسيِّ على الدوام.

ولا طائلَ مِنَ الإيغال في بحثِ ماهيَّة الاختلاف بيْنَ الفِرَقِ السياسيَّة، والكلاميَّة، والمذاهب الفقهيَّة، إذْ لَمْ يحصد المجتمع العربيُّ والإسلاميُّ، طوال قرونٍ مِنَ التناحرِ الفكريِّ، والسياسيِّ، سوى المزيد مِنَ التخلُّف في المجالاتِ الاقتصاديَّة والسياسيَّة والاجتماعيَّة، واستمرَّ استبعاد النَّاس عن شريعتهم بطرقٍ مُبْتَكَرة في كلِّ مرحلةٍ تاريخيَّة تكرِّس فكرة الاستبعاد، بل وتجترحُ مقولات شرعيَّة وقانونيَّة لها، حتى انطبق على أولئك المتصارعين على حقوقِ وحريَّات الإنسانِ العربيِّ والمُسْلم قول ابن قتيبة الدينوريّ أنَّه قد: "كان المتناظرون فيما مضى يتناظرون في معادلة الصَّبر بالشُّكر، وفي تفضيلِ أحدهما على الآخر..". مروراً بقولهِ

173. حسن منيمنة، تاريخ الدولة البويهية: السياسي والاقتصادي والاجتماعي والثقافي، بيروت، الدار الجامعية، ط1، 1987، ص 47 – 82 / محمد عبد العظيم أبو النصر، السلاجقة: تاريخهم السياسي والعسكري، القاهرة، عين للدراسات والبحوث الإنسانية والاجتماعية، ط1، 2001، ص 61 – 75، ص 114 – 142 / محمد عابد الجابري، تكوين العقل العربي، بيروت، مركز دراسات الوحدة العربية، ط10، 2009، ص 107 – 112 / عبد الله العروي، مفهوم الدولة، ص 195 – 202 / عبد العزيز الدروي، النظم الإسلامية، ص 49 – 66.

174. ابن قتيبة الدينوري، الإمامة والسياسة، ج 1، ص 187 – 188، ص 199 – 200 / المسعودي، مروج الذهب ومعادن الجوهر، ج 3، ص 37 – 38 / أبو العرب التميمي، كتاب المحن، ج 3، ص 245 – 253 / القلقشندي، أحمد بن علي 821 - 756" هـ"، مآثر الإنافة في معالم الخلافة، تحقيق عبد الستار فراج، الكويت، وزارة الإرشاد، ط1، 1964، ج 1، ص 12 – 16.

175. ابن خلدون، تاريخ ابن خلدون، ج 1، ص 189 – 191، ص 233 – 236، ص 237 – 261 / القلقشندي، مآثر الإنافة، ج 1، ص 12 – 16 / أبو الحسن الأشعري، الإبانة عن أصول الديانة، ص 63 – 70، ص 85 – 90.

عـن التيـهِ الذي أرخى سـدوله على العلمـاء والفقهاء: "فهم دائبـونَ يتخبَّطونَ في العَشَوات قد تشعَّبتْ بهم الطرق وقادهم الهوى بزمام الردى" [176]، بل إنَّه يصف الطرفيْـن المتنازعيْن بأنَّه قـد: "قابلوا غلوَّهم بغلو وعارضوا إفراطهم بإفراط[177]"، ويبـدو أنَّ هـذه الحالة المُؤْلمـة للعلماء والفقهـاء الذين دخلوا معتـرك الخلافات التـي لا نهايـة لها بدلاً مِنْ تطوير الرؤى والأفكار التي تدفع المجتمع الإسلاميَّ إلى الأمـام، يبدو أنَّها نابعةٌ مِنْ إدراك رَجُلُ السياسـةِ مـدى خطورة ودور " سلاح القلم "الـذي يملكـهُ رَجُلُ العِلْمِ في الإسلام، فحاول منذ بدايـة التجربة التاريخيَّة للدولة السـلطانيَّة، وطيلـة عصورٍ عديـدة، مُحَاصرة تحـركَّات العَالِم وإقفـال فمهِ وتكبيل يديـه وإيقـاف مداد قلمهِ بشـتَّى الوسـائل[178]، ولكنْ علـى الدوام ظلَّـتْ ثُلَّةٌ مِنَ العلمـاء والفقهـاء ترفض الإذعان، والطَّاعة، والنكوص عن الشَّـريعة، لأنَّ الشَّـريعة ذاتها لَمْ يكن باستطاعة رَجُلِ السياسةِ ترويضها وفق مصالحه، لأنَّها حاضرة في كلِّ دقائق حياة الإنسانِ العربيِّ والمُسْلم.

لعلَّ ما رَشَحَ مِنْ هذه الإلماعات يُفْضي إلى أنَّ ما بقيَ ثابتاً في الفكرِ السياسيِّ السُـنِّيِّ هو الأيديولوجية السـلطانيَّة، حيث انتهتْ سجالات المُتكلِّمين، وتكييفات الفقهاء إلى الاعتراف بشـرعيَّة الأمر الواقع، وفق مبدأ: "مَنْ اشـتدَّتْ وطأتهُ وَجَبَتْ طاعته"، إذْ لَمْ يعرف الفِكْرُ الإسلاميُّ، في المجالِ السياسيِّ تحديداً، سوى ميثولوجيا الإمامة والأيديولوجية السـلطانيَّة، ولا يخفى أنَّ أهل السُـنَّة أبدعوا في نقدِ ونقضِ الأولى سـعياً لتسـويغ الواقـع، أمَّا الثانية فما تـزالُ إلى يومنا هـذا بلا نقدٍ أو نقضٍ أو دفـعٍ أو بيـانٍ أو رفض[179]، وقد وَصَلت الأمور في الفقهِ السياسـيِّ الشـرعيِّ إلى تحديـد أبعـاد هـذا الفقه ضمن محوريْـن اثنيْن لا ثالث لهما: وجـودُ الإمامِ، ولزوم الطَّاعة له، مع أنَّ الفقه المقاصديَّ يرى أنَّ الأُمَّة هي الأصل وليس الدولة، سواءٌ مِنْ

176. ابن قتيبة الدينوري، عبد الله بن مسلم 276 - 213" هـ"، الاختلاف في اللفظ والرد على الجهميَّة والمُشبِّهة، علَّق عليه وخرَّج أحاديثه عمر بن محمود أبو عمر، الرياض، دار الراية للنشر والتوزيع، ط1، 1991، ص 19.

177. المصدر نفسه، ص 30.

178. عبد المجيد الصغير، الفكر الأصولي وإشكالية السلطة العلمية في الإسلام، ص 281.

179. محمد عابد الجابري، العقل السياسي العربي، ص 363 – 364.

حيث توجُّه الخطاب الشرعيِّ ابتداءً، مِنْ حيث العموم، أو مِنْ حيث الصلاحيَّات والمسؤوليات، أو مِنْ حيث الأولويَّة والتقديم، وفي هذا كلِّه تأتي الدولة والحكَّام، والفئات الخاصَّة والأفراد، يأتون تَبَعاً وضمناً [180]، وينضافُ إلى هذهِ الرؤى القول بأنَّ علم أصول الفقه: "أصبح في حقيقة الأمر سياجاً للمذاهب ومقيِّداً للفقهاء بحيث إنَّه هو الذي تقاصَرَتْ بِهِ حركة الاجتهاد بعد أنْ كانت مُطْلَقة" [181]، ومن هنا، تَعاضَدَ الاستبداد مع استبعاد الشَّريعة وسطوة علماء السلطان ضدَّ إنسانيَّة المُسْلِمِ قبل التزامهِ بشريعته مِنْ عدمها.

ومِنَ المُؤلِمِ أنْ يرى عَالِمٌ ومؤرِّخٌ وفقيهٌ مالكيٌّ مثل ابن خلدون أنَّ العلماءَ والفقهاءَ يستحقُّون قيمتهم ووظيفتهم وقَدْرَهم استناداً إلى ولائهِم للسلطة، وأنَّ أيَّ تمرُّدٍ، أو خروجٍ، أو نقدٍ للسلطة، أو محاولة القيام بالأمر بالمعروف والنَّهي عن المُنْكرِ نيابةً عن الدولة، هذه المسائل كلُّها تجعل فاعلها آثماً، ومُنْحَرِفاً، حيث يقول: "ومن هذا الباب أحوال الثوار القائمين بتغيير المنكر مِنَ العامَّة والفقهاء، فإنَّ كثيراً مِنَ المنتحلين للعبادة وسلوك طريق الدِّين يذهبون إلى القيام على أهل الجَوْرِ مِنَ الأمراء، داعينَ إلى تغيير المُنْكرِ والنَّهي عنه، والأمر بالمعروف رجاءً في الثوابِ عليه مِنَ الله، فيكثر أتباعهم والمتلبِّسون بهم مِنَ الغوغاء والدَّهماء، ويعرِّضون بأنفسهم في ذلك للمهالك، وأكثرهم يهلكون في تلك السبيل مأزورين غير مأجورين، لأنَّ الله سبحانه وتعالى لم يكتب ذلك عليهم، وإنَّما أمر به حيث تكون القدرة عليه" [182]، بل إنَّه لا يرى ضرورةً تستدعي وجود العلماءِ والفقهاءِ سوى علمهم بالشريعة، وأنَّهم مجرَّد شيء جميل تكتمل به لوحة البلاط السلطانيّ وأدواته، لا أكثر ولا أقلَّ، ذلكم أنَّه: "صار اعتبارهم في الدولة مِنْ أجلِ قيامها بالملَّة وأخذها بأحكام الشَّريعة، لما أنَّهم الحاملون للأحكام، المفتون بها، ولَمْ

---

180. أحمد الريسوني، الأُمَّة هي الأصل: مقاربة تأصيلية لقضايا الديمقراطية، حرية التعبير، الفن، بيروت، الشبكة العربية للأبحاث والنشر، ط1، 2012، ص 10.

181. محمد الفاضل بن عاشور، محاضرات، تقديم كمال الدين جعيط، تونس العاصمة، مركز النشر الجامعي، ط1، 1999، ص 346.

182. ابن خلدون، عبد الرحمن بن محمد 808 - 732" هـ"، المُقدِّمة، تحقيق عبد السلام الشدادي، الدار البيضاء، خزانة ابن خلدون "بيت الفنون والعلوم والآداب"، ط1، 2005، ج 1، ص 270.

يكـن إيثارهـم في الدولة حينئـذٍ إكراماً لذواتهم، وإنَّما هو لمـا يتلمَّح من التجمُّل بمكانهم في مجالس المُلْك لتعظيم الرُّتَب الشـرعيَّة، ولَمْ يكنْ لهم فيها مِنَ الحلِّ والعَقْد شيء، وإنْ حضروه فحضور رسميٌّ لا حقيقة وراءه" [183].

ولعـلَّ هذا الاسترسـال في مُقَاربـة العلاقة بيـن الفقيهِ والعَالِـم والكاتبِ مع السُّـلطة يقودنا إلى تفسـير عدم وجود الكثير مِنَ المؤلَّفات السياسـيَّة، أو رغبة الكثيـر مِـنْ أهلِ العلمِ والفقهِ في الاقترابِ مِنْ عَالَم السُّـلطة، حتى أنَّ مؤسِّسـي المذاهـب الفقهيَّة أنفسـهم لَـمْ يكونوا في الغالب ذوي علاقة حَسَـنة بالسـلطة المركزيَّـة أو بـولاة الأمصـار أو عمـوم الأُسَـر الحاكمة، بـل إنَّ مِنْ بينهـم مَنْ كانَ فـي موقـع المُعَارَضـة مِـنَ السُّـلطة القائمـة[184]، وأضحـى متوقَّعـاً الوصـول إلى المواجهـة بيـن الطرفيْـن نتيجة تناقـض المنطلقات والغايات، وقـد وصلت حالة الجفاء إلى قضايا تمسُّ العقيدة، وفي حالنا هنا نقصد العقيدة الرسـميَّة للدولة، وهـي العقيـدة التي تعتنقهـا السـلطة اعتمـاداً علـى مذهـبٍ دينـيٍّ أو فقهـيٍّ، وتفـرض علـى النَّـاس اتِّباعه، وأيَّـة محاولة لمخالفة هـذه العقيـدة يُعْتَبرُ خروجاً عليهـا ومؤامـرة تسـتحقُّ العقاب، مع ملاحظـة أنَّ هذه العقيـدة - الأيديولوجية مِـنَ اختيارات السـلطة وحدهـا وليس للفقهـاء أو علماء المذهـب سـوى الطَّاعة والتزكيـة وحسـب، ولقد كانتْ محنة خلق القـرآن الكريم أوَّل حَدَثٍ صريحٍ يبرزُ فيـه تدخُّل الخليفـة والدولة لإجبار النَّاس على اعتناقـه[185]، وتحوَّل الخليفة إلى فقيه الدولة الرسميِّ[186]، في أبرز تجليَّات مشروع سَرِقَة الشَّريعة مِنْ أصحابها، واسـتبعاد النَّـاس مِـنْ مجالهم الدينيِّ، واسـتئصال جميع نوافـذ الحريَّة التي جاء الإسلام مِنْ أجـل فتحها بصورةٍ مُطْلَقة، وأبديَّة.

إنَّ هذا التوصيف " فقيه الدولة الرسميّ "الذي تماهى معه الخليفة في العصر العباسيِّ ليسَ مِنْ تَبِعَة العلماء أو الفقهاء، أو حاضر الإنسان العربيِّ والمُسْلم، بل

183. المصدر نفسه، ج 1، ص 377.

184. رضوان السيِّد، الفقه والفقهاء والدولة: صراع الفقهاء على السلطة والسلطان في العصر المملوكي، بيروت، مجلة الاجتهاد، العدد 3، 1989، ص 135 - 140.

185. فهمي جدعان، المحنة، ص 60.

186. محمد عابد الجابري، المثقفون في الحضارة العربية، ص 66 - 67.

هو وليدُ تجربة تاريخيَّة مِنَ الانفراد بالسلطة، واعتبار الخليفة صاحب السلطة المعنويَّة والتشريعيَّة أمام الرعيَّة، وفوق سلطة العِلْمِ والفقه، بل وفوق الشَّريعة ذاتها، لأنَّهم " خلفاء الله في أرضه"، ووظيفتهم إقامة دين الله ورعاية خلقه وإمضاء حكمه وسنَّته[187]، وهذا التوصيف يحيلنا إلى قضية بالغة الأهميَّة والخطورة في آنٍ واحدٍ معاً، ألا وهيَ مِنْ أين جاءتْ النظام السياسيَّ الإسلاميَّ، والعقل السياسيَّ الإسلاميَّ، الشجاعة والجرأة في قبولِ خطابٍ في السياسة مختلف تماماً في مفاهيمهِ وقواعدهِ الأولى، المستمدَّة من المنظور الإسلاميّ في موضوع علاقة الحاكمين بالمحكومين؟، بل أكثر مِنْ ذلك فقد تمَّ تأسيس خطابٍ في القولِ السياسيِّ الإسلاميِّ بالاستناد إلى هذا النصِّ وإلى المواقف التي يتضمنها، حيث تمثِّل هذه الرؤى لحظة انقطاع قويَّة مع تجربة تأسيس دولة المدينة[188]، التي هيَ النموذج النبويُّ والراشديُّ، الذي يتناقض مع المشروع السلطويِّ الأُمويِّ والعباسيِّ الذي يتأسَّس على القَهْرِ والتغلُّب، ويمكن القول في تفسيرِ هذه الشجاعة والجرأة أنَّ صوت السُّلطة كان قوياً أكثر مِنْ صوت الشريعة وقيمها في عقول وقلوب أولئك الطامِعين والطامِحين، وباتَ الوصول إلى السلطةِ والنفوذِ يستلزم السطو على كلِّ التاريخ والحاضر، ولا بأس في السطو على المستقبل أيضاً.

إنَّ استجلاءَ صورة الفقيه أو العَالِم أو المثقَّف في المجال الدينيِّ - السياسيِّ تستدعي التمييز بين نوعيْن مِنْ هذه الطائفة في العصريْن الأُمويِّ والعبَّاسيِّ، الأول مُثقَّف دعوة والثاني مُثقَّف سلطة، أمَّا الأول فيُمثّله الفقيه العَالِم، أمَّا الثاني فهو كاتب الديوان المُشتغل في بلاط السلطة السياسيَّة، ومثال هذا عبد الحميد الكاتب الذي كان يحمل مشروعاً خاصّاً للوصول إلى السلطة، ومن هنا، فالكاتب الذي عاش وتتلمذَ في ديوان الدولة الإسلاميَّة، وفق النموذج الفارسيِّ الساسانيِّ، بَرَزَ كمثقَّفٍ ديوانيٍّ، وهو واقعيٌّ نفعيٌّ يسعى إلى المال والجاه، ويتقرَّبُ مِنَ السلطان، ويخدمُ السلطة بالحفاظ على استقرارها، كما في التجربة الفارسيَّة، والتي

---

187. فهمي جدعان، المحنة، ص 235 - 238.

188. كمال عبد اللطيف، في تشريح أصول الاستبداد: قراءة في نظام الآداب السلطانية، بيروت، دار الطليعة، ط1، 1999، ص 235 - 236.

تجعل للمَلِكِ ماهيَّة "الهيَّة " يستحيل على البشر العاديين أنْ يطمحوا بأبصارهم إليها، وكان ذلك بمثابة الضمانة والأمان للكتَّاب الذين يتصارعون على المركز الثاني في رئاسة الديوان أو الوزارة، أمَّا المركز الأوَّل فتنقطع دونه الأعناق[189]، وتبدو السلطة السياسيَّة تاريخيَّاً بحاجة إلى النوعيْن معاً ضمن منظومة ذات سقف محدَّد مِنْ أجل الوصول إلى ترويض الشَّريعة بدلاً مِنَ الالتزام بها، لأنَّه لا أحد مِنَ الحكَّام في التاريخِ الإسلاميِّ استغنى أو كان في إمكانهِ أنْ يستغني عن إعلانِ التمسُّك بالدِّين، لأنه لا أحد منهم كان يستطيع أنْ يلتمس الشرعيَّة لحُكْمِهِ خارج الإعلان عن خدمة الإسلام والرفع من شأنه[190].

ولقد سَكَبَتْ السُّلطة السياسيَّة في خَلَدِ الفقهاءِ، والعلماءِ، والمثقَّفين، والنَّاسِ، في التجربة التاريخيَّة الإسلاميَّة، أنَّ الخليفة والإمام هو الدِّين والسياسة معاً، وأنَّ الوصول إلى المثال النموذجيِّ الأعلى هو هدف الدولة، ومَنْ لا يقبل التدجين مِنَ النَّاس البسطاء يَحْكُمُ على نفسهِ بالخروج مِنَ الشَّريعة، والدولة، والتاريخ، وأكثر مِنْ ذلك، فإنَّ للسلطة السياسيَّة ممثَّلة بالخليفة دِينٌ يكون له في خاصَّة نفسهِ هو دِينُ المُسْلم الفرد، ولكنَّ الدِّينَ حينَ يكون أمراً يهمُّ الجماعة يغدو مجالاً سياسيَّاً، لأنَّ: "كلَّ ما هو فرديٌّ حين يتحوَّل إلى اجتماعيٍّ يصبح سياسيَّاً، والدينيُّ نفسه - حينَ يكفُّ عن أنْ يكون للإنسان في خاصَّة نفسهِ ويصبح شأناً للجماعة - لا بُدَّ أنْ يصبحَ سياسيَّاً، وكلُّ فهمٍ للدينيِّ يأخذ بمبدأ الأمر بالمعروف والنَّهي عن المنكر يحوِّل الدينيَّ، بالضرورة وبالماهيَّة، إلى سياسيٍّ، وتتولَّد له بعد ذلك قضاياه ومسائله" [191]، ومن ذلك ما رواه الخطيب البغداديُّ في تاريخ بغداد حيث يقول: "أخبرنا الحَسَنُ بن خضر قال: سمعتُ ابن أبي دؤاد يقول: أُدْخِلَ رَجُلٌ مِنَ الخوارج على المأمون، فقال: ما حَمَلَكَ على خلافنا؟ قال: آيةٌ في كتاب الله تعالى، قال: وما هيَ؟، قال: قوله تعالى: "وَمَنْ لَمْ يَحْكُمْ بما أَنْزَلَ الله فأولئكَ هُمُ الكافرونَ"

189. رضوان السيِّد، مقدِّمة كتاب الأسد والغواص: حكاية رمزية عربية من القرن الخامس الهجري لمؤلف مجهول، بيروت، دار الطليعة، ط2، 1992، ص 27 - 28.

190. محمد عابد الجابري، الدين والدولة وتطبيق الشريعة، بيروت، مركز دراسات الوحدة العربية، ط2، 2004، ص 62 وما بعدها.

191. فهمي جدعان، المحنة، ص 366.

(المائدة : 44)، فقال له المأمون: ألكَ عِلْمٌ بأنَّها مُنْزَلة، قال: نعم، قال: وما دليلكَ؟ قال: إجماعُ الأُمَّة، قال: فكما رضيتَ بإجماعهم في التنزيل، فارضَ بإجماعهم في التأويل" (192)، في خطوةٍ تؤكِّد إرادة الدولة في خضوع النَّاس في المجتمع الإسلاميِّ لسلطةٍ سياسيَّةٍ وثقافيَّةٍ واحدةٍ تقرِّر المعنى المراد بالنصِّ، وبلورة رؤية أحاديَّة تضليليَّة بامتياز، وسيلتها الإلغاء، واستراتيجيَّتها القهر، وغايتها الإقصاء.

ولهذه الرؤى ما يُناصِرُها في التجربتيْن الأُمويَّة والعبَّاسيَّة، فالعبَّاسيون رفعوا طوال دعوتهم وثورتهم شعار مواجهة الظلم والاستبداد الأُمويِّ، ولمَّا حَكَموا كرَّسوا ذلكم الظلم والاستبداد بصورةٍ جديدةٍ ومُبْتَكَرة، فالتعديل الجوهريُّ كان في طبيعةِ وشكلِ الاستبداد وليس في جوهرِه، فقد تأسَّس الاستبداد العباسيُّ بشكلٍ صريحٍ على مُبرِّراتٍ دينيَّة، حيث انبثقتْ دولتهم مِنْ أصولِ عائلةٍ مَارَسَتْ نشاطاً سريَّاً مُنظَّماً، ورفَعَتْ شعار الإصلاح "الدينيِّ " في مواجهة سياسات وممارسات الدولة الأُمويَّة ذات الطابع "الدنيويِّ" (193)، وقد أسهمتْ هذه التصوُّرات والأفعال في تزايد النزعة الدينيَّة، وتكريس الدمج ليس فقط بين الدِّين والدولة، بل أيضاً بيْنَ المجتمع والدولة تحت مظلَّة الشَّريعة، ولَمْ تكنْ منطلقات هذه السُّلطة السياسيَّة حماية الدِّين، أو الدفاع عنه، أو الحرص على تطبيقه بين النَّاس، وإنَّما توظيف، واستغلال، وترويض، الشَّريعة مِنْ أجلِ السلطة، والدولة، وينبغي هنا، تحديداً، التفريق بيْنَ مجموعةٍ مِنَ العلماء والفقهاء والكتَّاب شكَّلوا منذ العصر الأمويِّ والعباسيِّ، حتى يومنا هذا، تحالفاً مع السلطة السياسيَّة مِنْ أجلها، ومِنْ أجلهم، وبيْنَ مجموعةٍ أخرى مِنَ العلماء والفقهاء والكتَّاب دافعوا عن الشريعة، والنَّاس، ودفعوا ثمناً باهظاً سعياً وراء أنْ يكون الإسلام لأهلِه، للنَّاس البُسَطاء، للإنسان، بعيداً عن محاولات السطو والسرقة والاستبعاد المستمرَّة منذ قرون(194).

192. الخطيب البغدادي، أبو بكر أحمد بن علي 463 - 392" هـ"، تاريخ بغداد، تحقيق مصطفى عبد القادر عطا، بيروت، دار الكتب العلمية، ط2، 2004، ج 10، ص 183 – 184.

193. عبد الجواد ياسين، الدين والتديُّن: التشريع والنص والاجتماع، الدار البيضاء، المركز الثقافي العربي، ط2، 2014، ص 418.

194. انظر كيف يسعى بعض الكتَّاب المحْدَثين للنيل من الصحابة والفقهاء والعلماء المخلصين للإسلام: عبد الولي بن عبد الواحد الشلفي، القراءات المعاصرة والفقه الإسلامي: مقدمات في الخطاب والمنهج، الرياض، مركز نماء للبحوث والدراسات، ط1، 2013، ص 461 – 485.

وظاهرٌ أنَّ السلطة السياسيَّة في المجتمعِ الإسلاميِّ الأوَّل حدَّدتْ مشروعها للاستبدادِ بالحُكْم، والبقاء فيه للأبد، مِنْ خلالِ مجموعةٍ مِنَ الأدوات، وبخصوص أداة الدولة الثقافيَّة المتمثِّلة بالعلماء والفقهاء والكتَّاب المتعاونين معها، فقد بات جليّاً أنَّ وظيفة هذه الأداة الثقافيَّة هي التبرير والتسويغ، وإضفاء الشرعيَّة على الدولة، وتشكيل الخطاب الدفاعيِّ عنها، وتكمن أهمية حضور الدينيِّ في ذلك الخطاب الثقافيِّ المدفوع مِنَ الدولة مِنْ أجل إعلان انتماء السلطة لمقدَّس الجماعة، واستعمال معطيات هذا المقدَّس النصيَّة في التبرير والدفاع، وبصورة أدقّ، قام هؤلاء العلماء بوظيفة أيديولوجيَّة محدَّدة هي: النَّظر إلى السلطة السائدة باعتبارها السلطة التاريخيَّة المُطابِقَة لتاريخ الجماعة الإسلاميَّة، وتبرير قهرها لتفادي الفتنة والتمرُّد، بحيث ارتكز خطاب هؤلاء على بِنْية المُعْطى التاريخيِّ المتمثِّل في تجارب القدماء، وأقوال الملوك، وتاريخ المسلمين بعد إعادة صياغته للتطابق مع الدور المطلوب، وبِنْية النصِّ الإسلاميِّ باعتبارها القول الفَصْل في كلِّ خلافٍ نظريٍّ أو تاريخيٍّ أو سياسيٍّ[195]، مع ضرورةِ صَهْرِ هذه السياقات كلِّها في صعيدٍ واحدٍ هو صعيد الدولة، والسلطة، والمُلْك، وأتباعهم، ومطامحهم، وحدهم، أمَّا النَّاس فإنَّ لهم الآخرة تعوِّضهم عن الدنيا وغرورها!!.

وتَمُدُّنا بعض النُّصوص التاريخيَّة بأمثلة واضحة المقاصد مِنْ حيث تلاعب السلطة السياسيَّة بأهلِ العِلْمِ والفقهِ والكتابةِ مِنْ أجل مصالحها، وقبول الطامِحين منهم هذه الأدوار نظير الجاه والثروة، ومن جنايات العصور الإسلاميَّة الأولى ما حَدَثَ لاحقاً في العصرِ المملوكيِّ عندما كَتَبَ الفقيه نجم الدين إبراهيم بن علي الطرطوسيّ "ت 758 هـ"[196] قاضي قضاة المذهب الحنفيِّ في بلاد الشام رسالة بعنوان: "تحفة التُرك فيما يجب أنْ يُعْمَل في المُلْك"، وصاحب هذه الرسالة يريدُ في الظاهر نصيحة السُّلطان في ترتيبِ وإصلاحِ شؤون الدولة، ولكنَّه

195. كمال عبد اللطيف، في تشريح أصول الاستبداد، ص 264 - 265.

196. انظر حول ترجمة نجم الدين الطرسوسيّ:

ابن تغري بردي، يوسف جمال الدين 874 - 813" هـ"، المنهل الصافي والمستوفى بعد الوافي، تحقيق محمد محمد أمين، القاهرة، الهيئة المصرية العامة للكتاب " مركز تحقيق التراث"، ط1، 1984، ج 1، ص 129 - 130 / المقريزي، أحمد بن علي 845 - 766" هـ"، السلوك لمعرفة دول الملوك، تحقيق محمد عبد القادر عطا، بيروت، دار الكتب العلمية، ط1، 1997، ج 4، 232 - 233.

ينصرفُ ومنذ الصفحة الأولى إلى محاربة فقهاء الشافعيَّة وقُضَاتهم، وهو ينصحُ السلطان الحنفيِّ المذهب بعزل قضاة المذاهب الأخرى، وحصر القضاء كلِّهِ للفقهاء الأحناف، لأنَّ مذهبهم يتوافق مع مصلحة الدولة، ويرى رضوان السيِّد أنَّه خلال عَرْضِ الطرسوسيِّ الطريف والعجيب يبدو بوضوح علَّة لجوء الدولة إلى توزيع القضاء على مختلف المذاهب الفقهيَّة، حيث كانتْ خلافاتهم المذهبيَّة وسيلة مهمَّة لتحقيق مصالح كبار الأمراء والطبقة الحاكمة، فقد اختصَّ السلاطين قضاة الشافعيَّة بالقضاء في أموال الأيتام الصغار، لأنَّ القول المعتمد في المذهب الشافعيِّ وجوب الزكاة في مال الصغير، بينما لا يرى الأحناف ذلك، وكذا الأمر في توريث ذوي الأرحام، إذ الأحناف يرون توريثهم في غياب العَصَبات، بينما خَالَفَ علماء المذهبِ الشافعيِّ هذا الرأي وعارضوه بشدَّة(197).

والسياسةُ في هذهِ المعادلةِ ليستْ مُنبتَّة عَنْ عَالَمِ الفقهاء والعلماء والكتَّاب، فقد عَهِدَتْ الدولة إلى قضاة الشافعيَّة في مسائل المواريث الحَشْريَّة (198)وذلكم لأنَّ الأموال وفق هذا المذهب ستؤول إلى خزانة الدولة(199)، ويتحدَّث رضوان السيِّد عَنْ حيرة الطرطوسيّ في مسألة تزويج الصِّغار لأنَّ سائر المذاهب تُجيز ذلك، وتحديداً المذهب الحنبليّ، ثمَّ يَغْلِبُ عليه الجانب الإنسانيّ، فينصحُ السلطان بمنع القضاة مِنْ سائرِ المذاهب خوفاً مِنْ إجراء ذلك العَقْد المُشين، ثمَّ لا يتوقَّف عن اتِّهام قضاة المالكيَّة بالتهاونِ في حفظِ أموال الأوقاف الخيريَّة والأهليَّة، والعمل الوقفيُّ مَصونٌ في الفقهِ الشافعيِّ أكثر مِنه في الفقهِ الحنفيِّ، لأنَّ الإمام أبا حنيفة النُّعمان ما كانَ يقول بانتقال المُلْكيَّة في الوقف، أيْ أنَّه كان لا يرى تأبيده، ولا يُحبِّذ الوقفَ الأهليَّ، لتناقضهِ الظَّاهر مع آياتِ المواريث في القرآن الكريم، غير أنَّ القاضي الطُرطوسيّ يتجاهل الأمرَ برمَّتهِ وينصح السلطان بعدم الوثوقِ بالشافعيَّة في توليتهم أمر إدارة أوقاف الجامع الأُمويِّ الضخمة

197. الطرسوسيّ، نجم الدين إبراهيم بن علي 758 - 721" هـ"، تحفة الترك فيما يجب أن يُعْمَل في المُلْك، تحقيق رضوان السيِّد، بيروت، دار الطليعة، ط1، 1992، ص 35 – 36، ص 76 – 93.

198. الموارد الحَشْرية: وموضوعها التحدُّث على ديوان المواريث الحشرية ممن يموت ولا وارث له، أو له وارث لا يستغرق ميراثه، مع التحدث في إطلاق جميع الموتى من المسلمين وغيرهم. انظر: القلقشندي، صبح الأعشى في صناعة الإنشا، ج 4، ص 33.

199. الطرطوسيّ، تحفة الترك، ص 36 – 37.

جدّاً[200]، وهكذا يتصارع القضاة، وعلماء المذاهب المختلفة، والسلطة تستثمرُ ذلك لمصلحتها، ولا يوجد أحدٌ يسألُ عن توافق هذا كلِّه مع مرجعيَّات الشَّريعة الإسلاميَّة، ومقاصدها، وحقوق النَّاس.

مِنْ أجلِ هذا كلِّه، كانَ الأمَلُ في مشروعِ إصلاحٍ سياسيٍّ في المُجْتمعِ الإسلاميِّ يتراجع عصراً بعد آخر، ومحاولة بعد أُخْرى، ودولة بعد دولة، وباتَ مُعْظم المُسْلمين مِنْ أهلِ السُنَّة يعيشون خارج التَّاريخ، أمَّا الشِّيعة فقد اخترعوا " ولاية الفقيه" كمدخلٍ زمنيٍّ للانخراط الدينيِّ في الفِعْلِ السياسيِّ، وفي الحالتيْنِ تمَّ استبعاد الإسلام بصورةٍ مُريعةٍ عن حياةِ الإنسان المُسْلم، تمهيداً لبناء عقليَّة توفيقيَّة وتلفيقيَّة جديدةٍ له، مِنْ هذا المُنطَلَق، إذا انتقلنا إلى الفِكْرِ السياسيِّ الإسلاميِّ نجدُ أنَّه وَقَفَ عاجزاً أمام هذه الواقع المُتَشَابِكِ عن بناءِ نظريَّةٍ سياسيَّةٍ مُحدَّدةٍ ومُتكاملة، وإنَّما كانَ في معظمِهِ تنظيراً، أو تبريراً، أو رفضاً مثاليّاً للسُّلطة القائمة، فضلاً عَنْ كونِ طُرُوحَاتِهِ جاءتْ متأخِّرة في مرحلةِ بناء الدولة، فلَمْ يكنْ تأسيسيّاً وتنظيميّاً بقدر ما كانَ وَصْفيّاً، وعند مُقارنتهِ بعطاء الفِكْرِ الإسلاميِّ في الفِقْهِ، واللُّغويَّات، والفَلْسَفة، والعلوم التطبيقيَّة، نجدُ أنَّ الفِكْرَ السياسيَّ أكثرها تواضعاً، وأقلُّها وضوحاً في النظريَّةِ والتطبيق، ومِنْ هنا، غابتْ المؤسَّسات السياسيَّة الدائمة عن كيانِ الدولة الإسلاميَّة، فالشُّورى، والعَدْل، والبَيْعة، وأهل الحلِّ والعَقْد[201]، لَمْ تتجسَّد كمفاهيم في مؤسَّساتٍ تاريخيَّةٍ قائمةٍ تُمَارِسُ الحياة السياسيَّة، وباستثناءِ الخلافة وما تفرَّع منها مِنْ دواوين ذات طابعٍ إداريٍّ وتنفيذيٍّ، فإنَّ الحياة السياسيَّة للمُسْلمين لَمْ تشهد قيام أو ديمومة مؤسَّسة سياسيَّة نسبياً، أمَّا المُعَارضة فقد ظلَّت على الدوام خارج الشَّرعيَّة، وهي بدورها تطعنُ في شرعيَّة مؤسَّسة الخلافة ذاتها.

وبيانُ ذلك أنَّ الكتب التراثيَّة الإسلاميَّة لَمْ تدرس "الدولة " كمؤسَّسةٍ سياديَّةٍ، وقانونيَّةٍ، صاحبة سُلْطةٍ على شَعْبٍ مُعيَّن، أو إقليمٍ جغرافيٍّ واضح المعالم، حيث

200. المصدر نفسه، ص 38 - 39.

201. محمد عبد الفتاح حليقاوي، أ ل م: لافتات على طريق التجديد والوسطيَّة، عمَّان، منشورات وزارة الثقافة، ط1، 2017، ص 36 - 37.

اقتصر اهتمام هذهِ الكتب على "الحكومة "التي لا مراءَ في أنَّها إحدى مظاهر الدولة الحديثة، ولكنَّ الإشكاليَّة الأساسيَّة أنَّ هذه الطروحات ظلَّتْ تُراوحُ مكانها حول ما ينبغي أنْ تكون عليه الحكومة، طبقاً للشَّريعة الإسلاميَّة، بلْ لَمْ يكنْ بعض هذه الكتب سوى وَصْفاً تقريريَّاً لأوضاعِ الإدارة والدواوين، دون رؤيةٍ، أو تفسيرٍ علميٍّ، أو تعليل، وينطلق هذا الرأيُ من مُسلَّمةٍ رئيسةٍ مفادها أنَّ غيابَ العقليَّة النقديَّة في التراثِ الإسلاميِّ ساهم في تكريس أُحاديَّة الرؤية، والقبول المُطْلق بالواقع السياسيِّ، والاجتماعيِّ، والثقافيِّ الإسلاميِّ، حتى لو كان هذا الواقع يتناقضُ مع الشَّريعةِ التي يدَّعي أنَّهُ يُمثِّلها، ويَحْميها، ويرفعُ رايتها، وإذا كنَّا، إلى هذه اللحظةِ مِنْ تاريخنا، ما نزال نبحث عن بديلٍ حضاريٍّ عند "الآخر" (202)، فإنَّ الإجابةَ عن أسئلة الدولة بالأحرف الأولى يمكن بلورتها من خلال الوثيقةِ المعروفةِ باسم " دستور المدينة "التي صدرت عن الرسولِ مُحمَّد صلَّى الله عليه وسلَّم بعد الهجرة، باعتبارها القاعدة العامَّة للكيانِ الإسلاميِّ والمبادىء التي تُؤطِّره، حيث ساهَمَتْ هذه الوثيقة في صياغةِ معظم ملامحِ الفكر السياسيِّ الإسلاميِّ لاحقاً، ومِنْ أبرز معطيات هذه الوثيقة أنَّ المُؤمنين يكونون " أُمَّة " واحدة، وكلُّ عشيرةٍ أو فئةٍ مِنَ الأُمَّة تكون مسؤولة عن سلوكِ أبنائها جنائيَّاً وتعويضيَّاً، إلى جانب تَضَامُنِ الأُمَّة بشكلٍ جماعيٍّ في سبيل القضاء على الجرائم والمخالفات، بل وتتضامنُ الأُمَّة في مواجهة الأعداء في السِلْمِ والحَرب، وفي منحِ حقوقِ الجوار، وفي الختام ينتمي أهل الكتابِ إلى جماعة المُسْلمين، مع احتفاظهم بدينهم، ويتعاونون مع المُسْلمين في حماية هذه الجماعة(203).

إنَّ هذه الوثيقة النبويَّة والتي تمثِّل أبعاداً راقية وإنسانيَّة بصورةٍ بالغة الدلالة، بيْنَ المُسْلمين وغير المُسْلمين، وأبرَزَتْ مضامين الشَّريعة وجوهرها، هذه الوثيقة

202. المرجع نفسه، ص 50.

203. انظر حول وثيقة المدينة:

محمد حميدالله، مجموعة الوثائق السياسية للعهد النبوي والخلافة الراشدة، بيروت، دار النفائس، ط5، 1985، ص 57 – 65 / أحمد الشعيبي، وثيقة المدينة: المضمون والدلالة، الدوحة، وزارة الأوقاف والشؤون الإسلاميَّة، سلسلة كتاب الأُمَّة العدد 110، ط1، 2005، ص 55- 80، ص 91 – 99، ص 167 – 189.

تـمَّ انتهاكهـا عندمـا اختلف المُسْـلمون حول السُّـلطة، ومِنْ أجلها، حيـث الاعتزاز بالنَّفس وتعظيمها مِنْ زاوية، وإلغاء الآخر مِنْ زاويةٍ ثانية، وباتَ الاستحواذ الكامل على المَشْهدِ السياسيِّ، والسُّلطة، هو الفيْصلُ بيْنَ المُتَنَافسين، مع أنَّ الشَّريعة لا تقـرُّ لأيِّ أحـدٍ بذلك، بل و: "ليس لمخلوقٍ أنْ يفرض علـى أُمَّةٍ رأيه، وأنْ يَصْدُرَ في أحكامـهِ واتجاهاتـهِ عن فكرتهِ الخاصَّة، غير آبهٍ لمـنْ وراءه مِنْ أولي الفهم وذوي البصيرة والحزم، ومهما أوتيَ رجلٌ مِنْ زيادةٍ في موهبة، وسَعَةٍ في تجاربهِ، وسَدادٍ فـي نظـرهِ، فلا يجوز أنْ يتجهَّـم للآراء المُقَابِلـة، ولا أنْ يلجأ لغير المناقشـةِ الحرَّة والإقناع المُجرَّد، في ترجيحِ حُكْمٍ على حُكْم، وتغليبِ رأيٍ على رأي" (204)، غير أنَّ الواقـع التاريخـيَّ يتناقض مع الرؤية الإسلاميَّة، حيث لـم يتوقَّف التوظيف الدينيُّ في المجال السياسيِّ منذ انتهاء النموذج الراشديِّ في الحُكْمِ، وتعليل هذا أنَّه وإنْ لَـمْ يكـن ذلك المجال السياسـيُّ قد تكوَّن مِـنْ خلال الوحي، أو التشـريع القرآنيِّ، إلاَّ أنَّـه سـيخضعُ في تشـكيلهِ لعوامل أخـرى في مقدِّمتهـا الإسلام، ومِنْ خلال هذا التوظيف تمَّ إسـباغ الطابع القدسـيُّ على المجالِ السياسيِّ ومخرجاتهِ أحياناً، ممَّا جعل الفقهاء والعلماء والمثقَّفين عموماً يفسِّرون ويبرِّون ارتباط السياسة بالدِّين بصورة دائمة وعبر العصور(205)، ونتج عن هذا التشويه صراعات تاريخيَّة بلا انتهاء.

ولقد ضَرَبَ هذا النَمَطُ مِنَ التفسير للعلاقة بين الدِّين والسياسة بِكَلْكَلِهِ على تمثُّلات السُّـلطة السياسـيَّة منذ نهاية العصر الراشـديِّ، وتمَّ تفسـير هـذه القطيعة نتيجة: "سـيطرة النمـوذج الصحراويِّ الكَسْـرويِّ الذي تجلَّى فـي العصبيَّة القبليَّة، والعنصريَّة، والقبيلة، والاستبداد على الأعراف والتقاليد الاجتماعيَّة، وقد نتجَ ذلك

204. محمد الغزالي، الإسلام والاستبداد السياسيّ، القاهرة، دار نهضة مصر، ط6، 2005، ص 52.

205. عبد الجواد ياسين، السلطة في الإسلام: العقل الفقهي السلفيّ بين النص والتاريخ، الدار البيضاء، المركز الثقافي العربي، ط2، 2000، ص 55 - 65 / عبد الإله بلقزيز: الإسلام والسياسة: دور الحركة الإسلاميَّة في صوغ المجال السياسيّ، الدار البيضاء، المركز الثقافي العربي، ط1، 2001، ص 36 - 40 / محمد عابد الجابري، العقل الأخلاقي العربي، بيروت، مركز دراسات الوحدة العربية، ط1، 2001، ص 101 - 102.

Denny (F. M), UMMAH in the constitution of Medina, in JNES, 36, 1977, PP 39 - 47.

السياق الذي تَعَامَلَ به المُلْك العضوض مع العلماءِ والفقهاءِ المُطَالبين بالعدل السياسيِّ طوال فترات العهد الأُمويِّ والعباسيِّ وما بعدها، وقد أدى ترك الممارسة السياسيَّة والدستوريَّة الشرعيَّة إلى العزوف عن الكتابة في هذا الميدان، وهذا هو سبب الثراء والبدانة في جانب فقهِ المناسك، والفقر والهزال في جانبه فقه المعائش والتمدُّن، ولا سيما الفقه السياسيَّ والدستوريَّ [206]"، حيث ساهمتْ بعض الشُّعوبِ التي دَخَلَتْ في الإسلام وبالذات الفُرْس باستجلاب الفكر الكَسْرويِّ معها، وشكَّلت خليطاً مِنَ الفقهِ المجبولِ بتلك القيم الكَسْرويَّة، وتمَّ تهميش الفقه السياسيّ في الإسلام، وتمَّ إظهار ما يَخْدمُ الاستبداد وكأنَّه حالة طبيعيَّة، وصرَّح بعض الفقهاء مثل ابن حزم الأندلسيِّ بالتحذير مِنْ فقهاء السلطة وخطورتهم حيث قال: "لا يغرنَّكم الفُسَّاق والمنتسبون إلى الفقه، اللابسون جِلْدَ الضَّأنِ على قلوبِ السِّباع، المُزيِّنون لأهلِ الشرِّ شرَّهم، الناصرون لَهُمْ على فِسْقِهم[207]، والمؤلم هنا أنَّ هذه الحالة ما زالت حاضرة حتى يومنا هذا.

لَمْ تكنْ هذه الرؤى بمنأى عن القولِ بأنَّ النصَّ الدينيَّ لدى المُسْلمين هو الأُسُّ والإطار الجامعُ، بل هو التعبير الحقيقيُّ، والأوَّلُ، عن جماعةِ الله تعالى، وهي الأُمَّة التي وضعها المسلمون منذ اللحظات الأولى فوق كلِّ الاعتبارات[208]، وعلى الشاطىءِ ذاتهِ، ليس يخفى أنَّ النصَّ القرآنيَّ في مكَّة المكرَّمة ارتكز على تعميق أسس العقيدة والألوهيَّة وبذور الإيمان النقيِّ، بينما ارتكز النصُّ القرآنيُّ في المرحلة المدنيَّة على سياقِ الاجتماع السياسيِّ الإسلاميِّ بامتياز، وتبلورتْ في إثرِ هاتيْن المرحلتيْن رؤى ومفاهيم وأدوات خطابيَّة أسهمتْ في صَوْغِ أبجديَّات

206. عبد الله الحامد، المشكلة والحل: الاستبداد والشورى، بيروت، الدار العربية للعلوم، ط1، 2004، ص 22.

207. ابن حزم الأندلسي، علي بن أحمد 456 - 384" ه"، رسائل ابن حزم الأندلسي، تحقيق إحسان عباس، بيروت، المؤسسة العربية للدراسات والنشر، ط2، 1987، ج 3، ص 173 / عبد الله الحامد، المشكلة والحل: الاستبداد والشورى، ص 23 - 28.

208. الفضل شلق، الجماعة والدولة: جدليَّات السلطة والأُمَّة في المجال العربي الإسلاميّ، بيروت، مجلة الاجتهاد، العدد 3، 1989، ص 30 / وقارن مع رضوان السيِّد، الشخصيَّة الإسلامية: دراسة أوليَّة في تكوُّن عقيدة أهل السنَّة والجماعة، عمَّان، الجامعة الأردنية، مجلة دراسات، المجلَّد 13، العدد 4، 1986، ص 18.

الفكرِ السياسيِّ الإسلاميِّ، ولقد هَجَسَ بمثل هذا رضوان السيِّد عندما أشار إلى التطوُّر الدلاليِّ لمفهوم الطائفة - مثلاً - في النصِّ المكيِّ والمدنيِّ، وأنَّ دلالة المفهوم باتتْ في المرحلة المدنيَّة تشير إلى الفئة القليلة ذات المَنْزع الواحد، أو التي وحَّدت نفسها في موقفٍ واحدٍ استناداً إلى الآيات القرآنيَّة الكريمة، وبذا يتحوَّل المفهوم مِنْ مرحلةِ الجَماعة إلى مرحلة الاجتماع البشريِّ، وصولاً إلى تحديد معيار الوَحْدة والاجتماع السياسيِّ والمدنيِّ ألا وهو الشَّريعة الواحدة لا الانتماء العصبيّ، وعليه، تستلزم دراسة المفاهيم الفكريَّة العربيَّة والإسلاميَّة النَّظر فيها مِنْ خلال علومٍ مختلفة لا تقطع النصَّ عن سياقهِ، ولا تغرق كذلك في جزئيَّات التجربة التاريخيَّة[209]، وبكلمة، فإنَّ النصَّ الدينيَّ في فكرنا محتاجٌ إلى التماهي مع السياقات السياسيَّة والاجتماعيَّة والثقافيَّة والاقتصاديَّة.

ويُسْلِمُنا هذا المَلْمَح إلى حقيقةٍ مؤدَّاها أنَّ وفاة النبيِّ صلَّى الله عليهِ وسلَّم هيَ التي فَرَضَتْ على جماعة المُسْلمين تكوين وبناء السُّلطة السياسيَّة، بهدف الحفاظ على استمراريَّة تلكم الجماعة، ولمَّا اشتدَّ الصراع بين عليٍّ ومعاوية رضي الله عنهما، كانَ صراعاً بين الجماعة وممثِّلها عليّ والدولة وقائدها معاوية، وهذه الأرضيَّة هيَ التي أنتجتْ حركات الخَوَارجِ والشِّيعة بصورةٍ أساسيَّة، إلى جانبِ ظهور ونمو الأمْصَار الجديدة، وما تلازَمَ معها مِنْ تنظيمٍ اجتماعيٍّ، إلى جانب استقطاب المَوَالي الذين وجدوا أنفسهم في مواجهةٍ قاسيةٍ مع السُّلطة السياسيَّة فاتجهوا إلى خطاب الخَوَارج، واسْتَعْذَبَ الشيعة فكرة التوبة والثأر للحُسْينِ بن عليّ رضي الله عنهما، أمَّا السُّلطة منذ العصر الأُمويِّ فقد مَارَسَتْ سياساتٍ متناقضة ومتقاطعة باستمرار مع قريش، والقبائل العربيَّة [210]، ومِنْ هنا، ينبثقُ السؤال الأبرز في هذا المضمار: لقد حَاوَلَتْ جميع الحركات والاتجاهات السياسيَّة إلى جانب السُّلطة الحاكمة تمثيل جماعة المسلمين، وفَشِلَتْ بصورٍ متفاوتة، وحاول جميعُ العلماء والفقهاء والأدباء والكتَّاب جَمْعَ النَّاس على صعيدٍ واحدٍ أو

209. رضوان السيِّد، مفاهيم الجماعات في الإسلام: دراسات في السوسيولوجيا التاريخية للاجتماع العربي الإسلامي، بيروت، دار المنتخب العربي، ط1، 1993، ص 29 - 40.
210. المرجع نفسه، ص 45 - 86.

أكثر، ورافقهم الخذلان في أغلبِ الأحيان، وعليه، لماذا لا يقوم الفكر الإسلاميُّ بأدواره الحقيقيَّة في تشكيل قناعات لدى الإنسان العربيِّ والمُسْلم بأنَّ شريعته جاءتْ مِنْ أجله، وهو الوحيد القادر على تمثيلها، لماذا؟

ولقد وثَّق أحد علماء الأزهر الشَّريف رؤاه حول إنسانيَّة الشَّريعة، وسموِّ مقاصدها، ودعوتها للحريَّة، واتِّساع آفاقها، بعيداً عن الاحتكار السياسيِّ والمعرفيِّ الذي كرَّستهُ التجربة التاريخيَّة للدولة الإسلاميَّة، حيث يقول: "وقد اتَّصَلَتْ بالقرآنِ، بعد أنْ اتَّصَلَ محمَّدٌ بربِّهِ، أفهام العلماء والأُمَّة في ما لَمْ يكن مِنْ آياتهِ نصَّاً في معنى واحد، ومِنْ هذا الجانب اتَّسعَ ميدان الفكر الإنسانيّ، وكَثُرتْ الآراء والمذاهب في النظريَّات والعمليَّات، لا على أنَّها دِينٌ يُلْتَزَمُ وإنَّما هي آراءٌ وأفهامٌ في ما هو مِنَ القرآن مُحتملٌ للآراء والأفهام، يردُّ فيها كلُّ ذي رأي رأيهُ إلى الدلالة التي فهمها هو مِنَ النصِّ القرآنيّ بمعونة ما صحَّ عنده مِنْ أقوال الرسول وأفعالِه، أو مِنَ القواعد العامَّة التي ترمي إليها روح الدِّين عامَّة، وهذا الصنيعُ لَمْ يكن مِنْ هؤلاء الأئمَّة وفي معتقدهم إلاَّ اجتهاداً فرديَّاً لا يُوجِبُ على أحدٍ مِنَ النَّاس أنْ يتبعه، بل تركوا لغيرهم ممَّن له أهليَّة الفهم حريَّة التفكير والنَّظر" (211)، وهي كلماتٌ جديرةٌ أنْ تُكْتَبْ بماءِ الذَّهب، وبخطٍّ كوفيٍّ رفيع، ذلكم أنَّ الإسلام لَمْ يمنح أحداً الوصاية على أتباعهِ، بل إنَّه جاء ليخرجَ النَّاس مِنْ عبادة العباد إلى عبادة ربِّ العباد، بكلِّ ما في العبارة من دلالاتٍ ومعانٍ وغاياتٍ ووسائل ومقَاصد، أمَّا اليوم، فإنَّ الأمَّة تغصُّ بمدَّعي الإمامة مِنْ ذوي الشَّوْكة والسكِّين، كما تغصُّ بفقهاء الفضائيَّات والميليشيَّات، بينما الغائب الأكبر عن المَشْهد، فهو الجماعة والأُمَّة، التي كانت الإدارة الصالحة والعادلة لشؤونهما السياسيَّة هيَ الهمُّ الأكبر للسياسيين وفقهاء السياسة الشرعيَّة، فيا للعرب! ويا للإسلام! (212).

لأجلِ هذا يمكن القول بأنَّ أيَّة معرفة حقيقيَّة، ودراسة منهجيَّة، تتعلَّق بتاريخ الإسلام، والفكر الإسلاميِّ، لَنْ تكون علميَّةً ما لَمْ تتعامل مع الموروثِ

---

211. محمود شلتوت، الإسلام عقيدة وشريعة، القاهرة، دار الشروق، ط18، 2001، ص 8.

212. رضوان السيِّد، السياسة الشرعيَّة: تطورات المصطلح والمفهوم في القديم والحديث، الرباط، مجلة ألباب، العدد 9، 2016، ص 33.

الإسلاميِّ في سياقِهِ الثقافيِّ الأصيل[213]، وهو ما يَنْسَحِبُ على النُّصوص التي تقع فـي مجاليْ الرأيِ والاجتهـاد، ذلكم أنَّه دونما توظيفِ المنهجيَّـة العلميَّة الدقيقة لتاريـخ الأفـكار فـي الإسلام، وتنزيل هذا التاريـخ ضمن مجالاتهِ وشـروطهِ وبيئتهِ الموضوعيَّـة سياسـيَّاً واجتماعيَّاً واقتصاديَّـاً، لَنْ يخرج الإنسـانُ العربيُّ والمُسْـلمُ مِـنَ الفتنة المفهوميَّة، والتيهِ الثقافيِّ، والتسـلُّط السياسـيِّ، والنكوصِ الاقتصاديِّ، والاحتـرابِ الاجتماعـيِّ، وأكثـر مِـنْ ذلـك، تنبثقُ أهميَّة هـذه الأنظار مِـنْ حقيقةٍ لا ينبغـي تجاوزهـا وهـي أنَّ مرحلة الإنتـاج الفكـريِّ، والإثمار المعرفـيِّ، تبلورتْ بصـورةٍ بيِّنـةٍ بُعيْـد الفتنـة الكبرى سـنة 35 هـ، وانقسـام الأُمَّة الإسلاميَّـة وحروبها الأهليَّة[214]، وبالتالي ليس مسـتغرباً أنْ يكون عَالَم الأفكارِ في الإسلام التأسيسـيِّ مطبوعاً بتلكم الانقسامات، ومِنَ الأهميَّة بمكان، أنْ تتمَّ دراسة الوشائج والتناقض والتقاطـع بيْـنَ عَالَم الأفـكار هذا وشـروطهِ التاريخيَّة والسياسـيَّة أيضـاً، ويقودنا هـذا كلُّه إلى مسـتصفى القول بأنَّ تاريخ التواصـل مع النصوص الإسلاميَّة "القرآن الكريم والسـنَّة النبويَّة والحديث الشـريف " بالنسبة للسـلطة السياسيَّة وأتباعها من العلماء والفقهاء والكُتَّاب هو تاريخ سـرقتها، والسـطو عليها، من خلال ادِّعاء امتلاك تفسـيرها، وفهمها، وتأويلها، ثمَّ احتكارها.

إنَّ هـذا الفيْـض مِـنَ الأحـداث التاريخيَّـة، والأفـكار، والـرؤى، والاسـتنتاجات، يقودنـا، إلـى توثيق جُمْلةٍ مِـنَ الإلماعاتِ التـي تُبيِّـنُ دور البِنْيـةِ التاريخيَّة للفكرِ الإسلاميِّ في تشـكيلهِ، وطبيعة العلاقة بيْنَ الشَّـريعة والسُّلطة السياسيَّة والفقهاء والنَّاس البُسَـطاء مِنَ المُسْلمين، وأولاها أنَّ الفكرَ الإسلاميَّ منذ بداياتهِ التأسيسيَّة ضـمَّ نظاميْـن فكريين متناقضيْن في الشَّـكل ومتوافقيْن فـي الجوهر، وهما النصُّ والعقـلُ ودورهما فـي تكويـن المجتمـع الإسلاميِّ، وليس يخفـى أنَّ النصَّ وظيفته الأولـى الدفاع عن المقـدَّس، والمُتَعَالي، وهكذا قدَّمه الفقهـاء والعلماء والكتَّاب، وانتقـل العقـل إلـى موقـع العـداء للنصِّ، وفَشِـلَ في كسـب النَّـاس، وتقديم رؤى

213. علي أومليل، في التراث والتجاور، الدار البيضاء - بيروت، المركز الثقافي العربي، ط1، 1990، ص 15 – 22، ص 26 – 38، ص 85 – 110 / علي أومليل، في شرعيَّة الاختلاف، الدار البيضاء - بيروت، المركز الثقافي العربي، ط2، 2005، ص 17 – 40، ص 79 – 88.

214. عبد العزيز الدوري، مقدمة في تاريخ صدر الإسلام، ص 37 - 70، ص 87 – 102.

معرفيَّـة تنهـض بالمجتمعِ نحو الأمـام، وثانيهما العَقْلُ وعِلْم الكلام وفقه السياسـة الـذي ارتكز على المنهجيَّـة المعرفيَّة كونها الطريق الحقيقـيّ نحو الحقيقة ذاتها، والنظامـانِ بدورهمـا - النـصَّ والعَقْل - دخلا فـي معركةٍ بلا نهايةٍ على أسـاس أنَّ وجـود أحدهمـا يلغي الآخر، وفـي الوقت الـذي كانَ فيه مُلاَّك الحقيقـة المُطْلقة الذيـن جعلوا مِنْ أنفسـهم أوصياء على النصِّ يتميَّزون بقبـول العقل المعرفيِّ بما يتضمَّنه حتى مِنْ نظامٍ كلاميٍّ، فقد كان إقصائيَّاً ومُتَعَاليَّاً للعقل السياسـيِّ، حفاظاً على السُّلطة أولاً، ودائماً، وبدوره لم يتوقَّف العقل السياسيُّ عن مواجهاتهِ الفاشلة مع حُرَّاس النُّصوص، وفي مواجهاتهِ هذه اسـتخدم جميع الأسـلحة، بما فيها سلاح اغتيـال النُّصـوصِ ذاتهـا، لا حرَّاسـها الذين كانَ مشـروعهم منذ الفتنـة الكبرى هي السُّـلطة، وفي الحالتيْن تمَّ سـرقة الشـريعة، واسـتبعاد النَّاس عن دينهم الذي هُمْ جوهرهُ، وأساسهُ، وعُمْقهُ، ووسيلتهُ، وغايته.

وتقودنا هذه الأنظار الفكريَّة إلى محاولة تفسـير تعلُّق الإنسـان في المجتمعِ العربيِّ والإسلاميِّ في جميع عصورهِ بالفترة النبويَّة والراشديَّة، حيث ظلَّ الخلاص مِنَ الاستبداد، والقَهْرِ، والإلغاءِ، محصوراً باسترجاع تلكم الفترة التاريخيَّة المُشْرِقة، واسـتلهام تلك التجربة، في ضوء إصرارٍ عجيبٍ مِنَ السُّـلطة السياسيَّة، وطائفة مِنَ العلماء والفقهاء والكتَّاب والمثقَّفين، على تكريس ماضويَّة تلك المرحلة التاريخيَّة، واسـتحالة التماهي معها، الآن، وفي كلِّ حين، على الرغم مِنْ كون القرآن الكريم، والسنَّة النبوية الشريفة، والأحاديث الصحيحة، تمتاز بخلودها، وتجرُّدها مِنْ قيود الزمان والمكان، وفي السـياق ذاتهِ، تقودنا تلكم الأنظار الفكريَّة، ذاتها، إلى حجم الجريمـة التي تحدث عندما تخونُ السُّـلطة السياسـيَّة رسـالتها، ويخـونُ العالم أو الفقيـه أمانتـه، حيـث ينتجُ عـن ذلك تزويـرٌ مُتَكامِـلٌ للنُّصوص، والواقـع، وينقلب جميـع المعنيين برسـالة الإسلام على ماهيتها، وتتحوَّل الشـريعة إلى أيديولوجيَّة، والسـلطة إلى احتكارٍ أبديٍّ، والعِلْمُ والمنهجيَّة إلى وسـيلةٍ للجاه والنفوذ، والنَّاس إلى مجرَّد أرقام لا قيمة لها، وعند هذه النقطة من السـياق يطلُّ السـؤال الحقيقيُّ برأسهِ: متى يصبحُ الإنسانُ العربيُّ والمُسْلِمُ جديراً بحضارتهِ، وشريعتهِ، وإنسانيَّتهِ، وأخلاقهِ، وقيمهِ، وعَصْرهِ؟.

الفصل الثاني

جدليَّة الدينيّ والسياسيّ في التراثِ الفكريّ الإسلاميِّ

مَرَاكِبٌ وأنْهار

إنَّ محدوديَّـة التـراث السياسـيِّ فـي المُنْجَـزِ الحضـاريِّ العربـيِّ والإسلامـيِّ لَـمْ تكـنْ مؤشِّـراً علـى غيابهِ، أو ضآلـة تأثيـره، أو موته فـي عَالَمِ الأفـكار، بل إنَّ هـذا التـراث السياسـيَّ سَـاهَمَ، وما يزال، فـي بلورةِ الخطـاب السياسـيِّ، وتقنين المشروعيَّة، وترويض النَّاس، وتكريس أخلاق الطَّاعة، ومِنَ المعلوم أنَّ هذا القول السياسـيَّ ينقسـم إلى فرعيْن هما: الفقه السياسـيُّ وسـياقاته العديدة، والآداب السلطانيَّة وتناسخها الدائم في الشكلِ والمضمون، ويبدو جليّاً أنَّ الأوصياء على الفقه السياسيِّ قاموا بتوثيق عُرَاهُ بالنصِّ المُتَعالي، والنموذج المعياريِّ، اعتماداً علـى توظيف الشَّـريعة، وتسـويغ ما يحتاج إلى تسـويغ، وفـي ذاتِ الوقت فقد ارتبطـت الآداب السـلطانيَّة بصيرورة تحـوُّل الخلافة إلى مُلْـك، وانتقال الجماعة والأُمَّـة إلى فكرة الفرد - القائـد، وليس يخفى أنَّه طوال مراحل التاريخ الإسلاميِّ ظلَّـت أصـول الفكـرِ الإسلامـيِّ وتجلِّياتـهِ ومنعرجاتـهِ تسـتمدُّ خطوطهـا العامَّـة والخاصَّـة مِـنْ هذيْـن المصدريْن الفقهـيِّ والسـلطانيِّ، وكلَّما احتاجتْ السُّـلطة السياسـيَّة منـذ الأُموييـنِ لتكريس شـرعيَّتها، أو إلغاء مُعَارضيها كانـا هما الملاذُ، والمَنْهـلُ، والرصيـدُ، والمرجعيَّـة، بـل إنَّ تأسـيس أيَّة إمـارة أو سـلطنة أو خلافة فـي تاريخنا تسـتلزم، بالضرورة، تأويـل النُّصوص الدينيَّة، واحتكارهـا، وتوظيفها، وكانـت الأثمـان المُتَبادَلَة بيْنَ هذهِ الأطراف في غايةِ الوضـوح، وكانَتْ النهايات في حالةِ رَفْضِ الفقهاء والعلماء والكتَّاب والمثقَّفين في غاية المأسـاوية، الأولى ثمنهـا الجـاه والنفـوذ ضمن سُـقُوفٍ لا يمكـن تجاوزهـا، والثانية ثمنها السُّـجون والتعذيـب والمقابر والإلغاء الفكريُّ والثقافيُّ.

المبحث الأول | أبو الحَسَن الماورديّ "364 - 450 هـ".. رؤيتــه في الفِكْــرِ السـياسـيِّ

يُمثِّـل الإمـام المـاورديُّ[1] نموذجـاً متفرِّداً فـي الثقافةِ الإسلاميَّـة، حيث جَمَعَ بيْـنَ كونهِ فقيهاً ومثقَّفاً وسياسـيَّاً وقاضياً وسـفيراً، وعلى الرغم مِـنَ انتمائهِ لطبقة الفقهـاء الشـافعيين، بلْ أحد أعلامهم في عصرهِ، ومع ذلـك فقد تعمَّق في الكتابةِ السياسـيَّة ذات البُعْـدِ الفقهـيِّ أكثـر مِـنْ غيرهِ في التـراثِ السياسـيِّ الإسلاميِّ في العَصْرِ الوسـيط، ويتميَّز في كتاباتهِ وبالذات أطروحته الأشـهر "الأحكام السلطانيَّة والولايـات الدينيَّة" بمدخلهِ الفقهيِّ القياسـيِّ، حيث يبـدو نموذجاً لطريقة الفقيه في تناول الشـأن السياسـيِّ، النظـريِّ والواقعـيِّ، والمعلوم بأنَّ الفقه القياسـيَّ هو الكتابـة علـى الوتيرة التي اسـتقرَّت في كتـب الفقه العام تقريباً منـذ القرن الرابع الهجريَّ وما تلاه مِنْ عصور، ومِنَ ذلك سَرْدُ الأحكام تترى، وثمَّ تقسيمها إلى أبوابٍ ذات قضايـا ينـدرجُ فـي إطارهـا تتابع المسـائل، بحيث تُعْـرَض المسـألة المجرَّدة مصحوبة بالحُكْمِ الشـرعيِّ عليها بتعبيرات مثـل: يجب، ويجوز، ولا يجب، ويجب ألاَّ، ويمتنـع، ويصـحُّ، ولـه أنْ يفعـل، وغير ذلـك[2]، بحيث ظلَّ يتقاطـع بين الفقهِ والسياسة في كلِّ آثارهِ الكتابيَّة.

---

1. انظر حول ترجمة أبي الحسن الماورديّ:
ابن كثير، البداية والنهاية، ج 13، ص 143 / ابن الجوزي، المنتظم في تاريخ الملوك والأمم، ج 13، ص 41 / ابن الأثير، الكامل في التاريخ، ج 8، ص 163 / الخطيب البغدادي، تاريخ بغداد، ج 12، ص 101 - 102 / ابن خلكان، وفيات الأعيان، ج 3، ص 282 - 284 / الذهبي، سير أعلام النبلاء، ج 18، ص 64 - 68 / ابن العماد الحنبلي، عبد الحي بن أحمد 1089 - 1032" هـ"، شذرات الذهب في أخبار من ذهب، دمشق، دار ابن كثير، ، ط1، 1986، ج 5، ص 218 / تاج الدين السبكي، عبد الوهاب بن علي 771 - 727" هـ"، طبقات الشافعيَّة الكبرى، تحقيق عبدالفتاح الحلو ومحمود الطناحي، القاهرة، مطبعة عيسى البابي الحلبي، ط1، 1964، ج 5، ص 267 - 285 / عمر رضا كحالة، معجم المؤلفين: تراجم مصنفي الكتب العربية، بيروت، مكتبة المثنى ودار إحياء التراث العربي، ط1، د. ت، ج 7، ص 189.
2. مدحت الليثي، فقه الواقع في التراث السياسي الإسلامي: نماذج فقهية وفلسفية واجتماعية، بيروت، الشبكة العربية للأبحاث والنشر، ط1، 2015، ص 58 - 59.

أمضى أبو الحسن الماورديّ جلَّ حياتهِ العلميَّة والعمليَّة في ظلِّ الدولة العباسيَّة وفي زمن الخليفتيْن القادر بالله 422 - 381" هـ" والقائم بأمر الله 467 - 422" هـ" [3]، وهي فترة سيطرة البويهيين على الخلافة، غير أنَّ الماورديّ ظلَّ موالياً للخلافةِ العباسيَّة، ودَافَعَ عنها في وجهِ البويهيين ثمَّ السَّلاجقة، ولَمْ يكن دفاعاً نظريَّاً وحسب، بل إنَّه عَمِلَ في خدمة هذيْن الخليفتيْن مستشاراً وسفيراً، وكانَ أيضاً أحد كبار المتحدِّثين باسم أهل السنَّة والجَمَاعة، إلى جانبِ كونهِ مِنْ أبناء المذهب الشافعيِّ الكبار، وكانَ يصرُّ على ضرورة الخلافة ويستدلُّ على ذلك بالعقل والشَّرع، غيرَ أنَّ المثير والمخيف، في آنٍ واحدٍ معاً، هو محاولة الماورديّ أنْ يَدْعَمَ نظريَّته في الخلافة والخليفة بنصوصٍ وشروطٍ تجعلُ مِنَ الخليفةِ حَاكِمَاً مُطْلقاً رغم أنَّه وصل إلى الحُكْمِ بالاختيار[4]، وفي سياقِ محاولات الماورديّ لإحياء هَيْبة الخلافة فإنَّه يعترف بخلافةِ جميع مَنْ تولَّى الحُكْم بعد وفاةِ الرسول صلَّى الله عليه وسلِّم، مع وجود شيءٍ مِنَ النقد "الهادىء" لبعض مُمَارسات هذا الخليفة أو ذاك، كما أنَّه يبدو توفيقيَّاً إلى درجةٍ لا يمكن معها القول بأنَّ كتاباته تحمل معنى التفسير والنَّقْد بقدر ما تحتمل خطاب التسويغ والتبرير[5] بصورةٍ مؤلمة.

ولَمْ يتوقَّف الماورديّ عن التذكير بأهميَّةِ وجود الإمامة "السُّلطة السياسيَّة" باعتبارها الطريق الأبرز والأهمّ مِنْ أجل خير المجتمعِ وصلاحهِ، وإذا ما غابتْ السُّلطة أو تمَّ تغييبها فإنَّ المجتمع بلا ريبٍ سوف يتجه نحو الفوضى والفتنة والصِّراع، كما أنَّ هذه السُّلطة وفق رؤاه تمثِّل القاعدة الصلبة لما يُسمَّى القدرة التظيميَّة للنِّظامِ السياسيِّ، فضلاً عن اعتبارها القوَّة المُحقِّقة للتكاملِ السياسيِّ، إذْ هيَ الأداة التي مِنْ شأنها تحقيق الترابط الوثيق بيْنَ أعضاء المجتمع، والتخلُّص مِنْ

---

3. عبد العزيز الدوري، النظم الإسلامية، ص 66 - 67.

4. رضوان السيد في مقدمة تحقيق كتاب: أبو الحسن الماورديّ، علي بن محمد 450 - 364" هـ" ،، قوانين الوزارة وسياسة المُلْك، بيروت، دار الطليعة، ط1، 1979، ص 7 12- / سعيد بنسعيد العلوي، خطاب الشرعية السياسية في الإسلام السُنِّي، القاهرة، دار رؤية للنشر والتوزيع، ط1، 2009، ص 15 - 35.

5. المصدر نفسه، ص 13 - 19.

أسـباب التصادم، والنأيْ بالجماعة عن أسباب الفوضى والتفسُّخ[6]، وهذه السُّلطة السياسـيَّة بحسـب الماورديّ يمكن مناقشـة شـرعيَّتها مِـنْ منظوريْـن اثنيْن هما: منظور النصِّ الدينيِّ الذي يمكن أنْ يأتي في مضمون آية قرآنيَّة أو حديثٍ شريفٍ كما هو الحال لدى الشِّيعة الإماميَّة وبعض أهل السنَّة والجماعة، ومنظور الاختيار الذي يقوم به أهلُ الحلِّ والعَقْد دنما نصٍّ أو تعيينٍ سابقٍ أو وراثة، مع ملاحظة أنَّه يتبنَّى المنظور الثاني رافضاً الاعتماد على رأي أصحاب النصِّ الدينيِّ[7]، مع ضرورة الإشارة إلى أنَّ خطاب الماورديّ تَظْهَرُ فيه المتناقضات بصورة متكرِّرة، ففي الوقت الذي يقول فيه بأنَّ الخليفة هو هو خليفةٌ لرسول الله صلَّى الله عليه وسلَّم وليس خليفةً لله سبحانه وتعالى، نجده يكرِّس الحُكْمَ المُطْلَق للخليفة، دون أيِّ مساءلة، أو رقابة، أو تشاركيَّة مع أحد[8].

وليـس يخفى أنَّ الماورديّ تَوَافَقَ مع خطاب الأشـاعرة المُنَاهِـضِ للمُعْتزِلة في القولِ بأنَّ الإمَامَة واجبةٌ بالشَّرعِ لا بالعَقْل، كما عَارَضَ الشِّيعة وذَهَبَ إلى أنَّ مبـدأ اختيـار الإمام هـو مبدأٌ لا غنى عنـه، غير أنَّه يُحمِّل مبـدأ الانتخاب ما لا يحتمـل، إذْ يؤكِّـد أنَّ الانتخـاب يظلُّ صحيحاً حتى لو اشـتركَ فيهِ رجلٌ واحد، وهـي خطوةٌ تنسـجم مع التقليـد البويهيِّ في تعيين الخلفـاء، وحماية الخلافة العبَّاسـيَّة الشـكليَّة مـن الخلافـة الفاطميَّـة، وفي ذات الوقت ذَهَـبَ الماورديّ إلـى أنَّـه لا يجـوز نَقْضُ البيْعة إلاَّ إذا طـرأ تغييرٌ على حالِ الإمـام ممَّا يمكن أنْ يسـبِّب إجحافـاً بحقِّ الجماعـة، ومِنْ جملة ما ذكـره مِنْ نواقـض البيْعة اعتقاد الخليفـة بـآراءٍ ظاهـرة الكُفْرِ، في محاولـةٍ لمنعِ قيـام البويهيين بتعيـين خليفةٍ شـيعيٍّ فـي بغداد هذه المرَّة، ومِـنَ المفارقات أيضاً فـي خطاب الماورديّ أنَّه ذكـر جـواز نقض البيْعة في حالتـيْ القَهْرِ والحَجْرِ على الرغم مِـنْ كون الخلفاء

---

6. أحمد وهبان، الماوردي: رائد الفكر السياسيّ الإسلامي، الاسكندرية، دار الجامعة الجديدة للنشر، ط1، 2001، ص 31 - 35.

7. رضوان السيد، مقدمة تحقيق كتاب: أبو الحسن الماوردي، قوانين الوزارة وسياسة المُلْك، ص 24.

8. قارن: كمال عبد اللطيف، في تشريح أصول الاستبداد، ص 154 - 155 / أحمد وهبان، الماوردي: رائد الفكر الإسلامي السياسي، ص 40 - 42.

العباسيين أنفسهم كانوا في عصرِهِ ومنذ قرابة مائة عام تحت القَهْرِ والحَجْرِ والاستبدادِ البويهيِّ[9]، كما أدْخَلَ في تصوُّراتِهِ السياسيَّة نوعاً جديداً للإمارة، هيَ إمارة الاستيلاء، والتي كانت تنطبق واقعياً على معظم أمراء الأقاليم في العَهْدِ البويهيِّ، وفي مفارقةٍ جديدة أيضاً يُحدِّد الشروط الواجب توافرها في إمارة الاستيلاء ثمَّ لا يلبث أنْ يقوم بإلغائها إذا دَعَتْ الضرورة حسب تقديرات السُّلطة السياسيَّة العليا[10]، ومِنْ هنا، يقدِّم صاحب "الأحكام السلطانيَّة" خطاباً متناقضاً، ونفعيَّاً، وتبريريَّاً، لا يمكن قبوله من فقيهٍ بمكانتهِ، غيرَ أنَّ الظروف السياسيَّة، والعلميَّة، التي شهدها عصره تجعل ذلك الخطاب ابن بيئتهِ بامتياز.

إنَّ محاولة البعض توصيف ما قام بهِ الماورديّ بأنَّه توظيفٌ لمقاصد الشَّريعة ضمن خطابهِ السياسيِّ في "الأحكام السلطانيَّة" يدخل كذلك في إطار تسويغ التسويغ[11]، فالفقيه لا يمكن له إلاَّ التماهي مع الشَّريعة بصورة بيِّنة، أمَّا محاولات التوفيقيَّة باسم الحفاظ على وَحْدة الأُمَّة، وحماية الخلافة، فإنَّها غير أخلاقيَّة، وتدخلُ في باب الأهواءِ أكثر مِنَ المبادىء، بل إنَّ غايات هذه المنطلقات والوسائل والرؤى هي في المُحصِّلة النهائيَّة اعتبار الخليفة العباسيِّ مُطْلق السُّلطة، وذلك لهدفيْنِ اثنيْن: الأوَّل تقوية الأساس النظريِّ للخلافةِ بشكلٍ عام، والثاني تبرير تصرُّفات الخلفاء القائمين تبريراً مُسْبَقاً في كلِّ العصور الإسلاميَّة، ويرى البعض أنَّ أطروحات الماورديّ بخصوصِ إمارة الاستيلاء، مثلاً، هي دفاعٌ مستميتٌ عن الخليفةِ والخلافةِ يتجاوز شكليَّات السُّلطة الواحدة، أو وحدة السلطة، ليضع نُصْبَ عينيه الأهداف العليا فقط للشَّريعة المستوحاة، إذْ أمير الاستيلاء يكتسب بالتولية الخليفيَّة هذه شرعيَّة مضافة ومعتبرة عندما يقلِّدهُ الإمارة رسميَّاً، والخليفة بدوره يثبِّت مركزه

9. حسن نافعة وكليفورد بوزورث، تراث الإسلام، الكويت، المجلس الوطني للثقافة والفنون والآداب، سلسلة عالم المعرفة، العدد 12، ط1، 1978، ج 2، ص 107 – 109.

10. المرجع نفسه، ص 110.

11. مدحت الليثي، فقه الواقع في التراث السياسي الإسلامي، ص 73 / وجيه كوثراني، الفقيه والسلطان جدلية الدين والسياسة، ص 49 – 52.

كزعيـم للأُمَّـة رغم كلِّ المصاعب والاسـتثناءات[12]، والعجيب في هذا السـياق أنَّ الخليفـة فـي حالـة إمـارة الاسـتيلاء يمنح سـلطة سياسـيَّة لغيرِه هـو ذاتهُ لا يَمْلكهـا، ويحصـل علـى اعترافٍ بسـلطاتهِ العليـا كخليفـةٍ للمسـلمين مِنْ أمراء وسلاطيـن لا يحترمـون أو يعترفـون حقيقةً بهِ أو بخلافتهِ.

ويَذْكُرُ أبو الحَسَـن الماورديّ في الأحكام السـلطانيَّة عشرة مسائل ينبغي أنْ يلتـزم الإمـامُ أو الخليفةُ بها بعـد انعقادِ الأمر له وهيَ: حفـظ الدِّين على أصوله المسـتقرِّة ومـا أجمـع عليـهِ سَـلَفُ الأُمَّة، وتنفيـذ الأحكام بيْـنَ النَّـاسِ حتى تعمَّ النَّصفـة، وحمايـة البيْضـة، وإقامـة الحـدود، وتحصين الثغـور، وجهاد مَـنْ عَانَد الإسلام بعد الدعوة، وجباية الفيْء والصدقات مِنْ غير حيْفٍ ولا عَسْـف، وتقدير العطايـا، واسـتكفاء الأمنـاء وتقليـد النُّصَحاء، وأنْ يُباشِـرَ بنفسـهِ مشـارفة الأمور وتصفُّـح الأحوال، وهـذا كلُّه من أجل النهوض بسياسـة الأُمَّة وحراسـة المِلَّة[13]، ثـمَّ إنَّـه يـرى إذا قـامَ الإمـام أو الخليفـة بهـذه الواجبات للأُمَّـة: "فقـد أدَّى حقَّ اللـه تعالـى فيمـا لهـم وعليْهم، ووجَبَ لـه عليهم حقَّـان: الطَّاعـة والنُّصرة ما لم يتغيَّـر حالـه، والذي يتغيَّر بهِ حالـهُ فيخرجُ بهِ عن الإمامة شـيئان: أحدهما جرحٌ فـي عدالتـهِ، والثانـي نقْصٌ فـي بدنهِ، فأمَّـا الجَرْحُ فـي عدالتهِ وهو الفِسْـقُ فهو علـى ضَرْبيْـن: أحدهمـا ما تابعَ فيه الشَّـهوة، والثانـي ما تعلَّق فيهِ بشـبهة" [14]، ثـم يُسْـهِبُ الماورديّ في شَـرْحِ هـذه المسـائل دون أنْ يذكر مِنْ بينها اسـتبداد الخليفـة بالسُّـلطة، وقهـرهِ للنَّاس، لكأنَّ هذه المسـائل لا تُوجِـبُ تذكير، أو نقد، سـلوك ونهج الخلفاء المتناقض مع مبادىء وقيم الشَّـريعة الإسلاميَّة.

---

12. رضوان السيد، مقدمة تحقيق كتاب: أبو الحسن الماوردي، قوانين الوزارة وسياسة المُلْك، ص 29 - 30.

13. أبو الحسن الماوردي، علي بن محمد 450 - 364" هـ"، كتاب الأحكام السلطانية والولايات الدينية، تحقيق أحمد مبارك البغدادي، الكويت، دار ابن قتيبة، ط1، 1989، ص 22 - 23.

14. المصدر نفسه، ص 25 - 26 / قارن مع: ابن جماعة، محمد بن إبراهيم 733 - 639" هـ"، تحرير الأحكام في تدبير أهل الإسلام، تحقيق فؤاد عبد المنعم أحمد، الدوحة، رئاسة المحاكم الشرعية والشؤون الدينية، ط1، 1985، ص 72 - 73 / وقارن أيضاً مع: مهند مبيضين، أُنْس الطاعة، ص 83 - 100.

إنَّ اسـتجلاءَ صورة الفقيـهِ والعَالِم في تقاطعها وجدليَّاتهـا الكبرى مع المفكِّر والكاتـب السياسـيَّ فـي تجربة الإمام أبي الحسـن المـاورديّ تبدو جديـرة بالنَّظر والدراسـة، ذلكم أنَّه لَمْ يتمكَّن مِنْ تجاوز إشـكالية مقتضيات التناص، ولهذا نجدهُ ينقل فقرات مِنْ تجارب غير إسلاميَّة تمَّ ترجمتها سـابقاً، وتظهرُ في أغلبِ كتاباتهِ السياسيَّة، تحديداً، حيث نَقَلَ فقراتٍ مِنْ عهد أردشير الفارسيِّ، ثمَّ طوَّر الموضوع في أفق التفكير في كيفيَّة تَرْك الشـأن النظريِّ الدينيِّ، فيما يتعلَّق بأمور الخاصَّة، حيث لا يحقُّ للعامَّة الاهتمام بهِ، فما دامَ الأمر يتعلَّق في موضوعِ الدِّين والدولة بدولة دينيَّة، دولة إسلاميَّة، فإنَّ خلافات العلماء النظريَّة والعمليَّة لا شـأنَ للعامَّة بهـا، وينبغـي أنْ تظلَّ الرعيَّـةُ مؤتلِفة، تتلو الآيات والآثار الجَامِعـة والمُوَحِّدة، كما أنَّ نشـرِ دعوات الزهد والتزُّهد في أوسـاطها يُعدُّ أمراً مطلوباً ومرغوباً فيه[15]، و: "الملوك مع الخاصَّة أولى بشـؤون الدِّين مِـنْ غيرهم" [16]، وبهذا المعنى، تبلورت علاقـة المُلْك بالدِّيـن، مع ترسـيخ علـوِّ مكانة السُّـلطة السياسـيَّة، حتى لـو تعلَّق الأمر بالشـؤون الدينيَّة، في تطبيقاتها وتجلِّياتها العمليَّة والسـلوكيَّة، بل وحتى في مسـتوياتها القانونيَّـة، حيـث الإصرار علـى دعم الاسـتبداد السـلطانيِّ، ورفع قيمة الـوازع والشَّـوكة، ومتطلَّبـات السُـؤْدُدْ الملكـيِّ، الأُبَّهة والتفـرُّد، قوَّة النَّـار الحارقة والبحر الذي لا يَرْحَم[17].

تبـدو توجُّهات المـاورديّ كفقيـه، ونصائحه كعَالِـمٍ في الشَّـريعة، جوهريَّة، للخَاطِرِ الأوَّل، إذ التفكير السياسـيُّ الفقهيُّ يَدْرُسُ قضيَّة الخلافة ومخرجاتها مِنْ منطلـق التقعيـدِ والتقنينِ القائميْن علـى التجريدِ وصياغة المكوِّنـات القانونيَّة، والمنبثـقِ مِـنَ الاجتهـاد القائم أيضاً على نصـوص القرآن الكريم والسـنَّة النبويَّة والحديـث الشـريف، والمُتَمَاهـي مـع متطلَّبـاتِ العَصْـرِ ومقتضيـات المصالـح

15. كمال عبد اللطيف، في تشريح أصول الاستبداد، ص 122.
16. أبو الحسن الماوردي، علي بن محمد "ت 4540 هـ"، نصيحة الملوك، تحقيق محمد جاسم الحديثي، بغداد، وزارة الثقافة، ط2، 1986، ص 125 - 126.
17. كمال عبد اللطيف، في تشريح أصول الاستبداد، ص 123.

المُرْسَلة[18]، غير أنَّ هذا الخاطر لا يطَّرد، حيث يذهب الماورديُّ بعيداً عن مجالهِ الحيويِّ في الدفاعِ عن منطقِ الشَّريعة، وحقيقتها، حيث يجترحُ عنواناً لافتاً في كتابه "نصيحة الملوك" مؤدَّاه: "ترويض الخاصَّة على الطَّاعة"، مستنداً في ذلك إلى مماثلةٍ عجيبةٍ رَبَطَ فيها بين علاقة الملائكة بالله، وعلاقة خاصَّة المَلِكِ بالمَلِك، فإذا كانَ الملائكة، وهم حسب تعبير الماورديّ: "أقرب الخلق إليه منزلةً"، ويقصد الله تعالى، "لا يعصون الله ما أمرهم" (سورة التحريم، الآية 6)، بل يسبِّحون له الليل والنَّهار، وهم لا يسأمون ولا يفترون، فإنَّه يجب على المَلِكِ أنْ يروِّض الخاصَّة على طاعتهِ، والماورديُّ، لا يرى ذلك في الخاصَّة وحسب، وإنَّما يُعمِّمُ أطروحاته هذه حتى تشمل عامَّة الرعيَّة[19]، وفي عموم كتابات الماورديّ تنتظم عدَّة مقولات تتركَّز حول: الانقياد للطَّاعة، والاعتراف بالقَهْرِ السلطانيِّ والتسليم بهِ، وتضمين مجمل خطابهِ بالكثير مِنَ الآيات القرآنيَّة والأحاديث الشريفة.

ويمكن القول، تأسيساً على ما سَبَق، أنَّ اهتمام الماورديّ في كتاباتهِ السياسيَّة انصبَّ على خطابٍ ولغةٍ ومفاهيم تتعالقُ مع الآدابِ السلطانيَّة أكثر مما ترتكزُ على الخطابِ السياسيِّ ذي المرجعيَّة الفقهيَّة، فكانَ فيها كاتباً سياسيَّاً أكثر مِنْ كونهِ فقيهاً، ومِنْ هنا، يمكن تفسير ضبابيَّة مفاهيم الأُمَّة والشَّريعة والخلافة والخليفة والانتخاب في كتابات الماورديِّ، وتلازمها بصورةٍ كبيرةٍ مع مفاهيم المُلْك والسُّلطان، حيث تأتي كمرادفاتٍ أكثر مِنْ كونها أصولاً وقواعد جامعة ومانعة، وأكثر مِنْ ذلك، فإنَّها تستلهم جوهرها الدلاليَّ بصورةٍ متناقضةٍ في كثيرٍ مِنَ الأحيان مع النُّصوص الفقهيَّة المشهورة، حيث تتجلَّى هذه المسائل في كتابهِ الأحكام السلطانيَّة بامتياز[20]، ويُظْهِرُ تدقيق النَّظر أنَّ الماورديَّ على الرغمِ مِنْ مؤهِّلاته

18. سعيد بنسعيد العلوي، دولة الخلافة: دراسة في التفكير السياسي عند أبي الحسن الماوردي، الرباط، منشورات كلية الآداب والعلوم الإنسانية في جامعة محمد الخامس، ط2، 2010، ص 110 - 125.

19. كمال عبد اللطيف، في تشريح أصول الاستبداد، ص 182 / الماوردي، نصيحة الملوك، ص 289 - 294.

20. سعيد بنسعيد العلوي، دولة الخلافة، ص 132 - 152.

الكبيرة في الكثير مِنَ المجالات إلاَّ أنَّه يطرح بعض الأفكارِ غير المُعلَّلة، ومِنْ ذلك حديثه عن أطوار الدول ومراحل تأسيسها، والتي أوضح أنَّها: طوْر التأسيس، وطوْر الهدوء، وطوْر الطغيان، وعلى الرغم مِنْ عدم تقديمهِ لأسس هذا التقسيم لكنْ يبدو أنَّ ابن خلدون الذي جاء بعده بأكثر من ثلاثة قرون استفاد مِنْ هذه الرؤى[21]، وبرزت مراحل قيام وانهيار الدول في مقدِّمتهِ بصورة جليَّةٍ وتتقاطع مع بعض أفكار الماورديّ.

وليسَ يخلو مِنَ الدلالة قول الماورديّ: "إنَّ قواعد المُلْك مستقرَّة على أمريْن، سياسةٌ، وتأسيس، فأمَّا تأسيس المُلْك فيكون في تثبيت أوائله ومباديه، وإرساء قواعده ومبانيه، وتنقسم ثلاثة أقسام: تأسيس دين، وتأسيس قوَّة، وتأسيس مال وثروة، فأمَّا القسم الأول - وهو تأسيس الدِّين - فهو أثبتها قاعدة، وأدومها مدَّة، وأخلصها طاعة، وليس يخلو انتقال المُلْك بهِ مِنْ ثلاثة أسباب: أحدها، أنْ يخرج المُلْك مَنْ منصب الدِّين حتى يتولَّى على غير أهلهِ، ويظهرُ منه خلال عقدهِ، فتنفر منه النُّفوس إنْ لَانْ، وتعاندهُ إنْ خَشُنْ، تعصيه القلوب وإنْ أطاعتهُ الأجساد"[22]، حيث يُلاحظ أحد الباحثين أنَّ الماورديَّ في كتابهِ هذا، وبقية كتبهِ ضمن الآداب السلطانيَّة، فإنَّه ينسج على منوال معارف الثقافة الفارسيَّة الإسلاميَّة، وهذا ما يطرح إشكاليَّة أخرى تتعلَّق بفكر الماورديِّ في مستوياتهِ المختلفة، حيث يفكِّر الفقيه في قضايا الفقه والسياسة والأخلاق مِنْ زوايا نَظَرٍ مختلفة، بل أحياناً متوازية، وقدَّم فكراً مِنْ زاويةٍ واقعيَّة نفعيَّة، ونجح في بلورةِ فكرٍ ذي أبعاد ومرجعيَّات مختلفة، محاولاً المواءمة بين متطلَّبات الفكر والعقيدة، ومقتضيات العمل السياسيِّ بمختلف رهاناتهِ وإرغاماته[23].

21. أحمد مبارك البغدادي، الفكر السياسي عند أبي الحسن الماوردي، الكويت، مؤسسة الشراع للنشر والتوزيع، ط1، 1974، ص 78 – 80.

22. أبو الحسن الماوردي، علي بن محمد 450 - 364" هـ"، تسهيل النَّظر وتعجيل الظفر: في أخلاق المَلِك وسياسة المُلْك، تحقيق رضوان السيد، بيروت، مركز ابن الأزرق لدراسات التراث السياسي، ط2، 2012، ص 251.

23. كمال عبد اللطيف، في تشريح أصول الاستبداد، ص 232 / أحمد مبارك البغدادي، الفكر السياسي عند أبي الحسن الماوردي، ص 50 – 75.

هـذه الـرؤى الفكريَّة ذات الأصـول الفقهيَّة، والغايات السياسـيَّة، للماورديِّ، سَـكَبَتْ نَسَـقَها فـي يخضـورِ كتاباتـهِ فـي التدبيـر السياسـيِّ، حتـى صيَّرتهـا بناءً مُتَماسِـكاً، في إطارهِ الخارجيِّ على الأقلِّ، حيث اسـتثمر ثقافته الفقهيَّة الواسعة في المفاهيم الأساسـيَّة لعلم الأصول وقواعدِهِ الناجعة، مما سـاعدهُ على تسويغ مشـروعيَّة التوفيقيَّـة بيْـنَ الشَّـريعة والواقع السياسـيِّ المُغَايِرِ لهـا، ولعلَّ حِرْصَ الماورديّ الفقيه على تسـويق شرعيَّة هذه الأوضاع الشاذَّة غير المشروعة جَعَلَ تبريراتـه لا تَسْـلَم أحيانـاً مِنَ التناقض ولا تبرأ مِنْ عدم الانسـجام، ولعلَّ الإشـارة إلـى تحديـد الماورديّ لشـروط إضفاء الشـرعيَّة على المسـتولي المُتغلِّـب تُبيِّن كيـف أنَّ هذا المُسـتبدَّ والخَارِجَ عن طاعـة الخليفةِ، عليهِ مِنْ أجلِ الحصول على الشـرعيَّة مِـنَ الخليفة أنْ يلتـزم بحفظ منصـب الإمامة ويُظْهِـرَ الطَّاعة لها، وهو الـذي قـد خَرَجَ عليها منـذ البداية، وعليه، إنَّ تأكيد الماورديّ على شـروط تولية المُتغلِّب، مثلاً، والاعتراف بشـرعيتهِ يعكس إشـكالية العَالِم أو الفقيه في تعاملهِ مـع الواقـع المفروض واضطـرارهِ للتكيُّف معه، مع تمسُّـكهِ بالنمـوذج ومُفَارقتهِ للواقـع الذي هـوَ مضطرٌّ لمُسَـايرتهِ بحُكْمِ الضرورة[24]، وبهـذا يذهب الماورديّ بعيـداً فـي تماهيهِ مع السُّـلطة وحاجاتهـا ومطامحها أكثـر مِنْ التزامـهِ بمقاصدِ الشَّريعة وغاياتها.

لا بُدَّ من الاسـتنتاج، هنا، أنَّ أبا الحَسَـن الماورديّ يرى بأنَّ الإنسـان لَنْ يبلغ الكمـال فـي هـذه الدنيا، ومـع ذلك فإنَّـه يُظْهِرُ اهتمامـاً منقطع النظير بشـؤون الحُكْـمِ، ذلكـم أنَّـه يعتبـر الدنيا مرحلـة تمهيديَّـة ضروريَّة للآخـرة[25]، فهل كان فقيهنـا يطالـب النَّـاس بانتظـار الآخـرة مـن أجـل الحصـول علـى حقوقهـم التي طالبتهـم الشَّـريعة، فـي كلِّ كلمـةٍ وحَـرْفٍ فيها، بالحـرص عليهـا، والمواجهة مَنْ

24. عبد المجيد الصغير، الفكر الأصولي وإشكالية السلطة العلمية في الإسلام، ص 267 - 268.

25. حنا ميخائيل، السياسة والوحي: الماوردي وما بعده، ترجمة شكري رحيّم، مراجعة الدكتور رضوان السيد، تقديم الدكتور إدوارد سعيد، بيروت، دار الطليعة، ط1، 1997، ص 73 / أبو الحسن الماوردي، علي بن محمد 450 - 364" هـ"، أدب الدنيا والدين، تحقيق مصطفى السقا، القاهرة، مطبعة مصطفى البابي الحلبي، ط3، 1955، ص 117 - 121.

أجلها، بينما هوَ يذهب بعيداً في تكريس ضرورة وجود سُلطة حاكمة "دنيويَّة" تقوم بضبط هؤلاء النَّاس، وقهرهم خوفاً مِنْ محاولتهم المطالبة بالمساواة، والتشاركيَّة؟ وهل يصبح فقه التعويض بديلاً عن فقهِ الإسلام؟، ويقوم الماورديُّ في صيغٍ تبريريَّةٍ واضحةٍ بتوظيف أهم الآيات القرآنية الكريمة التي ترد فيها كثيراً لفظة "المَلِكْ"، و "المُلْك"، والامتلاك، والمُلْكيَّة، ووضعها بجوار بعضها للتدليل على أهمية المُلْك، وامتيازات المَلِكْ، في عملٍ أقرب ما يكون إلى تأطير المؤسسة الملكيَّة دينيَّاً، وذلك بواسطة النصوص - الآيات التي ترفع مِنْ درجةِ الملوك، وتجعلها في رتبةٍ أعلى مِنْ رتبة البشر، كما أنَّه يلجأ في السياق نفسه، أيْ تبرير عظمة الملوك بالنصِّ القرآنيِّ(26)، يلجأ إلى آية في القرآن الكريم ويضعها في سياق يتناقض مع جوهرها ومضمونها وسياقها وغايتها، والآية هذه من سورة الزخرف، حيث يقول تعالى: "نحنُ قَسَمْنا بينهم معيشتهم في الحياة الدنيا ورفعنا بعضهم فوقَ بعضٍ درجات ليتَّخِذَ بعضهم بعضاً سِخريّاً ورحمة ربِّك خيرٌ مما يجمعون" (سورة الزخرف: الآية 32).

وإذنْ، فالمنهجيَّة العلميَّة تستلزمُ القول بأنَّ أبا الحَسَن الماورديّ كانَ يستنطق التجربة التاريخيَّة الواقعيَّة في مُجْمَلِ فكرهِ وكتاباتهِ، وأنَّه يتعمَّد: "تجنُّب التمييز بين الخلافة والمُلْك، لا بل إنَّه يتكلَّم على الإمامة ووظيفتها بما هيَ، في نهاية التحليل، مُلْكٌ، وهو في ذلك يبتعد عن مذهب أهلِ السُّنَّة والحديث الذي كان يألفُ إلفاً عميقاً التمييز بين مراحل النبوَّة والخلافةِ والمُلْك العضوض، وهو التمييز الذي عاد إليهِ، وعزَّزه على نحو قاطع ابن خلدون، ومع ذلك فإنَّ الماورديّ كان يَعْلمُ عِلْمَ اليقين أنَّ الإمامة التي يتصدَّى للتنظير لها لا يمكن أنْ تكونَ هيَ الخلافة عيْنها التي هيَ مُكَافئةٌ للدِّين" (27)، ويمكن تفسير أو تبرير مواقف الماورديّ بأنَّه لَمْ يكن يرى جدوى عمليَّة مِنْ وراء تصعيد جدليَّة القرون الأولى، وهو ابن القرن الخامس الهجريِّ، الذي انحدرتْ فيه الأمور الاجتماعيَّة والسياسيَّة انحداراً شديداً،

26. كمال عبد اللطيف، في تشريح أصول الاستبداد، ص 154.
27. فهمي جدعان، المحنة، ص 373 - 374.

غيـر أنَّـه رغم ذلك حين يتكلَّم عن المُلْك الدينيِّ يسـوقُ نموذجاً ما عادَ له وجود، ومِنَ "السياسةِ" أنْ يلوذَ بتصوُّراتٍ للدولةِ لا فرصةَ فيها إلاَّ الدعوة إلى سلطة الغَلَبةِ والقَهْرِ، والدعوة لها بأنْ تتمسَّكَ بأهداب الشَّريعة وفضائلها(28)، ومن هنا، يبدو أنَّ الماورديَّ كانت تتنازعهُ الكثير مِنَ المواقف، أحدها التماهي مع الشَّريعة، وثانيها التواصـل والتنظير للسُّـلطة القائمـة بغضِّ النَّظر عن موقفها مِنْ الشَّـريعة، وثالثها التوفيقيَّة في الفكرِ والمُمَارسـة، وظاهرٌ أنَّه اختارها جميعها بصورٍ متفاوتة يمكن دراستها بجلاءٍ مِنْ خلال كتاباتهِ ومواقفهِ معاً.

وانطلاقاً مِنْ هذهِ المُقدَّمات أصبح فريقٌ مِنَ العلماء والفقهاء وفي مقدِّمتهم الماورديّ تتقاطع رؤاهم مع توجُّهات بعض الخلفاء وبالذات القادر بالله العباسيّ (381 - 422 هـ) وصـولاً إلـى الخليفـة المسـتظهر باللـه (487 - 512 هـ)، وهـذا التقاطع كان على شكلِ تكيُّفٍ أقبَلَ عليهِ الفقيه في ضوءِ بعض المفاهيم والقواعد الشـرعيَّة، وهـذا التكيُّـف يتـمُّ تبريره علـى مستوييْن: واحدها الوقـوف في وجه التسـلُّط البويهـيِّ، وإعـادة شـيءٍ مِـنْ الهيْبـة والتقدير للخلافـة، مما فَتَحَ المجال للعلمـاء التعـاون مـع الخلافـة للتخلُّص مِـنْ عدوٍّ مشـترك، هو السـلطان البويهيُّ، وثانيها بلورة توافُق العلماء والفقهاء على ارتباطِ الخلافة بسلطنةٍ عسكريَّةٍ جديدةٍ، السَّلاجقـة هـذه المـرَّة، نتيجة الاسـتبداد والهَوان الـذي لَحِقَ بالجميـعِ في العصر البويهـيِّ، إلـى جانبِ الخلافات السياسـيَّة والمذهبيَّـة بيْنَ البويهييـن والسَّلاجقة، ولقد مثَّلتْ كتابات الماورديّ النموذج المتميِّز لهذا التقاطع والتكيُّف، حيث يكرِّس جهـوده لمواجهة الأيديولوجيَّة الشـيعيَّة والتي جعلها مِنْ مَهـامِ الخليفة أيضاً، مِنْ أجل حفظ الدِّين على أصولهِ المستقرِّة وما أجْمَعَ عليه السَّلف، وصولاً إلى تقديم طـوق النجـاة للخليفة مِـنْ خلال تحريرهِ مِنَ الالتزام بالشـورى، حيث يتمُّ توسـيع نفوذ الخليفة وبعث الحياة في جهازِ سلطتهِ لمواجهة العَسْكر والسَّلاطين، وهذه النقاط تحديداً تتناقضُ مع النظريَّة الفقهيَّة، ولكنَّه قدَّمها مِنْ بابِ أخفِّ الضَرَريْن، وأنَّ الضرورات السياسيَّة هذه المرَّة تبيح المحذورات الفقهيَّة في هذا السياق.

28. المرجع نفسه، ص 377.

المبحـث الثانـي | أبو المعالي الجوينيّ "419 - 478 هـ" .. رؤيته في الفِكْرِ السياسيِّ

تنبثـقُ رؤى الإمـام الجوينـيّ[29] السياسـيَّة فـي مجملها مِـنْ كتابـه "غِيـاث الأُمَـم فـي التياثِ الظُلَم"الذي يبـدو جليّاً أنَّه مُقدَّم إلى الوزير السـلجوقيِّ نِظَام المُلْـك[30]، والـذي يوضِّـح مِنْ خلالهِ دوافـع تأليفهِ لهذا الكتـاب، حيث يقول إنَّ هـذا المجمـوع مطلوبهُ أمـران هما: بيانُ أحكام الله عندِ خلـوِّ الزّمنِ مِنَ الأئمِّة، وإيضـاح متعلَّـق العِبَـاد عنـد خلـوِّ البلاد مِـنَ المُفْتيـن، المُسْـتجمعين لشـرائطِ الاجتهـاد[31]، ويقـدِّم فـي كتابهِ العلمـاء ومعارفهـم ومكانتهم مِنْ أجـلِ التعاونِ مع السُّـلطة السياسـيَّة، حيث يقـول: "وممَّا ألقيهِ إلى المجلسِ السَّـامي: وجوب مراجعـة العلمـاء فيمـا يأتي وَيَـذَرْ، فإنَّهم قـدوةُ الأحـكام، وأعلامُ الإسلام، وورثة النُبوَّة، وقادة الأُمَّة، وسـادة المِلَّة، ومفاتيح الهـدى، ومصابيح الدُّجى، وهُمْ على الحقيقةِ أصحاب الأمر استحقاقاً" [32]، كما أنَّه يوضِّحُ التلازم بيْنَ الطرفيْن عندما يقـول: "إذا كانَ سـلطان الزمـان لَـمْ يبلـغ مَبْلَـغ الاجتهـاد، فالمتبوعـون العلماء، والسُّـلطان نَجْدَتُهُم، وشَـوْكَتُهُم، وقوَّتهم... وأنَّ السُّـلطان مع العَالِم، كالمَلِكِ في

29. انظر حول ترجمة الإمام الجويني:
ابن كثير، البداية والنهاية، ج 12، ص 128 - 129 / ابن الجوزي، المنتظم في تاريخ الملوك والأمم، ج 9، ص 18 - 20 / ابن الأثير، الكامل في التاريخ، ج 10، ص 145 / ابن خلكان، وفيات الأعيان، ج 3، ص 167 - 170 / الذهبي، سير أعلام النبلاء، ج 18، ص 468 - 477 / ابن العماد الحنبلي، شذرات الذهب، ج 5، ص 338 - 342 / تاج الدين السبكي، طبقات الشافعيَّة الكبرى، ج 5، ص 165 - 222.

30. انظر حول ترجمة الوزير نظام الملك السلجوقي:
ابن الجوزي، المنتظم في تاريخ الملوك والأمم، ج 9، ص 64 - 68 / ابن الأثير، الكامل في التاريخ، ج 10، ص 204 - 206 / ابن خلكان، وفيات الأعيان، ج 2، ص 128 - 131 / الذهبي، سير أعلام النبلاء، ج 19، ص 94 - 96 / ابن العماد الحنبلي، شذرات الذهب، ج 5، ص 362 - 365 / تاج الدين السبكي، طبقات الشافعية الكبرى، ج 4، ص 309 - 329.

31. أبو المعالي الجويني، عبد الملك بن عبد الله 478 - 419" هـ"، غياث الأمم في التياث الظلم، تحقيق مصطفى حلمي وفؤاد عبد المنعم، الاسكندرية، دار الدعوة، ط1، 1979، ص 108.

32. المصدر نفسه، ص 246.

زمان النبيِّ، مأمورٌ بالانتهاء إلى ما يُنْهِيهِ النبيّ، فإنْ لَمْ يكنْ في العصر نبيٌّ، فالعلماء ورثة الشَّريعة، والقائمون في إنهائها مقام النبوَّة" (33)، في استمرارٍ غريبٍ مِنْ أجلِ تصويرِ العلاقةِ بيْنَ السُّلطةِ السياسيَّةِ والعلماءِ على غيرِ حقيقتها، إذْ هذهِ العلاقة ما انفكَّتْ تقوم على التبعيَّةِ، والانقيادِ، لا التشاركيَّةِ، والتعاون مِنْ أجلِ المجتمع، والنَّاس.

وجديرٌ بالمُلاحظةِ، هنا، تأكيدُ الإمامِ الجوينيِّ على وجوبِ وضرورةِ إقامةِ الخلافةِ والإمامةِ، مؤكِّداً أنَّها: "رياسةٌ تامَّة، وزعامة عامَّة، تتعلَّق بالخاصَّة والعامَّة في مهمَّاتِ الدِّين والدنيا، متضمَّنُها حفظ الحَوْزة، ورعاية الرعيَّة، وإقامة الدعوة بالحجَّة والسيْف، وكفُّ الخنَفِ والحيْف، والإنصاف للظالمين مِنَ المظلومين، واستيفاء الحقوقِ مِنَ المُمْتَنِعين، وإيفاؤها على المُسْتَحقِّين" (34)، وهو يرى كذلك ضرورة المُبَادرة إلى تنصيبِ الإمامِ ذلكم أنَّ: "مشاهير الأئمَّة يَرون وجوب النَّصب مستفادٌ مِنَ الشَّرعِ المنقول، غير متلقًّى مِنْ قضايا العقول، وذهبت شرذمةٌ مِنَ الروافضِ إلى أنَّ العقل يفيد النَّاظر بالعلم بوجوب نَصْبِ الإمام، واستقصاء القول في استحالة تلقِّي الأحكام مِنْ أساليب العقول بحرٌّ فيَّاضٌ لا يُغرف، وتيَّار أمواجٍ لا يَنْزف" (35)، وفي الوقتِ ذاتِه، يرفضُ الإمامُ الجوينيُّ مسألة جواز خلوِّ الزمانِ مِنَ الأئمَّة على أساسِ أنَّه إذا جازَ: "خلوُّ الزمانِ عن النبيِّ، وهو مُعْتَصمُ دين الأُمَّة، فلا يُعْتَدُ في خلوِّ الأئمَّة" (36)، ويردُّ بإسهابٍ على اعتقادِ الشِّيعة في النَّص، مستشهداً بما كانَ في حادثةِ سقيفةِ بني ساعدةَ بيْنَ الصحابةِ رضوان الله عليهم، ويرى بطلان مَذْهبِ مَنْ يدَّعي العلمَ بالنصِّ مِنْ جهة، والقَطْعِ على الغيْبِ بأنَّه لَمْ يجرِ مِنْ رسول الله صلَّى الله عليه وسلَّم توليةٌ ونصب مِنْ زاويةٍ ثانية (37)، وهو بهذه الرؤى يتقاطع مع أغلبِ علماء وفقهاء السنَّةِ في مسألةِ الإمامةِ وتناقضها مع الرؤيةِ النصِّيَّة للشِّيعة طوال المراحل التاريخيَّةِ المُتَعاقبة.

---

33. المصدر نفسه، 247 وما بعدها.
34. المصدر نفسه، ص 55.
35. المصدر نفسه، ص 56.
36. المصدر نفسه، ص 57 – 63.
37. المصدر نفسه، ص 64.

ولقد سَلَكَ الإمام الجوينيُّ طريقاً ثالثاً في مسألةِ شرط النَّسبِ القُرَشيِّ للإمام، وهو المُتكلِّمُ والفقيه الشافعيّ، حيث لا يستند بشكلٍ قاطعٍ إلى الحديث النبويِّ المعلومِ الذي هوَ مِنْ أخبارِ الآحاد ولَمْ يبلغ عنده حدَّ التواتر، ولكنَّه لا يرى بأساً في صاحبهِ متى وُجِد، ولا غروَ أنَّ الإمام الجوينيّ يستند إلى الواقع التاريخيِّ منذ خلافةِ أبي بكر الصدِّيق رضيَ الله عنه، ولهذا نجده يقول: "إنَّ الماضينَ ما زالوا بائحينَ باختصاصِ هذا المنصب بقريش، ولم يتشوَّف أحدٌ مِنْ غير قريش إلى الإمامة، على تمادي الأيام، وتطاول الأزمان، مع العلم بأنَّ ذلك لو كانَ ممكناً لَطَلَبَهُ ذوو النَّجدة والبأْسِ وتشمَّرَ في ابتغائهِ عن ساقِ الجِدِّ، أصحاب العَدَدِ والعُدَد، وقد بَلَغَ طلاَّب المُلْك في التجاءِ الاستعلاءِ على البلادِ والعباد، أقصى غايات الاعتداء واقتحموا في رَوْمِ ما يحاولونه المَهاوي والمَعَاطِب والمَناوىء" (38)، وبهذا يشيرُ الإمامُ الجوينيُّ إلى التاريخ وضروراته، وإلى دور العصبيَّة القبليَّة في مسألةِ تنصيبِ الإمام، وهي إشاراتٌ سوف يلتقطها ابن خلدون لاحقاً، وبذا يقدِّم فقيهنا الشافعيُّ فكراً سياسيَّاً يبتعد كثيراً عن الطيْف السياسيِّ الذي التزم بهِ علماء المَذْهب وفي مقدَّمتهم الماورديّ.

وضمنَ الأُفُقِ ذاته، وعلى الرغم مِنْ عَدَمِ إقرارِ الإمامِ الجوينيِّ إمارة الاستيلاء إلاَّ ضِمْنَ شروطٍ دقيقةٍ جداً، فإنَّه يدعو إلى قيامِ العلماء والفقهاء بدورهم في توجيهِ الولايات التي صار طريقها القَهْرُ والغَلَبَة والاستيلاء، حيث يقول: "يُحْمَلُ العلماءُ لمسؤوليَّةِ الإمامة، إذا شَغَرَ الزمان عن الإمامة، وخلا عن سلطانٍ ذي نجدة وكفاية ودراية، فالأمور موكولةٌ إلى العلماء، وحقٌّ على الخلائقِ على اختلافِ طبقاتهم، أنْ يَرْجِعوا إلى علمائهم، ويصدروا في جميع قضايا الولايات عن رأيهم، فإنْ فعلوا ذلك فقد هُدُوا إلى سواءِ السبيل، وصارَ علماء البلاد ولاة العباد" (39)، ويمكن القول أنَّ إصرار الإمام الجوينيّ على ضرورةِ وجود العلماء يمثِّل شكلاً مِنْ أشكال تقديم الضمانات لالتزامِ السُّلطة السياسيَّة بأبجديات الشَّريعة، ولكنْ ينبثق تساؤلٌ ضروريٌّ مؤدَّاه: هل دعوة الإمام الجوينيّ استجابة لعلاقاتهِ الوثيقة بالوزير

38. المصدر نفسه، ص 93.
39. المصدر نفسه، ص 391.

السلجوقيِّ نظام المُلْك، أمْ أنَّها نتيجة الواقع المؤلم الذي آلتْ إليهِ الدولة الإسلاميَّة التي باتتْ دولاً مُتَصَارِعة سياسياً ومذهبيَّاً وعسكريَّاً!؟!، ويجوز لنا عند هذهِ النُّقطة القـول بـأنَّ الاتجاهيْن يَظْهَرا في مضامينِ كتاباتهِ مـع ضرورة الاعتراف بأنَّ الاتجاه الثاني هو الذي تؤكِّده منطلقات ورؤى واستنتاجات الإمام في شتَّى مؤلفاته.

علـى الشـاطىء الآخر، وبعيداً عن الإشـارةِ الخاصَّة بالسُّـلطة والعلمـاء، يتميَّز الإمـام الجوينـيُّ بالجـرأة فـي طروحاتـهِ وبالـذات عندما يناقش مسـألة الاسـتيلاء والاسـتعلاء في زمانهِ رغم اعترافهِ بها، حيث يقرِّر أنَّ هذه المسـتجدَّات السياسيَّة يشـوبها الكثير مِنْ عدم الشـرعيَّة، وأنَّ الإمامة أصبحتْ مُلْكَاً عَضوضاً، في مخالفةٍ صريحـةٍ مـع ما اسـتقرَّ عليـه الأمر في العصـر الراشـديِّ، ذلكـم: "لأنَّ الخلافة بعد مُنْقَرِضِ الأربعة الراشـدين شـابتها شـوائبُ الاسـتيلاء والاسـتعلاء، أضحى الحقُّ في الإمامـةِ مرفوضـاً، وصـارت الإمامة مُلْكَاً عضوضـاً" (40)، ولهذا فهو يـرى الإمامة من حيث المبدأ رياسة تامَّة، وزعامة عامَّة، تتعلَّق بالخاصَّة والعامَّة، في مهمَّات الدِّين والدنيـا، وهـذه الإمامة في أصولهـا وفروعها توقيفيَّة ترجع إلى القواطع الشـرعيَّة الثلاثة: نصٌّ قرآنيٌّ، وخبرٌ متواترٌ عن الرسول صلَّى الله عليه وسلَّم، وإجماعٌ مُنْعَقِدٌ، وهـو يـرى كذلـك أنْ يكونَ الإمامُ قُرَشـيَّاً، وقد اسـتدلَّ لذلك: "أنَّ الماضيـنَ ما زالوا بائحيـن باختصـاص هـذا المنصب بقريش، ولم يتشـوَّف أحدٌ قط غيـر قريش إلى الإمامـة، علـى تمـادي الأحيان، وتطاول الأزمـان"، ومع أقرارهِ بأنَّ هذا الشـرط غير معلوم العلَّة، حيث أكَّد: "ولسنا نَعْقِلُ احتياج الإمامةِ في وصفها إلى النَّسب، ولكنْ خصَّـص اللـه هذا المنصـب العليّ، والمراقب السـنيّ، بأهلِ بيتِ النبـيِّ، فكانَ مِنْ فضل الله يؤتيهِ مَنْ يشاء" (41).

ومِنْ هنا، ينبغي التأكيد على إشـاراتِ الإمام الجوينيِّ التي انفردَ بها عن غيرهِ مِنَ العلماء، وبالذات علماء مذهبِ الشـافعيِّ، ومِنْ ذلك أنَّه لم يتردَّد في الهجومِ على تذرُّع السـلطة السياسـيَّة بتعزير العُصَاة، حتى تُسْتَنْزَف أموال النَّاس وتُصَادر ممتلكاتهـم، حيـث لاحـظَ أنَّه ليسَ يسـوغُ لنا أنْ نسـتحدثَ وجوهاً في اسـتصلاحِ

40. صدر نفسه، ص 124.

41. المصدر نفسه، ص 22، ص 60.

العباد، سعياً وراء أسباب الرشاد، لا أصلَ لها في الشَّريعة الإسلاميَّة، وهو تجاوزٌ خطيرٌ آثاره القريبة والظاهرة تتجلَّى في سياسة النَّاس بالرَّهْبَة، وقتلهم بالتُّهم العاريَّة، لأنَّ غاية أصحاب السياسات أنْ يزيدوا على مواقف الشَّريعة الإسلاميَّة وصولاً إلى غاياتٍ تراها السُّلطة رغم أنَّ هذا كلَّه سَرَفٌ ومجاوزة حدٍّ وغلوٌّ، والشَّرعُ لا يرخِّص في ذلك[42]، بل وقدَّم رؤية مختلفة لمسألة الطَّاعة السياسيَّة في الدائرةِ الأشعريَّة، وما يميِّز هذه الرؤية هو تحرُّرها مِنَ التقليد وتصدِّيها لمشكلاتٍ تدخلُ في بابِ المَسْكوتِ عنه في الفِكْرِ الأشعريِّ والسُنّيِّ عموماً، فالجوينيُّ لا يقرِّر مبدأ الطَّاعة السياسيَّة ثمَّ يتوقَّف، بل يذهب لمناقشة المسائل المترتِّبة على ذلك عبر التفكير في قضايا افتراضيَّة متناهية الدقَّة، والفكرة الأساسيَّة التي ينطلق منها هيَ الربطُ بيْنَ الإمامة والطَّاعة، فالإمام هو الذي يُطاع، إذ "لا معنى لكون الإمام إماماً إلاَّ أنْ طاعته واجبة" [43]، بل إنَّ الجوينيَّ يرى ضرورة تحصيل طاعة النَّاس واستمرارها حتى في المسائل الظنيَّة[44]، وهي مبالغةٌ لا تتوافق مع روح الشَّريعة ومخرجاتها، وحريَّات النَّاس وآفاق معاشهم.

ولعلَّنا نستشعر مِنْ هذهِ الأنظار أنَّ الجوينيَّ يتقاطعُ مع الماورديّ في معظم الرؤى السياسيَّة نتيجة الجامع الفقهيِّ بينهما، ولكنَّه ظلَّ يَهْجِسُ بالتمايزِ عنه، وظَهَرَ جلياً حِرْصُ الأوَّل على تجاوز الماورديّ والتقليل مِنْ شأن "الأحكام السلطانيَّة" بل والتشكيك في علمهِ ومنهجهِ، وانتقادهِ في بعضِ الأحكام مثل تجويز إسناد وزارة التنفيذ إلى أهل الذمَّة، بل وكَتَبَ عن الماورديِّ كلاماً قاسياً حول منهجهِ الفقهيِّ فقال: "والشكوى إلى الله ثمَّ إلى كلِّ مُحصِّلٍ مُميِّزٍ مِنْ تصانيف أُلِّفها مرموق، متضمَّنها ترتيبٌ وتبويب، ونقلُ أعيانِ كلام المَهَرة الماضين، والتنصيص على ما تَعِبَ فيه السابقون، مع خَبْطٍ كثيرٍ في النَّقل، وتخليطٍ وإفراطٍ وتفريطٍ لا يرضى بالتلقيب والتصنيف، مع الاكتفاء بالنَّقلِ المُجرَّد، ولَمْ يكنْ في تأليفهِ وتصنيفهِ على بصيرة، لم يتميَّز له المظنون على

42. عبد المجيد الصغير، الفكر الأصولي وإشكالية السلطة العلمية في الإسلام، ص 186.
43. هاني عبّادي المغلّس، الطاعة السياسية في الفكر الإسلامي: النص والاجتهاد والممارسة، فرجينيا، المعهد العالمي للفكر الإسلامي، ط1، 2014، ص 299.
44. المرجع نفسه، ص 300 - 301.

المعلومِ، والْتَبَستْ عليهِ مسالكِ الظنونِ بمداركِ العلومِ، وإنَّما جرَّ هذه الشكاية نَظَري في كتابٍ لبعضِ المتأخِّريـن مُتَرْجَمٌ بالأحكام السـلطانيَّة، مشـتملٌ على حكايةِ المذاهبِ وروايةِ الآراءِ والمَطَالبِ مِنْ غير درايةٍ وهدايةٍ وتشـوُّف إلى مُدركِ غايةٍ وتطلُّع إلى مَسْلكٍ مُفْضٍ إلى نهايـةٍ، وإنَّما مضمونُ الكتابِ نَقْلُ مقالاتٍ على جهلٍ وعمايةٍ، وشـرُّ ما فيهِ وهو الأمرُ المُعْضَلُ الذي يَعْسُر تلافيه، سـياقهِ المظنونِ والمعلومِ على منهجٍ واحدٍ، وهذا يؤدّي إلى ارتباكِ المسالكِ، واشـتباكِ المداركِ، والتباسِ اليقينِ بالحدوسِ، واعتياصِ طرائقِ القطعِ في هواجـسِ النفوسِ" (45)، وهي عباراتٌ تتكرَّر في ثنايا كتابِ الإمامِ الجوينيّ دون أنْ يقدِّم دلائلَ وأماراتٍ عليها، ولعلَّها تدخل في بابِ المُنَاكفاتِ بيْنَ العلماءِ.

وينفردُ الإمامُ الجوينيُّ عَـنْ غيرهِ مِنَ العلماءِ السـابقينَ والمُعَاصرينَ له في مزيةٍ أخرى هيَ مناقشـة المسـألةِ ونقيضِها، بينما كان السكوتُ هو الفيْصَلُ عند غيرهِ لـدى مناقشـةِ قضايا محوريَّةٍ أمَلاً في توجيهِ الـرؤى نحو زاويةٍ مقصودة مُسْبَقاً، ومِـنْ ذلك أنَّه رَبَطَ بيْنَ الطّاعةِ وعدمِ تغييرِ حال الإمامِ، أمَّا إذا تجاوز الإمامُ على الشَّـريعةِ وكان مُتَّهماً بالفسْـقِ والفجورِ، وصـولاً إلى خروجهِ عن: "سَـمْتِ الإمامةِ بفسقهِ، فانخلاعـه مِـنْ غير خلعٍ مُمْكِنٌ، وإنْ لَـمْ يكنْ يُحْكَمْ بانخلاعهِ وجواز خلعه، وامتناع ذلك، وتقوية أوده ممكن، ما وجدنا إلى التقويم سـبيلاً، وكل ذلك مِـنَ المجتهداتِ عندنا فاعلموه" (46)، وأكثرُ مِنْ ذلك، يتماهى الإمامُ الجوينيُّ مع الشَّـريعةِ، ومع واجتهاداتهِ، ويتجاوز ما اسـتقرَّ عليه المذهبُ الأشـعريّ وأعلامه في مسـألةِ حقِّ الأُمَّةِ في خلعِ الإمامِ (47)إذا اسـتمرَّ في عدوانهِ وفسـادهِ، وأبْلَجَتْ خيانتـه، وتعطَّلت الحدودُ والحقوقُ بسـببه، ولـم يجد النَّاس رَفْعَـاً للظلمِ عنهم، بل إنَّـه يُقدِّم رؤية تقدُّميَّة في مسـألةِ ضرورةِ مواجهةِ ظلمِ السُّـلطةِ السياسيَّةِ حتى لو كانت الفتنةُ سـتظهر، ذلكم أنَّه: "تَرْكُ النَّاسِ سدى

ـــــــــ 45. أبو المعالي الجويني، غياث الأُمم في التياث الظلم، ص 161 وما بعدها.

46. مدحت الليثي، فقه الواقع في التراث السياسي الإسلامي، ص 122.

47. أبو المعالي الجويني، عبد الملك بن عبد الله، 478 - 419" هـ، الإرشاد إلى قواطع الأدلة في أصول الاعتقاد، تحقيق محمد يوسف موسى وعلي عبد المنعم، القاهرة، مكتبة الخانجي، ط1، 1950، ص 425 – 426.

مُلْتَطمين ومُقْتَحمين لا جامع لهم على الحقِّ والباطل أجدى عليهم مِنْ تقريرهم اتِّباع مَنْ هوَ عون الظالمين وملاذ الشاغلين ومَوْئِل الهاجمين ومُعْتَصم المارقين" [48]، وهذا الملمحُ البارز هو أحد أهم مظاهر التجديد السياسيِّ في فكر الإمام الجوينيِّ[49]، وهذا يمثِّل العودة الحقيقيَّة إلى الأصل الذي رأى الماورديّ إمكانية تجاوزه بذريعة الواقعيَّة السياسيَّة.

وشبيهٌ بهذه الأنظار يُمْعِنُ الإمام الجوينيُّ في تقديمِ أطروحةٍ متماسكةٍ في مسألة خلع الإمام وإمكانية الثورة عليهِ، ويرى أنَّها قضيَّة اجتهاديَّة، فهو لا يَقْطَعُ برأيٍ فيها، لأنَّها ليست ديناً، وإنَّما يشترط التمكين للثائرين أولاً شرطاً لفاعلية عملهم، ثمَّ تجميع الجهود لنجاح الثورة على الإمام الظالم بدلاً من الجهود الفرديَّة لضمان نجاحها[50]، ويحدِّد الإمام الجويني إمكانية الخلاص مِنَ الإمامِ الظالمِ والفاسقِ مِنْ خلال قيام أهل الحلِّ والعقد بخلعهِ، حيث يقول: "وإذا جارَ والي الوقت، وظهرَ ظلمه وغِشُّه، ولَمْ يرعوي عمَّا زُجِرْ عَنْ سوءِ صنيعه بالقول، فلأهل الحلِّ والعقد التواطوء على درئهِ، ولو بِشَهْر الأسلحة ونَصْبِ الحروب" [51]، ومِنْ هنا، يدخل الفكر السياسيُّ الإسلاميُّ مرحلة جديدة من رفض التسليم بأبديَّة السُّلطة السياسيَّة، وتسويغ استبدادها باسم المصلحة العامَّة، والخوف مِنَ الفتنة التي تدمِّر الأُمَّة، وما أجمل وأرقى قول الإمام الجوينيِّ في سياق حديثهِ عن أنَّ التعزيرات لا يجوز أنْ تتجاوز الحدود، حيث يذكر وقائع مِنْ مدينة بغداد كان فيها قائد الشرطة يغلي الذين تكرَّر إجرامهم في القدور، وهو يستنتج أنَّ الذين يفعلون ذلك مِنَ الولاة: "إنَّما يتَّبعون سنن الأكاسرة المنقرضين، ويَرَوْن أنَّهم أكثر معرفةً من الله ورسولهِ بكيفيات التأديب وردع المرتكبين" [52]، وهذا جوهر الرأي الذي يجب تكريسه وتعظيمه بضرورة أن تكون السيادة للشريعة، والأُمَّة، وحدهما.

48. أبو المعالي الجويني، غياث الأمم في التياث الظلم، ص 106.
49. هاني عبّادي المغلّس، الطاعة السياسية في الفكر الإسلامي، ص 300.
50. المرجع نفسه، ص 301.
51. أبو المعالي الجويني، الإرشاد إلى قواطع الأدلة، ص 370.
52. رضوان السيد، السياسة الشرعيَّة، ص 13.

المبحث الثالث | الإمام أبي حامد الغزَّالي "450 - 505 هـ".. رؤيته في الفكر السياسيِّ

لا شكَّ أنَّ الإمام الغزَّالي [53] اهتمَّ في مسألةِ الخلافة الإسلاميَّة، والنظريَّة السياسيَّة، وإنْ كانت مِنْ زاوية فلسفيَّة ومنطقيَّة بصورة لافتة للنَّظر، وهو مِنَ العلماء الذين اختلفتْ الرؤى حولهم بيْنَ المُبَالغة في المديح، والتطرُّف في النقد[54]، وعلى الرغمِ مِنْ إقرارهِ بالإمامةِ شرعاً فإنَّه لا يرى ذلك مِنْ جانب العقل، لأنَّ الواجب هو: "الفِعْلُ الذي فيه فائدة وفي تركهِ أدنى مضرَّة، وعند ذلك لا يُنْكَرُ وجوب الإمام لما فيه مِنَ الفوائد ودفع المضار في الدنيا"، ومِنْ هنا، تُقدِّم أفكار الغزَّالي السياسيَّة صورة جليَّةً عن التناقضِ بيْن الحقيقة والواقع، ومدى الأزمة الأخلاقيَّة والمعياريَّة التي تواجه العلماء والفقهاء مِنْ أجل تسويغ قَهْرِ السلطة السياسيَّة، وهو يقول بأنَّ الإقرار بتلكم المستجدَّات يدخلُ في باب أكل المَيْتة، وأنَّ الضرورات تبيح المحذورات[55]، ومع ذلك، فإنَّ حجَّة الإسلام في سياق آخر يعترف بالسلطة السياسيَّة ما دامت ذات شوكة، بغضِّ النَّظر عن شرعيَّتها الدينيَّة والسياسيَّة، وبذلك يتمُّ استبعاد الشريعة مِنْ كونها المصدر الأول للشرعيَّة، ومرجعيَّتها الكبرى، وتصبح القوَّة والقَهْر والغَلَبَة هيَ المعيار والحَكَم، حيث يقول: "والذي نختارهُ أنَّه يُكْتَفى بشخصٍ واحدٍ يعقد البيْعة للإمام مهما كان ذلك الواحد مُطَاعاً ذا شوكةٍ

---

53. حول ترجمة الإمام أبي حامد الغزَّاليّ انظر:
ابن الجوزي، المنتظم في تاريخ الملوك والأمم، ج 10، ص 168 - 170 / ابن الأثير، الكامل في التاريخ، ج 10، ص 491 / ابن خلكان، وفيات الأعيان، ج 4، ص 216 - 219 / الذهبي، سير أعلام النبلاء، ج 19، ص 322 - 346 / ابن العماد الحنبلي، شذرات الذهب، ج 6، ص 18 - 22 / تاج الدين السبكي، طبقات الشافعية الكبرى، ج 6، ص 191 - 289 / عمر رضا كحالة، معجم المؤلفين، ج 10، ص 266 - 269.

54. أحمد القاضي، التربية والسياسة عند أبي حامد الغزَّالي، القاهرة، دار قباء، ط1، 2000، ص 11 - 23 / زكي نجيب محمود، المعقول واللامعقول في تراثنا الفكري، القاهرة، دار الشروق، ط5، 1993، ص 317 - 318.

55. أبو حامد الغزَّالي، محمد بن محمد 505 - 450" هـ"، الاقتصاد في الاعتقاد، تحقيق إنصاف رمضان، دمشق، دار قتيبة، ط1، 2003، ص 170 - 195.

لا تُطال" [56]، وبصورة أدقّ، يتمُّ إقصاءُ النَّاسِ عن الاختيار، وإبداء الرأي، ما دام أصحاب الشَّوْكة قاموا بذلك، فضلاً عن استثناء أهل الحلِّ والعقد أيضاً، وبالتالي يواصل الإمام الغزَّالي مسيرة النُّكوص في النظريَّة السياسيَّة التي استفادتْ السُّلطة منها ومنهم في تعميقِ انفرادها بالأمر، وبالنَّاس، والحاضر، والمستقبل، معاً.

وليسَ يخفى أنَّ إصرار الإمام الغزَّالي على ضرورة الشَّوْكة في انعقادِ الإمامة، يمثِّلُ مرحلةً جديدةً في تطوُّر نظريَّة أهل السُّنَّة في الخلافة، وستكون المرحلة التالية هي امتدادٌ لها على يد ابن خلدون ونظريَّته القائمة على العصبيَّة، والتي يوضِّح فيها غايات اشتراط القُرَشيَّة فيمن يتولَّى منصب الخلافة في الإسلام، وذلك أنَّ المسألة ليست مِنْ أجلِ التبرُّك بالاتصال بالنبيِّ صلَّى الله عليه وسلَّم كما هو في المشهور، بل إنَّ السرَّ هو اعتبار العصبيَّة التي تكون بها الحماية والمطالبة، والعصبيَّة العربيَّة زمن النبيِّ صلَّى الله عليه وسلَّم وفي عهد الراشدين كانت في قريش[57]، ومِنْ هذا أنَّ حجَّة الإسلام يتحدَّث عن العصبيَّة وجذورها حيث يقول أنَّها: "نمط الآباءِ والأجداد، ومذهب المعلِّم، ومذهب أهل البلد الذي فيهِ النشوء، وذلك يختلف بالبلاد والأقطار ويختلف بالمعلِّمين، فمن ولد في بلد المعتزلة أو الأشعريَّة أو الشافعية، انغرس في نفسهِ منذ صباه التعصُّب له، والذبَّ عنه، والذمَّ لما سواه، فيقال أشعريُّ المذهب، أو معتزليٌّ أو شفعويٌّ أو حنفيٌّ، ومعناه أنْ يتعصَّب له، أيْ ينصر عصابة المتظاهرين بالموالاة، ويجري ذلك مجرى تناصر القبيلة بعضهم لبعض" [58]، ويبدو جليّاً أنَّ الفكر السياسيَّ في الإسلام بعد الغزَّالي قد تحوَّل مِنَ البحث كيف يجب أنْ يكون الحكم في الإسلام إلى البحث في كيفَ كان هذ الحكم فعلاً في الماضي[59]، فهلْ كانَ الإمام الغزَّالي يقدِّم مِنْ جديدٍ فكرة

56. أبو حامد الغزَّالي، محمد بن محمد 505 – 450" هـ"، فضائح الباطنية، تحقيق عبد الرحمن بدوي، الكويت، مؤسسة دار الكتب الثقافية، ط1، د. ت، ص 177.
57. محمد عابد الجابري، فكر ابن خلدون: العصبيَّة والدولة " معالم نظرية خلدونية في التاريخ الإسلامي"، بيروت، مركز دراسات الوحدة العربية، ط6، 1994، ص 134.
58. أبو حامد الغزَّالي، محمد بن محمد 505 – 450" هـ"، ميزان العمل، تحقيق سليمان دنيا، القاهرة، دار المعارف، ط1، 1964، ص 211 – 212.
59. محمد عابد الجابري، فكر ابن خلدون، ص 137 / وجيه كوثراني، الفقيه والسلطان: جدلية الدين والسياسية، ص 53 – 59.

البديـل الأُخـرويّ للمجتمـعِ الإسلاميِّ مقابل الاسـتغناء عن الحاضر الـذي باتَ بين أيدي السُّلطة السياسيَّة التي لا طائلَ مِنَ الدخول معها في أيَّة تشاركيَّة؟.

ويؤكِّد هذه الرؤى الغزَّاليَّة بالدعوة إلى علم الآخرة ما يقولهُ عليّ أومليل أنَّ في ذلك إبعاداً للنَّاس عن أمور دنياهم حتى يتركوا أمرها لأناسٍ يتحكَّمون في رقابهم، إلاَّ أنَّ للمسألة وجهاً آخر: فالغزَّالي هنا، بحسب منطقهِ، يضع الله سبحانه وتعالى غايـةً مطلقـةً للعِلْـمِ، وعلى العَالِم طلـبُ العلمِ لوجه الله تعالـى لا لوجه أصحاب النفوذ، وأمَّا طلبُ العلمِ لقيمتهِ الذاتيَّة فإنَّ ذلك لَمْ يكنْ في صميمِ منطق الغزَّاليّ ومعاصريـه، فتبقـى القيمة الدينيَّة هي ما ينبغي أنْ يَحْكُـم مهنة العَالِم[60]، وأكثر مِنْ ذلك، يتحامل الغزَّاليّ على الفقهاءِ وادِّعاء احتكار السلطة العلميَّة، على أساس أنَّ علم الفقيه لا يبلغ مرتبة عِلْمِ المتصوِّف، وحجَّة الإسلام عَلَمُ المتصوِّفة الأوَّل في عصرهِ، غير أنَّه يستثنى أئمَّة المذاهب الأربعة وسفيان الثوريّ، ويصبُّ نقده على الباقين باعتبارهم علماء السُّـوء الذين قَصْدُهُم مِـنَ العِلْمِ التنعُّم بالدنيا والتوصُّل إلـى الجـاهِ والمنزلةِ عند أهلها[61]، بل ويؤلِّف الإمام الغزَّالـي كتاباً بعنوان: "إلجام العَـوام عـن عِلْمِ الـكلام" يقول فيه تحت عنوان - السـكوت عن السـؤال -: "وذلك واجبٌ على العوام، لأنَّه بالسؤال متعرِّضٌ لما لا يطيقه، وخائضٌ فيما ليس هو أهلاً له، فإنْ سألَ جاهلاً زاده جوابه جَهْلاً، وربما ورَّطه في الكفر مِنْ حيث لا يشعر، وإنْ سألَ عارفاً عَجِزَ العارفُ عن تفهيمه لقصورِ فهمه عَجْزَ البالغِ عن تفهيم ولدهِ الصبيّ مصالح بيته وتدبيره، بل عن تفهيمه مصلحته في خروجهِ إلى المكتب" [62]، ومن هنا، يبالغ فقيهنا في استبعاد النَّاس مِنْ دائرة الفهم للشَّريعة، وأنَّ استقامة وصحَّة التزامهـم مرهونـة بقدر اتِّباعهم المُطْلق للعلماءِ، ولا غرو أنَّ هذا تكريسٌ لسـلطة العلمـاء بالتماهـي مع السُّـلطة السياسـيَّة، مـع أنَّ الإسلام، منذ بدايتـه، يدعو إلى العلاقة بيْن المؤمنِ بربِّهِ دونَ وساطة، أو وصايَّة، أو احتكار، مهما بلغتْ نسبة ذلك.

---

60. للتوسع في هذه المسألة انظر: علي أومليل، السلطة الثقافية والسلطة السياسية، بيروت، مركز دراسات الوحدة العربية، ط2، 1998، ص 14 - 15.

61. المرجع نفسه، ص 16 - 17.

62. أبو حامد الغزَّالي، محمد بن محمد 505 - 450" هـ"، إلجام العوام عن علم الكلام، تحقيق هيئة التأليف في وقف إسماعيل آغا، إسطنبول، مكتبة السراج، ط1، 2017، ص 39.

وليسَ ينبغي أنْ يذهبَ بنا الظنُّ إلى الاعتقاد بأنَّ الإمام الغزَّاليّ لديه موقفٌ واضح مِنَ السُّلطة السياسيَّة، فهو في مَوْضعٍ ما يتماهى معها، ويسوِّغ وجودها، وفي مَوْضعٍ آخر يَنْقُدُها، ويدعو إلى الابتعادِ عنها، وهذه مواقفُ تَغْلِبُ على كثيرٍ من علماء وفقهاء وكتَّاب ذلكم العصر نتيجة الانقسام السياسيِّ ومذهبيَّته مِنْ جهة، وشدَّة التناحرِ بيْن العلماء مِنْ جهةٍ أخرى، والرغبة في القُرْب أو البُعْد عن البلاط السلطانيِّ مِنْ جهةٍ ثالثة، ومِنْ ذلك أنَّنا نجد الإمام الغزَّالي يقول في الإحياء: "اعلم أنَّ لكَ مع الأمراء والعمَّال الظَّلَمَة ثلاثة أحوال: الحالة الأولى، وهي شرُّها، أنْ تدخل عليهم، والثانية، وهي دونها، أنْ يدخلوا عليكَ، والثالثة، وهي الأسلم، أنْ تعتزل عنهم فلا تراهم ولا يرونك" (63)، ومع هذا اقترب الإمام الغزَّاليّ بعد شهرتهِ، وبروزهِ بيْن علماء المذهب الأشعريِّ، مِنَ الوزير السلجوقيِّ نظام المُلْك، الذي أسندَ إليه التدريس في المدرسة النظاميَّة في بغداد عام 484 هـ، ولقَّبه بزيْنِ العلماء وشرف الأئمَّة، وصار لرأيهِ مكانةً عاليةً في إدارة الدولة وولايات السَّلاطين، ومِنْ ذلك أنَّه بعد وفاة السلطان السلجوقيِّ ملكشاه(64)، انفرد الإمام الغزَّاليّ بعدم جواز تولية ابنهِ محمود بن ملكشاه لصِغَرِ سنِّهِ بينما أجمع بقية العلماء بجواز ذلك، غير أنَّ رأي وفتوى ومشورة الإمام الغزَّالي هو ما تمَّ اعتمادهُ(65) وتولَّى السطان الجديد بركياروق(66) مقاليد الأمور، وهذه دلالة واضحة على علوِّ مكانتهِ في الدولة، واقترابهِ الشديد مِنْ أحد أجنحة السلطة السياسيَّة المتنفِّذة.

63. أبو حامد الغزَّالي، محمد بن محمد 505 – 450" هـ"، إحياء علوم الدين، بيروت، دار ابن حزم، ط1، 2005، ص 593.

64. انظر حول ترجمة السلطان السلجوقيّ ملكشاه:
ابن الجوزي، المنتظم في تاريخ الملوك والأمم، ج 9، ص 69 – 74 / ابن الأثير، الكامل في التاريخ، ج 10، ص 76 – 90 / ابن خلكان، وفيات الأعيان، ج 5، ص 283 – 289 / الذهبي، سير أعلام النبلاء، ج 19، ص 54 – 58 / ابن العماد الحنبلي، شذرات الذهب، ج 3، ص 376.

65. ابن كثير، البداية والنهاية، ج 13، ص 235 / ماجد عرسان الكيلاني، هكذا ظهر جيل صلاح الدين وهكذا عادت القدس، دبي، دار القلم، ط3، 2002، ص 102.

66. انظر حول ترجمة السلطان السلجوقي بَرْكياروق:
ابن الجوزي، المنتظم في تاريخ الملوك والأمم، ج 9، 141 – 144 / ابن الأثير، الكامل في التاريخ، ج 10، ص 380 – 381 / ابن خلكان، وفيات الأعيان، ج 1، ص 268 – 269 / الذهبي، سير أعلام النبلاء، ج 19، ص 195 – 196، ابن العماد الحنبلي، شذرات الذهب، ج 3، ص 407 – 408.

والواقع أنَّ الإمام الغزَّاليّ ظلَّ عَالِمَاً جدليَّاً، وشخصيَّة جديرة بالدِّراسة، ومثالاً دائماً على ائتلافِ وتناقضِ العَالِم مع السياسيِّ، حيث كان: "دائم التبدُّل في أفكارهِ وانتماءاتهِ وأساليبهِ بسبب تبدُّل خبراتهِ وقناعاتهِ، والذين يجهلونَ هذه الطبيعة في الغزَّاليَ وأمثالهِ يختلفونَ في تقويمهِ وتصنيفهِ، فمنهم مَنْ يجعله متكلِّماً أشعريَّاً، ومنهم مَنْ يجعله صوفيَّاً، ومنهم مَنْ يجعله فيلسوفاً، ومنهم مَنْ يجعله أصوليَّاً، ويتراشقون، خلال ذلك، بعبارات الاتِّهام للرجلِ أو الدفاع عنه، ولكنَّ الحقيقة أنَّ الغزَّاليّ مرَّ بهذه المحطَّات حتى انتهى إلى طابعهِ الخاص الذي ميَّزه عمَّن سواه، وأهَّله لأنْ يلعب الدور الذي لعبهُ، وخلال مرورهِ في كلِّ محطَّة كان يعكس الآثار التي لوَّنت فكره ومنهاجه، مثل تأثُّره بالقياس المنطقيِّ كما يبدو ذلك في كتاب "القسطاس المستقيم"، وتأثُّره ببعض مقولات الصوفيَّة الخاطئة كتبنِّيه لمنهاج الإلهام في المعرفة كما يبدو في كتابه "المنقذ من الضَّلال"، وبعض ما وردَ في كتاب "إحياء علوم الدِّين" [67]، ونحن نكادُ نقرُّ بهذه الرؤى لولا أنَّ واجب العَالِم تجاه شريعتهِ، ومجتمعهِ، تستلزم منهُ الوقوف، نظريَّاً وعمليَّاً، وعلى الدوام، في صفوفِ النَّاس مِنْ أجل حقوقهم وحريَّاتهم، وكلُّ مَنْ يُقدِّم نفسهُ إماماً في هذا السياق عليه التماهي، والالتزام، مع أبجديَّات الإسلام، ومنطلقاتهِ، ومخرجاتهِ، بصورة قاطعة، وأخيرة.

ومهما يكنْ مِنْ أمر فإنَّ جماع نظريَّة الإمام الغزَّاليّ في التربية، والفقه، والتصوُّف، وعلم الكلام، هي بصورة من الصور : "مُركَّبٌ من التشاؤمِ بالتفاؤل[68]"، وعلى الرغم من اعترافهِ بحالة التدهور المُطْبِق في الحياة السياسيَّة قياساً مع التجربة النبويَّة الشريفة، غير أنَّه لا يجعل ذلكم التدهور شاملاً، وإنَّما يمكن حصرهُ بقرنٍ ما، أو مرحلةٍ تاريخيَّة ما، حيث سيظهر مَنْ يُجدِّدُ لهذهِ الأُمَّة دينها، ومجدها، على رأسِ كلِّ مائة عام، استلهاماً للحديث النبويِّ الشريف، وقد اعتقد الغزَّاليّ أنَّه واحدٌ مِنْ هؤلاء المُصْلحين، ولهذا كَتَبَ موسوعته "إحياء علوم الدِّين"،

67. ماجد عرسان الكيلاني، هكذا ظهر جيل صلاح الدين، ص 109 – 110.

68. للتوسع في هذه المسألة انظر: فهمي جدعان، أسس التقدم عند مفكري الإسلام في العالم العربيّ الحديث، عمَّان، دار الشروق، ط3، 1988، ص 31.

وفي ضوء نظريَّتِهِ حول المُصْلح القَرْنيِّ فهو يسعى إلى تقديم بديلٍ نظريٍّ للنظريَّة الشِّـيعيَّة في المَهْدي المُنْتَظَر، ويبدو جليّاً أنَّ حجَّة الإسلام، بعيداً عن الملاحظاتِ المنهجيَّة البيِّنة خلال اعتناقهِ التصوُّف، يتقاطع في بعض جوانب مشروعهِ العلميِّ مع المُعْتَزِلة، والأشَـاعِرَة، وهي مفارقةٌ غريبةٌ بيْنَ نقيضيْن، حيث يشتركُ الفريقان في الدعوة الواضحة إلى تحمُّل الإنسان مسؤولياتهِ وأعماله تجاه الحياة، والتاريخ، وهـو ما يرفضهُ أهل الجَبْرِ(69)، وهذه مسـألةٌ في صالح الإمام الغزَّاليّ ومشـروعهِ، ولكنَّهـا أيضـاً تدخـلُ في نطـاقِ تأكيد شـكلانيَّة طروحاتهِ حيناً، وعمقها فـي كثيرٍ مِـنَ الأحيـان، ولكنَّه عمومـاً يبقى عَصيّاً على التأطير الفكريِّ، وربَّما كان مشـروعه الإصلاحيّ - الإحيائيّ(70) سيكون مثمراً بصورة كبيرة لو كانَ مفهوم العملِ الفريقيِّ واضحاً بصورة تضمن استمرارية المشروع، وترشيده، وتطويره.

والإمـام الغزَّالـيّ، دعا إلى "علـم الآخـرة"، أيْ أنْ يكون طَلَبُ العِلْـمِ لوجه الله لا لوجـه أصحـاب النفـوذ، وعلـى الرغـم مِـنْ أهميَّة هـذا الأمـر ومحوريَّتـه، إلاَّ أنَّ هذه الدعوة تذهب بالمُسْلمين بعيداً عن أمور حياتهم ومُشكلاتها اليوميَّة، حيث تُسيطر السلطة السياسيَّة على تاريخِ الإنسان، وحاضرِهِ، ولا بأس إذا وَصَلَ الأمر إلى مُسـتقبلهِ أيضاً، فالعلماء وفـق الغزَّاليّ يفقدون دورهم كلَّما اقتربوا مِنَ السـلطة، والمُفارقـة العجيبـة أنَّـه يجعل مِنَ السياسـة أحد فـروع الفقه، التي يشـملها نظر الفقيه(71)، وبالتالي يكون: "الفقيه هو العَالِمُ بقانونِ السياسة، فكان الفقيه مُعلِّم السـلطان ومُرشـده، والمُلْك والدِّين توأمان، فالدِّين أصلٌ، والسـلطان حارس" (72)، دون أنْ يخبرنـا الإمـام الغزَّالـيّ كيف أنَّ الواقع التاريخـيَّ للمجتمعِ الإسلاميِّ قبله، وأثنـاء حياتـهِ، وبعد وفاتهِ كذلك، يؤكِّـد عكس خطابهِ، فالغَلَبَة للسُّـلطة، والعلماء أغلبهـم أتبـاع، إمَّا طمعاً أو خوفاً، وحسـبُنا في بيان شـدَّة المُنَافسـة بيْنَ السـلطة

69. المرجع نفسه، ص 32 - 33.

70. حول تفصيلات المشروع الإحيائي والإصلاحي للإمام أبي حامد الغزَّالي انظر: ماجد عرسان الكيلاني، هكذا ظهر جيل صلاح الدين، ص 105 - 175 / يوسف الطويل، النزعة النقدية في فلسفة أبي حامد الغزَّالي: أبعادها وخصائصها وأثرها على الفكر الإسلامي والعالمي، بيروت، مكتبة حسن العصرية، ط1، 2016، ص 43 - 140، ص 153 - 186.

71. محمد عبد الفتاح حليقاوي، أ ل م: لافتات على طريق التجديد والوسطية، ص 64.

72. أبو حامد الغزَّالي، إحياء علوم الدين، ص 26.

السياسيَّة والعلماء القول بأنَّ منطق هذه الدولة السياسيِّ يَفْرِضُ عليها استقلالاً معياريّاً عن الشَّريعة، ومِنْ هنا يظلُّ التوتُّر قائماً بيْنَ السياسة والشَّريعة دونَ الوصول إلى تسويةٍ ما، مع ملاحظة أنَّ التسوية تسعى إليها السُّلطة بشكلٍ خاص، وذلك عندما لا تمنح العلماء والفقهاء سوى هامشٍ صغيرٍ بعيداً عن إمكانيَّة الطَّعْنِ في شرعيَّة هذه الدولة، وتسمح لهم بالمقابل التدخُّل في القضايا الجزئيَّة، وضمان صمتهم أو ولائهم في القضايا العامَّة، ومِنَ المنطقيِّ أنْ يتطلَّع المُجتمع الإسلاميُّ نحو المعياريَّة، أيْ تجاوز ما هو كائنٌ إلى ما ينبغي أنْ يكون، طالما أنَّ الإسلام هو مناط المعياريَّة(73)، إلاَّ أنَّ المُثير هو دخول الشعور الدينيِّ في إطار الصراع الاجتماعيِّ، صراعٌ بين مَنْ يدَّعون تمثيل الإسلام والسلطة السياسيَّة، ولهذا ما تزال فكرة الهيمنة على الآخر تستحوذُ على طرفيْ القضيَّة بصورةٍ متكرِّرة في تاريخنا ولكنْ بأسماءٍ وأساليبٍ وغاياتٍ مختلفة.

والسياسة عند الإمام الغزَّاليّ لها مراتبٌ، وكلُّ مرتبةٍ لها خصوصيَّتها، ودَرَجَتُها، وبيان هذا مِنْ خلال قوله: "والسياسةُ في استصلاحِ الخَلْقِ وإرشادهم إلى الطريقِ المستقيم المُنْجي في الدنيا والآخرة على أربعة مراتب: الأولى وهي العليا، سياسة الأنبياء عليهم السلام، وحُكْمُهم على الخاصَّة والعامَّة جميعاً في ظاهرهم وباطنهم، والثانية سياسة الخلفاء والملوك والسلاطين، وحُكْمُهم على الخاصَّة والعامَّة جميعاً، ولكنْ على ظاهرهم لا على باطنهم، والثالثة سياسة العلماء بالله عزَّ وجلَّ وبدينه الذينَ هُمْ ورثة الأنبياء وحُكْمهم على باطنةِ الخاصَّة فقط، والرابعة سياسة الوعَّاظ وحُكْمُهم على بواطنِ العوام فقط" (74)، كما أنَّ نجاح السُّلطة في قيادة المجتمعِ مرهون بالعَدْلِ الذي يرى الغزَّالي أنَّه: "عبارةٌ عن جملةِ الفضائل، فإنَّه مهما كانَ بين المَلِكِ وجندهِ ورعيتهِ ترتيبٌ محمود، يكون المَلِكُ بصيراً قَاهِرَاً، ويكون الجُنْد ذوي قوَّة وطاعة، ويكون الرعيَّة ذوي ضعفٍ سَلِسِ الانقياد" (75)، وبهذا الموقف الأخلاقيِّ والسياسيِّ يُقدِّم حجَّة الإسلام رؤاه بخصوص النَّاس - العوام، وهو موقفٌ

73. محمد عبد الفتاح حليقاوي، أ ل م: لافتات على طريق التجديد والوسطية، ص 65.

74. أبو حامد الغزَّالي، محمد بن محمد 505 - 450" هـ"، إحياء علوم الدين، بيروت، دار المعرفة، ط1، د. ت، ج 1، ص 13.

75. المصدر نفسه، ج 3، ص 53.

لا يخرج عن سياقِ الكثيرين مِنْ كتّاب الآداب السلطانيَّة، ولكنَّه مستهجنٌ مِنْ عَالِمٍ بالشَّـريعة، ينتظـرُ منـه أولئك الرعيَّـة، أو النَّاس، أو العـوام، أنْ يكـونَ بَعْضُ علمهِ، وفكرهِ، ومشروعهِ، مِنْ أجلهم.

ومِـنْ لـوازم الحقيقة الإشـارة إلى الموقف المُسْـتَهْجَنْ مِنَ الإمـام الغزَّالي في مسألة العَهْدِ في الإمامة، ذلكم أنَّه منذ عهد معاوية بن أبي سفيان رضيَ الله عنه بدأ الحُكْمُ بقوَّة السيْف، إلى جانب ظهور نظام التوريث، وانتقلت الدولة الإسلاميَّة مِنَ الشُّورى إلى المَلكيَّة والتوريث(76)، وموقف حجَّة الإسلام أنَّه أجازَ طريقة العَهْد فـي الإمامـة، إلاَّ أنَّه يرى أنَّ العَهْدَ الذي يقصده هو العَهْدُ مِنْ قِبَلِ إمامٍ ذي شـوْكة لشـخصٍ واحدٍ يوافق على إمامتهِ جمهور المُسْـلمين، بل ويرى جواز نصب الإمام بالغَلَبَة والقَهْرِ بسبب قوَّتهِ وشوْكتهِ وكفايتهِ، وأنَّ مبايعته وتفويضه أفضل مِنْ إثارة الفتنة(77)، وبهذه الطروحات يُكرِّر الإمام الغزَّاليّ فلسـفة التسـويغ التي بدأتْ مع الإمـام الماورديِّ، ويحاول جاهداً البحث عن مبرِّرات للسُّـلطة السياسـيَّة القائمة، دونَ أنْ يستحضر هو وغيره مِنَ العلماءِ الذين كتبوا في الفكر السياسيِّ أنَّ هنالك شـريعة ينتسبْ إليها أبناء المجتمع العربيِّ والإسلاميِّ، وهيَ، أيْ الشَّريعة، تنطلق في أبهى صورها مِنَ العدل، والمسـاواة، وتكريم الإنسان، والتشاركيَّة، ولكنْ تبرير سرقة الشَّريعة، واستبعاد النَّاس، مهما بلغتْ قسوتها، وآثارها، لَنْ يتمَّ تغييبها باسم الواقع، والخوف مِنَ الفتنة، حيث تمَّ استئصال أغلب مظاهر حياة الإنسان العربيِّ باسم وَحْدة المُسْلمين، ودرء الاقتتال، وكانت النتيجة أضعاف ما تمَّ تهميش النَّاس مِنْ أجلهِ منذ الفتنة الكبرى عام 35 هجريَّة.

وغنـيٌّ عـن البيان، أنَّ الإمـام الغزَّاليّ، برغـم عبقريَّته أو بسـبب عبقريَّته، كان قطبـاً عظيمـاً من أقطـاب التناقض الروحيّ، فقد اسـتوعب في عقلـهِ وروحهِ أكثر العناصـر تباينـاً وتنافراً وركَّـب بينها دونَ أنْ يشـعر بذلك إلاَّ القليل مِـنْ معاصريهِ أو ممَّن تلوه، ثمَّ إنَّه ربطَ نفسـه بسـلطان عصرهِ ملتزماً بأنْ يدافع عمَّا يُطْلَب إليهِ الدفـاع عنه ومتصدِّيـاً لما يأمره بالتصدِّي له، فضلاً عَنْ أنَّه كانَ يأخذ بعين الاعتبار

76. محمد جلال شرف وعلي عبد المعطي محمد، الفكر السياسي في الإسلام: شخصيات ومذاهب، الاسكندرية، دار الجامعات المصرية، ط1، 1978، ص 138.

77. أبو حامد الغزَّالي، الاقتصاد في الاعتقاد، ص 171.

من غير شكٍّ موقف عامَّة المسلمين منه على الرغم من شعورهِ الدقيق بالتميُّز والتفوُّق[78]، وأكثر من ذلك، فقد ظلَّ الإمام الغزَّاليّ أكثر شخصيَّة أسهمت في جعل التصوُّف مقبولاً لدى أصحاب السلطة في الإسلام[79]، ومع الإقرار بجدوى التجربة الصوفيَّة على المستوى الفرديّ في نقاء وصفاء الذات، وقربها من الله تعالى، واستلهامها شخصيَّة النبي صلَّى الله عليه وسلَّم، إلاَّ أنَّ الإشكاليَّة في التصوُّف تكمن في توظيفه سياسيَّاً من قِبَل السلطة ومجموعة العلماء والفقهاء الذين يخدموا مشروعها من أجل تغييب الفعل، والإنجاز، في حياة الإنسان في المجتمع العربيّ والإسلاميّ، ونشر ثقافة التواكل، والقابليَّة للاستكانة، والانسحاب من مواجهة المسؤوليات التي يجب أنْ يكون الإنسان على قَدْرها، ويرفض تعويضه عن حياتهِ الحقيقيَّة بأخرى مُزيَّفة باسم التدِّين المنقوص أساساً، والمغشوش جوهراً، والمسروق كمشروعِ حياة.

وإنَّ مِنْ تَمام العَدْلِ القول بأنَّ الإمام الغزَّاليّ ما كانَ ليحصل على ذلكم الاهتمام الكبير، حَمْداً ونَقْداً، لو لَمْ يكنْ مؤثِّراً في طروحاتهِ السياسيَّة، تعييناً، وليس يخفى أنَّ أطواره الفكريَّة ساهمت بصورةٍ بيِّنة في تناقض أو اتِّساق أنظارهِ في مختلف جوانبها، كما أنَّ هذا الفكر ظلَّ على الدوام: "يمثِّلُ مرحلة انعطافٍ كبيرٍ في تاريخ الإسلام الفكريّ، أيّاً كانَ حكمنا على ذلك الانعطاف سواء تناولنا الغزَّاليّ الفقهيّ والأصوليّ، أو الغزَّاليّ المتصوِّف، أو رجل المنطق، أو الغزَّاليّ المفكِّر الأخلاقيّ والسياسيّ، وبصفةِ أشمل الغزَّاليّ الفيلسوف" [80]، وهنا، ينبغي بيان أنَّ معيار تفوُّق أو خذلان هذا العَالِم أو الفقيه أو المثقَّف ليس عدد المؤلَّفات التي أنجزها، أو موارد ثقافتهِ وعلومهِ المتعدِّدة، أو اقترابهِ من السلطة السياسيَّة أو الابتعاد عنها، مع أهميَّة كلِّ ذلك، وإنَّما المعيار، والناظم الأساسيّ، هو حجم التماهي مع مبادىء شريعتهِ، والقيم الإنسانيَّة، والتزامهِ بقضايا الإنسان في مجتمعهِ، ونضالهِ من أجلِ الحقيقةِ، والحريَّةِ، والعَقْلِ، والاجتهادِ، والمَنْهجِ، وَحَسْبْ.

78. فهمي جدعان، أسس التقدم عند مفكري الإسلام، ص 43 - 44.
79. حسن نافعة وكيلفورد بوزورث، تراث الإسلام، ج 2، ص 62.
80. سعيد بنسعيد العلوي، الفقه والسياسة: في التفكير السياسي عند الماوردي، بيروت، دار الحداثة للنشر والتوزيع، ط1، 1982، ص 61.

المبحث الرابع | شيخ الإسلام ابن تيميَّة "661 - 728 هـ" .. رؤيته في الفِكْرِ السياسيِّ

إنَّ ممَّا لا شكَّ فيه، أنَّ شَيْخَ الإسلامِ ابن تيميَّة[81]، يمثِّل ظاهرةً استثنائيَّةً في تاريخِ الفِكْرِ السياسيِّ الإسلاميِّ، حتى يومنا هذا، ورغم إقرارِهِ بأهميةِ قضيَّة الإمامة في المجتمعِ الإسلاميِّ، فإنَّه يصرُّ على كونها مِنَ الفروعِ وِفْقَ مَنْطقِ الضرورة، وليستْ مِنَ الأصولِ في شيء، حيث يتناقضُ، هنا، مع عمومِ فِرَقِ الشِّيعة التي تعتبر تلكم المسألة مُقدَّمَةٌ على كلِّ مسائلِ الشَّريعة، لأنَّ: "قولَ القائلِ إنَّ مسألة الإمامة أهمُّ المَطَالبِ في أحكام الدِّين، وأشرفُ مسائلِ المُسْلمين، كَذِبٌ بإجماعِ المُسْلمين سُنيِّهم وشيعيِّهِم، بل هذا كُفْرٌ، فإنَّ الإيمان باللهِ ورسولهِ أهمُّ مِنْ مسألة الإمامة وهذا معلوم بالاضطرار مِنْ دينِ الإسلام" [82]، ويميِّز شيْخُ الإسلامِ بيْنَ مصادر شرعيَّة طاعة الإمام وشرعيَّة طاعة النبي صلَّى الله عليه وسلَّم، حيث أنَّ طاعته عليه الصلاة السلام واجبة لكونهِ نبيَّاً ورسولاً وإنْ يَكُنْ بلا سلطان، وتَجِبُ طاعته في زمانهِ ومكانهِ، وبعدهما، وسُلْطة النبيِّ صلَّى الله عليه وسلَّم على أتباعهِ أبديَّة لا

81. حول ترجمة شيخ الإسلام ابن تيميَّة انظر:
ابن كثير، البداية والنهاية، ج 16، ص 210 - 216 / الذهبي، شمس الدين محمد بن أحمد "673 - 748 هـ"، دول الإسلام، تحقيق حسين مروة، بيروت، دار صادر، ط1، 1999، ج 2، ص 272 / المقريزي، المقفى الكبير، ج 1، ص 454 - 479 / ابن العماد الحنبلي، شذرات الذهب، ج 8، ص 142 - 150 / ابن تغري بردي، المنهل الصافي، ج 1، ص 358 - 362 / الصالحي، محمد بن أحمد 744 - 704" هـ"، طبقات علماء الحديث، تحقيق أكرم البوشي وإبراهيم الزيبق، بيروت، مؤسسة الرسالة، ط2، 1996، ج 1، ص 279 - 296 / محمد أبو زهرة، ابن تيمية: حياته وعصره - آراؤه وفقهه، القاهرة، دار الفكر العربي، ط3، 2000، ص 17 - 61 / محمد عزيز شمس وعلي بن محمد العمران، الجامع لسيرة شيخ الإسلام ابن تيميَّة خلال سبعة قرون، مكة المكرمة، دار عالم الفوائد، ط1، 1999، ص 25 وما بعدها / محمد خليل هراس، باعث النهضة الإسلامية: ابن تيمية السلفي، طنطا، مكتبة الصحابة، ط2، 1405 هـ، ص 9 - 23.

82. ابن تيميَّة، أحمد بن عبد الحليم 728 - 661" هـ"، منهاج السنَّة النبوية في نقض كلام الشيعة القدرية، تحقيق محمد رشاد سالم، الرياض، منشورات جامعة الإمام سعود الإسلاميَّة، ط2، 1991، ج 1، ص 75.

تاريخيَّـة، بينمـا سُـلْطة الأئمَّـة والخلفـاء تاريخيَّة زمنيَّـة، ومشـروطة بالتزامهم الكامـل بالشَّـريعة[83]، ومِنْ هنا، يبدو جليَّاً التفريق القاطع بيْنَ سُـلْطة الإمامِ أو الخليفـة أو السـلطان مِـنْ زاويـة، وسـلطة النبـي صلَّـى الله عليه وسـلَّم مِنْ زاويةٍ ثانية، ذلكم أنَّ: "رسـالتهُ كافية في وجوبِ طاعتهِ بخلاف الإمام فإنَّه إنِّما يصيـرُ إمامـاً بأعوانٍ ينفِّذون أمـره، وإلاَّ كان كآحادِ أهل العِلْمِ والدِّين[84]، وبذا ليس حقيقيَّاً ادِّعاء السُّـلطة السياسـيَّة، وفق شـيْخِ الإسلام، منـذ تحويل الخلافة إلـى مُلْك، أنَّ شـرعيَّتها مسـتمدَّة مِنْ مصادر غير بَشَـريَّة، بل علـى النقيضِ مِنْ ذلـك فإنَّ التشـاركيَّة هيَ المعيـارُ الأوَّل، وليس الوحيد، بيْنَ الإمامِ والمُسْـلمين فـي المجتمع العربيِّ والإسلاميِّ.

بهـذهِ الـرؤى يـرومُ شـيْخُ الإسلامِ أنْ يُقـدِّم نفسـه، وهـو يواجـهُ الظُّـروف والملابسـات التاريخيَّة في مِصْر وبلادِ الشَّـام حيث عاشَ حياةً مليئةً بالمِحَنِ مِنْ جـرَّاء وقوفهِ في وجـهِ كلٍّ مِنَ الباطنيَّة، والهجمـاتِ الصليبيَّة، والاجتياح التتاريِّ، والفقهاء المتزمِّتين، والأشاعرة المتعصِّبين، ومع ذلك، وفي سياقِ اتجاهه الحنبليِّ السـلفيِّ الناصع، فقد اسـتلهمَ فِكْرَ وريادة ابن حزم الأندلسـيِّ، والفيلسـوف ابن رُشْـد، بـل إنَّ جـذوة الحدَّة التي اكتسـبها ابن تيميَّـة كانت جذورها فـي كتاباتِ ابن حزم التي قرأها وتأثَّر بأسلوبها، والتقى معهُ في كثيرٍ مِنَ المسائلِ الأصوليَّة، مثل مسألةِ الإجماع، أمَّا عِلْمُ الكَلامِ فإنَّ آراءَ شيْخ الإسلامِ تحملُ بَصَمَاتِ ابن رشد فـي كثيـرٍ مِنْ جوانبها، مثـل رفضهِ فكرة الجوهـرِ الفَرْدِ التي اعتنقهـا أهلُ الكَلامِ مِـنْ جهـة، وتقاطعهِ مـع ابن حزمٍ وابن رُشْـدٍ في فـي إنكارهما علـى المُتكلِّمين نَفْيُهـم للطَّبائـعِ والسَّـببيَّة[85]، بـل إنَّ التوافـق بيْنَ ابـن تيميَّة وابن رُشْـد في أنَّ

83. هاني نسيرة، متاهة الحاكميَّة: أخطاء الجهاديين في فهم ابن تيميَّة، بيروت، مركز دراسات الوحدة العربية، ط1، 2015، ص 133.

84. ابن تيميَّة، منهاج السنَّة، ج 1، ص 20.

85. محمد عابد الجابري، بنية العقل العربي: دراسة تحليليَّة نقدية لنظم المعرفة في الثقافة العربية، بيروت، مركز دراسات الوحدة العربية، ط9، 2009، ص 536 - 537.

Yahya Michot, Ibn Taymiyya Against Extremisms: Texts Translated, Annotated, and Introduced. Foreword by Bruce B. Lawrence. BEIRUT and PARIS: ALbouraq, 2002. pp 32 - 55.

العَقْـلَ والنَّقْـلَ لا يتعارضان يبدو بصـورةٍ لا يمكنُ إنكارها، بل إنَّ مَنْ يوجِّه تهمة التجسيمِ إلى شـيْخِ الإسلامِ ظلماً وتعسُّـفاً [86] لَمْ يلمحْ اعتراضات ابن تيميَّة على الجَسْـميَّةِ وبيـانِ تناقضاتهـم والتي تتوافقُ مع ابن رُشْـدٍ في كتابه "الكشـف عن مناهـج الأدلَّـة" [87]، ومـع إقرارنـا بالتوافـقِ بيْـن شـيخِ الإسلامِ وهذيْـن العَالِميْن إنَّمـا أردنـا بيـان مـدى قبول ابـن تيميَّة للآخر مـا دام يتوافق مع رؤى الشَّـريعة، وفـي ذاتِ الوقـت، ينبغي الإقرار، أيضـاً بالاختلاف بيْنَ هؤلاءِ العُلَمَـاءِ في الكثيرِ مِـنَ القضايـا، وتباعد الأنظـار الفكريَّة، والفقهيَّـة، والاسـتنتاجات، بينهم، وهو ما يُحْسَـبْ له، ولهما، لا عليهم.

وكانَ ممَّـا اسـتقرَّ عليـه أمْـرُ شـيْخ الإسلامِ فـي تجديـدهِ ضِمْنَ سـياقاتِ فقهِ السياسـةِ الشـرعيَّة أنْ سعى إلى تشـخيصِ الأزمة الفقهيَّة، وتحديدِ أُسُسِ العلاقة بيْـنَ الشَّـريعة والسياسـة، وكانـتْ منطلقـاتُ هـذا التجديـدِ هـيَ ضـرورةُ إعادة النَّظـر فـي النقـاط المركزيَّـة التي آلـتْ إليهـا مضامينُ الفِقْـه، وما يسـتتبعُ ذلك مِـنْ هيْكَلـةٍ جوهريَّـةٍ لمُخْرَجاتِ العَمَلِ الشَّـرعيِّ عمومـاً، فقهيَّاً وقضائيَّاً وسـائر شـؤونِ الحيـاة المرتبطـة بهمـا، وأنَّه مِـنْ أجـلِ نهضةِ الشَّـريعة وسـيادتها يجب بيـانُ مقاصدهـا، وضَبْط أداء القائمين علـى تطبيقها، وعلى الشـاطـىء ذاتهِ، مِنْ أجـل مَأْسَسَـة السياسـةِ وتحريرها مِنَ التسـلُّطِ ينبغي تحديـد أبجديَّاتها، وتقنين أدواتهـا، وبلـورة برامجهـا وغاياتها، ولهذا يُعْلنُ شـيْخُ الإسلام أنَّ: "ولـيَّ الأمر إنَّما نُصِّبَ ليأمر بالمعروفِ ويَنْهى عن المُنْكرِ وهذا هو مَقْصُودُ الولاية" [88]، ويتبلور خطـاب التجديـد لـدى شـيْخ الإسلامِ عندما يُقـدِّم قراءة تتجـاوز ما تَعَـارَفَ عليهِ الفِكْرُ السياسيُّ الإسلاميُّ منذ الإمام الماورديِّ، والإمام الجوينيِّ، والإمام الغزَّاليِّ، وأتباعهم مِنَ العُلَماءِ، في سـياقِ حراسة الدِّين وسياسة الدنيا، الذي استمرَّ قرابة قرنيْـن، نحـو خطـابٍ جديدٍ يتأسَّـسُ على اسـتلهامِ وتطبيـق الشَّـريعة مِنْ خلالِ

86. منصور محمد عويس، ابن تيميَّة ليس سلفيَّاً، القاهرة، دار النهضة العربية، ط1، 1970، ص 216 - 251.

87. محمد عابد الجابري، بنية العقل لعربي، ص 537.

88. ابن تيمية، أحمد عبد الحليم 728 - 661" هـ"، السياسة الشرعيَّة في إصلاح الراعي والرعيَّة، تحقيق علي بن محمد العمران، مكة المكرمة، دار عالم الفوائد، ط1، 1429هـ، ص 94.

الحيـاة ذاتهـا، وليـسَ مِنْ خلالِ انتظار مـا لا يأتي، أو فكـرة التعويضِ في الآخرة، تسـويغاً لِسَـرقة السُّلطة السياسـيَّة، والسُّـلطة العلميَّة المُتَحالفة معها، للشَّريعة ومقاصدهـا، ولذا يقولُ شـيْخُ الإسلامِ: "والمقصودُ الواجب بالولاياتِ: إصلاحُ دِينِ الخَلْـقِ الذيـنَ متـى فَاتَهُمْ خسـروا خسـراناً مُبينـاً، ولَـمْ يَنْفعهم ما نَعِمـوا بِهِ في الدُّنيا، وإصلاح ما لا يقوم الدِّين إلاَّ بِهِ مِنْ أمرِ دُنْياهم، وهو نوعان: قَسْمُ المالِ بيْن مسـتحقِّيه، وعقوبات المُعْتدين، ولهذا كانَ عُمَرُ بن الخطَّابِ رضيَ الله عنه يقـول: إنَّما بعثـتُ عُمَّالي إليكم ليُعَلِّموكم كتابَ ربِّكم، وسُـنَّة نبيِّكُم، ويَقْسِـموا بينكم فَيْأكُمْ" (89).

وأظهرُ الأدلَّةِ على تمايز شـيْخ الإسلامِ ابن تيميَّة عن كثيرين مِنَ العُلَماء والفقهاء والكُتَّاب، قبله وبعده، هوَ تطابقُ القَوْلِ معَ الفِعْل، فما كانَ عالماً بضاعتهُ الكلام والكتابة والتنظير والتسـويغ، وإنَّما كانَ عالماً ومجاهداً في آنٍ واحدٍ معاً، ومثال ذلك دوره في موقعة شـقحب بيْن المسـلمين والتتار عـام 702هـ عندمـا كانَ مُحرِّضاً علـى الجِّهاد، ومُشَاركاً فيه، وجَامِعَاً لكلمة النَّاس، ومُشَاركاً في الحفاظ على الشَّريعة وتطبيقاتها بُعيْد الموقعة وآثارها(90)، وهذه المشـاركةُ مِنْ شيْخِ الإسلامِ تُعبِّرُ عن مضامين كادت تُنسى حـول دور العَالِـم - القـدوة في تقديـم النموذج الحقيقيِّ، ولكنْ مِـنَ الأهميَّة بمكانٍ الإشـارة إلى دورِ الواقع السياسـيِّ والاجتماعيِّ الذي عَصَفَ بالدولة الإسلاميَّة في مصر وبلاد الشَّام آنذاك(91)، والمقصود هنا سلطنة المماليك، فإنَّ ذلكم الواقع المرير جداً بكلِّ

89. المصدر نفسه، ص 30 - 31.

90. حول موقعة شقحب وأدوار شيخ الإسلام ابن تيميَّة في الجهاد والمفاوضات انظر:
ابن كثير، البداية والنهاية، ج 16، ص 22 - 27 / البرزالي، علم الدين القاسم الإشبيلي 739 - 665" هـ"، المقتفي على كتاب الروضتين المشهور بتاريخ البرزالي، تحقيق عمر تدمري، بيروت، المكتبة العصرية، ط1، 2006، ج 2، ص 554 / الصفدي، صلاح الدين خليل بن أيبك 764 - 696" هـ"، أعيان العصر وأعوان النصر، تحقيق علي أبو زيد ونبيل أبو عمشة ومحمد موعد ومحمود سالم، دمشق، دار الفكر، ط1، 1998، ج 5، ص 84 - 89 / ابن قاضي شهبة، تقي الدين بن أحمد 851 - 779" هـ"، تاريخ ابن قاضي شهبة، تحقيق عدنان درويش، دمشق، المعهد العلمي الفرنسي للدراسات العربية، ط1، 1977، ج 4، ص 159.

91. حول الواقع السياسي والاقتصادي والاجتماعي المؤلم في عصر دولة المماليك البحرية التي عاش فيها شيخ الإسلام ابن تيميَّة جميع تجاربه المعرفيَّة والجهادية انظر:
حياة ناصر الحجّي، السلطة والمجتمع في سلطنة المماليك: حكم سلاطين المماليك البحريّة

ما في الكلمةِ مِنْ معنى ، قد وَصَلَ إلى درجةِ استهلَكَتْ جهودَ شيْخِ الإسلام، وساهَمَتْ في تشتيتِ جهودِهِ الإصلاحيَّةِ، بلْ وصلت أحياناً إلى شيءٍ مِنَ التناقضِ مع مواقفهِ التي كانت رائدةً في الدفاع عن حقوقِ النَّاس، والجِهادِ ضدَّ المُعْتَدين، حيث بَرَزَتْ بعضُ الآراء لشيْخِ الإسلام التي تدخل في سياقِ الفِكْرِ السياسيِّ السابق عليه والمتمثِّل في استبعاد النَّاسِ مِنْ منظومةِ المُشَاركةِ في التغييرِ إنْ كان هنالك استبدادٌ، وظلمٌ، وقَهْرٌ، تمارسُهُ السُّلطة السياسيَّة، وينتجُ عنه الإقصاء عَنْ أدوراهم الحقيقيَّة.

والواقع أنَّ شيْخ الإسلام، وهو أبرزُ روَّادِ فقهِ السياسة الشرعيَّة، يقدِّم: "نموذجاً للوعي بالتحدِّي الحضاريِّ أساساً في بناء فقهِ الطَّاعة السياسيَّة، فقد رَفَضَ إعلان التتار إسلامهم مع استمرارهم في سَفْكِ دماء المُسْلمين، واستباحة أراضيهم، ونَظَرَ إليهِم بوصفِهم تحدِّياً حضاريَّاً، ولو تصوَّرنا أنَّ أمراء عصرِهِ تهاونوا بالكليَّة عن مقاومةِ الخطرِ التَتَريِّ فإنَّ موقفَ ابن تيميَّة ما كانَ ليقفَ عند حدود ما قرَّرهُ في فقهِ الطَّاعةِ السياسيَّة، فالمصادر التاريخيَّة تشير إلى أنَّه كانَ يُغيرُ بنفسِهِ على الجماعاتِ والطوائفِ المُوالية للتتارِ في الجبالِ والأوديةِ، وبذلك فإنَّ فقه ابن تيميَّة كانَ يتجاوز حدود العلاقة الميكانيكيَّة مع السُّلطة على النحو الذي يُحدِّد فقه الطَّاعة السياسيَّة، مُعبِّراً بذلك عن الاستجابة الواعية للتحديَّات الحضاريَّة"[92]، ولهذا ما زلنا نصرُّ على أولويَّةِ المَنْهَجيَّة العلميَّة، والعقلانيَّة، والامتلاء المعرفيِّ الشرعيِّ، لكلِّ مَنْ يرغب بالتعامل مع أفكار ورؤى وفتاوى شيْخ الإسلام، ذلكم أنَّ القصور المنهجيَّ، والعلميَّ، الذي يُلازِمُ الكثيرين ممَّن بات ابن تيميَّة هاجسهم في التفكير والتنظير والادِّعاء والتهويم مع افتقارٍ بيِّنٍ للعلم والمَنْهج والموضوعيَّة.

وأحسبُ أنَّ شيْخَ الإسلام في كتابِه " منهاج السنَّة النبوية" كانَ في أحدِ أطوارِه الفكريَّة التي تألَّقَ في بعضها الفكر المقاصديُّ للشَّريعة، والانضباطُ

---

784 – 661" هـ" دراسة تاريخية وثائقية في واقع الممارسات المختلفة السلطانية والأميرية، الكويت، مجلس النشر العلمي في جامعة الكويت، ط1، 1997، ص 15 – 24، ص 25 – 53، ص 59 – 80، ص 81 – 104، ص 107 – 128 / عبد الرحمن الشرقاوي، ابن تيمية: الفقيه المعذَّب، القاهرة، دار الشروق، ط1، 1990، ص 62 – 83.

92. هاني عبادي المغلس، الطاعة السياسية في الفكر الإسلامي، ص 515.

المنهجيُّ مع منطلقات الشَّريعة، غير أنَّه في "مجموع الفتاوى" دَخَلَ في طَوْرٍ جديدٍ يتماهى مع الواقع حيناً، ويذهب نحو البحث عن حلولٍ تحافظ على وَحْدة الدولة، والمجتمع، مِنْ وجهة نَظَرٍ شخصيَّةٍ وقامَةٍ علميَّةٍ وسياسيَّةٍ شَارَكَتْ في الأحداثِ وأثَّرتْ وتأثَّرت بها حيناً آخر، حيث برزتْ مجموعة مِنَ الرؤى والفتاوى الفقهيَّة التي تكرِّس فكرة الطَّاعة المُطْلَقة للسُّلطة السياسيَّة إلى درجة القول أنَّ: "ما يقع مِنْ ظلمهم وجورهم بتأويل سائغٍ أو غير سائغ، فلا يجوز أنْ يُزالَ لما فيه مِنْ ظلمٍ وجور، كما هو عادة أكثر النفوس تزيل الشرَّ بما هو شرٌّ منه، وتُزيل العدوان بما هو أعدى منه" (93)، وأكثر مِنْ ذلك، فقد أجاز ابن تيميَّة للسلطة السياسيَّة ممثَّلةً بالإمام أو الخليفة أنْ يُجْبِرَ النَّاس على الطَّاعة له، وأنْ يُلزِمَهُمْ لها ويأخذ الأَيْمانَ على ذلك، بل ولا يجوز لهم أنْ يحنثوا بيمينِ الطَّاعة للسلطة، كما أنَّه يرى الصَّبر على قَهْرِ وظلم السلطان عَيْن العدل والعلم، واعتبرها أصلاً مِنْ أصولِ أهل السُّنَّة والجماعة(94)، وهذا الأمر يدخل في سياقاتٍ لا يمكن القبول بها لأنَّها تساهم في استلاب حريَّة الإنسان في المجتمعِ العربيِّ والإسلاميِّ، وتقتلُ روح المشاركة، والمساءلة، والنقد، وإرادة التغيير للأفضل، ناهيك عن كونها تصنع حاجزاً حديديَّاً، بين النَّاس والشَّريعة التي جاءتْ من أجل حقوقهم وإنسانيَّتهم.

ولكنَّنا نُحَاذر، هنا، بالتخصيص ونفي التَّعميم، إذْ يحتاج شَيْخُ الإسلامِ إلى الكثيرِ مِنْ القراءة المُعمَّقة، والدراسة المنهجيَّة، قبل إصدار الأحكام على نتاجهِ الفكريِّ، والفقهيِّ، والعلميِّ عموماً، ذلكم أنَّ الالتباس يحيط بخطاب: "شيخ الإسلام ابن تيميَّة نفسه، سواء في منطوقهِ أو مفهومهِ، في أسلوبهِ أو صياغتهِ، تجاه العديد مِنَ المسائل، وليس فقط مسائل علم العقيدة والكلام، حيث تتداخل المسائل وتتوزَّع الأدلة والاقتباسات، ويتواتر التوليد ليمهِّد لرأيهِ وموقفهِ الخاص

---

93. ابن تيمية، أحمد بن عبد الحليم 728 - 661" هـ"، مجموع الفتاوى، جمعها ورتَّبها عبد الرحمن محمد قاسم وابنه، القاهرة، دار الرحمة، ط1، د. ت، ج 8، ص 179 / وجيه كوثراني، الفقيه والسلطان: جدلية الدين والسلطان، ص 60 - 66.

94. هاني عبادي المغلّس، الطاعة السياسية في الفكر الإسلامي، ص 402 - 403.

مِنَ المسألة المعنيَّة، الذي يأتي في المقدِّمة أو في مؤخِّرة النصّ، أو كليهما" [95]، فضلاً عَنْ كونِ ابن تيميَّة ظلَّ حاضراً في جدالات الاختلاف المذهبيِّ والكلاميِّ، قديمه ومُحْدَثه، حيث يرى الأقدمون أنَّه مصدر كثيرٍ مِنْ مقولاتهم، ويختزلهُ المُحْدَثون في أنَّه أصل أخطائهم، وظلَّ حاضراً في كلِّ صراعٍ بيْن أهل السنَّة والجماعة، مِنْ سلفيين وأشعريين، ومنذ اختلاق الأكاذيب بحقِّهِ أثناء حياتهِ إلى يومنا هذا[96] ما يزال فكر وفقه ورؤى شيْخ الإسلام مركزاً للجدل، والاستحواذ، والاستئصال، والرفض، والاستدعاء، والترويج، والتشويه، بصورة ربَّما لم يبلغها أحدٌ مِنَ العلماء خلال تاريخنا الفكريِّ.

إنَّ مِنْ شأنِ الأفكار السابقة أنْ تقودنا إلى القول بأنَّ الآداب السياسيَّة في الإسلام، وخاصة في فِكْرِ ابن تيميَّة، انطلقت مِنْ مبحث أصول الدِّين، في سياق تبيين وتبيُّن العقيدة الصحيحة، والردِّ على الفِرَقِ الأخرى، خاصة في مبحث الإمامة، وإنصاف الخلفاء الراشدين والصَّحابة، وهي المباحث المتعلِّقة بالتاريخ الأوَّل بعد وفاة النبي صلَّى الله عليه وسلَّم، أو غيرها مِنْ مباحث توحيد الله تعالى وأسمائهِ وصفاتهِ، وفي هذا السياق السُنِّيِّ الحَديثيِّ الحنبليِّ بصورةٍ خاصَّة ينبغي أنْ نقرأ فِكْرَ شيْخ الإسلام، ومواقفه، وهو فِكْرٌ تأسَّس عنده مِنْ فَهْمِ سيرة السَّلف وهويَّة أهل السُنَّة والجماعة المعرفيَّة، وأكثر مِنْ ذلك، لا يمكن قراءة موقف ابن تيميَّة في سياق الاحتراب المذهبيِّ بعيداً عن تبلور عصر التدوين الشِّيعيِّ منذ بدايات القرن الخامس الهجريِّ[97]، ومِنْ هنا، إنَّ أيَّة قراءة أيديولوجيَّة، أو قراءة خارج الظَّرْف التاريخيِّ أيضاً، للرَّصيدِ الفكريِّ لشيْخِ الإسلام سوف تكون قراءة مَنْقوصة، وموجَّهَة، وتسعى نحو البحثِ عن مرجعيَّات مزيَّفة للكثيرِ مِنْ ظواهر التطرُّفِ، والغلوِّ، ويبدو جليَّاً أنَّ أكثر الذين كتبوا، أو نشروا، أو سَرقوا، أفكار ورؤى شيخ الإسلام لَمْ تكنْ لهم دراسة عميقة، أو تحليليَّة، للتراث الفكريِ والفقهيِّ عموماً، والسياسيِّ على وجهِ الخصوص

95. هاني نسيرة، متاهة الحاكمية، ص ص 47.
96. المرجع نفسه، ص 51.
97. المرجع نفسه، ص 367 – 369.

لابـن تيميَّـة، بل إنَّ غالبيتهم التزموا أسـلوب الانتقائيَّة، والتشـويه، فـي تعاملهم مع فكره ورؤاه وفتاواه.

ويظـلُّ لنـا أنْ نقـول بـأنَّ مُجْمَلَ رؤى شـيْخ الإسلامِ فـي الفِكْرِ السياسـيِّ قد تمحـورت فـي عنصريْـن اثنيْـن فـي الدولة همـا: "عنصـر المرجعيَّة ومِـنْ ورائه الشَّـرعيَّة السياسـيَّة، وعنصر الفاعليَّة ومِنْ ورائهِ الصَّلاح والصلاحيَّة، فإذا صحَّتْ كلتاهمـا فهـو الـصَّلاح المُبين، وإذا فسـدتا فهو الخُسْـرانُ المبيـن، وإذا صَلُحَتْ المرجعيَّـة وَجَـبَ التأهُّـل للفاعليَّـة السياسـيَّة بها في وجوب اسـتصلاح كلِّ فردٍ أو فريـقٍ صالـحٍ لنفسـهِ ولغيرهِ ولِسَـائر الشـأن العـام والخاص، وبهـذا لا يتصوَّر فاعليَّـة حقيقيَّـة بغيـر صلاح المَرجعيَّـة، الرجـوع إلـى الكتـاب والسُـنَّة وسُـنَنِ العـدل ومقاصـد الحـق، فيؤول الأمر في النهايةِ إلى أنَّ مطلب شـيْخ الإسلام مِنْ رسـالتهِ إنَّما هو اسـتعادة الدولة للمرجعيَّة الشـرعيَّة اسـتعادةً فعليَّة وفاعلة لا مُجـرَّد شـكليَّات أو شـعارات" [98]، وليـس يخفى علـى كلِّ ذي بَصَـرٍ وبصيرة أنَّ ريادة شـيخ الإسلام تكمن في تحويل النظريَّات المعرفيَّة السياسـيَّة، تعييناً، إلى اسـتراتيجيَّات عمليَّـة، ومِـنَ اللُّغـة الجامدة إلـى اللُّغـة الواقعيَّة التـي تحيا بيْن النَّـاس، ومِـنْ أجلهـم، وهذه الريادة مـا يـزال مُلاَّك الحقيقة المُطْلَقـة، وأوصياء الفكـر والسياسـة والشـريعة، يتجاهلـون وجودهـا، أو حقيقتهـا، أو مرجعيَّاتها، ويصرُّ البعض على هزيمة الإنسـان العربيِّ والمُسْلم من خلالِ تكريس القطيعة مع شـريعتهِ التي جعلتهُ أستاذ الحياة.

98. مدت الليثي، فقه الواقع في التراث السياسي الإسلامي، ص 187.

المبحـث الخامس | ابن خلدون "732 - 808 هـ" .. رؤيته في الفكر السياسيِّ

مـا يـزال فِكْرُ ابن خلـدون[99] ونصوصـهُ ورؤاهُ واسـتنتاجاتهُ تحظـى بمكانةٍ فريـدةٍ فـي الخطـاب الفكريِّ العربـيِّ والإسلاميِّ الوسـيطِ والحديـثِ، ولقد تقلَّد هـذا المُفكِّرُ والفقيهُ والسياسـيُّ العديـد مِنَ المناصـبِ السياسـيَّة، حيث تدرَّج مِـنْ أدناها وهيَ كتابة العلامة إلى أعلاها وهي الحِجَابة، وأقامَ معظم حياتهِ في المغـرب العربيِّ متنقِّلاً بين عواصمهِ الكُبْرى المُتَصَارعة آنذاك: فاس، وتلمسـان، وقسـنطينة، وتونـس، إلـى جانـب أدوارهِ السياسـيَّة والتفاوضيَّـة فـي مصر وبلاد الشَّـام، وكانَ لثقافتـهِ الشـرعيَّة والكلاميَّـة والسياسـيَّة الواسـعة دوراً فـي اقترابهِ مِنَ السـلطة السياسـيَّة، وانتقل مِنْ مواقف الولاء إلـى التمرُّد أكثر مِنْ مرَّة خلال مسـيرتهِ الحافلة بالأحداث[100]، وهـذه التجربة الغنيَّـة بتناقضاتها ومآلاتها التي اسـتمرَّت قرابـة 25 عامـاً انتهـت باعتزالـهِ العمل السياسـيِّ، إمَّـا زُهْدَاً فـي عَالَمٍ مِـنَ التناحُـرِ والتصـارع والتآمر أو انسـحاباً إيجابيَّاً نحـو كينونة العَالِـم والمؤرِّخ والفقيـه، وصـولاً إلى بلورة خلاصة تجربتهِ في كتابهِ الأشـهر "كتاب العبر وديوان المبتدأ والخبر في أيام العرب والعجم والبربر ومَنْ عاصرهم مِنْ ذوي السـلطان

---

99. حول ترجمة ابن خلدون انظر:
ابن العماد الحنبلي، شذرات الذهب، ج 9، ص 114 - 115 / لسان الدين بن الخطيب، محمد بن عبدالله 776 - 713" هـ"، الإحاطة في أخبار غرناطة، تحقيق محمد عبدالله عنان، القاهرة، مكتبة الخانجي، ط1، 1975، ج 3، ص 497 - 516 / السخاوي، شمس الدين محمد بن عبد الرحمن 902 - 831" هـ"، الضوء اللامع لأهل القرن التاسع، بيروت، دار الجيل، ط1، 1992، ج 4، ص 145 - 149 / المقريزي، السلوك لمعرفة دول الملوك، ج 6، ص 164 - 165 / ابن تغرب بردي، المنهل الصافي، ج 7، ص 205 - 209 / ابن شاهين الظاهري، عبد الباسط خليل 920 - 844" هـ"، نيل الأمل في ذيل الدول، تحقيق عمر عبد السلام تدمري، بيروت، المكتبة العصرية، ط1، 2002، ج 3، ص 133 - 134.

100. ابن خلدون، عبد الرحمن بن محمد 808 - 732" هـ"، التعريف بابن خلدون ورحلته غرباً وشرقاً، تحقيق محمد تاويت الطنجي وإبراهيم شبوح، بيروت، الدار العربية للكتاب، ط1، 2009، ص 25 وما بعدها.

الأكبر"، وقد تألَّق فكريَّاً وتأصيليَّاً في الجزءِ الأوَّل منه والذي حَمَلَ اسم: "مقدَّمة ابن خلدون"، الذي قدَّم فيه أطروحاتِه في السياسة وبناء وانهيار الدول والعصبيَّة[101]، ولذا لا يمكنْ تقديم رؤية مُتَمَاسِكة في القولِ السياسيِّ العربيِّ دونَ التماهي مع الخطاب الخلدونيِّ، أو تجاوزه، وفي الحالتيْنِ يظلُّ إحدى المرجعيَّات الكبرى في تاريخ الأفكار والاجتماع عربيَّاً وعالميَّاً.

وآيةُ ابن خلدون في طروحاتِه، منذ بداياتِه حتى خواتيمِه، تتمحورُ حول ضرورة إقامة التوازن بيْن ضرورتيْن هما: ضرورة المعرفة والعمل الذهنيِّ والكتابيِّ مِنْ زاوية، وضرورة المُمَارسة والفِعْلِ السياسيِّ مِنْ زاويةٍ أخرى، ومِنْ هنا، تصبحُ المعرفة والسُّلطة، أو إرادة المعرفة وإرادة المَجْد السياسيِّ، أو تعاطي الحُلْم وتعاطي السياسة[102]، هما النافذتان الجليلتان اللتان ظلَّ ابن خلدون يسعى مِنْ خلالهما إلى ترشيد التجربة الفكريَّة والسياسيَّة العربيَّة والإسلاميَّة، واستنهاض عوامل النَّصر والهزيمة في الإنسانِ في مجتمعنا، وبيان عوامل القوة والضعف في موروثنا وواقعنا، وليس يخفى أنَّ أيَّة قراءة أيديولوجيَّة ستكون نتائجها هزيلة في سياق التجربة الفكريَّة لابن خلدون، تحديداً، لأنَّ تلكم القراءة ستكون ضمن التسويغ، والاعتذاريَّة، والشكلانيَّة، بدلاً من الاهتمام بالقدرات الدلاليَّة التي يحملها النصُّ الخلدونيُّ، ومدى قدرة هذا النصِّ على إنتاج خطابٍ معرفيٍّ، ورؤى تجديديَّةٍ، وأنساقٍ فكريَّةٍ ضمن سياقاتِ الثقافة العربيَّة والإسلاميَّة، وهذا كلُّه، مِنْ أجلِ استلهامِ الماضي، وإنجاز فقه الواقع، واستشراف المستقبل، حيث ما زالت الغاياتُ مَعْكُوسة، والأولوياتُ عَشْوائيَّة، وباتَ لزاماً ضرورة التواصل مع نصوصنا، وتاريخنا، وعقلنا، كأدوات تساهم في التقدُّم، والحريَّة، والاجتهاد، بدلاً مِنْ الاستبدادِ، والقَهْرِ، والاستئصالِ، والقطيعة.

101. حسن محمد الظاهر، دراسات في تطور الفكر السياسي، القاهرة، المكتبة الأنجلو المصرية، ط2، 1989، ص 153 - 154.

102. ناصيف نصار، الفكر الواقعي عند ابن خلدون، بيروت، دار الطليعة، ط2، 1985، ص 24 - 49.

وتنبغي الإشارة إلى كونِ ابن خلدون عاشَ في عصرٍ كانت فيهِ الدولة الإسلاميَّة في أسوأ مراحلها التاريخيَّة، وكانت الخلافة - النموذج كما يراها ويريدها ويصوِّرها الفقهاء غير موجودة إطلاقاً في الواقع السياسيِّ والثقافيِّ، واقتصر وجودها الشكليُّ فقط على إضفاءِ الشرعيَّة على السلاطينِ والأُمراءِ الذينَ استولوا على مقاليدِ الأمورِ منذ أواخر العصرِ العباسيِّ الأوَّل، وفشلتْ جميعُ محاولاتِ الفقهاء في وقفِ التدهور في إطارِهِ السياسيِّ، وظلَّ على الدوامِ تغيير المواقع أكبر مؤشِّرٍ على تغييرِ المواقفِ بخصوصِ العلماءِ والفقهاءِ الذين اقتربوا مِنَ السُّلطة السياسيَّة، فالولاءُ والتمرُّدُ مسألةُ وقتٍ لا أكثر، وهذه الحقيقة كانت دافعاً لاتِّهام ابن خلدون بالانتهازيَّة السياسيَّة(103)، بينما برَّر البعض ذلك بأنَّ الولاء الوحيد المطلوب مِنَ العَالِم، وهو في حالتنا هذه ابن خلدون، هوَ الولاء للإسلام، ولخليفة المُسْلمين، وما دامَ هذا الخليفة ليس واحداً بعينهِ، فلا فَرْقَ بيْنَ أنْ يُناصِرَ المُسْلم هذا المُطالِبُ أو ذاك، ما دامَ أيٌّ منهما لم يثبتْ نظرياً وعملياً أنَّه وحده الخليفة المطلوب(104)، وسواء اتفقنا أو اختلفنا مع هذيْن الاتجاهيْن فإنَّ الثابتَ هو ضرورة دراسة الظروف التاريخيَّة والسياسيَّة لأيِّ حَدَثٍ تاريخيٍّ، أو شخصيَّةٍ إشكاليَّة، واستكمال أدوات المنهجيَّة العلميَّة، قبل إصدار الأحكام، وتوزيع الصفات المجَّانيَّة دون ضبطٍ، أو تدقيقٍ، أو موضوعيَّة.

ولمَّا كانَ تاريخُ الأفكارِ في الثقافةِ العربيَّةِ والإسلاميَّةِ قد تأسَّسَ في بعضِ مجالاتهِ على الحَرْبِ المُسْتَعِرَة بيْنَ العَقْلِ الفقهيِّ وأدواته في الحديثِ الشَّريفِ والإجماعِ وما يُنتجهُ مِنْ مَعَارِفٍ وأحكامٍ ورؤى تَنْتَسِبُ للنُّصوصِ الشرعيَّة مِنْ جهة، وبيْنَ العَقْلِ الكَلاميِّ والفلسفيِّ الذي يرى أنَّ سُلطاتهِ وإنتاجهِ المَعْرفيِّ ليْسَ لهما مرجعيَّة سوى العَقْلِ واستدلالاتهِ مِنْ جهةٍ ثانية، وقد استمرَّتْ هذهِ الحرب طوال قرونٍ بيْنَ الجانبيْن، مع انتصاراتٍ حاسمةٍ للفريقِ الأوَّل في أغلبِ

103. محمد عبد الله عنان، ابن خلدون: حياته وتراثه الفكري، القاهرة، المكتبة التجارية الكبرى، ط2، 1953، ص 48 - 49.

104. محمد عابد الجابري، فكر ابن خلدون، ص 30.

المراحل، وكانتْ لحظة ابن خلدون هي إحدى لحظات قُدْرة المُفكِّرِ والمؤرِّخِ والفقيهِ على نَسْجِ مَعالِمِ هذا التراثِ الفكريِّ والفقهيِّ في سياقٍ اجتماعيٍّ - سياسيٍّ أطلقَ عليهِ عِلْم العُمْران، ومِنْ هنا، يقومُ الفِكْرُ السياسيُّ عند ابن خلدون على جُمْلةٍ مِنَ القواعدِ، سعى إلى تطبيقها في أطروحتهِ الخاصَّة بالسياسة، وفي مقدِّمتها العَصَبيَّة وعلاقتها بالمُلْكِ، وأنَّ الاجتماع السياسيَّ ضروريٌّ للإنسان، في صورةِ المدينةِ أو الدولة، وأنَّ السياسة نوعان: عقليَّة ودينيَّة، ولذا فإنَّ عموم فِكْرِهِ يرتكز على الشَّرعِ، والعَقْلِ، والأقيسة المنطقيَّة، وطبائع الكائنات(105)، بحيث تَفَاعَلَ ابن خلدون مع التطوُّرات الفكريَّة التي وصلتْ عصره دونَ تَجاهُل الموروث الغزير للثقافة العربيَّةِ والإسلاميَّةِ فقهيّاً وتاريخيّاً وفلسفيّاً.

وما أحْسَبُ أنَّ بإمكاننا، ونحنُ نحاولُ استنطاق الرؤى السياسيَّة لابنِ خلدون، أنْ ندفعَ عنْ أنفسنا ضرورة بيان تأكيده أنَّ الوظيفة الأولى التي يمكن أنْ تنهضَ الدولةُ بها تنحصرُ في التزامها الدينيِّ والمدنيِّ، ويتجلَّى ذلك في ضوءِ مقاربةٍ سياسيَّة - دينيَّة تكفلُ النُّهوض لسياسةِ الدولة مِنْ حيث منع قَهْر السُّلطة وظلمها، والتوازن في فَرْضِ الضَّرائب، ومنع تركيز مُلْكيَّة الأرض في أيدي فئةٍ بعيْنها، ويقدِّم ابن خلدون رؤاه هذه مع تقديم النَّموذجِ النبويِّ للتدليلِ عليها(106)، وهذه الرؤى الخلدونيَّة تساهم في تعميق توجُّهاتهِ نحو تكاملِ النُّصوص مع الواقع، والمُقدَّس مع السياسيِّ، حيث يؤكِّد في مُقدِّمته أنَّ: "العَرَبَ لا يحصلُ لهم المُلْك إلاَّ بصبغةٍ دينيَّةٍ مِنْ نبوَّةٍ أو ولايةٍ أو أثرٍ عظيمٍ مِنَ الدِّين على الجُمْلَة، والسَبَبُ في ذلك أنَّهم لِخُلُقِ التوحُّش الذي فيهم أصعَبُ الأُمم انقياداً بعضهم لبعضٍ لِلْغِلْظة والأنَفَة وبُعْد الهِمَّة والمنافَسَة في الرئاسةِ، فقلَّما تجتمعُ أهواؤهم، فإذا كانَ الدِّين بالنبوَّة أو الولاية كانَ الوازعُ لهم مِنْ أنفسهم، وذَهَبَ

105. عمر فروخ، تاريخ الفكر العربي إلى أيام ابن خلدون، بيروت، دار العلم للملايين، ط4، 1983، ص 694 / محمد عابد الجابري، فكر ابن خلدون، ص 143 - 241.

106. للمزيد حول تقديم ابن خلدون للنموذج النبوي في بناء الدولة انظر:
ابن خلدون، تاريخ ابن خلدون، ج 2، 449 - 453 / مدحت الليثي، فقه الواقع في التراث السياسي الإسلامي، ص 489 - 498، ص 506 - 514 / محمد ضياء الدين الريس، النظريات السياسية في الإسلام، ص 123 - 126.

خُلُقَ الكِبْرِ والمُنَافَسَةِ منهم، فَسَهُلَ انقيادهم واجتماعُهُم، وذلك بما يَشْمَلُهُم مِنَ الدِّين المُذْهِبِ للغِلْظة والأنَفَة[107]"، وهذا تفسيرٌ يمكنُ الركون إليهِ في أهميَّة الائتلاف بيْنَ الشَّريعة والحياة المدنيَّة في المجتمعِ العربيِّ والإسلاميِّ.

ولهذهِ الأنظار الخلدونيَّة ما يُناصِرُها في مقدِّمتهِ، حيث يذهبُ إلى أنَّ العَرَبَ لا يمكن لهم النَّجاح في تكوينِ مجتمعاتٍ متجانسةٍ وكبرى، أو دولٍ متماسكةٍ، إلاَّ بالشَّريعةِ الإسلاميَّة، فكانتْ دولتهم الأولى في المدينة المنوَّرة، ولمَّا بدأتْ العصبيَّة القبليَّة بالبزوغِ مِنْ جديدٍ بُعيْد استشهاد الخليفة عمر بن الخطَّاب رضيَ الله عنه، تمَّ سرقة الشَّريعة، واستبعاد النَّاس عنها، وانبثق عن هذا الاستقطاب والتناحُر بيْنَ أنصار الاتجاهيْن، حسب ابن خلدون، عصبيَّة جديدة قوامها الأبعاد المدنيَّة والحضريَّة ألا وهيَ العصبيَّة المدنيَّة، ولكنَّ ابن خلدون لا يتجاوز العصبيَّة القبليَّة بصورةٍ كاملةٍ في مُقدِّمتهِ، باعتبارها ركناً في نشوء الدولة، وهيَ ذاتُها التي يرى أنَّها ساهمتْ في انتصارِ الدولةِ الإسلاميَّةِ زَمَنَ النبيِّ صلَّى الله عليه وسلَّم، ومِنْ هنا، مثَّلتْ العصبيَّة القبليَّة في الفكرِ السياسيِّ الخلدونيِّ العنصر الحاسم والأكبر[108]، في التاريخِ العربيِّ والإسلاميِّ، ويربطها عضويَّاً بمسألةِ العصبيَّة القُرَشيَّة، وبمجرَّد انحسار تلكم العصبيَّة بدأت التصدُّعات الكبرى في تاريخنا الإسلاميِّ.

لأجلِ هذا يرى محمد عابد الجابريِّ أنَّ نظريَّة العصبيَّة في فكرِ ابن خلدون ترتبط عضويَّاً بمجاليْنِ اثنيْن هما: المجالُ السيكولوجيُّ الاجتماعيُّ، والمجالُ الدينيُّ الروحيُّ، كما أنَّ هذه العصبيَّة لا تزال آليَّةً بارزةً في سياقِ المُدَافَعَةِ والحِمَايةِ وتكريس الوَحْدة في سبيلِ الدِّفاع عن الأصولِ والانتماءاتِ والهويَّة، ذلكم أنَّها الركنُ الأبرز في تأسيسِ المُلْكِ والدولة، وبيانُ ذلك أنَّ قوَّة العصبيَّة

107. المصدر نفسه، ج 1، ص 189.

108. محمد عابد الجابري، فكر ابن خلدون، ص 179 – 210 / جورج لابيكا، السياسة والدين عند ابن خلدون، ترجمة موسى وهبة وشوقي الدويهي، بيروت، دار الفارابي للنشر والتوزيع، ط1، 1980، ص 30 – 75 / عز الدين العلام، السلطان بين العمران والسياسة: ملاحظات في الفكر السياسي السلطاني، مجلة الوحدة المغربية، الرباط، المجلس القومي للثقافة العربية، العدد 46 – 47، 1988، ص 100 – 102 / عبد الله العروي، مفهوم الدولة، ص 151 – 162.

مستمدةٌ في صورتها الأولى مِنَ الالتحامِ الذي هوَ ثمرةُ النَّسَبِ، فإذا تَحَالَفَ المجالُ الاجتماعيُّ مع المجالِ الدينيِّ، باتت العصبيَّة قوَّة لا تُقْهَر(109)، وظَاهِرٌ أنَّ هذه التجلِّيات الفكريَّة لابنِ خلدون لا تتقاطع مع تراثهِ الفقهيِّ كعَالِمٍ ينتسبُ للمذهب المالكيِّ، ويمكن تفسير ذلك بأنَّ المُقدِّمة غَلَبَ عليها منهجيَّة المؤرِّخ أكثر مما ظَهَرَ فيها العَقْلُ الفقهيُّ، مع الإقرارِ بوجودِ الكثيرِ مِنَ المواضيع التي اشتركتْ فيها ثقافة ابن خلدون الفقهيَّة والتاريخيَّة، ولا جَرَمَ أنَّ الأطوار الثلاثة للدولةِ في نشأتها الأولى وهيَ: مرحلة البداوة في استقرارها واستمرارها، وبروز قوَّتها في المرحلة الحَضَريَّة، وصولاً إلى مرحلة الدولة والمجتمع، لا جَرَمَ أنَّها خيْر شاهدٍ على تَمَازُجِ، وائتلافِ، وتراكُمِ، خبراتِ، وتجاربِ، ابن خلدون في الفقهِ والسياسةِ والتَّاريخِ، وظهورها في سائرِ كتاباتهِ بأشكالٍ متباينة.

ولعلَّ كثيراً مِنْ المقولاتِ الخلدونيَّة المُتقَادِمَة والقارَّة، في آنٍ واحدٍ معاً، في ثقافتنا العربيَّةِ والإسلاميَّةِ، ما تزالُ جديرةً بالحياةِ، والقراءة المنهجيَّةِ، ومِنْ أبرزها قول ابن خلدون في: "أنَّ المغلوبَ مُولَعٌ أبداً بالاقتداءِ بالغالِبِ، في شعارهِ وزيِّهِ ونِحْلته وسائرِ أحوالهِ وعوائدهِ، والسَّبَبُ في ذلك أنَّ النَّفسَ أبداً تعتقدُ الكَمَالَ في مَنْ غَلَبَها وانقادتْ إليهِ، إمَّا لنَظَرهِ بالكمالِ بما وَقَرَ عندها مِنْ تعظيمهِ أو لِمَا تُغالِطُ بهِ مِنْ أنَّ انقيادها ليسَ لِغَلْبٍ طبيعيٍّ إنَّما هو لكمالِ الغَالِبِ، فإذا غَالَطَتْ بذلك واتَّصَل لها اعتقاداً فانتحَلَتْ جميعَ مَذاهبِ الغَالِبِ وتشبَّهتْ بهِ، وذلك هو الاقتداء، أو لما تراهُ والله أعلم مِنْ أنَّ غَلْبَ الغالِبِ لها ليسَ بعصبيَّةٍ ولا قوَّة بأسٍ وإنَّما هو بما انتحَلَتْهُ مِنَ العوائدِ والمذاهبِ" (110)، وهيَ إشاراتٌ ألمعيَّة خلدونيَّة التقطها الكثير مِنَ المفكِّرين العرب المُحْدَثين ممَّن أفصحوا عن نظريَّتهم في إمكانيةِ اجتراح الخصوصيَّة العربيَّة والإسلاميَّة، مِنْ جديد، شريطة الانتقال مِنَ الاستقلالِ المُقلِّد إلى الاستقلالِ المُبْدِعِ، والانتقال مِنَ الإبداع المُقلِّد إلى الإبداعِ المُبْدِعِ، والانتقال مِنَ التَعقيل المُقلِّد إلى التعقيلِ

109. ابن خلدون، تاريخ ابن خلدون، ج 1، ص 160 - 162 / قارن مع: محمد عابد الجابري، فكر ابن خلدون، ص 186 - 190.

110. ابن خلدون، تاريخ ابن خلدون، ج 1، ص 184.

المُبْدِع، والانتقالِ مِنَ التفصيلِ المُقلَّد إلى التفصيلِ المُبْدِع، والانتقالِ مِنَ التوسُّعِ المُقلَّد إلى التوسُّعِ المُبْدِع، والانتقالِ مِنَ التعميمِ المُقلَّد إلى التعميمِ المُبْدِع[111]، وهي رؤى وشروط تُقدّم مُبَادَرة بالأحرفِ الأُولى نحو إمكانيَّة دخول الإنسانِ العربيِّ، مرَّة أخرى، في ميدانِ البناءِ، والتحديثِ، والتجديدِ، والعَقْلِ، والخصوصيَّةِ، بعيداً عن الإقصاءِ، والإلغاء.

وثمَّة إشارةٌ أخرى، بالغةُ الدلالة، حول العلاقة بيْنَ السلطةِ السياسيَّةِ ومَنْ يُمثِّلها، وبيْنَ النَّاس، وكيف تتحوّلُ العلاقةُ مِنَ التشاركيَّةِ المُفْتَرَضة إلى الإقصائيَّة المَفْروضة، لذا يرى ابن خلدون أنَّه: "إذا تحكَّمَتْ طبيعةُ المُلْك مِنَ الانفراد بالمَجْدِ وحصول التَّرَفِ والدَّعة أقبلتْ الدولةُ على الهَرَمِ، وبيانُه مِنْ وجوه، الأوَّل أنَّها تقتضي الانفرادَ بالمَجْدِ كما قلناهُ، ومهما كان المَجْدُ مُشْتَركاً بيْنَ العِصَابة وكان سَعْيُهُم لهُ واحداً كانت هِمَمُهُم في التغلُّبِ على الغيرِ والذَّبِّ عن الحوْزةِ أسْوةٌ في طموحها وقوَّة شكائمها، ومَرْمَاهُم إلى العِزِّ جميعاً، يَسْتطيبون الموتَ في بناءِ مجدهم، ويُؤْثرونَ الهَلَكَة على فسادِه، وإذا انفردَ الواحدُ منهم بالمجدِ قَرَعَ عصبيَّتُهم، وكَبَحَ مِنْ أعنَّتِهم، واستأثر بالأموالِ دونهم، فتكاسلوا عن الغزو، وفَشِلَ ربحهم، وَرَئموا المَذلَّة والاستعباد، ثُمَّ رُبِيَ الجيلُ الثاني منهم على ذلك يَحْسَبونَ ما يَنالُهم مِنَ العطاءِ أجراً مِنَ السلطان لهم عن الحماية والمعونة، لا يجري في عقولهم سواه.. والوجه الثاني أنَّ طبيعةَ المُلْكِ تقتضي التَّرَفَ فتكثُرُ عوائدُهم وتزيدُ نفقاتهم على أعطياتهم، ولا يفي دَخْلُهُم بِخَرْجِهم، فالفقير منهم يَهْلِكُ، والمُتْرَفُ يستغرقُ عطاءَهُ بِتَرَفِه، ثُمَّ يزدادُ ذلك في أجيالهم المتأخِّرة إلى أنْ يَقْصُرَ العطاءُ كلَّه على التَّرف وعوائده، وتمسُّهُم الحاجة وتطالبهم ملوكُهُم بحصرِ نفقاتهم في الغزو والحروب فلا يجدون وليجةً عنها فَيُوقِعونَ بهم العقوبات وينتزعونَ ما في أيدي الكثير منهم، يستأثرون بِه عليهم أو يُؤْثِرونَ بِه أبنائهم وصنائع

111. طه عبد الرحمن، روح الحداثة: المدخل إلى تأسيس الحداثة الإسلاميَّة، بيروت، المركز الثقافي العربي، ط2، 2009، ص 36 – 65.

دولتهم" [112]، وهذه الوقائع ما تزال ماثلةً أمام السلطةِ السياسيَّةِ، والإنسانِ، ونُخْبة العلماءِ والمثقِّفين والفقهاء والكتَّاب، حتى يومنا، دونَ أنْ يحاول أيُّ طرفٍ الانعتاق مِنْ دورهِ الأزليِّ، إلاَّ باستثناءاتٍ نادرةٍ ما تزالُ السُّجونُ والمقابرُ في مجتمعنا العربيِّ والإسلاميِّ تضيقُ بهم يوماً بعد الآخر.

ولعلَّ مقاربةً أُخرى، للعلاقة بيْنَ السُّلطة السياسيَّةِ والإنسانِ في المجتمعِ العربيِّ والإسلاميِّ، وفق تجلِّياتِ ابن خلدون، تُفْصِحُ عمَّا نَهْجِسُ بهِ في هذا السياقِ، ومِنْ ذلك أنَّ السُّلطة ليستْ طبيعيَّة عند الإنسان، إنَّما هيَ ضروريَّة مِنْ أجلِ المجتمعِ، فالبَشَرُ إذا تُرِكوا على طبيعتهم فَهُمْ أنانيُّون وشريرون، فالسُّلطة إذنْ نوعٌ مِنَ التصحيحِ للطبيعةِ الإنسانيَّةِ المُخَالفة للحياةِ الاجتماعيَّة، حيث أنَّ هذه الأخيرة ليستْ فطريَّة، وما ينهى الإنسان عن أيِّ خطأ إمَّا أنْ يكونَ أخلاقيَّاً وذاتيَّاً، وهنا يساهم الدِّين بالدور الأساسيِّ، أو أنْ يكونَ موضوعيَّاً يتجسَّد في سلطةٍ خارجيَّةٍ، على أنَّه ينبغي استثناء "الفترة المثاليَّة" حيث كانَ المسلمون الأوَّلونَ قريبينَ مِنْ الوَحيْ، وبالتالي، أتقياء وفُضَلاء لدرجة أنَّ السُّلطة آنذاك وهيَ الخلافة لَمْ تكنْ بحاجةٍ للقَهْرِ كيْ تمارس صلاحيَّتها، غيرَ أنَّه متى أصبحت قوَّة الدِّين غير قادرةٍ على منع الشرِّ تحوَّلتْ الخلافة إلى مُلْكٍ، له سطوة كافية كيْ يَحْكُمَ البَشَرَ وفق القانون المدنيِّ، وهوَ ما لا يرى ابن خلدون فيهِ أيَّ ضرر[113]، ولكنَّ الموضوعيَّة تستلزم القول بأنَّ صاحب المُقدِّمة أخطأ في فهم العلاقة بيْنَ عِلْم العُمْران والتاريخ فانعكس ذلك على الاثنيْن معاً، حيث لَمْ يتمكَّن مِنْ تطبيق المَنْهَجِ التاريخيِّ الذي بَشَّرَ بهِ في مقدِّمةِ "المُقدِّمة"، فجاء تاريخهُ مُنْفَصِلاً تماماً عن المُقدِّمة وبعيداً عَنْ روحها، وأكثر مِنْ ذلك، لقد أراد ابن خلدون أنْ يُفلسِفَ التاريخَ مِنْ داخلهِ وهذا شيءٌ غير مُمْكِن، فالمؤرِّخ لا يُنْتِجُ فلسفة تاريخ بل يحاول إعادة بناء التاريخ[114]، وهذا التناقضُ هو ذاتهُ

112. ابن خلدون، تاريخ ابن خلدون، ج 1، ص 210 - 212.

113. علي أومليل، الخطاب التاريخي: دراسة لمنهجيَّة ابن خلدون، بيروت، دار التنوير، ط3، 1985، ص 207.

114. محمد عابد الجابري، نحن والتراث: قراءات معاصرة في تراثنا الفلسفيّ، بيروت - الدار البيضاء، المركز الثقافي العربي، ط6، 1993، ص 317 - 318 / أبو يعرب المرزوقي، الاجتماع

مَكْمَنُ التميُّز لـدى بعـض المؤرِّخيـن المُحْدَثين في فِكْـرِ ابن خلـدون، غير أنَّنا نرى ضرورة دراسـة ابن خلدون، في فِكْرِهِ السياسـيَّ تحديداً، في سياق الظروف التاريخيَّة التي عَاصَرَها، بعيداً عن إخضاعِ فِكْرِهِ لمنطق العِلْمِ الحديث، أو إعادة تصديـر الحُمُولـة الخلدونيَّة وفق الشـروط الحديثـة للعِلْمِ والنظريَّـات المعرفيَّة وأبجديـات التحليل والمنهجيَّة.

إنَّ اسـتجلاء صورة الفِكْرِ السياسـيِّ الذي أنتجهُ ابن خلدون، وبالذات شَـكْل الحُكْمِ الـذي يُقرِّهُ فـي بدايـة تحليلـهِ وفـي نهايتـهِ، باعتبـاره الحُكْـم الوحيـد الصائـب، وهو الحُكْمُ الشـرعيُّ الذي يَعْتَمِدُ الشَّـريعة فـي التنظيمِ الدنيويِّ كما فـي التنظيـمِ الدِّينـيِّ، وهو نمـط الخلافة، وعلى هذا الأسـاسِ ينبغـي، وفق ابن خلـدون، ألاَّ تخـرجَ المسـألةُ العُمْرانيَّـة في مختلفِ مسـتوياتها عَـن المُنْطَلَقاتِ الشَّـرعيَّة، فالثقافـةُ التي ينبغي أنْ تسـودَ هـي ثقافة النَّصيِّ والنَّقْليِّ والسَّـلفيِّ، والنِّظامُ السياسـيُّ الأمثل هو الذي يُنْفِذُ الشَّرعَ في كلِّ جزئيَّاتِ الحياةِ البشريَّة، والوضـع الاقتصـاديُّ الـذي لا يَعْـرِفُ التَّـرَفَ المَذْمُوم، وهـذا إقـرارٌ خلدونيٌّ لهُ انعكاسـاتٌ خطيرةٌ على نوعيَّة العلاقة بيْنَ السُّـلطة السياسيَّةِ والدِّين والعُمْران، لأنَّـه يربـط رَبْطـاً شَـرْطيَّاً بيْـنَ الجانـب الدينـيِّ للإنسـانِ ومسـؤوليَّة السُّـلطة السياسـيَّة عنه، بمعنى أنَّه لا يمكن لهذا الإنسـان الاتِّصال مع الله تعالى بصورةٍ مسـتقلَّةٍ عن السُّـلطةِ السياسـيَّةِ(115)، ويمكن القولُ بشـيءٍ مِنَ المُجَازفةِ، وكثيرٍ مِـنَ اليقيـن، بأنَّ ابن خلدون في مذهبهِ هذا لا يختلفُ عَنْ سـابقيهِ مِنَ العلماءِ والمفكِّرين والفقهاء في مسـألة ضرورة وجود الوسـيط السياسـيِّ بيْنَ الإنسـان فـي مجتمعنـا وشـريعتهِ التي كانت أرقى مبادئها وإنجازاتهـا، معاً، تحطيم هذه الوسـاطة وتحقيق مَقَاصِدِ الشَّـريعة في علاقة الإنسان بخالقهِ ومَالِكِ أمْرِهِ بعيداً عن "الشَّريكِ الاسـتراتيجيِّ "السياسيِّ الأبديِّ.

النظري الخلدوني والتاريخ العربي المعاصر، القاهرة، الدار العربية للكتاب، ط1، 1983، ص 25 - 75.

115. ناجية الوريمي بوعجيلة، حفريات في الخطاب الخلدوني: الأصول السلفيَّة ووهم الحداثة العربيَّة، دمشق، دار بترا للنشر والتوزيع، ط1، 2008، ص 188 - 189.

وعلى الجُمْلة، يرى ابن خلدون أنَّ هنالك ثلاثة عوامل أساسيَّة حَاسِمة أثَّرتْ فـي التجربـةِ الحضاريَّةِ الإسلاميَّةِ وهـيَ: العامل الأيديولوجـيُّ "الدِّين الإسلاميُّ"، والعامل الاجتماعيُّ "العصبيَّة"، والعامل الاقتصاديُّ، ومِزْيةُ ابن خلدون ليستْ في إبرازِ هذا العامل أو ذاك، وإنَّما في معالجتهِ لأثر هذهِ العوامل كلِّها، في تفاعلها وديناميَّتها، حيث عَمِلَ على المزاوجة والتماهي بيْنَ الدِّين والعصبيَّة، ونَظَرَ إلى فاعليتهما مِنْ خلال تأثيرهما المُتَبَادَل، كما زَاوَجَ بيْنَ العاملِ الاقتصاديِّ "شـؤون المَعَـاش"، والعامـل الطبيعـيِّ "المُناخ والخِصْـب والجَدْب"، ونَظَرَ إلـى تأثيرهما معـاً، ثمَّ رَبَـطَ بيْنَ ذلك كلِّهِ، بيْنَ تأثير العصبيَّة والدِّيـن، والطبيعة والاقتصاد في منظومةٍ واحدةٍ، مُتَدَاخِلة العَنَاصِر، مُتَشَابِكة الأطراف، وسمَّاها "طبائع العمران"(116)، وفـي المجالِ السياسـيِّ، تعييناً، فقد تمَّ اعتبارُ ابـن خلدون صَاحِبَ الفَضْلِ فـي التنظيرِ السياسـيِّ اعتمـاداً على مفاهيـم العُمْـرانِ والتاريـخِ والعَصَبيَّة(117)، ومـع ذلك ظـلَّ ابن خلدون "كغيـرهِ من المفكِّريـن الإسلاميين يُعْلي مِـنَ القيمةِ المعياريَّةِ للسياسةِ التي تكون وفقاً للشَّريعة، لأنَّها سياسة الدُنْيا بالدِّين، ويفصلُ مع ذلك عن نظرتهِ الموضوعيَّة إلى المجتمع، وهي نظرة متميِّزة فعلاً عمَّا نجده عنـد بقيـة المفكِّريـن الإسلاميين، وهكـذا لَـمْ يَنْتُجْ عـن نظرتـهِ الموضوعيَّة إلى المجتمـعِ تفكيرٌ سياسـيٌّ مُكَافِـىءٌ لها يدعو إلى إعادة النَّظر فـي نظامِ المُجْتمعِ وأُسُـسِ السياسـةِ بمنطـقٍ لا يسـتمدُّ معيـاره ممَّـا وراء مَنْطِـقِ المُجْتمع نفسـه"(118)، وبكلمـةٍ، ظـلَّ ابـن خلدون أسـيراً للمقولاتِ السياسـيَّة التي عرفها السـياقُ الثقافـيُّ العربـيُّ والإسلاميُّ فـي الفِكْرِ السياسـيِّ والآدابِ السـلطانيَّة على الرغم مِـنْ محاولاتهِ الانعتـاق منهما، أو تجاوزهما، ولو نظريَّاً.

لقـد كنَّـا نعتقـدُ، ولا نـزالُ، أنَّ ابـن خلـدون "أَعْلـى مـا وَصَـلَ إليـهِ العَقْـلُ التاريخـيُّ الإسلامـيُّ، مِنَ اختراقِ سَـقْفٍ في النَّظر يتيـحُ له بلوغ عتبـة التفكير

116. محمد عابد الجابري، فكر ابن خلدون، ص 254 – 260.

117. علي أومليل، السلطة السياسية والسلطة الثقافية، ص 139 – 143 / كمال عبد اللطيف، في تشريح أصول الاستبداد، ص 255.

118. علي أومليل، في التراث والتجاور، ص 77.

في السياسيِّ بما يسمح بتخطِّي هَيْمنة الدولة السلطانيَّة والآدابِ السلطانيَّة، ولعلَّ الأمر لا يتعلَّق بهِ كمفكِّرٍ بِقَدْرِ ما كانَ يتعلَّق ببنيةٍ في النَّظر الإسلاميِّ سَاهَمَتْ في تأطيرهِ وتوجيهِ فِكْره" [119]، ولا يخفى أنَّ إشكاليَّة التجربة الخلدونيَّة، في السياقِ السياسيِّ خصوصاً والفكريِّ على وجهِ العُمُوم، تبلورت في تحويلِ ابن خلدون العَقْلَ التجريديَّ السابق إلى عَقْلٍ تجريبيٍّ جديد، ثمَّ توقَّف بعد ذلك رغم ريادتهِ وأسبقيَّتهِ في هذا المضمار[120]، ومستصفى القول أنَّ ابن خلدون مِنْ أبرز مفكِّرينا القدامى، ولا جدال في أصالةِ تفكيرهِ، بيد أنَّ الاختلاف هوَ بصدد ما يُعْطَى لأصالتهِ مِنْ تأويلات[121]، وهكذا يكون تاريخ ابن خلدون قد انتهى مع نهاية تجربةِ ابن خلدون، لقد انتهى تاريخ وَحْدة الدِّين والعصبيَّة ليقوم مكانه تاريخ الزوايا والتَّكايا، تاريخ الانكماش الذاتيِّ والتدخُّلات الخارجيَّة[122]، وما لَمْ تكنْ المنهجيَّة العلميَّة مشروعاً قائداً في المجتمعِ العربيِّ والإسلاميِّ "فلَنْ نتجاوز رِهَان الجَمْعِ العقيمِ بين إرادة التحديث مِنْ ناحية ومُغَازلة الأصولِ السلفيَّةِ مِنْ ناحيةٍ ثانية" [123]، وبصورةٍ أوضح آنَ أنْ يستعيدَ الإنسانُ في مجتمعنا إنسانيَّتهُ مِنْ جديد، ومدنيَّتهُ مرَّة أخرى، مِنْ أجلِ استكمالِ البناء الحضاريِّ الذي تمَّ تجميدهُ منذ قرونٍ باسم الحفاظ على الشَّريعة التي تمَّ سرقتها حيناً، وباسم الوَحْدة الشكليَّة التي غُيِّبتْ أحياناً، وباسم الإنسان الذي تمَّ استبعادهُ في أغلب الأحايين، وباسم الحريَّة التي اغتيلتْ على الدوام.

119. كمال عبد اللطيف، في تشريح أصول الاستبداد، ص 276 - 277.
120. عبد الله العروي، مفهوم العقل: مقالة في المفارقات، الدار البيضاء - بيروت، المركز الثقافي العربي، ط3، 2001، ص 356.
121. علي أومليل، الخطاب التاريخي، ص 222.
122. محمد عابد الجابري، فكر ابن خلدون، ص 279.
123. ناجية الوريمي بوعجيلة، حفريات في الخطاب الخلدوني، ص 306.

الفصل الثالث

مَعَالِمُ مِنْ سَرِقَةِ الإسلامِ واستبعادِ النَّاسِ في الفِكْرِ الإسلاميّ

المبحث الأول | المَدْخل إلى دراسةِ الآدابِ السلطانيَّة

إنَّ كثيراً مِنْ رصيدِ المَعْرفةِ في التاريخِ الإسلاميِّ، وما أنتجتهُ في شتَّى المجالاتِ، ما يزال بحاجةٍ إلى المزيد مِنَ التفسيرِ، والتقويمِ، والتحليلِ، والضَّبْطِ، وفقَ المنهجيَّةِ العلميَّة، وفي سياقِ الخصوصيَّة الحضاريَّة الإسلاميَّة، والثقافة العربيَّة، ولعلَّ القَوْلَ السياسيَّ وما انبثقَ عنه مِنْ خطابٍ تتنازعهُ الاتجاهاتُ السياسيَّة، والأنماطُ الفكريَّة، يلتقي ضِمْنَ منظومةٍ أُصوليَّةٍ تتداخلُ فيها المَرْجعيَّات والأهداف والتصوُّرات والرؤى، ومِنْ هنا، وفي سبيلِ إماطةِ اللِّثامِ عن مُنْطلقاتِ فِكْرِ الطَّاعة الذي أسَّسَ لِسَرِقة الشَّريعة، واستبعادِ النَّاس مِنَ الفِكْرِ الإسلاميِّ، لا بُدَّ مِنْ إضاءةِ مَلامِحِ الآداب السلطانيَّة التي جذَّرتْ ذلكم الفِكْر، ودَافَعَتْ عنه، وتفكيك مضامينِه، ودراسة أبعادِه، ونَقْدِه، وصولاً إلى البدءِ بتقويضِ أركانهِ مِنْ خلالِ إعادة بناءِ الإنسانِ العربيِّ في مجتمعنا، وصناعةِ الحريَّة الحقيقيَّة، واستئنافِ الاجتهاد العلميِّ، والعقليَّة النقديَّة، وهذا كلُّه مِنْ خلال الانخراط المَدْروسِ بالحياة الإنسانيَّة في عَالَمِنا، وقبولِ الآخر، وتحقيقِ الاستقلال السياسيِّ، والاقتصاديِّ، والفكريِّ، والتماهي مع تاريخنا، وحاضرنا، ومستقبلنا، بصورةٍ دائمة، وجوهريَّة.

ولَيْسَ استقصاء الوجوه المتأديَّة إلينا مِنْ الآدابِ السلطانيَّة مَطْلَباً مُمْكِناً، في سياقِ هذهِ الأوراق، فلنجتزيء مِنْ ذلك بعض المَعَالم، في الشَّكلِ والمضمونِ

والخُلاصات، وليْسَ يخفى أنَّ هـذهِ الآداب والرؤى والأنظار الفكريَّـة التي عَمِلَتْ السـلطة السياسيَّة على استمرارها، وتعظيمها، منذ بدايات الدولة الأمويَّة، حَمَلَتْ العديد مِنَ التسمياتِ المُتَباينةِ شَكْلاً، والمتوافقةِ مضموناً، ومِنْ أشهرِ هذهِ الأسماء التي رافقت تلكم الآداب مُسمَّى "مَرايا الأُمراء"، التي مثَّلت بصورةٍ أساسيَّة مجموعة مِنَ النَّصائحِ السياسيَّةِ التي يتمُّ تقديمها إلى وليِّ العَهْدِ أو الأميرِ مِنْ أجلِ تأهيلهِ، في المسـتقبل، كَيْما يصبح سياسـيَّاً ناجِحَاً، ورجل دولةٍ بامتياز، وهيَ تقومُ على قاعدةٍ أخلاقيَّةٍ ترتبطُ غالباً بالدِّين، سـواء كانتْ مرجعيَّاتها مرتبطة بالشَّريعة الإسلاميَّة أَمْ لا، حيث كانَ هذا النَّمط، تحديداً، يستقي موروثه مِنَ اليونانِ أو الفُرْسِ أو الهنود، ثمَّ ما لبثَ هذا النَّمط الكتابيُّ أنْ اندمجَ بالخطابِ السياسيِّ الإسلاميِّ بصورةٍ فريدةٍ على اعتبار أنَّ تلك المؤلَّفات والآداب كانت تشكِّلُ دليلاً للسياسيين في إدارةِ الدولة وسياسـة الرعيَّـة[1]، مـع ملاحظـةِ أنَّ الخطابَ السياسـيَّ الإسلاميَّ الوسـيط تمحور وتبلـور فـي مُجْمَلهِ كما يـرى الدكتور كمال عبد اللطيف حول سـتَّة أنماطٍ هي[2]:

1. خطـابُ الدولِ المُتَعاقبة في التاريخِ الإسلاميِّ مِنْ خلالِ الخُطَبِ والرَّسـائلِ التي تصدرُ عن الخلفاءِ، والمُلوكِ، والوزراءِ، والقُضاةِ، والكتَّابِ، ورجالِ الدواوين.

2. الخطابُ الفقهيُّ مِنْ خلالِ العلماءِ والفقهاءِ بصورةٍ عامَّة.

3. الخطابُ الفلسفيُّ الذي أنتجهُ فلاسفةٌ مُسْلمون بمرجعيَّاتٍ داخليَّة أو خارجيَّة.

4. خطابُ الآداب السلطانيَّة.

5. الخطابُ التاريخيُّ مِنْ خلالِ المُصَنَّفاتِ التي رَصَدَتْ الأحداث التاريخيَّة إسلاميَّاً.

6. الخطابُ الرمزيُّ الذي تضمَّن النُّصوص والقصص والحِكَم على ألسنةِ الحيوانات.

1. إحسان عباس، ملامح يونانية في الأدب العربي، بيروت، المؤسسة العربية للدراسات والنشر، ط2، 1993، ص 143 / عزّ الدين العلام، النصيحة السياسيَّة: دراسة مقارنة بين آداب الملوك الإسلامية ومرايا الأمراء المسيحية، الرباط، مؤسسة مؤمنون بلا حدود، ط1، 2017، ص 7 – 50 / محمد دمج، مرايا الأمراء: الحكمة السياسية والأخلاق التعاملية في الفكر الإسلامي الوسيط، بيروت، مؤسسة بحسون للنشر والتوزيع، ط1، 1994، ص 9، ص 35 – 40، ص 212 – 220 / حسن نافعة وكليفورد بوزورث، تراث الإسلام، ج 2، ص 102.
2. عبد الرحمن بدوي، الأصول اليونانية للنظريات السياسية في الإسلام، القاهرة، مكتبة النهضة المصرية، ط1، 1954، ج 1، ص 15 وما بعدها.

وظاهِرٌ أنَّ مفهوم مرايا الأُمراء يَنْسَحِبُ على المؤلَّفاتِ التي تؤكِّد الحق الإلهيَّ للمُلُوكِ في حُكْمِهِم، وتسعى إلى الاهتمام بالجانبِ التطبيقيِّ أكثر مِنَ النَّظريِّ، وفـي تراثِنا العربيِّ سَعَتْ إلى تمازُجِ التقاليدِ الفارسيَّة، تحديداً، بمنظومةِ القيمِ والأخلاقِ والمبادىء الإسلاميَّة، وَصَهْرِهما معاً إلـى جانبِ المـوروثِ اليونانيِّ [3]، واستقرَّ لدى بعضِ الباحثين أنَّ هذا المفهوم في حقيقةِ الأمر يُحيلُ إلى تقليدٍ في الكتابةِ عرفتهُ الثقافة الإغريقيَّة، وخاصَّة في العَصْر الهلِّينستيِّ، كما عرفتهُ الثقافتان الفارسيَّة والبيزنطيَّة، وأصبـح منذ القرن الثاني الهجريِّ جزءاً أساسيّاً مِنْ مكوِّنات الكتابةِ السياسيَّة فـي الفِكْر الإسلاميِّ [4]، وبَلَغَتْ هـذه الكتابة السياسيَّة ذروتها مع انصهارِ المفكِّرين والكتَّاب العرب بالثقافةِ الفارسيَّة، وانتقالِ مفاهيم الطَّاعة، والقَهرِ، والخاصَّة والعامَّة، إلى الثقافةِ العربيَّة والإسلاميَّة، وانعكاساتِ ذلك كلِّه على الكتابةِ السياسيَّة التي واكَبَتْ تحوُّلَ الخلافةِ إلى مُلْكٍ [5]، والبدءِ بتشكيلِ قناعاتٍ جديدةٍ لدى السلطةِ السياسيَّة في الدولة الإسلاميَّة أنَّ سيادةَ الشَّريعة سوف تَضْبُطُ سـلوكَهم وتوجُّهاتِهم ولذا لا بُدَّ مِنَ استبدالِها بالقيمِ المَلَكيَّةِ الكسرويَّةِ الساسانيَّة.

ويصحُّ أنْ نُضيفَ إلى المُسمَّى المُتقدِّم تسميةً ثانية، وهي الكتابة الديوانيَّة، التي اقترنتْ بإنشاءِ الدواوينِ في الحضارةِ الإسلاميَّة، وظهورِ كاتب الديوان، الذي كانتْ مهمَّتهُ الأساسيَّة تتحدَّد في تحريرِ كلِّ ما يحتاجهُ السُّلطان، وما يقتضيه ويتطلَّبه التدبيـر السياسيُّ اليوميُّ، ومِنَ المعروف تاريخيّاً أنَّ هـذا التقليد لَمْ تعرفهُ السلطة في الإسلام إلّا في النصف الثاني مِنَ العصر الأمويِّ، مستفيدةً في ذلك مِنَ المُمَارسة الفارسيَّة في هذا الباب [6]، وقد تأثَّرت التجربة الإسلاميَّة، في الكتابةِ السياسيَّة، مِنَ الحضارةِ الفارسيَّة، أكثر مِنْ حضارةِ اليونان، وغابتْ عنها

—————— 3. كمال عبد اللطيف، أبحاث في تاريخ الفكر السياسي المغربي، الدار البيضاء، مطبعة النجاح الجديدة، ط1، 1998، ص 7 – 11.

4. زينب عفيفي، الفكر السياسي الإسلامي: مفكرو الإسلام ومشروعاتهم الإصلاحية، القاهرة، مكتبة الثقافة الدينية، ط1، 2011، ص 54 – 55.

5. كمال عبد اللطيف، في تشريح أصول الاستبداد، ص 52.

6. محمد عابد الجابري، العقل الأخلاقي العربي، ص 131 – 151، ص 225 – 254 / عز الدين العلام، السلطة والسياسة في الأدب السلطاني، الدار البيضاء، دار إفريقيا الشرق، ط1، 1991، ص 22.

تماماً التجربة الرومانيَّة، بينما نجد أنَّ الامتداد الرومانيَّ والتأثير اليونانيَّ حاضراً فـي التجربـة المسـيحيَّة المتعلِّقـة بالكتابة السياسـيَّة، مع غيابٍ كامـلٍ للتجربة الفارسـيَّة، وعليـه كان الانعكاس المباشـر فـي التجربتيْن كالآتي: تأثَّـرتْ التجربة الإسلاميَّة بآليات الاشـتغال الفارسـيَّة التي تكرِّس الاسـتبداد، بينما تأثَّرت التجربة المسـيحيَّة بالرومـان الذين مالوا إلى صياغـة القوانين ولو شـكليّاً(7)، مع ضرورة الإشـارةِ، هنـا، أنَّ كُتُبَ الآدابِ السـلطانيَّة تباينـتْ في العنوانِ، والشَّـكل، وبلاغةِ التعبيـر، والصياغـاتِ، وحجـمِ التوظيفِ الدينـيِّ، ولكنَّها تطابقتْ، إلـى حدٍّ كبيرٍ، في مضمونها المتعلِّق بتمجيد السُّـلطان، وضرورة الطَّاعة، ونشر ثقافة الاستبداد بصـورةٍ كاملـة وتامَّـة، كما أنَّهـا مَارَسَـتْ هَيْمنةً طاغيـة على مخرجـاتِ الخطاب السياسـيِّ العربيِّ والإسلاميِّ حتى يومنا هذا.

ولمَّـا كانَ مفهـوم النَّاسِ أو الرعيَّة مِنَ المفاهيمِ الأساسـيَّةِ التي تُحدِّدُ المجالَ السياسـيَّ العربيَّ والإسلاميَّ، ويُشـكِّلُ إحدى المكوِّناتِ الأولـى التي تُلازِمُ، ظاهراً وباطناً، كلَّ باحِثٍ في الفِكْرِ السياسـيِّ، فإنَّ المَرْءَ يقفُ مذهولاً أمام نُدْرةِ الكُتبِ والأفكارِ التي دَرَسَتْ الموضوع، ممَّا يجعل أيَّ دراسةٍ اجتماعيَّةٍ لتاريخ المُسْلمين وجوهر العلاقات التي بلورت الإطار الذي جَمَعهُم أو فَرَّقهم تبدو شِبْه مُستحيلة، بيـدَ أنَّ المُفَارَقـة تكمنُ في أنَّ النَّاس في تاريخِ الأفـكارِ العربيِّ والإسلاميِّ حصلوا علـى قِسْـطٍ وافرٍ مِنَ المـادةِ المكتوبـةِ عنهم ولَكنْ مِـنْ زاويةٍ واحـدةٍ بعينها، أو بكلمـةٍ أدقّ، تكمـنُ الإجابـة في طبيعةِ الخطابِ السياسـيِّ في ثنايـا كتبِ الآدابِ السُـلطانيَّة، إذ الخطـابُ ليْسَ مُوجَّهاً إلى النَّاس، بـلْ لا يُؤبَهُ لَهُمْ، وإنَّما هو، دائماً وأبـداً، كما يبـدو جليّاً في مُقدِّمات كتب الآداب السُـلطانيَّة ومُحتويات نُصوصِها، وضمائـر المُخاطَبـة فيهـا، مُوجَّـهٌ إلـى الرَّاعـي في موضـوعِ رعيَّتـهِ(8)، وأكثـر مِنْ ذلـك، لا يَتَعَامل هذا الخطابُ السياسـيُّ مع النَّـاسِ بوصفهم كياناً قائماً بذاته، ولا يعتبرهـم ذاتاً مُسـتقلَّةً تسـتحقُّ خطاباً مُسـتقلاً بقدر ما هُـمْ "موضوعٌ" و "ذاتٌ"

---

7. عبد المجيد الصغير، الفكر الأصولي وإشكالية السلطة العلمية في الإسلام، ص 108 - 112 / كمال عبد اللطيف، في تشريح أصول الاستبداد، ص 53.

8. عز الدين العلام، النصيحة السياسية، ص 88.

تخصُّ السُّلطان وحده، وعلى النَّقيضِ تماماً من التكريمِ، والتقديرِ، والأولويَّةِ، والاستخلافِ، والمسؤوليَّةِ، والحريَّة الكاملة، وغيرها مِنَ المضامين التي ضمَّتها الشَّريعة الإسلاميَّة في القرآن الكريمِ والخطابِ النبويِّ.

وممَّا تنبغي الإشارةُ إليهِ، أنَّ أغْلَبَ مُحدِّداتِ الخطابِ السياسيِّ العربيِّ والإسلاميِّ منذ بدايةِ الكتابةِ في هذا السياق، هيَ كتابةٌ إلى الحَاكِمِ في علاقتهِ مع النَّاس، ولا تهتمُّ بهم إلاَّ مِنْ زاويةِ خضوعهم للأوَّل، وبذلك تكونُ في حقيقتها مجموعة مِنَ الآليَّاتِ تستعينُ بها السلطة السياسيَّة، ويستأثرُ بها الخليفة أو السلطان أو الأمير في كيفيَّةِ ضَبْطِ النَّاس، وأشكالِ سلوكهم مَعَهُ بُغْيَة تحقيقِ هَدَفٍ رئيسٍ هوَ دوام الحُكْمِ، إذْ جلُّ الأسئلةِ المَطْروقةِ تتمحورُ حول أساليبِ تطبيعِ النَّاس وقهرهم وقواعد التعامل معهم، فضلاً عن مُعَدَّلاتِ الظُّهورِ أمَامَهُم أو الاحتجابِ عنهم، ومدى قدرتهم الجِبائيَّة، وأشكال تجنيدهم، وطُرُق ترهيبهم وترغيبهم(9)، ومِنْ هنا، يمكن القول أنَّ النَّاس في الخطابِ السياسيِّ الإسلاميِّ، مهما تعدَّدت مواضيعه، هو خطابٌ حول النَّاس، ليْس لأهميَّتهم، انطلاقاً مِنْ مُسلَّمَةٍ رئيسةٍ مؤدَّاها تقوية السُّلطان واستمراره، وهؤلاء النَّاس يحضرون في هذا الخطابِ اسماً لا فعلاً، وشكلاً لا مضموناً، في اغتيالٍ بيِّنٍ للحريَّة والعَدْلِ والمساواة.

وغايةُ القولِ، الآن، في بيانِ مفهوم الآداب السلطانيَّة، أنَّها مجموعُ النُّصوصِ التي نَشَأتْ في سياقٍ تاريخيٍّ سياسيٍّ مُحدَّدٍ، لإنجازِ مَهَامٍ أيديولوجيَّة مَضْبوطة، ضمن دائرة الفضاءِ السياسيِّ الإسلاميِّ، بمختلفِ الصِّراعاتِ التي تجري داخله، وتُعبِّر عَنْ ديناميَّات التحوُّل والتطوُّر الجارية فيه(10)، وعلى مِثْلِ هذا المَنْهجِ يقتربُ أحد الباحثين عندما يُقرِّر أنَّ الآدابَ السلطانيَّة هيَ تلكم الكتاباتِ السياسيَّةِ التي تَزَامَنَ ظهورها الجنينيُّ مع ما يدعوه الجميع: بحادثة انقلابِ الخلافة إلى مُلْكٍ، وكانت في جزءٍ كبيرٍ منها نَقْلاً واقتباساً مِنَ التراثِ السياسيِّ الفارسيِّ، واستعانةً بهِ

9. عز الدبن العلام، الآداب السلطانية: دراسة في بنية وثوابت الخطاب السياسي، الكويت، المجلس الوطني للثقافة والفنون والآداب، سلسلة عالم المعرفة، العدد 324، ط1، 2006، ص 181 - 182.

10. المرجع نفسه، ص 183.

في تدبير أمورِ الدولةِ الإسلاميَّةِ الوليدة[11]، وأكثر مِنْ ذلك، سَاهَمَتْ هذهِ الكتاباتُ السياسيَّةُ في تسويغِ القَهْرِ، والاستبدادِ، واستبعادِ النَّاس عَنْ أيِّ شَكْلٍ للمُشَاركةِ في صُنْعِ حاضرهم ومستقبلهم، بل وتعاملتْ السُّلطةُ السياسيَّةُ، عَبْرَ التاريخِ، مع هذهِ الكتاباتِ على أساس أنَّها مِنْ أبرزِ مصادرِ الشَّرعيَّة السياسيَّةِ والدينيَّةِ[12]، وقد انقسمتْ هذهِ الكتاباتُ حَسْبَ موضوعاتها إلى عدَّة أقسامٍ هيَ[13]:

1. كتب الرسائل، مثل رسالة الصَّحابة لمؤلفها عبد الله بن المُقَفَّع.

2. كتب العهود، وأشهرها عهد الخليفة الأُمويِّ مروان بن محمَّد إلى ابنهِ والذي حرَّره عبد الحميد بن يحيى الكاتب.

3. كتب المُنتَخَبات، وأشهرها كتاب اللؤلؤة في السُّلطان، والمُرْجَانة في مخاطبةِ المُلوكِ، والفريدة في الحروب، للكاتب ابن عبد ربِّه الأندلسيِّ.

4. كتب التدبير السياسيِّ والسلطانيِّ، ومِنْ أشهرها كتاب تسهيل النَّظر وتعجيل الظَّفَر للإمام والفقيه أبي الحسن الماوردي.

5. كتب نصائح الملوك، ومِنْ أبرزها سِراج الملوك لمؤلفهِ أبي بكرٍ الطُرْطُوشيِّ.

6. كتب آداب الوزارة، ومن أشهرها قوانين الوزارة وسياسة المُلْكِ للإمام أبي الحسن الماورديِّ.

وسَوْفَ نجتزىءُ في سَوْقِ هذه الرؤى، وتلكم المُصَنَّفات، باللمحةِ الطَّائرة، ذلكم أنَّ الغايةَ هيَ الوصول إلى مرجعيَّات فِكْرِ الطَّاعة، وتأسيسِ القَهْرِ، وليْسَ الخوض في غِمَارِ إشكاليَّاتٍ مفاهيميَّةٍ، وتاريخيَّة، ليْست في سياقِ بحثنا، وقد آثرنا هذا النَّهجَ في الاكتفاءِ، لأنَّنا إنَّما نريدُ بهذهِ الرؤى أنْ تكونَ أمثلةً على المقولةِ التي تنتظمُ هذه الأوراق، ألا وهيَ: كيف ولماذا انبثقتْ الآداب السلطانيَّة في ظلِّ وجود شريعةٍ تتناقض معها، وما هي عوامل ظهورها؟، وممَّا لا شكَّ فيه أنَّ الفتنة الكبرى عام 35 هجريَّة، ثمَّ ظهور الأُمويين، وتحويل

---

11. كمال عبد اللطيف، في تشريح أصول الاستبداد، ص 56.

12. عز الدين العلام، الآداب السلطانية، ص 8.

13. زهير مبارك، أصول الاستبداد العربي، بيروت، مؤسسة الانتشار العربي، ط1، 2010، ص 236 - 237.

الخلافـة الإسلاميَّـة إلـى دولة مَلكيَّـة يتوارثهـا الأبناء، كانـتْ البداية التـي طوَّرها وأطَّرهـا العباسـيَّون، مِـنْ أجلِ الحفـاظ على السُّـلطة [14] أكثر مِـنَ الحفاظ على الدولةِ، والشَّريعةِ، والإنسان، ولذا لم يتردَّد عزُّ الدِّين العَلاَّم في تأكيدِ أنَّ انقلاب الخلافـة إلـى مُلْكٍ هـوَ المَدْخَـلُ التاريخيُّ لظهـورِ الأدَبِ السُّـلطانيِّ[15]، وبما أنَّ للأفـكارِ شـهادةُ مـيلادٍ، تتعلَّق بتشـكُّلِها في أثَرِ نَصْـيٍّ مُحدَّدٍ، لَهُ صَانِعٌ ومُنْشِـىءٌ، ولَـهُ زَمَنٌ مُؤطِّرٌ للرسـالةِ التي نَشَـأَ مِنْ أجلها، وذلك رغـم أنَّ التراكُمَ الحَاصِلَ في التاريـخِ يُغيِّـرُ دلالـة النَّصِ، بمعنـى أنَّ خطابَ الآدابِ السـلطانيَّةِ نَشَـأَ اسـتجابةً لحاجـةٍ تاريخيَّـةٍ، وأنَّه لَمْ يَعْكـس لحظة مُثَاقَفَةٍ مُحَايدة، بل إنَّ نشـأتهُ تمَّت في إطـارٍ وظيفيٍّ مُعيَّنٍ، يتجلَّـى في التنظير لدولة الإمبراطوريَّـة[16]، ومِنَ المفاجأةِ والمُفَارَقَةِ، أيضاً، أنَّ الفِكْرَ الإسلاميَّ الذي يُفْتَرَض أنْ يَرْفُضَ هذهِ المُثاقَفة، بِحُكْمِ مرجعيَّتِهِ وانتمائهِ للشَّـريعة، استسلمَ لها، وما زال.

وقَدْ ألمعنا إلى مسألةِ بدايةِ عصر التدوين للأخلاقِ والقِيَمِ في الثقافةِ العربيَّة والإسلاميَّة في أواخرِ العصر الأُمويِّ في سياقٍ مُتقدِّم، ولكنَّنا نستأنفُ الإشارة إليها هنـا لأنَّهـا إحـدى الينابيع التي ارتوى منهـا فِكْرُ الطَّاعة في تاريخنـا، ذلكم أنَّ هذا العَصْر هوَ الذي انتشـرت فيهِ الخَطَابَة والشِّـعْر والرسـائل، مع ضرورةِ الإشـارة إلى السـؤالِ الأبـرز، هنا، وهـو: كيف حدثَ أنْ شَـهِدَ العَصْرُ الأمويُّ بدايـة التأليفِ في القِيَمِ والأخلاقِ مِنْ داخِلِ الموروثِ الفارسـيِّ، وهوِ العَصْرُ الذي كانَ عربيّاً خَالِصَاً، بـل العصـر الذي سـادَ فيه التعصُّـب للعَرَبِ وثقافتهـم؟ [17]، وليْسَ يخفى أنَّ هذا عَصْرٌ غَلَبَتْ فيه الخَطَابة بصورةٍ كبيرةٍ، وتداولها النَّاسُ عبر السنينِ بواسطةِ الرواية، حتى تجسَّدتْ في عمليةِ التأليف بَعْدَ ما نَشَطَتْ حركتهُ في الأدب، فأصبحتْ لوناً أدبياً ضرورياً منها أدب اللِّسـان، واشْـتُهِرَتْ الخُطَبُ التي تُنْسَـبُ للأُمويين وتُكرِّس قِيَمَ الاسـتبدادِ القَبَليِّ بلغةٍ شـجيَّةٍ، وفَصَاحةٍ بالغةٍ، وصولاً إلى بروزِ ظاهرةِ التَرسُّلِ

14. المرجع نفسه، ص 238.
15. عز الدين العلام، السلطة والسياسة في الأدب السلطاني، ص 41.
16. محمد عابد الجابري، العقل السياسي العربي، ص 329 - 362 / كمال عبد اللطيف، في تشريح أصول الاستبداد، ص 56 - 59.
17. محمد عابد الجابري، العقل الأخلاقي العربي، ص 132.

في أواخرِ العَصْرِ الأمويِّ[18]، وَيُعْتَبَرُ عبد الحميد الكاتب[19]، وأستاذه سالم مولى هشام بن عبد الملك[20]، مِنْ أبرز الكتَّاب الذين أسَّسوا لهذا اللون الأدبيِّ - السياسيِّ، حيث تَلازَمَ هذا التطوُّر مع الانتقالِ الاجتماعيِّ والاقتصاديِّ والسياسيِّ للمجتمعِ العربيِّ البدويِّ إلى عَالَمٍ جديدٍ هوَ الدولة الأُمويَّة[21]، والتحوُّل مِنْ الهيكليَّةِ البسيطةِ للقبيلةِ إلى الهيكليَّةِ المُعقَّدةِ للدولة.

ولعلَّ المُتتبِّعَ لهذهِ المسألة المتعلِّقة بتحوُّل الدواوينِ مِنَ السيطرةِ العربيَّة إلى الهَيْمنةِ الفارسيَّة وَاجِدٌ أنَّ نشأتَها بالفعلِ كانَتْ عربيَّةً خَالِصَةً منذ عهد النبيِّ صلَّى الله عليهِ وسلَّم وفي زمنِ الراشدين حتى أواسط العَصْرِ الأمويِّ[22]، ولكنَّ ذلك الأمر تغيَّر تدريجيًّا، مع بروزِ عبد الحميد بن يحيى وأستاذه سالم، وأبرز أعمال عبد الحميد الكاتب هيَ العهد الذي كتبهُ لآخر خلفاء بني أُميَّة مروان بن مُحمَّد إلى ابنهِ عبيْد الله، إلى جانبِ رسالتهِ إلى الكُتَّاب التي مثَّلت أوَّل مدوَّنةٍ في الكتابةِ العربيَّةِ السلطانيَّة، وكانتْ هذهِ الآثار هيَ المَدْخلُ الذي اعتبره كتَّابُ وعلماءُ بداياتِ العصر العباسيِّ الأوَّل للاعتقاد بأنَّهم شركاء في مشروعِ البِنْية السياسيَّة التكوينيَّة الناشئة لمؤسَّسة السُّلطة العبَّاسيَّة، ولكنَّ واقع الحال بيْنَ

18. حول نشأة ديوان الرسائل وأبرز معالمه وكتَّابه في العصر الأموي انظر:
زريف المعايطة، نشأة الدواوين وتطورها في صدر الإسلام، أبو ظبي، مركز زايد للتراث والتاريخ، ط1، 2000، ص 123 - 162.

19. حول ترجمة عبد الحميد الكاتب ودوره في أدب الترسُّل انظر:
ابن كثير، البداية والنهاية، ج 10، ص 281 / الجاحظ، عمرو بن بحر "150 - 255 هـ"، البيان والتبيين، تحقيق عبد السلام هارون، القاهرة، مكتبة الخانجي، ط7، 1998، ج 3، ص 29 / ابن خلكان، وفيات الأعيان، ج 3، ص 228 - 232 / الذهبي، سير أعلام النبلاء، ج 5، ص 462 - 463 / محمد عابد الجابري، العقل الأخلاقي العربي، ص 131 - 255 / رضوان السيد، الكاتب والسلطان: دراسة في ظهور كاتب الديوان في الدولة الإسلامية، مجلة الاجتهاد، بيروت، العدد الرابع، 1989، ص 13 - 51.

20. حول ترجمة سالم مولى هشام بن عبد الملك انظر:
ياقوت الحموي، شهاب الدين أبو عبدالله"574 - 626 هـ"، معجم الأدباء (إرشاد الأرديب إلى معرفة الأديب)، تحقيق إحسان عباس، بيروت، دار الغرب الإسلامي، ط1، 1993، ج 3، ص 1340 - 1341 / إحسان عباس، عبد الحميد بن يحيى الكاتب وما تبقى من رسائله ورسائل سالم أبي العلاء، ص 30 - 31 / رضوان السيد، الكاتب والسلطان، ص 13 - 51.

21. الجاحظ، البيان والتبيين، ج 3، ص 366.

22. الجهشياري، محمد بن عبدوس "ت 331 هـ"، الوزراء والكُتَّاب، تحقيق إبراهيم صالح، أبو ظبي، هيئة أبو ظبي للثقافة والتراث، ط1، 2009، ص 35 وما بعدها، ص 80 وما بعدها.

السـلطةِ والمثقَّـف عموماً، آنذاك، لَمْ يسـمح لهـذه الشـراكة المُصْطَنَعَة والمزيَّفة أنْ تقـومَ مِنْ حيث المبدأ(23)، والملاحظة الجديرة بالذِّكر أنَّ الأحداثَ السياسـيَّة العَاصِفَـة، والفِتَـنَ المُتَلاحِقَـة، حوَّلت المَيْلَ الأُمـويَّ للإيجازِ في الكتابـةِ، والبَلاغةِ المُوجـزة فـي التعبيـر، إلـى النَّقيـض تماماً مـع العهد الـذي كتبه عبـد الحميد بن يحيـى للخليفةِ مروان بـن محمَّد، معَ التركيز على الجوانب السياسـيَّةِ والتنظيميَّةِ والعسـكريَّة(24)، ويبدو جلياً أنَّ هذه الإرهاصات مهَّدت الطريق نحو المزيدِ مِنَ العُمْقِ في الكتاباتِ الديوانيَّة - السـلطانيَّة في الأعوامِ الحَاسِـمَة التي أعقبتها مع بدايات العصر العباسيِّ.

وربَّما يكفي أنْ نشير هنا، إلماعاً، إلى قول رضوان السيَّد حول كتاباتِ المرحلة الفاصلة بيْنَ العصريْنِ الأُمويَّ والعباسيِّ أنَّه ليْسَ للسلطةِ أيديولوجيَّة أو مشروعاً عدا الاستمرار في السُّلطة، وَتَبَعاً لذلك فإنَّ أولئك الذين يريدون الاقتراب منها مِنْ فئاتِ المثقَّفين يضعون ذلك في اعتبارهم فيحاولون الإثبات أنَّهم إنَّما يُسْهِمونَ بوجودهم في حاشـية السـلطان في اسـتقرارهِ واسـتمرارهِ، كمـا أنَّهم يحاولـون كلَّ الوقت أنْ يُثْبِتوا للسُّلطانِ أنَّ أهدافهم مِنْ وراءِ الاقترابِ منه محدودة أيضاً بحدودِ شخوصهم ومطامِحِهم القريبة لكيْ لا يثيروا الشكوك والمخاوف في نَفْسِ السلطان، أو يُثيروا عنف السُّلطةِ الكامِنِ عندما نُحِسُّ أنَّها مُهدَّدة على نحوٍ ما، وأنَّ الكاتب المُتربِّي في الديوانِ بالدولةِ الإسلاميَّةِ حسـب النموذج الفارسيِّ الساسانيِّ كفكرةٍ وأدواتٍ كانَ في الأعمِّ الأغلب مثقَّفاً ديوانيَّاً أداتيَّاً يطمح للجاهِ والمال، ويتوسَّـلُ لذلك بالتقرُّبِ للسلطانِ بخبراتهِ في تحصيلِ المال، وخدمة السُّلطة بالحفاظِ على استقرارها[25]، وتأسيسـاً علـى هذا لَمْ يكنْ الكتَّـاب في العصر الأُمويِّ أكثر مِـنْ أحجارٍ على رقعة شطرنج السلطةِ السياسيَّة، ولكنَّهم مع بداياتِ العصر العباسيِّ اعتقدوا نتيجة الدور الكبيـر نسـبيَّاً لهم في الدعوة السِـريَّة، وأحداث الثورة لاحقـاً، أنَّ إمكانية انتقالهم مِـنْ مربَّعِ الاسـتماع والتنفيذ إلى مربَّع القول والتوجيـه باتَ متاحاً، ولكنْ هيهات.

23. رضوان السيد، الكاتب والسلطان، ص 39 - 40.

24. إحسان عباس، عبد الحميد بن يحيى الكاتب، ص 69 / حول عهد مروان بن محمد إلى ابنه عبيدالله انظر: إحسان عباس، عهد أردشير، بيروت، دار صادر، ط1، 1967، ص 215 - 268.

25. رضوان السيد في مقدمة تحقيق كتاب: مؤلف مجهول، الأسد والغواص، ص 26 - 28.

وأظْهَرُ وجوهِ هذهِ الإشكاليَّة تجربة عبد الله بن المقفَّع[26]، الذي لَمْ يتوقَّف فـي كتبـهِ مثل: "رسالة الصَّحابـة"، و"الأدب الصغيـر والأدب الكبير"، عنـد الفَصْلِ بيْـنَ مجالِ السياسـةِ عـن الدِّيـن، وإنَّمـا سعى إلى إلحـاقِ الدِّيـنِ والسياسـةِ معاً بـإرادةِ الخليفـة، وأنَّ المطلوب مِـنَ النَّاسِ هو الطَّاعة المُطْلقـة له، وحتى المجال الضيِّـق الـذي رأى ابن المُقفَّع أنَّه يتناسـب مع الإسلام، فقد جعلـهُ هو أيضاً تحت رقابـةِ الخليفـة، فهو الذي له: "إمضـاءُ الحُدودِ والأحكامِ على الكِتَابِ والسُـنَّة"، أيْ "الكِتَـابُ والسُـنَّة" كما يريدهمـا الخليفةُ لمصلحتـه، ويؤكِّد الدكتور علـيّ أُومليل أنَّ ابـن المُقفَّـع عندمـا يتصـدَّى لقضيَّة الشَّـريعة فإنَّـه يفعلُ ذلـك لتكريسِ فكرة الاسـتبداد، أيْ أنَّه يُبْطِلُ الدور الذي يمكن للشَّريعة أنْ تقومَ بهِ حينَ تصبحُ سُلْطةً فـي مواجهـةِ السُّـلطة[27]، ولـمَّا كانَ الإسلامُ في جوهـرهِ يُمثِّلُ ثـورةً على الطغيان مهما كانَ مصدره، ويضمُّ بيْنَ أحكامهِ وأدبياتهِ الرقابة المُمْكنة على السُّلطة باسمِ الشَّـريعة، أو باسـمِ مبادئِ وقِيَمِ الشَّـريعة، مثل العَدْلِ، والأمرِ بالمعروفِ والنَّهي عن المُنْكر، إلى جانبِ التعدُّد الاجتهاديِّ في الشَّـريعةِ نفسـها، والذي هوَ في حدِّ ذاتـه مُناقِضٌ لفكرةِ مركزيَّة السُّـلطة، وهـذه أبوابٌ كانَ على عبداللـه ابن المُقفَّع إقفالها حتى تسـتقيم دعواه إلى السُّـلطة الفرديَّة، وينجحَ في بلورة تفرُّد الخليفة واحتكارهِ لجميعِ مقوِّماتِ الدولةِ، والمجتمعِ، والإنسانِ، مِنَ الألفِ إلى الياء.

إنَّ القـراءةَ العميقةَ لأفكارِ ابن المُقفَّع تُشيرُ إلى أهـدافٍ غير تلك الظاهرة فـي ثنايا كلامـهِ للوهلة الأُولى، فهو يُقلِّـصُ المجالَ الدينيِّ، واختصاصات سـلطة الدِّيـن، لا لصالـح ما هو مدنـيٌّ، بل لإِحْكَام قبضة الخليفـة المُطْلَقة، وعلى الرغمِ مِنَ الآراءِ ذاتِ الصبغة العقلانيَّة، إلاَّ أنَّه يَنْقُضُ في نتائجهِ ما يقولهُ في مقدِّمَاته، ذلـك أنَّ ابـن المُقفَّع قـد جَعَلَ: "الرأي إلى ولاةِ الأمْر، ليْـسَ للنَّاسِ في ذلك الأمر شـيءٌ، إلاَّ الإشـارة عند المشـورة، والإجابة عند الدعوة"، وهكذا فإنَّه ليس للنَّاسِ حقُّ التعبير عن آرائهم في شـؤونهم السياسيَّة، أو الاقتصاديَّة، أو الاجتماعيَّة، بلْ

26. حول ترجمة عبد الله بن المقفَّع وأطواره الفكرية انظر:
ابن خلكان، وفيات الأعيان، ج 2، ص 151 - 155 / أحمد أمين، ضحى الإسلام، ج 1، ص 186 - 212.

27. علي أومليل، السلطة الثقافية والسلطة السياسية، ص 62.

عليهـم الطَّاعة وحسـب، وحتى الشُّورى التـي وَرَدتْ في القرآن الكريـم يجعلها ابـن المُقفَّـع غيـر مُلْزِمَـة ولا مُقنَّنَـة، بلْ هـيَ حالـةٌ اختياريَّـة يقومُ بهـا الخليفة متـى شـاء، وتقع ضمن أملاكـه الخاصَّة، وتبلغ الإثارة مداها عنـد ابن المُقفَّع في كتابه "رسـالة الصَّحابة"، لأنَّ هذا الكتاب يُفسِّـر مفهوم الشَّـورى الاختيارية وفق رؤيتهِ الخاصَّة، فهو يرى أنَّ الشورى لا تتعلَّق بعامة النَّاس، أيْ الشَّعب، أو الأُمَّة، بالمصطلـح السياسـيِّ الحديـث(28)، بـل بالخاصَّـة، أيْ الذينَ لهم صِلَـةٌ ومصلحةٌ مباشـرةٌ بالخليفـة، أولئـك الذيـنَ أطلق عليهـم ابن المُقفَّـع مُسـمَّى "الصَّحابة"، والذيـن يسـعى بصورةٍ ما أنْ يكون ضمنهـم دون أنْ يُصرِّح بذلك، فهؤلاء يُوحُونَ بالأوامر، ويُشـيرونَ على الخليفة بها، وهُمْ يعملون أيضاً على تكييفها، وسواءٌ تمَّ الأخـذُ برأيهـم أمْ لا، الفيْصل أنْ يكونوا هُمْ المقرَّبيـن مِنْ صنع القرار، ثمَّ لا يجد ابن المُقفَّع بعد هذا كلِّه أيَّ تناقضٍ أو حَرَجٍ في أنْ يقول للخليفة: "لا تقذفنَّ في روعـكِ أنَّك إذا استشـرتَ الرجـال ظَهَرَتْ منكَ الحاجةُ إلـى رأي غيرك" (29)، لكأنَّ الخليفة رَجُـلٌ مَعْصُومٌ لا يأتيهِ الباطِلُ أبداً.

ويـدلُّ علـى هذا المَنْهَـجِ جُمْلَةً قَـوْلُ عليّ أُومليـل أنَّ قضيَّة الشُّـورى لَمْ تكنْ هيَ المطروحة كمطلبٍ ينبغي إقرارهُ للحدِّ مِنْ تسـلُّط السُّـلطة، بل كانَ المطروحُ هـو حِـرْصُ هـذه الخاصَّة على تزيين الشُّـورى للخليفـةِ، ويعني ذلك استشـارتهم، أيْ تقريبهـم إليـهِ، حتى ينالوا حظَّهم مِنْ سُـلطانهِ وَجَاهِهِ مِنْ جانب، وحتى يكونَ الاسـتبعاد هـو نصيبُ بقيـة النَّـاسِ الذيـن جـاءَ الإسلامُ أساسـاً مِنْ أجـلِ حقوقهم وكرامتهم مِنْ جانبٍ آخر، ومِنْ هنا، يَجِدُ المُسْلم نفسه أمام هذا الاستبداد المُركَّبِ بيْـنَ مصيريْـنِ اثنيْن: إمَّا القبول بالانسـحاقِ تحـتَ أهواءِ السُّـلطة، مقابل ما ينالهَ مِـنْ مـالٍ ونفوذٍ وجَاه، وإمَّـا الزُّهدُ في كلِّ ذلك، والالتزام بمبـادىءِ الإسلام والغِنَى بالنَّفس(30)، ولكنَّ ابن المُقفَّع يأبى إلاَّ أنْ يُقدِّم رأيهُ مُبرِّراً القبول بالاستبدادِ ما دامَ المالُ هو ثَمَنُ القِيَم في كلِّ عَصْرٍ، حيث يقول: "ولا يُظْهِرُ المروءة إلاَّ المال، ومَنْ

---

28. المرجع نفسه، ص 63.

29. عبد الله بن المقفَّع "106 - 142 هـ"، آثار ابن المقفَّع، بيروت، دار الكتب العلمية، ط1، 1989، ص 248.

30. علي أومليل، السلطة الثقافية والسلطة السياسية، ص 67 - 68.

لا مَـالَ لـه فلا شـيءَ له، والفَقْرُ مَسْـلَبَة للعَقْلِ والمروءةِ، ومَجْمَـعٌ للبلاء" [31]، على أنَّ أكثـر شـيءٍ خطورة في هذا الإطار، هـو دعوة ابن المُقفَّع إلى تبعيَّة الشَّـريعة للخليفـةِ، بمعنـى أنْ يضـع حدّاً لِتعدُّدِ الأحـكام، وبكلمةٍ أدقّ إقفـال بابِ الاجتهادِ فـي الإسلام، وأنْ يَتْـرُكَ المُسْـلمون عقولهم في إجازةٍ أبديَّةٍ مـا دامَ هناك مَنْ يُفكِّر ويُقرِّر بالنيابةِ عنهم، وهذه جرأةٌ كبيرةٌ سَـمَحَتْ بها السُّـلطة السياسيَّة لأنَّ مآلاتها في مصلحتها، ولو كانتْ تلكم الاقتراحات عَكْسَ ذلك ما كانَ له أنْ يقولها، وما كانَ للسُّلطة أنْ تسمح له بالتفكيرِ بها، فضلاً عن تدوينها ونشرها مِنْ حيث المبدأ.

وهكذا يُصْبِحُ أمرنا مع الاستبدادِ قائماً على سَعَة الاختيار لا على صَارِمِ المِعْيارِ، وهكذا تكون إنسانيَّة الحضارة العربيَّة والإسلاميَّة، مع بداياتِ التراجعِ منذ بداياتِ العَصْرِ الأُمويِّ تظهرُ تدريجيّاً، قبل أنْ تَرْتَكِسَ مكانةُ الإنسانِ في تاريخنا إلى مرحلةٍ مرذولـةٍ بعـد الانفصالِ الكبيرِ الذي قادتهُ السُّـلطة ورجالاتها بيْنَ الإنسـانِ العربيِّ والمُسْـلمِ وإنسانيَّتهِ، ولعلَّ عبدالله بن المُقفَّع مِنْ أبرزِ الذين نظَّروا للأيديولوجيَّة السُّلطانيَّة الفارسيَّة، وأوَّل مَنْ دشَّنَ القول في الأيديولوجيَّة السُّلطانيَّة في الثقافةِ الإسلاميَّـة[32]، ولهـذا أصبـح مجـالُ القـولِ فـي مصنَّفات ابـن المقفَّع، هـوَ حضور الهَاجِسِ السياسـيِّ والأخلاقـيِّ والإصلاحـيِّ والتعليمـيِّ بصـورةٍ مُركَّبةٍ، أمَّا "رسـالة الصَّحابة" [33]، فهي تشيرُ إلى قضايا التدبيرِ السياسيِّ والسياسة العمليَّة، مِنْ دونِ اسـتحضارٍ قويٍّ للمعيار الأخلاقيِّ [34]، وهيَ رسـالةٌ قدَّمها ابن المقفَّع إلى الخليفةِ العباسـيِّ أبـي جعفرٍ المنصور ممَّا يشـيرُ إلى بـروزِ طبقةِ الخاصَّة كفئـةٍ اجتماعيَّةٍ جديدةٍ في المجتمعِ العربيِّ والإسلاميِّ، وهي فئةٌ تحتلُّ منزلةً بيْنَ الحَاكمِ والعامَّة، ومِـنْ أبرزِ عناصرِ هذه الفئة كُتَّاب الدواويـن[35]، ومع مرورِ الوقتِ أصبحت هذه الفئة جزءاً مِنْ المشروعِ السلطويِّ، إنْ سَيْطَرَ سَيْطروا، وإنْ سَقَطَ سَقَطوا[36]، ونَتَجَ

31. عبد الله بن المقفَّع، آثار ابن المقفَّع، ص 304.
32. محمد عابد الجابري، العقل السياسي العربي، ص 341.
33. انظر نص رسالة الصحابة في: عبد الله بن المقفَّع، آثار ابن المقفَّع، ص 309 - 325.
34. كمال عبد اللطيف، في تشريح أصول الاستبداد، ص 64.
35. محمد عابد الجابري، العقل السياسي العربي، ص 341 - 342.
36. رضوان السيد، الكاتب والسلطان، ص 14 - 25.

عن ربطِ هذهِ الفئة، أيضاً، مصيرها بمصيرِ السُّلطة المزيد مِنَ الشُّروخِ العُضْويَّة بيْنَ المثقَّفِ في الحضارةِ العربيَّةِ والإسلاميَّةِ وبيْنِ النَّاس، وقضاياهم الأساسيَّة في السياسةِ والاقتصادِ والاجتماع.

واسْتَقْطَبَتْ الآدابُ السُّلطانيَّة التاريخ، وجعلتهُ ركيزةً أساسيَّةً في بِنْيتها، وتجلِّياتها، واستنتاجاتها، وباتَ التَّاريخُ المادَّة التي يتشكَّل منها الفِكْرُ السُّلطانيُّ[37]، وقد غدا استحضارُ التَّاريخ نَهْجَاً للاعتبارِ، أكثر مِنْ كونهِ عنصراً تكتملُ بهِ لوحة الفِكْرِ السُّلطانيِّ، وانتقَلَتْ المصنَّفات السُّلطانيَّة مِنْ طَوْرِ التنظيرِ للدولة والسُّلطة، إلى طَوْرِ كونها سياسةٌ تَنْهَلُ مِنَ السياسةِ ومِنْ أجلِ السياسةِ[38]، وهذا لعَمْري أدخلَ الإنسانَ في المجتمعِ العربيِّ والإسلاميِّ في مُتَتَالية الإقصاءِ مِنَ التَّاريخِ والحَاضِرِ والمستقبل، في آنٍ واحدٍ معاً، في جرأةٍ غيرَ مسبوقةٍ تَنَاقَضَتْ مع أبجديَّات الشَّريعةِ الإسلاميَّة التي جَعَلَت الإنسان محور الإعمار والاستخلاف والتكريم، وتَنَاقَضَتْ أيضاً مع السُنَّة النبويَّة الشريفة التي جعلت الإنسانَ حقيقةً ملموسةً في الواقعِ التاريخيِّ، وكرَّمتهُ بأنْ أعادَتْ إليهِ إنسانيَّتهُ وبشريَّتهُ مِنْ خلالِ التطبيق العمليِّ على الأنْسَنَةِ، ولمَّا كانتْ هذه المنطلقاتْ هيَ الجِدَارُ الذي يَحْرِمُ عُشَّاق وطلَّاب السُّلطة، تاريخيَّاً، مِنْ تحقيقِ مشروعهم بالسَّيْطرةِ والاستبدادِ والقَهْرِ، كانَ لا بُدَّ مِنْ تحقيقِ مشروعٍ بديلٍ عنوانه القَهْر، وبابهُ الظلم، وبنيانه الاستبعاد، وسَقْفُهُ السُّلطان، مع أنَّ فتح مكَّة المكرَّمة وتحطيمِ الأصنامِ عام 8 هجريَّة كانَ آخر عَهْدِ الإنسان بوجودِ شريكٍ استراتيجيٍّ وهميٍّ يُمَارِسُ سلطاتهِ على النَّاس الذين جاء الإسلام وصيَّرهم أحراراً منذ ذلك اليوم، وبعد أنْ أخْرَجَ الإسلامُ النَّاس مِنْ عبادةِ العبادِ إلى عبادةِ ربِّ العباد، تمَّ الانقلابُ على هذهِ النَّقلةِ النوعيَّة في حياةِ الإنسانِ العربيِّ والمُسْلمِ وإعادتهِ إلى متاهةِ الاستبدادِ مِنْ جديد، والجديد أيضاً أنَّ ذلك تمَّ بعقولٍ وسواعد عربيَّة الوجه واليَدِ واللِّسان، وبمنهجيَّةٍ وتصوُّراتٍ إسلاميَّة المنطلقاتِ والمآلات.

---

37. عز الدين العلام، الآداب السلطانية، ص 64.

38. عزيز العظمة، التراث بين السلطة والتاريخ، الدار البيضاء، دار قرطبة للنشر والتوزيع، ط1، 1987، ص 42 – 50 وما بعدها.

المبحث الثاني | المَدْخل إلى فكرةِ الاستبعادِ في الفِكْرِ الإسلاميِّ

بَيْنَ الخَوْفِ مِنَ الدولة التي لَمْ تنشأ بَعْد، وبَيْنَ الخوفِ مِنْ عقليَّة القبيلة التي لمْ تَرْحلْ بَعْد، بَيْنَ أسئلةِ الحُريَّة، وقبول الآخَر، ومُشاركَة الإنسان العَربيِّ المُعاصِرِ في تقريرِ حاضرهِ ومستقبلهِ، وما بعد الحَدَاثة، في مجتمعِ ما قبْل الحَدَاثة، يتبلور الخِطَابُ المُؤسِّس لفكرةِ الاستبعادِ في الفِكْرِ الإسلاميِّ منذِ بواكيرهِ، ذلكم أنَّ قضيَّة السُّلطة السياسيَّة مثَّلتْ أولى وأبرز قضيَّة فَرِضَتْ نفسها على هذا الفِكْرِ الإسلاميِّ (39) منذ وفاة الرسولِ مُحمَّد عليه الصلاة والسَّلام، تعييناً، حتى يومنا هذا، وليْسَ يخفى أنَّ الشريعة الإسلاميَّة كانتْ، وما زالتْ، وستبقى، الضَّامن الأوَّل، والأخير، لمفاهيم الحُريَّة، والمساواةِ، والعَدْلِ، والشُّورى، والتَشارُكيَّة، والانتخاب، والمُسَاءَلة، والنَّقد العلميِّ، والعَقْلِ، والعدالة الاجتماعيَّة، ومِنْ هنا، سيظلُّ الإنسانُ في مجتمعنا خارج التَّاريخِ، والإبداعِ، والإنجاز الحضاريِّ، والمثاقفة الواعية، إذا تَنازَلَ عن تلكم المفاهيم، واستمرَّت حالة الاستلابِ الشاملة، والقابليَّة للنكوص في شتَّى مجالاتِ الحياة، وعليهِ، ينبثقُ السؤالُ المنهجيُّ الأبرز: لماذا يتنازل الإنسانُ العربيُّ عن دورهِ، ومكانتهِ، وريادتهِ، وإبداعهِ، وقيمتهِ، وقامَتهِ، إذا كان الإسلام عمَّق، وكرَّس، وجذَّر، كلَّ هذه المفاهيم مِنْ أجلهِ، ومِنْ أجلِ الإنسانيَّةِ جمعاء؟.

وأوَّل مظاهرِ هذهِ الإشكاليَّة العَلاقة بيْنَ الإسلامِ والسياسة، إذْ بَرَزتْ حركةُ توظيفٍ سياسيَّةٍ واسعة النِّطاق للنُّصوصِ الدينيَّة مِنْ أجلِ بناءِ السُّلطة السياسيَّة مُقَابل ثَمَنٍ باهظٍ جداً هو النَّفْيُ القسريُّ لأيِّ دورٍ للإنسانِ العربيِّ، وللنَّاسِ عموماً، ولَمْ يكنْ ذلك المجالُ السياسيُّ الإسلاميُّ قد تكوَّن مِنْ خلال الوَحيْ، أو التشريع القرآنيِّ، إلاَّ أنَّه سيخضعُ في تشكيلهِ لعوامل أخرى لَعِبَ

39. محمد عابد الجابري، تكوين العقل العربي، ص 107.

فيها العامل الدينيُّ دوراً كبيراً، أسْبَغَ عليه طابعاً قُدْسيَّاً أحياناً باعتبارِهِ ثمرة عَمَلٍ نبويٍّ وجَعَلَهُ لدى الفُقَهاء، ولدى كلِّ مَنْ فكَّر في المسألةِ السياسيَّةِ مِنْ بابِ الارتباطِ بالعقيدة[40]، واستطاعَ الخلفاء والسَّلاطين والمُلوك والأمراء طوال فترة التأسيسِ لوجودهم منذ بداياتِ الدولة الإسلاميَّة، إلى يومنا هذا، أنْ يؤسِّسوا الغطاء والتسويغ لاستبدادهم بأمْرِ النَّاسِ مِنْ خلالِ غالبيَّة الفقهاء والعلماء والمفكِّرين والمثقَّفين والأدباء وفْقَ سياقِ أيديولوجيَّة تبريريَّة التمستْ كلَّ الذرائعِ للحاكمِ على الرغم مِنْ شعورٍ وإدراكٍ ويقينٍ تلكم الغالبيَّة أنَّ زَيْغَ الدَّولة عَنْ جادَّة الدِّين بَالِغُ الوضوح[41]، وأنَّ مشروعَ الاستحواذ الشَّاملِ على مُقدَّرات الشَّريعةِ، والإنسانِ، والدولة، سوف يتواصل في مسيرهِ حتى لو كانَ الثَّمنُ هو اغتيالُ الجميعِ مِنْ أجلِ السُّلطةِ السياسيَّة، وفي سبيلها، حتى النِّهاية.

إنَّ للاستبدادِ في الفِكْرِ الإسلاميِّ قسيماً هو الفقهُ السياسيُّ، وقدْ باتَتْ الركيزة الأساسيَّة لدى أغلب الفقهاء أنَّه: "لا نرى الخروجَ على أئمَّتنا وولاة أمورِنا، وإنْ جاروا عَلَيْنا، وندعو لهم" [42]، ومِنْ هنا، أضحى الفقه السياسيُّ دِرْعاً يُكرِّس بقاءَ الحَاكِمِ وبطانته مِنْ جهة، ويستبعدُ النَّاسَ وأدوارهم وطموحاتهم مِنْ جهةٍ ثانية، وفي الحالاتِ النَّادرة التي دعا الفقهاء والمُفكِّرون فيها إلى الخروجِ مِنْ هذه المُتوالية لَمْ تكنْ دعوة إلى النَّقد الحقيقيِّ للسُّلطة، والمُطَالبة الحقيقيَّة بإعادةِ التشاركيَّةِ والمُسَاءَلةِ والشُّورى والانتخابِ إلى أصحابها الحقيقيين، أيْ النَّاس، وإنَّما كانتْ تلكم الرؤى، والدَّعَوات، تسعى إلى الخروجِ على الحَاكِمِ مِنْ أجلِ السُّلطة ذاتها، وليْسَ مِنْ أجلِ إعادة الأمور إلى نصابها الجَوهريِّ، وبكلمةٍ أدقّ، كانَ الصِّراع بيْنَ الحَاكِمِ وبطانته ضدَّ أعداء السُّلطة بهدف الاستحواذ عليها،

40. عبد الإله بلقزيز، الإسلام والسياسة: دور الحركة الإسلامية في صوغ المجال السياسي، بيروت، المركز الثقافي العربي، ط1، 2001، ص 36.

41. المرجع نفسه، ص 40 - 48.

42. محمد جابر الأنصاري، تكوين العقل العربي ومغزى الدولة القُطْرية: مدخل إلى إعادة فهم الواقع العربيّ، بيروت، مركز دراسات الوحدة العربية، ط2، 1995، ص 25.

وكانتْ حركات وثورات وفِكْرِ جميعِ المُعَارضينَ للسُّلطة تسعى إليها أيضاً، وفي الحالتيْن لَمْ يكن الإنسانُ العربيُّ، والنَّاس جميعهم، ضمن حسابات هؤلاءِ وهؤلاءِ، وفي ضوء هذا كلِّهِ ينتفي السؤالُ المُقيم: هلْ مِنْ إعادة الإسلامِ إلى أصحابِهِ الذينَ جاء أساساً للدفاع عنهم، وعَنْ حقوقهم، وحريَّاتهم، وكيانيَّتهم، وكرامتهم، وإنسانيَّتهم، وتكريمهم مِنْ سَبيل؟.

ويؤيِّدُ هذا في رَصيدِ الفِكْرِ الإسلاميِّ، قديمِهِ ومُحْدَثه، أنَّ الفِكْرَ السياسيَّ انقسمَ إلى تياريْنِ اثنيْنِ هما: تيارٌ يسعى إلى تعميق فكرة الاستبداد والقبول بالحَاكِم مهما كانت مفاسِدهُ بذريعةِ القضاءِ على الفِتَنِ والانقسامِ والصراعاتِ السياسيَّة(43)، وتيارٌ راديكاليٌّ وصِدَاميٌّ لا يرى سوى التغييرِ بالعنف والقوَّة والسِّلاحِ سبيلاً، ولكنَّ هذا التيار الإنقلابيَّ لو صَلَحَ ما نَجَحْ، ولو نَجَحَ ما استقرَّ، ولو استقرَّ ما استمرَّ، ذلكم أنَّ مسيرة التغيير في مجتمعنا العربيِّ والإسلاميِّ لَنْ يكون النجاح حليفها دون إسنادٍ مِنَ الشَّعب يقومُ على وعي حقيقيٍّ وفي ظلِّ تآلفٍ وتَوَافُقٍ مُجتمعيٍّ(44)، وليْسَ خافياً أنَّ التركيز على دورِ العُلَماءِ والفقهاءِ والمثقَّفين عبر التَّاريخِ العربيِّ تَنْبُعُ أهميتهُ مِنْ حقيقةِ أنَّ هؤلاء ساهموا بصورةٍ أساسيَّة في تجميدِ التجديدِ الدينيِّ الذي أبدَعَهُ ودعا إليهِ الخِطَابُ القرآنيُّ، فقد ناضلوا مِنْ خلال رؤاهم وكتاباتهم مِنْ أجلِ تحويل ذلكم التجديد إلى سياقٍ سياسيٍّ مُغْلَقٍ حافظتْ عليه السُّلطة السياسيَّة العربيَّة والإسلاميَّة منذ بدءِ تكوينها حتى وقتنا الحاضر بصورةٍ مُريعةٍ(45)، وأصبحَ التقليدُ، والاقتباس، والتبعيَّة الشَّاملة، والعشوائيَّة، والشَّكلانيَّة، والأوهام، هي اللافتات الأبرز في مختلف جوانب الحياة في المجتمعِ العربيِّ والإسلاميِّ.

---

43. أولريك هارمان، سلطان غشوم خير من فتنة تدوم: نظرات مقارنة في الفكريْن السياسيين الوسيطيْن الإسلامي والأوروبي، بيروت، مجلة الاجتهاد، العدد 13، 1991، ص 97.

44. عبد الله الحامد، المشكلة والحل: الاستبداد والشورى، ص 86.

45. محمد أركون، قضايا في نقد العقل الديني: كيف نفهم الإسلام اليوم؟، ترجمة هاشم صالح، بيروت، دار الطليعة، ط2، 2000، ص 118 – 120.

وأبرزُ ما نحاولُ إثباتهُ، هنا، ليكونَ منطلقاً في قولٍ مَضْبوطٍ على هذا الصَّعيد، صعيدِ هِجاءِ الطَّاعة بعد بيانها، أنَّ: "أوَّل دَرْسٍ في الأخلاقِ والسياسةِ تلقَّاهُ العَقْلُ العربيُّ كانَ على يَدِ مُعَاوية، حَامِلةِ السَّيْفِ، لا القَلَم، وكانَ بعنوان الجَبْر، أمْرُهُ وأمْرُ ابنهِ يزيد وأمْرُ كلِّ مَنْ جاءَ بعده كانَ بقضاءٍ وقَدَر، كان ذلك نتيجة هزيمة العرب جميعاً في حربهم الأهليَّة الأولى التي خَلَّدت اسم مكان صِفِّين فبقيْت جراحها ثابتة ماثلة مثول المكان، أمَّا الدرس الثاني الذي تلقَّاه العَقْلُ العربيُّ في الأخلاقِ والسياسةِ فكان عنوانهُ الطَّاعة، وكانَ هذه المرَّة في مادةِ الأدب، والأدب يقومُ مَقام السَّيْفِ، ومِنْ سوءِ حظِّ الظروف التي حَرَّكتْ ذلك القَلَمْ أنَّها كانت ظروف سَيْفٍ مَفْلول، ظروف هزيمةِ دولة مُعاوية وعشيرته هزيمةً نهائيَّةً مع مَروان بن مُحمَّد وكاتبه عبد الحميد" [46]، والطَّاعةُ تفرِضُها الدولة في قوَّتها مِنْ خلال القوَّة والسلاح العسكريِّ أو الإعلاميِّ أو الاقتصاديِّ، وفي مراحل ضَعْفِها تسعى إلى الطَّاعةِ مِنْ خلال توظيف الدِّين، ولهذا لم تواجه السُّلطة السياسيَّة في تاريخنا الكثير مِنَ الصعوباتِ في تحقيق أهدافها طالما كان فريقٌ مِنَ السُّلطة العلميَّة معها على الدوام.

ولعلَّهُ، بسببٍ مِنْ إلغاءِ النَّاسِ في فِكْرنا العربيِّ والإسلاميِّ، انتقلتْ ثقافة الطَّاعة وأخلاقها مِنَ الأُمويين إلى العبَّاسيين، وأضحتْ رُكناً أساسيَّاً في أيديولوجيَّة الجَبْرِ، وعليهِ لَمْ يتورَّع الخليفة أبي جَعْفرٍ المنصور عَن القول: "إنَّما أنا سلطانُ الله في أرضه" [47]، بمعنى أنَّ الخطابَ الأُمويَّ البراغماتيَّ المُؤسَّسْ على قاعدة العَصا لِمَنْ عصا تحوَّلَ في أواخرِ دولتهم إلى الموروثِ الفارسيِّ مِنْ أجلِ تعويضِ قوَّة السَّيْف بقوَّة الكَلِمَة، أمَّا الخطابُ العباسيُّ الجديد فَقَدْ وظَّفَ الموروثَ الفارسيَّ ولكنْ بخطابٍ عَربيٍّ وإسلاميٍّ، مع ضرورة الإشارة هنا إلى أنَّ الشَّريعة الإسلاميَّة، والتجربة التاريخيَّة لدولة

---

46. محمد عابد الجابري، العقل الأخلاقي العربي، ص 149.

47. الطبري، تاريخ الرسل والملوك، ج 8، ص 89 – 90 وما بعدهما / محمد عابد الجابري، العقل الأخلاقي العربي، ص 150.

الرسـولِ صلَّى الله عليه وسـلَّم، لا يوجد فيهما ما يشـيرُ إلى مَزْجِ الدِّين بالمُلْكِ، ولكنَّـهُ الموروثُ الفارسـيُّ الـذي دَخَلَ مع اقترابِ انهيار الدولة الأُمويَّة وسَـعْي الدولـة العبَّاسـيَّة إلـى تثبيـتِ قَدَمَيْهـا [48]، فلا الأولـى اسـتفادتْ مِـنْ ذلكـم المـوروث بإطالـةِ عُمْرِهـا، ولا الثانيـة اسـتطاعتْ الانعتـاقَ مِـنْ هَيْمنـةِ أخلاق الطَّاعـة مُقابـل الحُريَّـة، وعِمَـارة الأرض، وبنـاء الإنسـان، والعَـدْل، تلكـم القِيم التـي جاء الإسلام مِـنْ أجلها، وسـعى إلى تكريسـها وتعظيمها، وظلَّـت التجربة السياسـيَّة فـي مجتمعنا فـي سياق، والتجربة الحضاريَّـة الإبداعيَّة والإنسـانيَّة والمعرفيَّـة في سـياقٍ بعيدٍ جداً عنها.

ويُوشِـكُ أنْ لا يكونَ خِلافٌ على أنَّ مسـؤوليَّة تسـويغ نَفْيِ النَّاس مِنْ دولتهم العربيَّـة والإسلاميَّـة تقـعُ علـى كاهـلِ الفُقهـاء والعلمـاء والأدبـاء والكتَّـاب منذُ بواكيـر تأسـيسِ هـذه الدولـة، فقد كانتْ هـذهِ النُّخبـةُ نتيجـة تكوينهـا الدينيِّ، ومكانتهـا الاجتماعيَّـة، ووظيفتهـا الرسـميَّة في إطـارِ الدولة، تقـومُ بتبريرِ وجودِ الدولـة، وتُقـدِّمُ أطروحةً مُسـتمرَّةً حول ضـرورة حمايتها، والحفاظ على شَـوْكَتِها بالتقنيـن والإفتـاء[49]، وقـدْ سَـاهَمَ الفُقهـاءُ في إدخـالِ الخطابِ السياسـيِّ وفقَ مَنْطِقِهـم الدُنيـويِّ والسـلطويِّ تحـتْ رداءِ الفقْـهِ، حيثُ حاولوا بصورة مسـتمرَّة اقتبـاس الأدب السياسـيِّ الدنيويِّ وتحديدهِ بحدودِ الشَّـريعة، سَـعْياً وراءَ تقديم أنفسهم كمرجعيَّةٍ دينيَّةٍ تَمْلِكُ أدواتَ السياسة الفعليَّة، وبهذا يوسِّعون نفوذهم وسلطتهم على الرعيَّة والسُّلطة السياسيَّة[50]، وحَسْبُنا هنا أنْ نشيرَ إلى الخطيئةِ التي ارتكبتها النُّخبة وعلى رأسـها أغلب الفُقهاء عندما اعتقدوا بأنَّهم بمسـيرتهم هـذه حصلـوا على القيمةِ والقَامَة، ولَمْ يكنْ في حسـبانهم أنَّهـم باتوا أداةً تقوم بأدلجةِ الإسلام، وجعلوا المؤسَّسـة الدينيَّة تابعةً وخاضعةً للمؤسَّسـة السياسـيَّة، وأضحـى العُلمـاء والفُقهـاء والأدباء مُجـرَّد موظَّفين في خدمة الحَاكِـم وبطانته،

48. محمد عابد الجابري، العقل الأخلاقي العربي، ص 153.

49. كمال عبد اللطيف، ص 20.

50. علي أومليل، السلطة الثقافية والسلطة السياسية، ص 130 - 132.

وتحـوَّل مفهـوم رجـال الدِّين الغربيِّ المسـيحيِّ واليهوديِّ إلـى المجال الإسلاميِّ علـى الرغـمِ مِنْ رفـضِ الشَّـريعة، والنَّاس، لهـذه التحـوَّلات، ومحاربة المؤسَّسـة الدينيَّة الرسـميَّة للعلماء والفقهاءِ الأحرار.

ومِنَ التكريرِ، ولكنَّه مِنَ التذكرةِ أيضاً أنْ يُقالَ بأنَّ الخِلافةَ في الإسلام ظَهَرَتْ على أسـاسِ كونها حاميةً للشَّـريعة، وبذا ارتكزَ الخطابُ السياسيُّ منذُ البدءِ على مرجعيَّـةٍ دينيَّـةٍ، وعليهِ، اسـتخدمتْ السُّـلطة السياسـيةُ والمُعَارضةُ فـي تاريخنا العربـيِّ والإسلامـيِّ ذاتَ الـسِّلاح فـي معركة نَـزْعِ الشَـرعيَّة عن الأولـى والقضاءِ عليهـا، وفـي اسـتئصالِ الثانيـةِ وتكفيرها، وهذا الـسِّلاحُ هو الفِتْنَـة، حيث يَغْرِفُ كلُّ طَـرَفٍ مِـنْ رصيدهِ التشـريعيِّ مِنْ أجـلِ إلغاءِ الآخـر، ولمَّا احتاجتْ السُّـلطة السياسـيَّة، نتيجـة تطوُّر الفِكْرِ السياسـيِّ الإسلامـيِّ، إلى كتبِ الآدابِ السُّـلطانيَّة مِـنْ أجـلِ تكريـسِ وجودهـا وديمومَتـه، ومُحارَبـة الخارجيـن عليها، لَـمْ تتمكَّن تلكـم السُّـلطة أنْ توظِّف تلـكَ الكتب ومُخرجَاتهـا بعيداً عَنْ الشَّـريعة، أو دائرة المِعياريَّـة الأخلاقيَّة المَمْزُوجـةِ بالتقوى والأخلاق[51]، حيث جَذَّرتْ هذهِ الكتب ما يُسـمَّى بأخلاقِ الطَّاعة في الترابِ الفكريِّ والتربويِّ للإنسانِ العربيِّ والمُسْلم فأنتجتْ سُـلطةً سياسـيَّةً لا يُمكن التفكير في الوصولِ إليها، فضلاً عَنْ مُحاسَبَتها، وأثمـرتْ عَنْ إنسـانٍ حُضورهُ غيابْ، وغيابـهُ لا يُؤْبَه له، وباتَ النَّـاسُ مُجرَّد أرقامٍ بلا معنى في حسـاباتِ السُّلطة السياسيَّة.

ويتعيَّـنُ علينـا هنـا أنْ نَنْفـي مـا قَـدْ يُوهِـمُ بالمُبَالغـةِ فـي اسـتبعادِ النَّاسِ فـي فِكْرنـا العربيِّ والإسلاميِّ، وَحَسْـبُنا أنْ نشـير إلـى كيفيةِ تصويرِ هـذا الفِكْرِ لشـخصِ السُّـلطانِ حتـى ندركَ حَجْـمَ الجريمةِ التـي ارتُكِبَتْ بحقِّ الإنسـانِ في مجتمعنا، فالسُّـلطانُ مِنْ طينةٍ خاصَّة، يختلفُ عن كلِّ النَّاس، لا يَدينُ بشَـخْصِهِ أو مُلْكِـهِ لأحـد، لا يخافُ الموت ويتحدَّاهُ بثبـات، يتربَّعُ على رأسِ كلِّ المَراتِبِ ويتحكَّـمُ فيهـا مِـنْ دونِ أنْ تتحكَّـم فيـه، أخلاقياتـهُ تُخْـرِجُ الأشـياءَ والنَّاسَ مِنْ

51. كمال عبد اللطيف، في تشريح أصول الاستبداد، ص 257.

طبيعتها، إذْ بفضلهِ يصبحُ ما هو طبيعيٌّ ثقافيّاً، وهو فريدٌ مِنْ نوعه، يتموقعُ خارجَ الأسماءِ، وخارجَ أخلاقِ العامَّة، طبيعتهُ الحقيقيَّة كلُّها عَدْلٌ، إذْ يكفي أنْ يَتْرُكَ نفسه لطبْعِهِ ليَعُمَّ الخيْرُ البلادَ والعِباد، يَنْتفي في سلوكهِ عَامِلُ الزَّمَنِ الذي يتحكَّمُ في اللحظةِ الفاصِلةِ بيْنَ الفِعْلِ وردِّ الفِعْلِ، وهوَ مُتجرِّدٌ مِنْ كلِّ ضروراتِ ومتطلَّباتِ علاقاتِ الرَّحِمِ، ولا مجالَ للصداقةِ معه، بلْ إنَّ صداقةً بيْنَ رجليْنِ مِنْ حاشيتِهِ تُعدُّ افتتاناً عليه وتهديداً له، وهوَ أيضاً الرقيبُ على كلِّ ما ظَهَرَ وخَفِيَ في مملكتِهِ، إذْ العِلْمُ بكلِّ شيءٍ مِنْ صفاته، والخوف مِنْ علمهِ الشَّامل هو صِفة العُموم[52]، بهذهِ الرؤى، والصِّفاتِ، والمُبالَغَاتِ، التي ليْسَ لها أدنى علاقة مع أبجديَّات الشَّريعة، وحقيقة الحُريَّة، وإنسانيَّة الإنسان.

وأكثر مِنْ ذلك، لا يتورَّع بعض الكُتَّابِ والأدباءِ والفقهاءِ عَنْ التناقضِ مع الشَّريعة الإسلاميَّة إذا ما تعلَّق الأمر بالسُّلطان، وهذا الجاحظ يقول: "وأوْلى الأمورِ بأخلاقِ المَلِكِ، إنْ أمْكَنهُ التفرُّد بالماءِ والهواءِ، ألاَّ يُشْرِكَ فيهما أحداً، فإنَّ البهاءَ والعِزَّ والأُبَّهة في التفرُّد" [53]، ويبدو جليّاً النِّظام السلطويُّ المَراتبيُّ الذي يَجْعلُ مِنَ السُّلطانِ كائناً مُفْرَداً وفريداً مِنْ نوعِهِ، فكلُّ العَلامَاتِ المُلازِمَة لشخصهِ مِن اسمهِ ومَلْبَسهِ ومَسْكنهِ، أو المُصاحِبَة لظهورهِ أمَامَ الآخر مِنْ مجالسِ التدبير ومجالسِ اللَّهوِ والظُّهور أمامَ الرعيَّة، جميعها تَصُبُّ في إبرازِ فَرَادَتِهِ وتبيانِ جبروتهِ، وقُدْرَتِهِ الفائقة على كلِّ شيء، وتُرْجَى رحمته، بل وأيضاً التَّوْقُ إلى رؤيتِهِ، ومِنْ ذلك أنَّ الخليفة في العصريْنِ الراشديِّ والأُمويِّ يُعتَبَرُ مُجرَّد عُضوٍ في الخاصَّة، فهو، أيْ الخليفة، في العهد الراشديِّ أحد الصَّحابة الذي يُعيَّنُ بالبيْعةِ بعد المُشَاورة، وفي العهد الأُمويِّ لَمْ يختلف وضع الخليفة عن شيْخِ القبيلة الذي يَحظى باحترامِ الجميع دون أيِّ مظهرٍ للقداسة، أمَّا الخليفة في العَصْرِ العباسيِّ فقد جاءَ مِنْ أطروحةِ ميثولوجيا

52. عزّ الدين العلاَّم، الآداب السلطانية، ص 124 - 125.

53. المرجع نفسه، ص 125.

الإمـام بعد نـزعِ الصيغةِ الشِّـيعيَّة عنهـا وإحلال الطابع السُـنِّيِّ مَكانـه، بمعنى أنَّ أيديولوجيـة الجَبْـرِ الأُمـويِّ القائمـة علـى جَبْريَّـة القبيلة لَمْ تعـد كافية، ولا بُـدَّ مِـنْ توظيـفِ العقيدة مِـنْ خلال الكُتَّاب والفقهـاء مِنْ أجل تحقيق شـرعيَّة خالصـة ونهائيَّـة(54)، وظلَّـت التجربـة السياسـيَّة العربيَّـة تتراكم كمَّـاً وكَيْفاً في إطـار الاسـتئصالِ وحـده، أمَّـا مفاهيم الأُمَّـة، والجماعـة، والحُريَّـة، والانتخاب، والشُّـورى، فهيَ حاضرةٌ ولا رَيْب، ولكنَّ حضورها في خدمة السُّـلطة السياسيَّة، ومِـنْ أجلهـا، أمَّا الإنسـانُ فدونـه الآخِرة يعمـلُ للظَّفَرِ بهـا، ويجعلُ مِـنْ طاعتهِ للسُّـلطةِ سـبيلاً إليها، مهما كانَ الثَّمَن.

وَحَسْـبُنا هنـا أنْ نشـيرَ إلـى الرَّفضِ الـذي أصرَّ عليه العبَّاسـيون ضـدَّ الجَبْرِ الأُمـويِّ، وهُـم الذيـن عاشـوا وعملـوا في كَنَـفِ حركـة التنوير التـي قامَتْ ضدَّ أيديولوجيـا الجَبْـر الأمويَّـة، وكما يحدثُ دائمـاً فإنَّ مَنطق الثـورة عندما تنتصر هـذه الأخيـرة يَتْرُكُ مكانهُ لِمَنْطِقِ الدولة، ومَنْطِقِ الدولة آنذاك لَمْ يَكُنْ يحتملُ مبدأ مسـؤوليَّة الحَاكِمِ، ولذلك سـعى أبو جعفر المنصور إلى إعفاءِ نفسـهِ مِنَ المسـؤوليَّة بجعـلِ إرادتـهِ تعبيـراً وتنفيـذاً لإرادةِ الله تعالى، وهـو بذلك حقَّقَ هدفيْـن اثنيْـن: التحلُّـل مِـنَ المسـؤوليَّة، والسـمو بمنزلـةِ الخليفة إلـى مرتبة: "سـلطان اللـه في أرضـه"، والخليفةُ بذلـك وَصَلَ إلـى منزلةٍ لا تضاهيهـا منزلة، إنَّه ليْسَ واحداً مِنَ الخاصَّة، ولا مُجرَّد فَرْدٍ مِنْ أفراد آل البيْتِ، بل إنَّه الشخص الـذي اختـارهُ الله تعالـى ليجعلهُ سـلطاناً له في أرضِهِ وعلـى عبادهِ(55)، وهذه المهَّمـة سـتكون الهديَّـة التي يقـومُ الفقهـاء والكتَّاب والأدباء ممَّـن احتضنتهم السُّـلطة السياسـيَّة بتقديمها للسُّلطان بصورةٍ مؤلمة، وبهذا تكون نظريَّة الحقِّ الإلهيِّ في الحُكْمِ بدأتْ بتذويتِ نفسـها في الفِكْرِ العربيِّ والإسلاميِّ، أيْ باتتْ جـزءاً من الـذاتْ الفكريَّة التي هَيْمَنَـتْ على تاريخنا، وحاضرنا، ومسـتقبلنا.

---

54. محمد عابد الجابري، العقل السياسي العربي، ص 334 - 335.

55. المرجع نفسه، ص 338 - 339.

المبحث الثالث | صُورة السُّلطان في الفِكْرِ الإسلاميِّ

يَنطلقُ ابن خلدون في توصيفهِ للسُّلطان مِنْ فكرةٍ محوريَّةٍ مؤدَّاها بأنَّه المَالِكُ للرعيَّة والقائمُ في أمورهم عليهم، والسُّلطان مَنْ له رعيَّة والرعيَّة مَنْ لها سلطان، وصولاً إلى أنْ تُصْبِحَ هذهِ الرعيَّة موضوعاً ل "ذات السلطان"، وهي ذاتٌ لا تُمَارِسُ فِعْلَها في "الموضوع"، إلاَّ مِنْ خلال وسيطٍ هو "الحاشية السُّلطانيَّة "التي تُمثِّلُ أداة تحقيق الفِعْلِ السُّلطانيِّ، والمؤلمُ في المسألة هنا، أنَّ هذهِ الحاشية ذاتها ترى بأنَّ الرعيَّة موضوعٌ لذاتها أيضاً [56]، ويبدو أنَّ مفهوم السُّلطان وفقَ هذهِ الرؤية يَظْهَرُ منذ بواكيرِ التَّاريخِ العربيِّ والإسلاميِّ فأغلبُ النُّصوصِ التي جاءَتْ على ألسنةِ الخلفاءِ والأمراءِ الأُمويين وأبرز كُتَّابهم استخدَمَتْ كلمة السُّلطانِ للدلالة على الحُكْمِ والسَّيْطرةِ والغَلَبَةِ والجَبَروتْ[57]، ولقد اتَّسع المفهوم حتى باتَ يعني "شخصانيَّة السُّلطة" وتَدَاخَلَتْ مُفرَداتُ الخلفاءِ معَ السَّلاطين معَ الملوك، ولكنْ كتب الآدابِ السُّلطانيَّة لا تنشغلُ بموضوعِ الخلافةِ أسَاسَاً، فما هيَ إلاَّ مُتَرادف للمُلْكِ والإمامةِ والسُّلطان، ولكنْ إصرار تلكم الكتب على المُمَاثلة بيْنَ هذهِ المفاهيم يسعى إلى تمهيد العَقْلِ العربيِّ والإسلاميِّ نحو التماهي بيْنَ التجربةِ السياسيَّةِ الراشديَّة وما تبعها مِنْ تجارب[58]، فالخلفاءُ الراشدون هُمْ خلفاء رسول الله صلَّى الله عليهِ وسلَّم، أمَّا مَنْ جاء بعدهم فهؤلاء خلفاء الله تعالى، وهذه مسألة تمَّ استثمارها لاحقاً من أجل اختطاف الإسلامِ أولاً، واستبعاد النَّاس ثانياً، في خطوة لم تتوقف منذ استشهاد عمر بن الخطاب، تعييناً، حتى اليوم، وأضحتْ الخطوة مشروعاً مُتَكامِل الأركان، الركنُ الأوَّل

56. عزّ الدين العلاَّم، الآداب السلطانية، ص 57.

57. برنارد لويس، لغة السياسة في الإسلام، ترجمة إبراهيم شتا، د. م، دار قرطبة للنشر، ط1، 1993، ص 60.

58. عزّ الدين العلاَّم، الآداب السلطانية، ص 58 – 64.

والثاني والثالث والأخير فيه هي السُّلطة السياسيَّة وحدها، وعلى هامش المشروع يظهر بعض الفقهاء والعلماء والكُتَّاب.

وتشبهُ المسألة التي نتصدَّر للتماهي معها، هنا، أنْ تكونَ واضحةً بصورةٍ ناصِعَةٍ، فالآدابُ السلطانيَّة، في عمومها، تتجه إلى الملوكِ، والسَّلاطين، والأمراءِ، والوزراءِ، فضلاً عن بقيَّةِ رجالاتِ الدولةِ والسلطةِ السياسيَّة على اختلافِ درجاتهم[59]، وبدوره فإنَّ الأديبَ والكاتبَ السلطانيَّ يستثمرُ مجموعةَ مختلفة الأسماءِ والألقابِ المتعلِّقة بطبقةِ السياسيين العُلْيا، ومَنْ يُدير شؤون الرعيَّة، دونَ أدنى اهتمام بتناقضات المسمَّيات وتعارُضها في أغلبِ الأحيان، ومِنْ ذلك الفروقات بيْنَ الخلافةِ والمُلْكِ، أو الخليفةِ والسُّلطانِ والمَلِك[60]، ويبدو أنَّ هذه المسألة مُقرَّرَة في التصوُّر السياسيِّ السلطانيِّ الذي لديهِ القدرة على صَهْرِ تلكم التناقضات أو التَعارُضات ولا يتوقَّف أمامه أبداً [61]، وليس يخفى أنَّ هذه العشوائيَّة المفهوميَّة تعود إلى الواقعِ السياسيِّ الذي عَصَفَ بالمجتمعِ العربيِّ والإسلاميِّ بُعيْد نهاية الخلافة الراشدة، إلى جانب تراجُعِ الخلافة كنظامٍ يُجسِّد وَحْدة المُسْلمين، فضلاً عن الانقسامِ الكبيرِ عن الخلافةِ وظهورِ الإماراتِ المُسْتقلَّة شرقاً وغرباً، وانبثقَ عن هذا الانقسام فريق مِنَ الفقهاءِ والعلماءِ والأدباءِ والكتَّابِ يدافِعُ عن أولويَّة الخلافة، وَوَحْدة المُسْلمين، وإنتاج الكثير مِنَ المصنَّفاتِ في سبيل ذلك، حتى ولو كانَ شكلانيَّاً، كما ظَهَرَ فريقٌ آخر يدعو إلى تكريس وجود السلطنات والإمارات التي انفصلتْ عن العاصمة المركزيَّة[62].

ومِنْ فَرائِدِ هذا المجال، في الفِكْرِ السياسيِّ الإسلاميِّ، أنَّه بعد الانتقالِ مِنْ مَرْحلةِ الخلافةِ إلى المُلْكِ، وبعدَ أنْ ارتبطت شرعيَّة الخليفة بالتصوُّرِ الإسلاميِّ، زَمَنِ الراشدين على الأقلِّ، باتَتْ شرعيَّة السُّلطان لا تعتمدُ على مرجعيَّة النصِّ الدينيِّ، وهما القرآن الكريم والسُّنَّة النبويَّة الشريفة، وحدهما،

59. كمال عبد اللطيف، في تشريح أصول الاستبداد، ص 55.
60. حمد عمارة، الإسلام وفلسفة الحكم، بيروت، المؤسسة العربية للدراسات والنشر، ط2، 1979، ص 25 – 44، ص 60 وما بعدها.
61. عز الدين العلام، السلطة والسياسة في الأدب السلطاني، ص 58.
62. المرجع نفسه، ص 62 – 84.

حيث دَخَلَ الموروثُ الفارسيُّ الكسرويُّ على المجالِ السياسيِّ الإسلاميِّ، وتمَّ القَفْزُ عن أبجديَّاتِ البَيْعةِ، والشُّورى، إلى ظواهرِ الانتماءِ إلى البيْتِ النبويِّ، والعصبيَّة القبليَّة، وتكريس مبدأ الحقِّ الإلهيِّ، وهو مأزقٌ حقيقيٌّ كانَ على العلماءِ والفقهاءِ مواجهة تَبِعَاتهِ ومزالقهِ(63)، ومِنَ المؤلمِ في هذا السياق أنَّ شرعيَّة السلطة السياسيَّة، والحَاكِم، ضمن تصوُّر الفِكْرِ السياسيِّ السلطانيِّ، تجذَّرت في الحديثِ حول وظائفِ السُّلطة وأدوارها، بدلاً مِنْ مناقشة أساسها وجوهرها، وتوافُقِها مع الشَّريعة، وتمَّ تسويغ شرعيَّة السُّلطة السياسيَّة في التَّاريخِ الإسلاميِّ مِنْ خلالِ الترهيبِ مِنْ وقوعِ الفِتَنِ، والحِرْصِ على وَحْدة الأُمَّة، والابتعاد المُطْلق عن مصادرِ تلكم الشرعيَّة ومرجعيَّاتها، وكيفية الوصولِ إلى كرسيِّ العَرْش، وتأسيساً على هذهِ الأنظار أضحى الفِكْرُ السياسيُّ السلطانيُّ انعكاساً لظاهرةِ التنازلِ عن حقيقةِ الخلافةِ وشروطها وجَوْهرها، والتبرير لأنظمةِ حُكْمٍ تتناقضُ مع الخلافةِ في المعنى والمبنى، والشَّكْلِ والمَضْمونِ(64)، ومهما كانت مبرِّرات العلماءِ والفقهاءِ للتماهي مع السُّلطة السياسيَّة فإنَّ النتيجة الأبرز غياب مفهوم الشرعيَّة وراء مفهوم الشَّرْعَنة والذي كانت أبرز تجلِّياتهِ تكريس فِكْرِ الطَّاعة مِنْ أجلِ بقاءِ السلطة، واستبدادها الأبديِّ بالنَّاس.

وهكذا رَسَّخَ مَوْقِفُ السلطة السياسيَّة أيديولوجيَّة الطَّاعة بالتوافقِ مع فريقٍ مِنْ السلطةِ العلميَّةِ المُتَحَالِفَة معها، وأكثر مِنْ ذلك تمَّ إضافة ما يسمَّى شرعيَّة السُّلطة مقابل حِراسة الدِّين، أو المُمَاثَلة والشرعيَّة، والتي تقودنا إلى تقديسِ مَنْصِبِ السُّلطان، بَلْ وإنزالهِ بمنزلةِ الصُّورة الإلهيَّة، باستخدامِ كُتَّاب الفِكْرِ السلطانيِّ أساليب متعدِّدة في مقدِّمتها المجاز في اللغة(65)،

---

63. محمد أتركين، السلطة والشرعيَّة في دار الإسلام: دراسة لآليات وقواعد القانون العام الإسلامية، الدار البيضاء، دار النجاح الجديدة، ط1، 2006، ص 12 / عبد الله العروي، مفهوم الدولة، ص 135 وما بعدها.

64. محمد أتركين، السلطة والشرعيَّة في دار الإسلام، ص 13 - 82.

65. كمال عبد اللطيف، في تشريح أصول الاستبداد، ص 152 - 153.

ناهيك عن توظيفِ فِكْرة تلازم شرعيَّة السُّلطة مِنْ خلال حِرَاسة الدِّين[66]، وهيَ فكرةٌ ما تزال ماثلةً إلى يومنا هذا، وقد استشعرَ أحد المفكِّرين الأثباتِ مِنَ المُحْدَثينَ خفايا هذه التجاوزات مِنْ قِبَل مجموعةٍ مِنَ العلماءِ والفقهاءِ والأدباءِ والكُتَّابِ حيث أكَّد أنَّهم لا طاقة لهم، ولا غاية عندهم، في مناقشة حقِّ السلطانِ في السلطة والحُكْم، وليْسَ لَهُمْ أدنى اهتمام بمناقشةِ مشروعيَّة السُّلطة السياسيَّة والسُّلطان بصورةٍ واضحة، وربَّما كانَ ذلك ثاوياً في نصوصهِم وحَسب[67]، وأنَّى لهم مناقشةُ أمْرِ سُلْطةٍ، وشرعيَّتها، وهُمْ يشاركون بصورةٍ ما في أجهزتها، ومَطَامِحِها، ومَطَامِعِها، وأغلبُ إبداعاتهم وأنظارهم وإنتاجهم كانَ انعكاساً لرغباتِ السلطة السياسيَّة، وما تبقَّى منهُ كانَ مبادرةً مِنْ لَدُنْ ذواتهم تقرُّباً للسلطةِ وطَمَعَاً بها، وهو ما أفقدَ الكثير منهم هَيْبة العُلماءِ في نفوس المُسْلمينَ عبر القرون.

ثمَّ إنَّ العلماءَ والفقهاءَ، على صورتهم المُتَناقِضَة والمُرَكَّبة هذه، أصبحت منذ حينٍ بعيدٍ، سلوكاً متكرِّراً، ونظاماً فكريَّاً، كانَ وما يزال فريقٌ منهم يصطنعهُ لذاتِ الغايات المتعارف عليها، وينضاف إلى كلِّ هذا تناقضٌ آخر يتعلَّق بجوازِ العَمَلِ معَ السلطةِ السياسيَّةِ مِنْ عدمه[68]، وتبلغُ المفارقة مداها الأكبر عندما نَجِدُ تلميحاتُ كتَّاب الآدابِ السلطانيَّةِ في مصنَّفاتهم بضرورة الحَذَرِ، شكليَّاً، مِنْ مخاطرِ صُحْبة السُّلطان، والاقترابِ مِنْ عَالَمِه، في ذاتِ الوقتِ الذي يقومُ

66. زهير مبارك، أصول الاستبداد العربي، ص 236.

67. عز الدين العلام، السلطة والسياسة في الأدب السلطاني، ص 65.

68. حول قبول أو رفض العلماء الاقتراب من السلطة السياسيَّة والسلطة عموماً انظر:
جلال الدين السيوطي، عبد الرحمن بن أبي بكر "849 - 911 هـ»، ما رواه الأساطين في عدم المجيء إلى السلاطين، تحقيق مجدي فتحي السيد، طنطا، دار الصحابة للنشر والتوزيع، ط1، 1991، ص 23 - 24 / الشوكاني، محمد بن علي "1173 - 1250 هـ"، رفع الأساطين في حكم الاتصال بالسلاطين، تحقيق حسن محمد الظاهر، بيروت، دار ابن حزم للنشر والتوزيع، ط1، 1992، ص 69 - 70 / ابن رضوان، عبدالله بن يوسف المالقي "718 - 783 هـ"، الشهب اللامعة في السياسة النافعة، تحقيق سليمان معتوق الرفاعي، بيروت، دار المدار الإسلامي، ط1، 2002، ص 71 - 73 / المرادي، محمد بن الحسن الحضرمي "ت 489 هـ"، الإشارة إلى أدب الأمارة، تحقيق رضوان السيد، بيروت، دار الطليعة، ط1، 1981، ص 102 - 105.

فيه هؤلاء الكُتَّابُ بالهَرْوَلةِ الحثيثةِ مِنْ أجلِ الدخولِ إلى بلاطِ السُّلطان والعَمَلِ تحتَ إمرتهِ[69]، وأكثر مِنْ ذلك، فإنَّ ركودَ الثقافةِ العربيَّةِ والإسلاميَّةِ في عصورِ التدهور قَدْ سَاهَمَ في تراجعِ دور العلماءِ، وانحسار مكانةِ المُفكِّرين بصورةٍ خاصَّة، ممَّا فَتَحَ الطريقَ أمامَ اللاهثين مِنَ المُتَعلِّمين المُتَهافتين على أبوابِ أصحابِ النُّفوذِ، ويبدو هذا جليّاً مِنْ خلال التنافسِ على المَناصبِ الذي سعى إليهِ بعض العلماءِ عن طريقِ الارتباطِ بالسُّلطة بأشكالها المُختلفة، معَ ما يستلزمُ ذلك مِنْ خُضوعٍ وتَدْجينٍ وتملُّقٍ على حسابِ المبادئ والحقيقةِ والموضوعيَّة[70]، بيد أنَّ الحقيقة الساطعة في هذا السياقِ أنَّ السلطة السياسيَّة وَجَدَتْ على الدوامِ مِنْ أبناءِ النُّخبة مَنْ يَقِفُ إلى جوارها، تحقيقاً لحلم هؤلاء في النفوذِ، أو طمعاً في بعضِ الجَاهِ والمال، ولذلك عرف تاريخنا الإسلاميُّ، قديماً وحديثاً، أصنافاً متعدِّدة مِنَ العلماءِ، فمنهم الشُّهداءُ، والعُمَلاءُ، والأشقياءُ، والخَوَارجُ، والمُعْتزلة، ومنهم مَنْ عاشَ متجوِّلاً بيْنَ عدَّة شخصياتِ ظلَّتْ تتصارعُ في داخلهِ بصورةٍ قاتلةٍ ومريعة.

وهذا شَطْرُ الحقيقة، أمَّا البقيَّة فهيَ أنَّ الانتقالَ مِنْ طُغيانِ مفهوم المَلِكْ والسُّلطان على مفهومِ الخليفة، كانتْ المرحلة الأولى مِنْ عملية استبعادِ النَّاسِ في التَّاريخِ العربيِّ والإسلاميِّ، بينما المرحلة الثانية فقد كانتْ تكريس فِكْرَة المُمَاثلة بين المَلِكِ والإله سَعْياً وراء تعميق وأبديَّة شَرعيَّة المَلِكِ، ولهذا كَتَبَ أبو الحَسَنِ الماوَرديِّ بكلِّ جرأةٍ فَصْلاً كاملاً في كتابه "الأحكام السُّلطانيَّة والولايات الدينيَّة" بعنوان: "فَضَائِلُ المُلوكِ في علوِّ مَراتِبِهم" حيث يقومُ باستغلالِ النُّصوصِ الدينيَّة مِنْ أجلِ تحقيقِ ذلك الهدف، وهو يؤكِّدُ أنَّ: "الله جَعَلَ المُلوكَ خلفاءَ في بلادهِ، وأُمناءَ على عبادهِ، ومنفِّذي أحكامه في خليقتهِ، وحدودهِ في بَرِيَّتِه"، بل إنَّ الماورديَّ ذاته يُسوِّغ أفكاره ورؤاه واستنتاجاته مِنْ خلال آيات القرآن الكريم[71] الذي يقوم أساساً على فِكْرَةِ العدلِ والحُريَّة وإلغاءِ الوَسَاطة، ولَكِنَّ مجموعة كبيرة

69. عزالدين العلام، الآداب السلطانية، ص 158.
70. محمد حليقاوي، أ ل م: لافتات على طريق التجديد والوسطية، ص 114.
71. كمال عبد اللطيف، في تشريح أصول الاستبداد، ص 154.

مِـنْ فقهـاءِ المُسْـلمين أعادوا صياغة تلكـم المفاهيم كيما تصبح جـزءاً مِنْ الفِعْل المَلكـيِّ فـي تاريخِ الدولة السُّـلطانيَّة بحيث تصبحُ ظاهرة المُمَاثلة مُؤَسَّسَـة على مسـتوى اللاشـعورِ السياسـيِّ، ذلك النموذج الأمثل الـذي يَجْذِبُ العَقْلَ السياسـيَّ العربـيَّ، منذ القديم إلى اليوم، نموذج المُسـتبدِّ العَـادِل[72]، الذي لا مثيلَ له بيْنَ العالمين سوى في تاريخنا وواقعنا وتراثنا.

وَحَقيـقٌ بالذِّكْرِ في هذا المقام الإشـارةُ إلى أنَّ الأخلاقيَّة الإسلاميَّة للشَّـريعةِ والدولـةِ القانونيَّـةِ الحديثـةِ تختلفان في الجَوْهـرِ مِنْ حيث نمـط تدبيرِ الذَّات، فالفَـرْقُ كبيـرٌ بيْـنَ نمـوذجٍ ينطلـقُ مِنْ الذاتيَّـة الأخلاقيَّـة للفَرْدِ التـي تتجلَّى في روابـطِ الجَّماعةِ وليْسَ المَجْمُوعة السياسـيَّة، ونموذجٌ يَصْدُرُ عن ذاتيَّةِ المُوَاطنة التـي لا تعتـرفُ بالفَـرْدِ إلاَّ مِـنْ حيـث هـو كائنٌ سياسـيٌّ خَاضِـعٌ للدولـة وقربانٌ لكينونتها وسيادتها، ولهذا فالإسلامُ لا يمكن أنْ يسمح بأيِّ سيادةٍ أو إرادةٍ سياديَّة غير سـيادة الله تعالى، فإذا كانَ للأخلاقِ أنْ توجِّه الأفعالَ الإنسانيَّة، وإذا ما كانَ لهـا أنْ تكـون مسـتقلَّة، فيجب أنْ تُؤَسَّـسَ على مبـادىءِ الحقِّ والعَـدْلِ العالميَّة الأبديَّـة، مبـادىءٌ تتعالـى على تَلاعُـبِ أيِّ كيانٍ وَضْعـيٍّ وأهوائـه[73]، ولهذا فإنَّ دور الفقهاء في تسـويغِ وتبرير العلاقة بيْنَ الشَّريعةِ والسياسةِ، وتقديم مصلحة السُّـلطان على كلِّ مصلحةٍ أخرى منذ أنْ أدركَتْ السُّـلطة السياسيَّة وبطانتها مِنَ السياسـيين والفقهـاء معنـى ثبات الإمام أحمد بـن حنبل في محنتهِ المشـهورة، وفـي ضـوء هـذه التطوُّرات يمكن بوضـوحٍ شـديد تحديد أبـرز محطَّات سَـرِقة الشَّـريعة ومخرجاتها لصَالحِ السُّلطة السياسيَّة كالآتي:

المحطة الأولى:

المرحلـة الكلاميَّة الأولـى والتي برز فيها الإنتاج الفكريُّ لعلماءِ الأشـاعرة مثل القاضـي أبـو بكر الباقلانـيّ وعبد القاهـر البغـداديّ وغيرهم ممَّن أكَّـدوا على أنَّ شـرعيَّة الإمامة مرتبطة بإقامة الشَّـرائع وانتهاج طريق السَّلف الصالح، على أساس

72. المرجع نفسه، ص 163.

73. وائل حلَّاق، الدولة المستحيلة: الإسلام والسياسة ومأزق الحداثة الأخلاقي، ترجمة عمرو عثمان، بيروت، المركز العربي للأبحاث ودراسة السياسات، ط1، 2014، ص 278.

أنَّ الإمامَ وكيلُ الأُمَّة التي يمكنها تأديبه وخلعه ومحاسبته، وقد اعتبروا وجود الإمام وتنصيبه واجباً إلاَّ أنَّه ليْسَ ضرورياً لحياةِ الجَمَاعة الدينيَّة ولا مصدراً لشرعيَّتها، بل هو فقط حارسها ومنظِّمها وممثِّلها، وبدونهِ يمكن أنْ تستمر في الوجود والإنجاز ولو بطريقةٍ غير مكتملة(74).

المرحلة الثانية:

مشـروع الإمام الماورديّ في كتابيْه "الأحكام السُّـلطانيَّة والولايات الدينيَّة" و "تسهيل النَّظر وتعجيل الظَّفَر" والذي سعى فيهما إلى عَزْلِ الإمَامَة عن إرادةِ الجماعة وعن نَزَواتِ السَّلاطين معاً مِنْ أجلِ استمراريَّة الخلافة، حيث أكَّد على أنَّ الخليفة حَارِسٌ للدِّين والدنيا، وهذه الأمَّةُ استـمرارٌ لوجودهِ، ولكنَّه في النهاية قامَ بتحويلِ الخلافـة إلـى مُجرَّد طقوسٍ رمزيَّة واهية بلا فاعليَّة مِنْ جهة، وعديمة الصِّلة بالأُمَّة مِـنْ جهةٍ ثانية، بعد أنْ فَقَدَتْ الدولة الإسلاميَّـة وَحْدتها الإقليميَّة، والأيديولوجيَّة، والتاريخيَّـة ، فـضلاً عـن وحدتهـا السياسـية(75)، فـي العصـر الـذي عـاش فيـه.

المرحلة الثالثة:

مشـروع الإمام الجوينيّ الذي سـوَّغ سـلطة التغلُّـب والقوة، وعَمِـلَ على نَقْلِ الإمامـة مِنْ مفهومها الدينيِّ المركزيِّ إلى مُجرَّد وظيفة عَمَليَّة تتحقَّق إذا ما توافر شَرْط الحفاظ على وَحْدة الأُمَّة مِنْ زاوية، وشَرْط حماية دار الإسلامِ مِنْ زاويةٍ ثانية، فإذا ما غاب الإمام أو السـلطان يمكن أنْ تصبح إدارة شـؤون الجماعة بيد العلماء والفقهاء(76).

المرحلة الرابعة:

مشروع الإمام الغزَّاليّ الذي طغى في مضامينهِ على الفِكْرِ السُنِّي، ويتمحور حـول تأكيـد الطَّابع الرمـزيِّ للخلافة مِنْ حيث هـيَ مقتضيات الشـرعيَّة الدينيَّة،

74. Ovamir Anjum, Politics, Low And Community In Islam Thought: The Taymiyyan Moment, Cambridge University press, 2012, pp 115 - 117.

75. ibid pp 119 - 123.

76. ibid pp 125 - 128.

في الوقت نفسه الذي ينبغي فيهِ للجماعة أنْ تمتثلَ للسُّلطانِ المتغلِّب وتصبح السُّلطة الفعليَّة بيدهِ، والمثير أيضاً هوَ مَنْحُ هذا السلطان حقَّ تعيين الخليفة الضَامِن الرمزيِّ للشرعيَّة الشكليَّة(77).

وتومِىءُ هذه الرؤى بصراحة، على تباينٍ ووضوحٍ وخطورةِ طروحاتها، على أنَّ الدولة السلطانيَّة عَمِلَتْ على تقويضِ مَكَانة الجماعة في النَسَقِ السياسيِّ بعد أنْ كانتْ لها سُلطة رمزيَّة مطلوبة لضَمَانِ الخلافة، وهكذا أصبحتْ سُلْطة الحَاكِم الشرعيَّة مُبرَّرَة بمعاييرِ القوَّة والمصلحة، وفي ضوءِ هذه التحوُّلات حَدَثَ الانهيارُ الكَامِلِ لنموذجِ الخلافة نفسها، وباتَ الصِّراعُ الجديدُ والوحيدُ محصوراً بيْنَ سُلْطة الحَاكِمِ وسُلْطة العلماءِ والفقهاءِ الذينَ لا عَمَلَ لَهُم سوى الدَّعوةِ إلى طاعةِ السُّلطان، ووفقَ هذهِ التطوُّرات يحافِظُ العلماءُ والفقهاءُ على مكتسباتهم ومكانتهم، كما يتبلورُ لديهم طمأنينةٌ وهميَّةٌ على صَوَابيَّة طروحاتهم ومسؤوليَّاتهم ما دامَ أيُّ ظُلْمٍ سَبَبهُ السُّلطان أو فَسَادُ النَّاسِ والزَّمان، وبذا استقالتْ النُّخبة مِنْ أبرز واجباتها منذ تلكم الأيَّام حتى وقتنا هذا، وأصبحتْ المعادلةُ كالتالي وفقَ رضوان السيِّد: "إشكاليَّة الفقهاء: كيفيَّة تحقيق الشرعيَّة؟، وإشكالية الآداب السلطانيَّة: كيفيَّة استمرار السُّلطة واستقرارها؟، وإشكاليَّة الفلاسفة: كيفَ يكون التدبيرُ عقلانيَّاً أيْ حكيماً؟، وإشكاليَّة المُتَكلِّمين: كيف تتحقَّق عقائديَّة السُّلطة أو سلامتها الدينيَّة" (78)، أمَّا الإشكاليَّة التي لَمْ تجد أحداً يَجْهُرُ بها: أينَ ذهب النَّاس في المجتمعِ العربيِّ والإسلاميِّ منذ ألف عامٍ حتى الآن؟، ومَنْ سَرَقَ أدوارهم وآمالهم ومشاريعهم التي جاءَ الإسلامُ أساساً مِنْ أجلِ تحقيقها وحمايتها؟.

وأَدْعَى شواهد إلغاءِ حضور الإنسان العربيِّ والمُسْلم أمام تكريس شخصيَّة السلطان والخليفة وتأبيدهما، الملاحظات المنهجيَّة التي أبرزها مُحمَّد عابد الجابريّ في دراستهِ للأيديولوجية السلطانيَّة عندما يؤكِّد أنَّ العَقْلَ السياسيَّ العربيَّ مَسْكُونٌ بِبِنْية المُمَاثلةِ بيْنَ الإلهِ والحَاكِمِ في ضوءِ ما

---

77. ibid pp 134.

78. رضوان السيّد، الكاتب والسلطان: دراسة في ظهور كاتب الديوان في الدولة الإسلامية، ص 22.

كتبه الجَّاحظُ والماورديُّ والطرطوشيُّ والفارابيُّ، وأنَّ أيَّة دراسة وثائقيَّة في عَالَم الأدبِ، وعَالَم الشِّعر، والخَطَابة، والمَقَامات، سوف توضِّح الأيديولوجيَّة الريْعيَّة القائمة على مَدْحِ الأميرِ وعطائهِ والتي يتمُّ الترويج لها مِنْ خلالِ تعابير متنوِّعة للأيديولوجيَّة السلطانيَّة وقضيتها الأولى والمركزيَّة: المُمَاثلة بيْنَ الإلهِ والحَاكِم[79]، بل إنَّ الطرطوشيَّ في كتابه "سِرَاج المُلوك" يرى بأنَّ وجودَ السُّلطان حِكْمَةٌ إلهيَّة ولولاه: "لَمَا كانَ للهِ في أهلِ الأرض حاجة" بل إنَّ السُّلطان يصبح مِنْ: "حجج الله على وجودِهِ سبحانه ومِنْ علاماتِهِ على توحيده، فكما لا يستقيمُ السُّلطان إلاَّ بوحدانيَّة الحَاكِمِ لا ينتظمُ العَالَمُ إلاَّ بالله الواحد الأحد" [80]، في استهزاءٍ كبيرٍ بعقلِ الإنسانِ، وكرامتهِ، وقيمتهِ، فضلاً عن الجُرْأةِ المتناهية على الشَّريعة التي أرقى غاياتها تحطيم أيِّ سلطة سوى سلطة الله الخالق، وناهيك عن الاستهتار بأبهى نتاجات الشَّريعة المتمثِّلة بإلغاء العبوديَّة إلاَّ لله وحده تبارك وتعالى.

وتأسيساً على ما سَبَق، ينبثقُ سؤالٌ جَديرٌ بالإجابةِ حول كيفيَّة وصول هذه الرؤى والكتابات إلى الفِكْرِ العربيِّ والإسلاميِّ؟، ويمكن القول بأنَّ مفهوم الكتابة الديوانيَّة قد ظَهَرَ على نطاقٍ واسعٍ في الدولةِ الإسلاميَّةِ منذ نشأةِ الدواوين، وكانت الوظيفة الأساسيَّة لهؤلاءِ الكُتَّاب هي تحريرُ جميع ما يحتاجهُ السُّلطان، وما يقتضيه التدبيرُ السياسيُّ اليوميُّ ويحتاجه بصورةٍ دوريَّة، وبدأتْ مَعَالم هذهِ الكتابة بالتبلورِ بصورةٍ جَليَّةٍ منذ النِّصف الثاني مِنَ العَهْدِ الأُمويِّ، نقلاً عن الحضارةِ الفارسيَّة[81]، وفي أواخرِ العَهْدِ الأُمويِّ وبداياتِ العَهْدِ العباسيِّ تمَّ نقل الديوان الفارسيِّ بأكملهِ سَعْياً وراء تدبير الشؤونِ السياسيَّة في الدولة، ويُعْتَبَرُ عبد الحميد الكاتب وسالم أبي العلاء مِنْ أبرزِ المؤرِّخين لميلادِ كاتب الديوان في الدولة الإسلاميَّة نظراً لإنتاجهم وأعمالهم التي تُمثِّل التطوَّر الذي

---

79. عبد الإله بلقزيز، الإسلام والحداثة والاجتماع السياسي: حوارات فكرية، بيروت، مركز دراسات الوحدة العربية، ط1، 2004، ص 35.

80. عزّ الدين العلاّم، الآداب السلطانية، ص 135 - 136.

81. محمد عابد الجابري، العقل السياسي العربي، ص 250 وما بعدها.

بلغتهُ الكتابةِ الديوانيَّةِ في عَصرِهم، معَ ملاحظةٍ أنَّ كُتَّاب الآداب السلطانيَّة لَمْ يكونوا مِنْ كُتَّاب الدواوين تحديداً، فقد تعدَّدت خلفياتهم ومواقفهم السياسيَّة، على الرغمِ مِنَ الوحدةِ الناظمةِ لنصوصهم والهدف المحدَّد لنمطِ كتاباتهم ومنطلقاتهم(82)، وراء مشاريع السُّلطة السياسيَّة.

ولا ريْبَ أنَّ توظيفَ الشَّريعةِ الإسلاميَّةِ بصورةٍ غير علميَّةٍ في الآدابِ السلطانيَّة كانَ مِنْ أجلِ تحقيقِ هدفيْن اثنيْن: أوّلهما إعلان انتماء السُّلطة لمُقدَّس الجماعة، وثانيها استعمال مُعطَيات هذا المُقدَّس النصيَّة في التبريرِ والدِّفاعِ، بحُكْمِ قوَّته المُسْتمدَّة مِنْ نَسَبهِ الإلهيِّ، ولاعتقادِ الكُتَّاب بقوَّةِ نجاعةِ حججهِ، بسببِ هَيْمنةِ المرجعيَّةِ الدينيَّةِ وتغلغلها في الثقافةِ السائدةِ وفي العَقلِ النَّاظِمِ لها، وعليهِ، أضحتْ كُتُبُ الآدابِ السلطانيَّةِ التي ألَّفها فقهاء وأدباء لها وظيفةٌ أيديولوجيَّةٌ مُحدَّدةٌ تقوم على النَّظرِ إلى السُّلطةِ السائدةِ وعلى رأسها السُّلطانُ باعتبارها السُّلطة التاريخيَّة المُطَابقة لتاريخِ الجَمَاعةِ الإسلاميَّةِ، وأبرز أدوارِها تبرير القَهْرِ لتفادي الفِتْنة، ومنذُ حَكَمَ الأمويين حتى الوصول إلى العثمانيين، كانتْ البِنْية السياسيَّة السلطانيَّة في كلِّ تلكم الدول واحدة: حُكْمٌ استبداديٌّ قَاهرٌ، وتدبيرٌ سلطانيٌّ يَعْكسُ أبويَّة الحُكَّام، ورعايتهم لمجتمع العامَّة بالدِّفاعِ عـن أخلاقِ الطَّاعة(83)، وظلَّت نواة الاستبدادِ الصَّلبة المُلْتَصقَة ببنـاءِ الدولةِ في الإسلام دون تغيير، رغم خضوعها أحياناً لشروطٍ ومتغيِّرات الصِّراعِ القبليِّ والعقائديِّ واقتصادِ الفتـوح والزراعة، ولَمْ تتراجع هذه الثقافة السلطانيَّة عـن دورهـا كأداةِ قَهْرٍ أيديولوجيَّةٍ تسوِّغ تقاليد الاستبداد، وتقاليد التدبيرِ السلطانيِّ الطاغية والمُهَيْمنة والنافيـة لأيِّ وجـودٍ أو دورٍ للنَّاسِ فـي مجتمعنا العربيِّ والإسلاميِّ.

ــــــــــ 82. كمال عبد اللطيف، في تشريحِ أصول الاستبداد، ص 53 – 54.
83. المرجع نفسه، ص 263 – 264.

المبحث الرابع | صورة فقيه ومثقَّف السُّلطة

مـا تـزال العَلاقـة بيْـنَ السُّـلطتيْنِ السياسـيَّةِ والعلميِّـةِ فـي مجتمعنـا العربيِّ والإسلامـيِّ تتركَّزُ بيْنَ أطرافٍ ثلاثة: سـلطة الدولة، والعُلماء وأهـلُ الفقهِ والثَّقافة، والعامَّة، وهذا الطَّرَفُ الأخير مُسْتَبْعَدٌ ومطلوبٌ معاً، فهو مُسْتَبْعَدٌ عن أيَّة مُشارَكة، ولكنَّه مَطْلوبٌ لدعمِ كلِّ سـلطة، والعامَّة مُجرَّد كسـورٍ عشـريَّة أسفلَ أقلامِ الكُتَّابِ القُدَمـاء والمُحْدَثين الذين يسـتخدمونَ فـي بعضِ الأحيانِ مرادفـاتٍ أكثر وأعظم تحقيراً مثل: "الرُّعَاع" و "الغوْغَاء"، ولكنَّ هؤلاء المَسَاكين لا بُدَّ مِنْهم للبناءِ والإنتاج وعَمـارة الأرض، ومِـنْ هنا، يغدو النَّاس مادَّةً للسياسـة، وبُنَاة للمُجْتَمع، بِشَـرطِ ألاَّ يكون لَهْم وَعْيٌ جماعيٌّ بذلك، وإلاَّ طالبوا بحقٍّ مُكافىءٍ للحاجةِ إليهم، إذْ لا يكفي أنْ يَنْعتهـم أغْلَـبُ أهلِ السياسـة والعِلْمِ والثقافة بـ"الرُّعَاعِ" بَلْ لا بُدَّ مِنْ أنْ يَرْسَـخَ في أذهانِ هؤلاء أنَّهم كذلك.

وَيُضَـافُ إلـى هـذا، أنَّ وجودَ الفقيـهِ والمُثقَّـف في كيـانِ الثقافةِ السـلطانيَّة أضحى واقعاً جديداً في سياقِ التَعَامُلِ مع المُجْتَمع والسُّلطان، وسعى هؤلاء بكلِّ مـا لديهـم مِنْ رصيدٍ علميٍّ وثقافيٍّ إلى تعميقِ أُطْروحة الطَّاعة، بينما ظلَّ الفَشَـلُ حليفهـم فـي معركة الحفاظ علـى اسـتقلاليتهم وأدوارهم الحقيقيَّة، ولَـمْ يَنْعتقوا مِنْ أَسْـر السُّـلطة السياسـيَّة(84)، وقد صوَّر الفقيه والمثقَّف نفسـهُ صَاحِبُ رِسَـالةٍ ومكانـةٍ يؤطِّرهـا روح المُخَاطـرة والتضحية نتيجـة الصعوبة الكبرى فـي مُصَاحبة السـلطانِ وعَوَالمـهِ التي تتضمَّـن العنف والفِتَـن والاضطرابات (85)، ولقد عَاشَـت النُّخبـة المُثقَّفـة بـكلِّ أطيافها في المجتمـعِ العربيِّ والإسلاميِّ حالةً مِنَ التشـظِّي والتيه التي سَاهَمَتْ هيَ ذاتها في تكوينها والتماهي معها، فقد ظلَّتْ هذهِ النُّخبة في حيرةٍ مِنْ أمرها في الاقترابِ والابتعادِ عن عَالَم السُّـلطةِ السياسـيَّة، فالسُّلطان

84. خالد زيادة، كاتب السلطان: حرفة الفقهاء والمثقفين، لندن، دار رياض الريّس للنشر، ط1، 1991، ص 11 وما بعدها

85. أحمد صدقي الدجاني وآخرون، المثقف العربي: همومه وعطاؤه، بيروت، مركز دراسات الوحدة العربية، ط2، 2001، ص 127.

إذا جاءَ وقت الموعظةِ بكى، وإذا جاءَ وقت السياسة طغى[86]، ولا يمكن معرفة أحوال السُّلطانِ وتقلُّباتـهِ لأنَّـه لا مرجعيَّة تَضْبُطُ تفكيره أو سلوكه بعد أنْ تمَّ سَرِقة المرجعيَّة المتمثِّلة بالشَّريعة، وتغييب دور الجَامِع وراءَ وظيفة المسجد، واستبدال النخبة المثقَّفة الحقيقيَّة بمجموعةٍ من الدُّمى والأتباع منذ بدايات العصر الأُمويِّ مع الأقرار بـأنَّ بعض هذه الدُّمى كانَ لديهِ المؤهِّلات الكاملة من النَّاحية المعرفيَّة، والتاريخيَّة، ولكنَّه ارتبط بالسُّلطة فما أبْقَتْ له دنيا ولا دِين.

ولمَّا كانَ الفقيهُ والمثقَّفُ أحد أبرز أفراد بِطَانة السُّلطان، فلا جَرَمَ أنْ يكونَ دورهُ في تسويغِ الاستبدادِ كبيراً، ومُسَاهمتهُ في سَرِقةِ الشَّريعةِ مِنْ أجلِ مَصْلَحَة السُّلطانِ ظاهرة، ذلكم أنَّه وُجِدَ في القصرِ كيْ يكونَ صَائغاً فنيّاً لرغباتِ السُّلطةِ، وأوامرها، وصولاً إلى تكييفِ إرادةِ السُّلطانِ ورغباتِه، وهيَ وظيفةٌ لا تبتعد كثيراً عن وصفِ الجاحظ لِمَنْ يقومُ بها بأنَّه: "لا يتقلَّدُها إلاَّ تابِعٌ، ولا يتولاَّها إلاَّ مَنْ هوَ في معنى الخَديم"، وهيَ وظيفةٌ: "مستظلَّةٌ بسلطة الحاكم"، حتى أنَّ ابن المقفَّع وهو أحد رموزها وضحاياها أيضاً يعترف بحجم تلكم الوظيفة فيقول: "فاعلم أنَّك إنَّما تعمل عمل السُّخرة[87]، والقراءة العميقة لأفكارِ ابن المُقفَّع تُشيرُ إلى أهدافٍ غير تلك الظاهرة في ثنايا كلامهِ كما يبدو للوهلةِ الأُولى، فهو يُقلِّصُ المجال الدينيَّ، واختصاصات سُلْطة الدِّين، لا لصالحِ ما هو مَدَنيٌّ، بلْ لإحْكَامِ قبْضَة الخليفةِ المُطْلَقة، وعلى الرغمِ مِنَ الآراءِ ذاتِ الصِّبْغة العَقْلانيَّة، إلاَّ أنَّه يَنْقُضُ في نتائجهِ ما يقولهُ في مقدِّماتـهِ، ذلكم أنَّ ابن المُقفَّع قد جعل: "الرأيَ إلى ولاةِ الأمرِ، ليْسَ للنَّاسِ في ذلك الأمر شيء، إلاَّ الإشارة عند المشورة، والإجابة عند الدعوة"، وهكذا فإنَّه ليْسَ للنَّاسِ حقُّ التعبيرِ عن آرائهم في شؤونهمِ السياسيَّة، أو الاقتصاديَّة، أو الاجتماعيَّة، بَلْ عليهم الطَّاعة وَحَسب، وحتى الشُّورى التي وَرَدَتْ في القرآنِ الكريم يجعلها ابن المُقفَّع غيرَ مُلْزِمة ولا مُقنَّنَة، بَلْ هيَ حالةٌ اختياريَّة يقومُ بها الخليفةُ متى شَاء، وتقع ضمن أملاكهِ الخاصَّة[88]، في مشروعٍ واضحِ المَعَالمِ غايتهُ إعادة الإنسانِ العربيِّ إلى مرحلةِ عبادةِ الملوكِ فقط.

86. علي الوردي، وعَّاظ السلاطين، لندن، دار كوفان، ط2، 1995، ص 38.

87. علي أومليل، السلطة الثقافية والسلطة السياسية، ص 54، ص 68.

88. المرجع نفسه، ص 68.

وهـذا أوانُ الإشـارةِ الصريحـةِ إلـى مُلاحظـةٍ بالغـةِ الدلالـة فـي عَلاقـة الفقيهِ والمثقَّـفِ ممَّـن أصبحوا أداةً بيدِ السُّـلطةِ السياسـيَّةِ مـعَ النَّاسِ فـي مجتمعاتهم، وتلكم هيَ سَـعْيُ هؤلاء إلى نقلِ ذهنيَّة الاسـتبدادِ والعبوديَّةِ والطَّاعةِ الكاملةِ إلى بقيَّـة أفـرادِ المجتمع كيما يصبحوا مثلهم أو أسـوأ، فالتماهي بيْـنَ النُّخبة المُثقَّفةِ والسُّـلطةِ السياسـيَّةِ بَلَـغَ مرحلةً متقدِّمةً يَصْعُـبُ معها التَمَايُزُ بيْنهمـا، وبيانُ هذا أنَّ زَمَنَ المُثقَّفِ والفقيهِ المُسْـتَبَدِّ يتواترُ في لعبةٍ مُزْدوجةٍ يُمثِّلُ فيها دَوْرَ السـيِّدِ ودَوْرَ العَبْدِ معاً، وعُنْصُرَا اللعبة المُزْدوجة تجعلُ الفقيه والمثقَّف جزءاً مِنَ السُّلطةِ وجزءاً في السُّلطة، فهو جزءٌ مِنَ السُّلطة لأنَّه يُكرِّسُ القَمْعَ ويؤكِّده، وهو جزءٌ في السُّلطة لأنَّه يمارس امتياز المرتبة[89]، ولذا بَرَزَ في التَّاريخِ العربيِّ والإسلاميِّ فريقٌ مِـنْ مثقَّفي وفقهاء السُّـلطة، وفريـقٌ آخر مِنْ مثقَّفي وفقهاء النَّـاس، وكلَّما اقترب فريقٌ مِنْ هُمومِ النأَّسِ وحقوقهم كانَ القَمْعُ، والتكفيرُ، والفَقْرُ، والاسـتبعادُ، بعض وسـائلِ السُّـلطة فـي التَعَامُلِ معـه، بينما يكونُ الجـاه والنُّفوذ والمـال مِنْ نصيب الفريـقِ الذي يَدْعم توجُّهات السُّـلطة ومشـاريعها، ويسـوِّغ قراراتهـا[90]، ولذا لَمْ تتوقَّف هذه الحرب المُسْتَعِرَة منذ قرونٍ بين الطرفيْن ممَّا أفشل الغالبية العظمى مِنْ مشروعات التنميَّة، والإصلاح، والخروج إلى ميدان الحضارة.

كما يَنْتَسِبُ إلى هذا السياقِ ضرورة أنْ يَجْمَعَ فقيه ومثقَّف السُّلطة بيْنَ عدَّة مؤهِّلات مِنْ أبرزها أنْ يكون: "شاميَّ الطَّاعة، عراقيَّ الخطِّ، حجازيَّ الفقه، فارسيَّ الكتابة" [91]، ووفقَ هذه الاسـتراتيجيَّة كانَ للفقيه والمثقَّف أبلغ الأثر في التنظيرِ والفِعْلِ ضمن حدود مَهَامهم مِنْ أجلِ مُسَـاندة السُّـلطة السائدة، وقمع النَّاس في حالةِ التفكير بانتقادِ السُّـلطة، فضلاً عن الثورةِ عليها، لأنَّها سـلطة مُقدَّسة لا يمكن تجاوزهـا[92]، بَـلْ وقامـوا بتكوينِ تَحَالفات فـي جميعِ الاتجاهاتِ بهـدف الحفاظِ

89. فيصل درَّاج، استبداد الثقافة وثقافة الاستبداد، القاهرة، مجلة فصول، المجلد 11، العدد الثاني، 1992، ص 13 - 14.
90. أحمد موصللي ولؤي صافي، جذور أزمة المثقف في الوطن العربي، دمشق، دار الفكر، ط1، 2002، ص 124 - 127.
91. خالد زيادة، كاتب السلطان، ص 9.
92. محمد أركون، تاريخية الفكر العربي، ترجمة صالح هاشم، بيروت، المركز الثقافي العربي، ط1، 2007، ص 68.

علـى النِّظـام، وذلك مِـنْ خلال التأكيد علـى أخلاقِ الطَّاعة، والصبـر، وعدم إزهاق الأرواح[93]، ولقد جاءَ هذا التَعالُقُ والتَّرابطُ والتَمَاهي والذوبان بيْنَ مُثقَّفي وفقهاءِ السُّلطة مع السُّلطة مِنَ المَصالحِ المُتَقَاطِعة، ومِنْ أصولِ أولئك الفقهاء والمُثقَّفين، الذيـنَ كانَ أغلبهم مِنْ أبناء الثقافة الفارسـيَّة[94]، مع ضرورة الإشـارة، هنا، إلى أنَّ النخبَـة المثقَّفـة العربيَّة والإسلاميَّة مـا تزال تراوحُ مكانها منـذ العَهْدِ الأُمويِّ حتى الآن بذريعـة مـا اقترفـهُ البعض منذ ألـفِ عـام، دونَ أنْ يكون هنالك اسـتراتيجيَّة واضحة المعالمِ للخروجِ مِنْ ذلكم النَّفق المُظْلم، فالشَّكوى قرينةُ الضعف، وسواء كانتْ المسؤوليَّة على غيْرِ العَرَبِ أمْ عليْهم، فالمأمولُ البدء مِنْ نقطةٍ ما نحو البناء والتغيير والحُريَّة والمساواة.

ليْـسَ جديـداً القـول بأنَّ العَلاقـة بيْنَ الفقيـهِ والمُثقَّفِ والمجتمـعِ في الوطنِ العربـيِّ علاقـةٌ جدليَّـةٌ بامتيـاز، إذْ هـذهِ العلاقة بينهمـا كما هو الحالُ فـي العلومِ البَحْتة، عَامِلٌ مُسْـتقلٌ وعَامِلٌ تَابِعٌ وَحَسـب، فالفقيـه أو المُثقَّف يتأثَّر بما يَحْدَثُ فـي المجتمعِ سَـلْباً وإيجاباً، وبمـا يعتريهِ مِنْ تناقضاتٍ أيضاً، ومِنْ هنا، لا يسـتوي افتـراضُ عدم تأثيرِ أوضاعِ المجتمعِ السياسـيَّة، والاقتصاديَّة، والاجتماعيَّة، بالفقيه أو المُثقَّـف، بمعنـى لا يمكـن تصـوُّر تكوين هـذا الفقيه أو المُثقَّف مِنْ لا شـيء، وإنَّمـا هـوَ نَتَـاجٌ طبيعيٌّ لظـروفٍ مُعيَّنـة تصنعه، وتؤثِّر فـي خياراتـهِ ورؤاه، ما لَمْ تتشكَّل إرادةُ العُزْلة لدى الفقيهِ أوالمُثقَّف طواعية، بوعيٍ أو عَدَمِ وعيٍ منه، ومِنَ المنطقيِّ ألاَّ يُمَارِسَ المجتمعُ دَوْرَ الوَصِيِّ على أهل الفقهِ والثقافةِ مِنْ أجلِ تحديد اتجاهاتهـم التـي عليهم التزامها في خطابهم وسـلوكهم، كما مِنَ الممكن أنْ يدفعَ المجتمـع النُّخبـة العلميَّة والثقافيَّة نحو مُمَارسـة رقابة سـلبيَّة علـى أفكاره تكون بمثابةِ "شـرطة الأفكار"، ولذا تبدأ المواجهـةُ بيْنَ الفقيهِ والمُثقَّفِ والمجتمعِ وفقَ عدَّة مجالاتٍ هيَ[95]:

93. كمال عبد اللطيف، في تشريح أصول الاستبداد، ص 266.

94. علي أومليل، السلطة الثقافية والسلطة السياسية، ص 59.

95. حول أنماط المثقفين العرب وأدوارهم بصورة تفصيليّة انظر:
محمد عبد الفتاح حليقاوي، المثقَّفون العرب: دراسة في الحالات والأدوار، إسطنبول، مركز الفكر الاستراتيجي للدراسات، ط1، 2018، ص 51 - 66، ص 101 - 124.

1. يَنْسَلِخَ الفقيه والمُثقَّف عن مجتمعهِ، ويستقيل مِنْ دورهِ، وريادتهِ، ولا يرى في التَّواصلِ، والنَّقدِ، والبناءِ المجتمعيِّ سوى المزيدِ مِنَ الشُّرورِ، ويرتهنُ فِكْرُ هذا الفقيـه والمثقَّـف لحالـة التوتُّر الدائم، والتنصُّـل مِنْ كلِّ مسـؤوليَّة تجاه المجتمع بذريعـةِ عدم وجود نتيجة إيجابيَّة، والمؤلمُ في هذا الأمر أنَّ المجتمعَ ذاته يقابل هذه النُّخبة برفضٍ ونكوصٍ إضافيٍّ يُكرِّس ابتعاده بصورةٍ كبيرةٍ جداً.

2. أنْ يحيـا الفقيـه والمثقَّـف في حالـةٍ مِنَ العُزْلـة عن المجتمـعِ، وقضاياه الأساسيَّة، وقد تكون هذه العُزْلة مقدِّمة للوصولِ إلى حالةِ الإنسلاخ سابقة الذِّكر، وقد تكون هذه العزلةُ شعوريَّة، أو حقيقيَّة، وفي الحالتيْن يَفْقِدُ المجتمعُ العربيُّ جهـود هـذا الفقيه والمثقَّف فـي التغيير، والبناء، وقد يَرْفُـضُ هذا المجتمع بعض أبنـاء النُّخبـة بصـورةٍ قاسـيةٍ تدفعهـم إلـى الهجـرة، أو التنـازل عـن كلِّ رصيدهم، ودورهم، وطموحهم، ومشاريعهم النقديَّة.

3. إصـرارُ الفقيـه والمُثقَّـف علـى التلاحمِ مـع المجتمـعِ العربـيِّ، وقضاياه المصيريَّـة، ومشـكلاتهِ اليوميَّـة، وأمراضـه الاجتماعيَّـة، وهـو بالتالي مُنْسَـجِمٌ مع أفكارهِ، وصادقٌ مع نفسهِ، وإذا واجه الرَّفض مِنَ المجتمعِ، أو التهميش مِنْ السُّلطة السياسـيَّة ظـلَّ علـى حالـهِ يدافعُ عن مشـروعهِ الفكـريِّ، ويقدِّمُ نمـوذج المُثقَّفِ الإيجابيِّ، والمثابر مِنْ أجلِ تحقيق الأهداف الكبرى في كلِّ المجالات لأبناءِ شعبه، ويعلمُ أنَّ النهاية ستكون إلى جانبِ الحقِّ، والحقيقة.

وتقدِّم التجربة التاريخيَّة للفقيهِ والمُثقَّف في مجتمعنا، حتى الآن، تجربة ثريَّة على المسـتوى الفكريِّ، حول أدوارِ الفقهاء والمثقَّفين، ومدى مصداقيَّة أفكارهم، ومشـاريعهم، وتوجُّهاتهـم، مقابـل الصَّدْمـة الثقافيَّة التي عاشـها المجتمع العربيُّ مِنْ خلال النُّخبة الثقافيَّة المُزَيَّفة التي قَفَزَتْ إلى مَرْكَبِ السُّـلطة السياسـيَّة، دون أدنـى اعتبارٍ لمقولاتهـم الفكريَّة، وشـعاراتهم عن الحُريَّات، والأفـق الديمقراطيِّ، والوَحْـدة الوطنيَّة، وإذا كانت السياسـة بصورتها الإجماليَّة تعني الاهتمام بالشـأن العام، وبالذات إدارة مؤسَّسات الدولة بمفهومها الحديث في المجالات السياسيَّة، والاجتماعيَّة، والاقتصاديَّة، والتعليميَّة، والثقافيَّة، فلا غَرْوَ أنْ يكونَ للمُثقَّف العربيِّ

تَوَاصُلٌ مع هذهِ المسـائل، ممَّا جعلهُ ضِمْنَ الدائرة وليْسَ خارجها، ويرى مالك بن نبـي أنَّ دور النُّخبـة المُثقَّفة ينطلقُ مِنْ أزمةٍ نمو تُشْـبه الحالة المَرَضيَّة، ويُرْجِعُهَا إلـى ثلاثـةِ عناصر، إمَّا أنْ تنشـأ مِـنْ خَلَلٍ في عَالَم الأشـخاص، وإمَّا خَلَـلٌ في عَالَم الأفـكارِ، وإمَّـا خَلَـلٌ في عَالَم الأشـياءِ، أو مِنْ خَلَـلٍ في علاقة هـذه العوالم بعضها ببعض[96]، وتاريـخ الحريَّة، والعدالة، والمنهجيَّة، في المجتمعِ العربيِّ والإسلاميِّ، هو تاريخ سـيادة الأفكار مقابل تبعيَّة الأشـياء والأشـخاص بصورةٍ قاطعة في إطار الشَّريعة وضوابطها ومعاييرها.

ويؤكِّـد مالـك بن نبي أيضـاً أنَّ النُّخبـة المُثقَّفة فـي مُقدِّمة المسـؤولين عن بنـاءِ المُجْتمـع، وأنَّ عَالَم الأفكار ينبغي أنْ يكون أولـى اهتماماتها، والعَالَم ليْسَ مُجرَّد تكوين للأشـياءِ والأفكارِ، ولكنَّه بناءٌ يَعْكِسُ عبقريَّة الوطن وشـخصيَّاته[97]، وعلـى النَّقيـضِ مِنْ هذا ذَهَبَ البعض إلى أنَّه علـى النُّخبة المُثقَّفة إعادة ترتيبِ العلاقـة، وإعـادة الـدور النخبـويِّ الـذي مَارَسَـهُ المُثقَّفـون بوصفهـمِ وُكَلاء على القِيَـم والحقـوق، ولقـد ولَّـى زَمَـنُ المُثقَّف بوصفـهِ مفتـاح الحَدَاثة، أو مشـعل الثورة والتغيير، أو عاشـق الحريَّة، أو رمز القضيَّة المُقدَّسـة، إذ هو أصبح يحتاجُ إلـى التنويـر[98]، والمُثقَّـف بالتالي هو مَنْ يرتبط بقضيَّـة الحقوقِ والحريَّات، أو تَسْـكُنُ عقلـه ومنهجيَّـة تفكيـرهِ فكرة الحقيقـة، وقد يكـون طوباويَّـاً أو عُضْويَّاً، ثوريَّـاً أو إصلاحيَّـاً، قوميَّاً أو أُمَمِيَّاً، اختصاصيَّاً أو شُـمُوليَّاً، مُتَفرِّغـاً لمهمَّته أو غير متفـرِّغ، وقـد يكـون شـاعراً، أو كاتبـاً، أو عَالِمَـاً، أو فقيهاً، أو مهندسـاً، ولكـنْ أيَّاً كانَ نمـوذج المُثقَّـف وحقلـه المعرفيّ فهوَ مَنْ يهتـمُّ بتوجيهِ الرأي العام، وهذه صفةُ المُثقَّف ومهمَّته، بل هيَ مشـروعيَّته ومسؤوليَّته، وبهذا المعنى، فالمُثقَّف هـو الوجهُ الآخر للسياسـيِّ، والمشـروعُ البديلُ عنه، ولهذا فهـو ينتمي إلى نخبة المُثقَّفين[99]، أو قُلْ هـو عنوان الحريَّة والحقيقة.

---

96. مالك بن نبي، تأملات، بيروت، دار الفكر المعاصر، ط 9، 2009، ص 22.

97. مالك بن نبي، من أجل التغيير، بيروت، دار الفكر المعاصر، ط7، 1997، ص 57.

98. علي حرب، الإنسان الأدنى: أمراض الدين والحداثة، بيروت، المؤسسة العربية للدراسات والنشر، ط2، 2010، ص 018 وما بعدها.

99. علي حرب، توافق الأضداد، بيروت، الدار العربية للعلوم، ط1، 2008، ص 38.

مِنْ زاويةٍ أخرى، فإنَّ أكبر التحديَّات التي تواجه النُّخبة المُثقَّفة، هو عدم الاكتفاءِ بترديدِ وتبنِّي ما أنتجتهُ العقولُ السابقة، وعدم الوقوفِ عند حدِّ التقيُّد بتاريخِ الفِكْرِ الإنسانيِّ وبالذات الغربيّ منه، والتفكير مِنْ مُنْطَلق الاستقلال والإبداع، لا التقليد والاتِّباع[100]، وتشبه هذه الرؤى أنْ تكون صِنْوَاً عند طه عبد الرحمن للحداثةِ المؤيَّدة التي تَنْظُرُ في دلالةِ الداخل على الخارج، وتقتدي بسلوكِ القدوة، والتحقُّق بالصدق، فضلاً عن التكامُلِ بيْنَ حاجيَّات الجَسَدِ ومستلزماتِ الرُّوح، وهوَ ما لَمْ تأخذ به يوماً الحَدَاثة الغربيَّة المُجَرَّدة، لكأنَّ ما قام بهِ طه عبد الرحمن هوَ ذاتُ ما فعله دُعَاة الحَدَاثة لكنْ بوسائل ومنهاجٍ يُخَالف دُعَاة التقليد وأدعياء التجديد، حيث يقول: "إنَّنا لَمْ نقم في هذا بتقليدِ غَيْرنا كما هُمْ يفعلون وبه ينصحون، وإنَّما صادفنا حداثته بموجب شعورنا بحاجةِ المُسْلِم المُعَاصِر إلى فِكْرٍ دينيٍّ مُتميِّزٍ يناسبُ عصره، فنكونُ قد أتينا بحداثةٍ مِنْ إبداعنا، لا مِنْ إبداعِ مَنْ هو أجنبيٌّ عنَّا، تاريخاً وتداولاً" [101]، لأنَّ أيَّ قطيعةٍ معرفيَّة مع التراثِ الإسلاميِّ، وخصوصيَّتهِ الحضاريَّة، سوف تقودنا على الدوام إلى المزيدِ مِنَ الفَشَلِ المَكْرور، والاستبداد المُقيم.

والمَلْمَحُ الآخر في هذا السياق، دعوة بعض المُثقَّفين العرب إلى ضرورةِ الانعتاقِ مِنْ حالةِ الانبهار الكلّيِّ بالآخرِ الغربيِّ، والتخلُّصِ مِنَ التبعيَّة للسُّلطان، والغَوْصِ في مشكلاتِ مجتمعنا وخصوصيَّاته، ذلكم أنَّ القراءةَ العميقةَ للأفكارِ والتيهِ الذي وَصَلَتْ إليه النُّخبة المُثقَّفة العربيَّة تقودنا إلى ضرورة الدعوة الدائمة إلى دراسة المشاريع السابقة، ونقدها وتجاوزها، مع أهميَّة الإشارة إلى كونِ الرؤية العربيَّة والإسلاميَّة مِنْ خلال المُفكِّرين الروَّاد أمثال جمال الدين الأفغانيّ، ومُحمَّد عبده، ومُحمَّد رشيد رضا، ورَفَاعة الطَهْطَاوي، وغيْرهم، كانتْ رؤى غيْر مُكْتَمِلة لأنَّ هؤلاء لَمْ يكونوا قد واجهوا حضارة عَلمانيَّة بالمعنى الشَّامل، ولَمْ تكنْ الحَلَقات

100. ناصيف نصَّار، طريق الاستقلال الفلسفي، بيروت، دار الطليعة، ط 2، 1979، ص 31.

101. طه عبد الرحمن، سؤال الأخلاق: مساهمة في النقد الأخلاقي للحداثة الغربية، بيروت، المركز الثقافي العربي، ط1، 2000، ص 225.

الأخيـرة مِنْ مُتَتَالية العَلمانيَّة الشـاملة قَدْ تحقَّقت بعـد، أيْ أنَّ كثيراً مِنَ الظواهر السـلبيَّة التي نُلاحظها بأنفسـنا، ونقـرأُ عنها في كتبهم وصحفهـم ومجلاتهم، التي أصبحـتْ نَمَطاً ثابتاً، وظاهرةً مُحدَّدة، كانتْ مُجرَّد حوادث مُتَفرِّقة لا ظواهر دالَّة، ومِنْ ثَمَّ كانَ مِنَ السَّهْلِ تهميشها، وأمَّا في منتصفِ الستينيَّات من القرن الماضي، فإنَّ الحضارة الغربيَّة كانتْ قد دَخَلَتْ مرحلة الأزمة، وأدركَ كثيرٌ مِنْ مُفكِّريها أبعاد الأزمـة، والطريق المَسْـدود الـذي دَخَلتهُ منظومـة الحَدَاثة الغربيَّـة[102]، وبصورةٍ أدقّ، لا بُـدَّ مِـنَ الخـروجِ مِنْ نطاقِ الفِكْـرِ التوفيقيِّ والتلفيقيِّ السـابق إلى مَيْدانِ المَنْهجِ العلميِّ في دراسـةِ الآخر ومعارفِهِ وثقافتهِ وخصوصيَّته، في سـبيلِ تحقُّق مشروعٍ حضاريٍّ له خصوصيَّة ثقافيَّة عربيَّة وإسلاميَّة بامتياز.

وصـارَ لزاماً، في ضوءِ هذا المُسـتجدّ، أنْ تقومَ النُّخبـةُ المُثقَّفةُ في المجتمعِ العربـيِّ والإسلامـيِّ باجتـراحِ رؤيتهـا الخاصَّة في مواجهـةِ التحديَّـات، وأنْ يُحلِّقَ الفقيـه والمُثقَّفُ العربيُّ والمُسْـلم خارج السِّـربِ المعرفـيِّ والفِكْريِّ الذي امتاز قرونـاً برؤيتـهِ الأُحاديَّـة التضليليَّـة، ويمكـن لـهُ أنْ يُسـاهم في هـذا المجال مِنْ خلال تكريـس فِكْرةِ العَقْـلِ والعِلْمِ والمنهجيَّة، والإعلان عن ضرورةِ نَشْـرِ الأبعاد النضاليَّـة لـدى الثقافة والمثقفيـن، ذلكم أنَّ هذه: "الثقافة تمثِّـل أداةً للمقاومة في مواجهةِ محاولاتِ الطَّمْسِ، والإزالةِ، والإقصاء، إنَّ المقاومة شَـكْلٌ مِنْ أشـكالِ الذاكـرةِ فـي مقابـلِ النِّسـيانِ، وبهـذا الفهـم أعتقـد أنَّ الثقافـة تُصْبِحُ علـى قَدْرٍ كبيـرٍ مِـنَ الأهميَّة[103]"، كما لا بُـدَّ أنْ تبدأ أيضاً معركة الفقيـهِ والمُثقَّف العربيِّ فـي معركـةِ النِّضـال ضدَّ التخلُّف الشَّـامل على المسـتويين التاريخـيِّ مِنْ زاوية، والمقاومـة المُعَقْلَنـةِ مِنْ زاوية ثانية[104]، وبدون هذهِ المعركةِ النَّبيلةِ لَنْ يكونَ مُمْكِنـاً التقدُّم نحو أيَّة صيغةٍ حضاريَّةٍ ترتقي بالإنسـان العربيِّ، وترتفعُ معهُ وبهِ نحو آفاقِ الإبداعِ والتجديدِ والوسـطيَّة.

102. عبد الوهاب المسيري، العالم من منظور غربي، القاهرة، دار الهلال، ط1، 2001، ص 169.

103. إدوارد سعيد، الثقافة والمقاومة، ترجمة علاء الدين أبو زينة، بيروت، دار الآداب، ط1، 2006، ص 143.

104. إدوارد سعيد، الاستشراق: المفاهيم الغربية للشرق، ترجمة محمد عناني، القاهرة، دار رؤية للنشر والتوزيع، ط1، 2006، ص 320.

وأكثر مِنْ ذلك، مِنْ أهمِّ أدوار الفقيهِ والمُثقَّفِ أنْ يُناضلا في وجهِ المؤسَّساتِ الأكاديميَّـةِ المُغْلقَـة، والسَّـاكنة فـي كوكبٍ آخـر، مِـنْ خلالِ البقاءِ الثقافـيِّ، الذي يتبلـور فـي صورةِ فِعْلٍ ثقافـيٍّ حُرٍّ، وضـرورة مواجهة ما يُطْلَق عليهِ فـي المُجْتمعِ العربيِّ "المُثقَّف المِهْنيّ" بالمُثقَّفِ "النقديّ"، وشتَّان بيْنَ الأوَّل الذي تسيطر عليهِ المَنْفَعةُ والجَاهُ والثَّراءُ والمَنَاصِبُ والأوهام، والثاني الذي تقودُهُ الحقيقة والحريَّة والمنهجيَّـة العلميَّة، إذْ على المُثقَّفِ العربيِّ الذي صَدَمَتْهُ أهوال ومخاطر تحويل طريق النَّهضةِ والاسـتقلالِ مِنَ التقدُّمِ إلى النُّكوصِ أنْ يُمايزَ بيْنَ الخبرةِ والمعرفةِ، فالخبـرةُ تتوقَّـفُ في حدودِ الاختصاصِ ورَغَبَاتِ السُّـلطة، بينما تتجـذَّرُ الثانية في حيـاةِ المجتمـعِ، وتطلُّعاته، ونقد الاختصاص، والتأكيد دائمـاً على محوريَّة النِّضالِ المُستمرِّ ضِدَّ السُّلطة المُغْلَقة والمُسْتبدَّة على إطلاقها، وأنْ تكونَ هذهِ المنهجيَّةُ خيـاراً نهائيَّاً للمُثقَّـفِ طُوالَ مسـيرتهِ الفكريَّـة لأنَّ أحد أبـرز النَّشـاطاتِ الفكريَّة الرئيسـيَّة في القرن العشـرين هو اسـتجواب السُّـلطة، إنْ لَمْ يكنْ تقويضُها، وممَّا لا شـكَّ فيهِ أنَّ نَقْدَ الموضوعيَّة، والسُّـلطة، أدَّى حقَّاً خدمة إيجابيَّة بتأكيدهِ كيف تُركِّبُ الكائنات البشريَّة حقائقها في العالم[105]، ذلكم أنَّ الفقيه والمُثقَّف إذا لَمْ يكنْ انحيازهما مِنْ أجلِ النَّاس، وقضاياهم، وطموحاتهم، فإنَّ وجودهم، أيْ الفقيه والمُقَّف، يصبحُ حمولةً زائدةً على أكتافِ النَّاس.

ويتـراءَى لنـا، أيضـاً، أنَّ صـورة الفقيـهِ والمُثقَّـفِ أمـام المجتمـعِ العربـيِّ والإسلامـيِّ ما تـزال مرهونةً بأولويَّات السُّـلطان وورغباته ومطامحـه منذ العصر الأُمويِّ، ذلكم أنَّ السلطان إذا كانَ قد: "احتاج إلى المثقَّف دائماً حتى يؤثِّث لهُ مجـال النُّفوذِ الشـرعيِّ لـدى الجمهور، فقد ظلَّ يدركُ أنَّ وظيفـة المُثقَّف تلك لا تنتمي إلى الثقافة، وأنَّ هذهِ تَقِفُ - في حقيقةِ أمرها - على مسـافةٍ بعيدةٍ مِنَ السُّـلطانِ السياسـيِّ، وحتى حينما كان هذا الأخير مُضْطرَّاً تحتَ وطأةِ ضغوطٍ ما إلى مَنْحِ المُثقَّف أقسـاطه، أو بعض أقسـاطهِ، المُسْتَحقَّة مِنَ الحريَّة، كان يحيطُ حقوقـه بِقَـدْرٍ هائلٍ مِـنَ الكوابحِ القانونيَّـة والعُرْفيَّة وغيرها، ويرسـمُ له خطوطاً حمـراء يدفعـهُ دفعـاً إلى احترامها مقابـل تمتُّعهِ بذلك النَّزْرِ اليسـيرِ مِنَ الحُريَّة،

105. إدوارد سعيد، صورة المثقف، ترجمة غسان غصن، بيروت، دار النهار، ط1، 1996، ص 96.

والويْلُ كلَّ الويْلِ إنْ هوَ تطلَّعَ إلى مُخَادعةِ السلطانِ السياسيِّ، وخَرَقَ الثقة مِنْ خلال انتهاك أيٍّ مِنَ الخُطوطِ الحَمْراءِ المرسومة" [106]، وبهذا تكون الاستجابة لهذا التحدِّي مرتبطة بالفقيهِ والمُثقَّفِ والمُجْتمعِ العربيِّ مِنْ قَبْلُ ومِنْ بعد، وليْسَ حقيقيّاً ادّعاء بعض المُثقَّفين أنَّ الاقتراب مِنَ السُّلطة وعالمها أمْرٌ حتميٌّ لا مناصَ منهُ أبداً.

وضعيفٌ هوَ الفقيهُ والمُثقَّفُ عندما يعتقدُ بأنَّه قادِرٌ على احتواءِ استبداد السُّلطانِ وتوظيفهِ لصالحهِ أولاً، ولِصَالحِ المجتمع ثانياً، ذلك أنَّه واهمٌ أيضاً إذا اعتقد أنَّه: "قادِرٌ على تجاوزِ الثقافة الأبويَّة إذا تَعَامَلَ معها ضمن حُدودٍ مُعيَّنة، فيضعُ لنفسهِ الحدود التي يعتقدُ أنَّ السُّلطة تَقْبَلُ بها، إنَّه لا يُدْرِكُ، أو ربُّما يُدُرِكُ ولكنَّه يُخْفي هذا الإدراك عن نفسهِ دونَ وَعْيٍ، إنَّه بذلك إنَّما يشارِكُ في عمليةِ الإخضاعِ السياسيِّ والأيديولوجيِّ الذي يُفْرَضُ عليه، وحتى حين يرى نفسهُ في موقفِ المُوَاجَهة الخَطَابيَّة إزاء السُّلطة، أيْ ضمن الحدود المُعيَّنة، إنَّما يساهمُ في دعمِ هذهِ السُّلطة وفي تعزيزِ شرعيَّتها" [107]، وكلُّ نَاظِرٍ فيما تقدَّم يُدْرِكُ تغييبَ النَّاس، قديماً وحديثاً، سواء كانتْ دولة الخلافة، أو الدولة السُّلطانيَّة، أو الدولة القُطْريَّة، فالسلطةُ مُنْشغلةٌ بالبحثِ عن شرعيَّتها، وعن مصالحها الخاصَّة، مع إهمالٍ مقصودٍ للنَّاس، وقد ظلَّ على الداوم لهذا السلطة أدواتها وأتباعها مِنَ النُّخبة ممَّن ساهموا في فَرْضِ أو تسويغ حُكْمِها وسياساتها [108]، ولا بأس إنْ عاشَ أو ماتَ النَّاس، فإنَّه لا يُؤْبه لهم، ما دامَتْ المرجعيَّة العليا مسروقة، ولا وجود للشُّورى، والديمقراطيَّة، والحريَّات، والانتخابات، بصورتها الحقيقيَّة، والجوهريَّة.

106. عبد الإله بلقزيز، في البدء كانت الثقافة: نحو وعي عربي متجدد بالمسألة العربية، بيروت، دار إفريقيا الشرق، ط1، 1998، ص 57.

107. هشام شرابي، النقد الحضاري للمجتمع العربي في نهاية القرن العشرين، بيروت، مركز دراسات الوحدة العربية، ط2، 1999، ص 14.

108. حليم بركات، الاغتراب في الثقافة العربية: متاهات الإنسان بين الحلم والواقع، بيروت، مركز دراسات الوحدة العربية، ط1، 2006، ص 104.

المبحث الخامس | مَلامِحٌ مِنْ أخلاقِ الطَّاعة في الفِكْرِ الإسلاميِّ

يظلُّ لنا أنْ نقول، إنَّ ثقافة الاستبدادِ لا تقف عند استبعادها الوظيفة الإيجابيَّة للإسلام فحسب، وإنَّما تجاوزتْ ذلك نحو الإنسانِ العربيِّ والمُسْلمِ وأفسدتهُ في أخلاقهِ، وشؤونهِ السياسيَّة، والاقتصاديَّة، والاجتماعيَّة، والأسوأ مِنْ هذا كلِّه لجوءُ الإنسان في مجتمعنا إلى الحياة الآخرة منذ بدايات مشروع السُّلطة السياسيَّة وحلفائها مِنَ الفقهاء والعلماء، والتي هيَ بلا شكٍّ مِنْ أجلِّ الغايات، ولكنَّها هنا تعويضٌ عن حياةٍ حقيقيَّةٍ ينبغي للإنسانِ العربيِّ أنْ يحياها، ويدافعُ عنها، ومِنَ المؤكَّد أنَّ الاستبداد والقَهْرَ والإلغاء والتهميش بأشكالها المُتعدِّدة لا تستطيع أنْ تُلْغي الإسلام، ولكنَّ هذهِ المحاولات نَجَحَتْ في وَضْعِ حواجز مَنَعَتْ وصول هذا الدِّين ومخرجاتهِ إلى وعي النَّاس إلاَّ وفقَ منهجها الخاص، ورؤيتها المنقوصة، وتلك نتيجة طبيعيَّة لاستقالةِ الإنسان العربيِّ مِنْ وظيفته الأساسيَّة بأنْ يكون حُرّاً ومُبْدِعاً ومُسْتقلّاً بكلِّ ما في الكلمةِ من معنى.

وإذا كانَ لكلِّ عَصْرٍ نظامهُ الثقافيُّ، ولكلِّ ثقافةٍ منطقها المُتحكِّم بها، فإنَّ انتقال المفاهيم والعلوم مِنْ نظامٍ ثقافيٍّ ما إلى الفِكْرِ الإسلاميِّ دونَ استيعابِ الظرفيَّة التاريخيَّة والمعرفيَّة التي أنتجتْ هذهِ المفاهيم والعلوم سوفَ يقودُ إلى انفصامٍ كبيرٍ بيْنَ الفِكْرِ وسياقه الواقعيِّ، وبالتالي ليْسَ لأيِّ مفهوم دلالته المُطْلقة في الثقافاتِ المُتَبَاينة والمُتغيِّرة، ولذا فإنَّ توجُّه فئة مِنَ الفقهاء والمفكِّرين والمثقَّفين العرب والمُسْلمين نحو ثقافةٍ أُخرى بهدفِ الاقتباس منها يقودنا نحو تساؤلٍ رئيس في هذا الإطار: ما هو المُبرِّر الذي يدفعنا إلى ذلك فضلاً عن كونِ ما نقتبسهُ لا يظلُّ مُحافظاً على مدلولهِ الأصليِّ أو المُجرَّد، إذْ لكلِّ ثقافةٍ حقولها المعرفيَّة الخاصة ذات الصلة بمدلولات المفاهيم التي تُنتجها؟، ومن هنا، يمكن طَرْحُ السؤال بصيغةٍ أُخرى: إلى أيِّ مدى يمكن استلهام وتمثّل مفاهيم مُقتَبَسة مهما كان مصدرها داخل ظرفيَّة عربيَّة وإسلاميَّة خاصَّة؟، وهوَ تساؤلٌ آنَ لِدُعَاة

التغريب، والحداثة المُطْلقة، والمركزيَّة الغربيَّة، ومحاولات إقحام الثقافة العربية، والحضارة الإسلاميَّة، في أتونِ تلكم المفاهيم، أو دمج هذه المفاهيم دمجاً قسريَّاً في جسد تاريخنا وواقعنا.

ومِنْ مُسْتلزماتِ الاستغراقِ الذي تعتنقهُ الدراسة مِنْ حيث هيَ دعوةٌ حقيقيَّةٌ إلى المنهجيَّة العلميَّة في الطَّرْحِ والتفكير، أنَّ أخلاقَ الطَّاعةِ شكَّلت المُقابِلَ الموضوعيَّ للسُّلطةِ الطاغية والمُسْتبدَّة عبر التاريخ، وتمَّ اعتبارها فضيلة كبرى في الخطاباتِ السياسيَّة ذات الطَّابع التسلطيِّ، بل إنَّها القيمة الأخلاقيَّة الضروريَّة لكلِّ نظامٍ تراتبيٍّ في المجتمعِ والسياسةِ، وبما أنَّ السُلطة تفرُّدٌ وامتياز، يَمْنَحُ السلطة السياسيَّة القدرة على الأمرِ والنَّهي، فإنَّ استمرار الامتثالِ والرضى بالأوضاعِ كما هيَ عليه، مخافة أنْ تعود الجماعة إلى حالة الفوضى السَّابقة على كلِّ سُلْطة، أو الحَاصِلة بفعلِ اختلالها أو فسادها، أو التغلُّب عليها ومحاولة استبدالها بشوْكةٍ أخرى، وهذه كلُّها حالات تعني وجود شَلَلٍ ما في فِعْلِ الطَّاعة، الذي يَفْتَرِضُ دوامهُ دوام السُّلطة وأفعالها [109]، بل لعلَّه يؤيِّد هذه الرؤى بضرورة تكريس ثقافة الطَّاعة وليْسَ أخلاقها وحسب أنْ أصبحت الطَّاعة أكثر مِنْ مبدأ في سياقِ التنظيرِ والجدالِ الأيديولوجيِّ والكَلاميِّ والسياسيِّ وباتتْ جُزْءاً مِنْ العقيدةِ السياسيَّةِ لأهل السُنَّة والجَمَاعة، ومحلَّ إجماعهم وتفكيرهم [110]، وانتقلتْ الطَّاعة من السياسةِ إلى مجالات الحياة اليوميَّة، وباتَ الخوف، والتردُّد، والهزيمة النفسيَّة، من معالم الشخصيَّة العربيَّة المطلوبة.

ويَحْمِلُ الإنسانُ العربيُّ أوزار هذهِ الطَّاعة، ويشقى بمآسيها في حَلَقاتٍ مُتَرَاسِلة منذ الفتنةِ الكبرى عام 35 هجريَّة وحتى اليوم، ويَرْزَحُ العَقْلُ العربيُّ، شأنهُ شأن الثقافة العربيَّة والإسلاميَّة، تحت سِياط الإلغاءِ، والإقصاءِ، والتهميش،

---

109. كمال عبد اللطيف، في تشريح أصول الاستبداد، ص 180 – 181 / وحول مفهوم الطاعة السياسيَّة من الناحية الشرعيَّة عموماً والحديثيَّة خصوصاً انظر: بشار بكور وعبد العزيز برغوث، مفهوم «طاعة الحاكم» في الفكر السياسي الإسلامي: دراسة أحاديث الطاعة، مجلة التجديد، الجامعة الإسلامية العالمية، كوالالمبور، المجلد 21، العدد 42، 2017، ص 9 – 50.

110. للتوسع في هذه المسألة انظر: رضوان السيّد، رؤية الخلافة وبنية الدولة في الإسلام، بيروت، مجلة الاجتهاد، العدد 13، 1991، ص 96 – 97.

ويبدو جليّاً أنَّ هذا العَقْلَ الشقيَّ تكوَّن نتيجة التقاء مجموعةٍ مِنَ الروافد الفكريَّة والحضاريَّـة، والـذي ظـلَّ الإسلام على الـدوام أبرزها قبل اسـتبعادهِ وسَـرقتهِ، وقد انصهرتْ هذه الروافد في سياقٍ واحدٍ إبان عصر التدوين كيْما يتبلور هذا التراث العربـيُّ والإسلامـيُّ، وهذه الروافد - الموروثات كما يـرى مُحمَّد عابد الجابريّ في مشـروعهِ الفكريِّ هي: الموروث الفارسـيُّ أو "أخلاق الطَّاعة"، والموروثُ اليونانيُّ أو "أخلاق السَّـعادة"، والمـوروثُ الصوفـيُّ أو "أخلاق الفَنَـاء"، والمـوروثُ العربيُّ الخـاص أو "أخلاق المُـروءة"، والمـوروثُ الإسلامـيُّ الخالـص أو "أخلاق العَمَـلِ الصَّالـح[111]"، ومـا يـزال أثر هـذهِ الروافد على تفاوتـهِ يُمارِسُ طغيانـهُ على تفكيرِ وسـلوكِ الإنسـانِ في مجتمعنا مع الإقرارِ بضرورة نقد هـذه الروافد بصورةٍ علميَّة تتوافـق مـع المعطيـات الجديـدة التي وصلها الإنسـان فـي الألفيَّة الثالثـة، وضمن مـا تقتضيـه خصوصيَّات الثقافة العربيَّـة، والحضارة الإسلاميَّـة، والمرجعيَّة الأولى، والأعلى، الشَّريعة الإسلاميَّة.

وقـد أصبـح بيِّناً، وفـقَ مُحمَّد عابد الجابـريّ، أنَّ هذه الموروثات اسـتُدْعِيَتْ إلى الفِكْرِ العربيِّ والإسلاميِّ، والواقع السياسيِّ تحديداً، في أعقابِ وفاةِ الرسولِ صلَّـى اللـه عليـهِ وسـلَّم، وحادثـة سَـقيفة بني سـاعدة، وبلغـتْ هذهِ الإشـكاليَّة السياسـيَّة الذروة مع خواتيمِ العَهْدِ الراشـديِّ، حيـث بدأتْ ملامح الانقلابِ على القيـمِ الإسلاميَّـةِ التي جاءَت الشَّـريعة مِنْ أجلِ تكريسـها، حيث انقسـمَتْ الأُمَّة بيْـنَ تياراتٍ سياسـيَّةٍ مُتناقِضَـة ومُتَنَاحِرة، وأضحى البحث عن شـرعيَّة السُّـلطان واسـتمراريته والحفـاظ عليـهِ بـأيِّ ثمن هـو المبتـدأ والنهايَّة، ولذا بدأ اسـتدعاء تلكم الموروثات غير العربيَّة طالما لَنْ تسـعفهم الشَّريعة وقيمها الأصيلة بذلك، وطالمـا أنَّ الإنسـانَ الحُـرَّ والمُبْـدِع هـو مطلـبُ الشَّـريعة الأوَّل وَجَـبَ سـرقتها واسـتبعاده بصـورة متلازمـة، واسـتطاع المـوروثُ الفارسـيُّ مِـنْ خلالِ مشـروعٍ مُمَنْهَـجٍ أنْ يُهيْمـنَ ومِـنَ خلالِ اتجـاهٍ واحـدٍ فقـط هو الطَّاعـة للسلطانِ مقابل إلغـاء وجـودِ النَّاس في الحيـاةِ العربيَّـةِ والإسلاميَّة، وحَافَظَتْ هـذهِ الطَّاعةُ على وجودهـا نتيجـة الحاجةِ المُسْـتمرَّة لها، وظَهَرَتْ من أجلها، وفي سـبيلها، وطمعاً

---

111. محمد عابد الجابري، العقل الأخلاقي العربي، ص 131 - 619.

فـي مكاسبها، الكتابـات والمُصنَّفـات الكثيـرة، كما أنَّهـا حظيتْ بِرَفْضٍ "نَظَرِيّ" طوال تاريخها(112)، ودعمٍ سـلطويٍّ عَمَليٍّ ودمويٍّ بلا انقطاع.

ويؤسِّـسُ مُحمَّد عابـد الجابريّ لأطروحتـهِ حول أخلاقِ الطَّاعـة باعتبارِ عَصْرِ التدويـن هـوَ نقطةُ الأصْلِ التي بدأتْ معها الثقافـة العربيَّة والإسلاميَّة في العَهْدِ الأُمـويِّ، حيـث ازدهـرتْ اللغـة والخَطَابـة والشِّـعْر وأدب الرسـائل، فقـد كانـت المسـاجد والأسـواق والمجالـس أبرز أماكـن الخطابة، ثمَّ ما لبثـتْ تلكم الأقوال، أو الخُطَـب، أنْ أخـذتْ شَـكْلاً أدبيَّـاً تـمَّ الاعتناءُ بهِ مِـنْ خلالِ التوثيـقِ والتأليف، وبـاتَ أَدَبُ اللِّسـانِ وأبـرز نماذجـه وقتـذاك هـيَ الخطابـة مثل خطبـة زياد بن أبيـه، والحجَّـاج بـن يوسـف الثقفـيّ، وغيرها، تُكـرِّس قيـم الاسـتبدادِ القبليِّ مِنْ خلالِ كلمـاتٍ شـجيَّة، وفَصَاحـة باذخـة، ويقتـرنُ هـذا كلُّـه مـع التهديـدِ وإرادة العقـاب، وفـي السـياقِ ذاته، بَرَزَ اللـونُ الأدبيُّ الآخر الذي يتماهـى معَ الخطابة فـي الأهميَّـة والخطـورة ألا وهو الترسُّـل، حيث كانت رسـائل خلفـاء وأمراء بني أُميَّة تُقرَأ على النَّاسِ في المسـاجدِ والأسـواق، وتكمن خطورة الترسُّـل في بروزِ صيغة التكليفِ في مضمونِ هذه الرسـائل التي تُصَاغُ في نصٍّ بلاغيٍّ تُرْصَفُ فيهِ العبارات والجُمَل رَصْفَاً، وتتزاحمُ فيه الاستشهاداتِ مِنَ القرآن الكريمِ والحديث الشَّـريف، وغيْرهـا مِنَ الموروثِ العربـيِّ والإسلاميِّ في قَالَبٍ، بـل قوالب لغويَّة يُـرادُ لهـا أنْ تقوم مقـام التدبير الدينـيِّ والبرهان العقليّ(113)، وبغاياتٍ سياسـيَّة واضحة المعالم: السـلطة أولاً وأخيراً، والبقيَّة من مبادىء وقيم وإنسان لا حاجة تستدعي التفكير بها.

وليْـسَ تواتـر أدب الخطابـة والترسُّـل في الثقافـةِ العربيَّة والإسلاميَّـة إلاَّ دليلاً مباشـراً علـى أهميَّة ومحوريَّة أدب اللِّسـان في مجالِ القيـمِ والأخلاقِ في ثقافتنا، وقد سَـعَتْ السـلطةُ السياسـيَّة الأُمويَّةُ مِنْ وراءِ نَشْـرِ ذلكم الأدب إلى نَشْـرِ القيمِ التي تسعى إلى تعميقها وتطبيقها، فضلاً عن كونِ هذه النُّصوصِ أصبحتْ مع مرورِ الوقت المرجعيَّة التي أكَّدتْ، وعمَّقتْ، مبادىء الطبقة الحَاكمة، وقيم السُـلْطان،

112. هاني عبادي محمد سيف المغلس، الطاعة السياسية في الفكر الإسلامي، ص 413 – 418.

113. محمد عابد الجابري، العقل الأخلاقي العربي، ص 133.

سَعياً وراء تحقيق شرعيَّة، واستقرار، واستمراريَّة الدولة، وهي غاياتٌ لا تتحقَّق إلاَّ بتقنين وإرساء قيم الطَّاعة للسلطان، وتمَّ ترويض وتدجين الإنسان العربيِّ وفق ذهنيَّة الطَّاعة منذ ذلك الوقت مروراً بأجيالٍ متعاقبة في سياقِ الأيديولوجيا اللاشعوريَّة القائمة على مبدأ الجَبْرِ واللزوم لشخصِ السُلْطان، ووَصَلَتْ الجرأة لدى كتَّاب السلطان مِنْ فقهاء وأدباء ومثقَّفين إلى حدِّ استغلال النُّصوص القرآنيَّة والأحاديث النبويَّة مِنْ أجل هدفٍ آنيِّ الثَّمن، وبعيد المدى، وهوَ أنْ تظلَّ هذه الكتابات ذات نزعةٍ راهنيَّة، أيْ مجرَّدة مِنْ قيودِ الزمانِ والمَكانِ وليْسَ مقصورة على حِقْبةٍ سياسيَّةٍ بعيْنها، أو سُلْطان بذاته، من أجل توظيفها واستغلالها وقت الحاجة للسيطرة والطغيان.

وبَسَطَ قَصْده، أيْ مُحمَّد عابد الجابريّ، في إطارِ أطروحتهِ حول أخلاق الطَّاعة، حيث يؤكِّد أنَّ هناك تحولات طرأتْ في العهد الأُمويِّ سَاهمت في الانفتاحِ على الآخر الفارسيِّ، وبالذات في أواخر عهدها حول الموروث الفكريِّ والأخلاقيِّ والسياسيِّ، وأبرز تلكم التحوُّلات هيَ أثرُ الدواوين على الثقافة العربيَّة والإسلاميَّة التي كانت فارسيَّة الشَّكلِ والمَضْمونِ، بَلْ وتستخدمُ اللغة الفارسيَّة في سجلاتها بعد أنْ انتقلت ظاهرة هذه الدواوين إلى الدولة العربيَّة والإسلاميَّة منذ زمن الخليفة عبد الملك بن مروان(114)، ولمَّا كانت طبقة الكتَّاب ذات العلاقة بهذه الدواوين تتكلَّم الفارسيَّة وتحمل ثقافتها، فلا غرو أنْ يظهرَ أثر هذه المسائل في مضمونِ الخطاب السياسيِّ للدولة، مع رغبةٍ عارمةٍ للسلطةِ السياسيَّة في توظيف وتقنين هذه الثقافة التي تخدم أهدافها، وتحقِّق أيديولوجيَّتها، بلْ إنَّ أحد أشهر أدباء هذا العَصْر وهوَ عبد الحميد بن يحيى الكاتب كان صديقاً مُلازماً لعبدالله بن المقفَّع الذي كرَّس جهده لنقل أدبِ الفُرْسِ ممَّا يدلُّ بوضوحٍ شديدٍ على الحضور المُبكِّر للموروثِ الفارسيِّ في عملية تأسيسِ الفِكْرِ الأخلاقيِّ في الثقافة العربيَّة، وكيفَ أنَّ هذا الحضور انتقل من مرحلةِ التأثير إلى مرحلةِ الإقصاء والتهميش والاستبعاد.

---

114. المرجع نفسه، ص 144 – 145.

وعلى هذا النحو يكون عبد الحميد بن يحيى الكاتب في مُقدِّمة مَنْ أسَّسوا قيم الأخلاق في ثقافتنا العربيَّة، وكانَ إنتاجه الأدبيُّ ينبعُ بصفةٍ أولى مِنَ الموروثِ الفارسيِّ، حيث استخرج أمثلة الكتابة التي رَسَمَها لمنْ بعدهُ مِنَ اللِّسانِ الفارسيِّ فحوَّلها إلى اللِّسانِ العربيِّ، ومِنْ أجلِ ظهور النُّصوص مِنْ خُطَبٍ ورسائل بصورةٍ مُتْقنةٍ ومُبْهِرةٍ وجاذَبةٍ كانَ توظيف أقوال الحكماء، والأشعار، والقَصَص الرمزيَّة، أحد شروط نجاح هذه النُّصوص في تحقيق غاياتها، وأولى الغايات وأجلُّها طاعة السلطان، وبذلك يكون أعمق وأبرز رافد دَخَلَ منظومة العَقْلِ العربيِّ، والثقافةِ العربيَّةِ السياسيَّةِ كانَ مبدأ الطَّاعة، الذي اعتمد في العَهْدِ الأُمويِّ بصورةٍ كبيرةٍ على الأدبِ ومُدْخَلاته ومُخْرَجاته(115)، ثمَّ تمَّت عمليَّة تطوير هذا المنحى في العَهْدِ العباسيِّ مِنْ خلالِ تضمين مفاهيم الخِطَابِ الدينيِّ الإسلامي للخطاب السياسيِّ للسلطة، في خطوةٍ جديدةٍ نحو تأطير السياسةِ بالإطارِ الدينيِّ، من أجل تحقيق المزيد مِنَ الطَّاعة ولكنْ بخطابٍ عربيٍّ وإسلاميٍّ الوجه واليد واللسان هذه المرَّة، والهدف هو الوصول إلى جميع أطياف المجتمع ممَّن كانَ الوصول إليهم عَبَرَ خطابٍ فارسيِّ المبنى والمعنى يبدو عسيراً، وبمساعدة مجموعة من العلماءِ والفقهاءِ تمَّ إنجاز المهمَّة بصورةٍ لافتة.

ويَنْتسبُ إلى هذا السياق ظهورُ الموروثِ الفارسيِّ في العَهْدِ العباسيِّ الأول، ولكنَّه سياقٌ يمتازُ بالعُمْقِ والتنوُّع بصورةٍ أكبر ممَّا كانَ عليه زمن الأُمويين، وَوَصَلَ الأمر إلى درجة أنَّ هنالك: "مؤلَّفات ذات أصْلٍ فارسيٍّ تُرْجِمَتْ حرفيَّاً بكاملها، أو بتصرُّفٍ واختصار، إلى أخبارٍ وحكاياتٍ عن تاريخِ الفُرْسِ وأسماء ملوكهم، نقلها مؤرِّخون كبار كالطبريِّ والمسعوديِّ، إلى عباراتٍ وأقوالٍ مأثورة ونصوصٍ مُقْتَضَبة لا تخلو منها كتب الأدب، وواضحٌ أنَّ ما يهمُّنا هنا ليس تراث الفُرْسِ وتاريخهم في ذاته، وإنَّما يُهمُّنا منه شَكْلُ حضوره في الثقافة العربيَّة بوصفه موروثاً يحملُ قيماً معيَّنة" (116)، وأبرز تجلِّيات هذا الموروث في الثقافةِ العربيَّةِ هي علاقة الدِّين

115. المرجع نفسه، ص 145.

116. المرجع نفسه، ص 146.

بالمُلْـكِ، وعلاقـة الطَّاعة بالعدل، وهـذه التجلِّيات التي أضحـت قواعد للحُكْمِ في الدولة العربيَّةِ والإسلاميَّةِ في غاية الخطورة لأنَّها ما تزال ماثلة في واقعنا السياسيِّ والاجتماعـيِّ والثقافـيِّ إلـى يومـا هذا، مـع تطويرٍ وتجديدٍ في الأشـكالِ والأسـماءِ والأدوات، وثباتٍ في مضمون هذا الخطاب: الطَّاعة التامَّة..

وقـد توالـدَ عـن هـذهِ التجلِّيـاتِ مزيـدٌ مِنْ إقصـاءِ النَّـاسِ فـي فِكْرنـا العربيِّ والإسلاميِّ، ومِنْ ذلك أنَّ علاقة الدِّين بالمُلْكِ تمَّ طرحها في ضوءِ الموروثِ الفارسيِّ فـي العَقْـلِ العربـيِّ الأخلاقيِّ وفق قاعـدة: "ليْسَ أقـوى على الإطاحـة بالمُلْك مِنَ الدِّيـن"، ولهذا انبثقتْ سياسـة الانقضاض على الشَّـريعة مِـنْ خلالِ هذهِ القاعدة، حيث أورد ابن المقفَّع في كليلة ودمنة على لسـان الملك الفارسـيِّ أردشـير قوله: "وإنَّ رأس ما أخافه عليكم مبادرة السَّفَلة إياكم إلى دراسة الدِّين وتلاوته والتفقيه فيه، فتحملكم الثقة بقوَّة السـلطانِ على التهاون به، فتَحْدُثُ رياسـاتٌ مُسْتَسَرَّاتٌ فـي مَـنْ قد وَتَرْتم وَجَفَوْتُـمْ، وَحَرَمْتُمْ وأخفتُـمْ وصغَّرتُمْ، مِنْ سَـفَلَة النَّاسِ والرعيَّةِ وَحَشْـوِ العامَّـة، واعلمـوا أنَّه لَـنْ يجتمع رئيسٌ في الدِّين مُسِـرٌّ ورئيـسٌ في المُلْكِ مُعْلَـنٌ، فـي مملكـةٍ واحدةٍ قط، إلاَّ انتـزعَ الرئيسُ في الدِّين ما فـي يدِ الرئيسِ في المُلْك، لأنَّ الدِّين أُسٌّ والمُلْك عماد، وصاحبُ الأُسِّ أولى بجميعِ البنيان من صاحب العماد[117]، ولهذا أدركت السلطة السياسيَّة العربيَّة مبكرًا الدور الرياديَّ للشَّريعة في تكريسِ الدور المركزيِّ للإنسانِ وحرياتهِ وحقوقه مِنْ زاوية، وتقويض أيِّ سلطةٍ سياسـيَّةٍ ظالمة مِنْ زاويةٍ أخرى، فتمَّ تأميم الشـريعة، واسـتبعاد الإنسـان العربيِّ، وانتهاكِ كلِّ الحريَّاتِ بصورة صارخة،

إنَّ البُعْدَ المنهجيَّ الذي سَبَقَ الإلماعُ إليه في السـياق المُتقدِّم ليْسَ وحيداً أو طارئاً، إذ أنَّ تأديب العامَّة، هكذا، وضمان سكونها وسكوتها وركونها للسلطة، قضيَّة أُخْرى مُتقدِّمة في أخلاق الطَّاعة، وواجبُ النَّاسِ الأوحد تمجيدُ السـلطان، وتعظيم منزلته، وهو أمرٌ لا يأتي مِنَ النَّاس تلقائيَّاً بلْ لا بُدَّ للسلطانِ مِنْ تدبيره، وأنْ يفتـحَ السـلطانُ بابيْـنِ للنَّـاس: بـابُ رحمةٍ ورِقَّةٍ ومُؤانسـةٍ وانشـراح، ويظلُّ

117. المرجع نفسه، ص 155.

هـذا البـاب مفتوحاً مـا دام الرعيَّة تحت السـيطرة، فإنْ فكَّر هـؤلاء مجرَّد تفكيرٍ بحقوقهـم كمواطنيـن، أو تذكَّروا بأنَّ شـريعتهم مَنَحَتْهُم عِمَارة الأرض، ومُسَـاءَلة السلطان، في هذه اللحظة يُفْتَحُ الباب الثاني وهو: "بابُ غِلْظةٍ وخشنةٍ وتعصُّبٍ وتشـديدٍ وجَفـاء وإمسـاكٍ ومُبَاعـدةٍ وإقصـاءٍ ومُخَالفـةٍ ومَنْـعٍ وقُطـوبٍ وعُبوسٍ وانقبـاضٍ وتضييـقٍ وعقوبـةٍ ومَحْقَـرةٍ إلـى أنْ يبلـغَ القتـل(118)"، بهذهِ السياسـةُ يُكرِّسُ الموروثُ الفارسـيُّ العلاقة بيْنَ السـلطانِ والرعيَّةِ وفق أخلاق الطَّاعة، بل إنَّ الأديـب الشـهير الجاحـظ لا يتـورَّع عن الإعلان بأنَّ سـعادة الرعيَّـة في طاعة الملوك(119)، وعليه، فإنَّ أمر النَّاس في كلِّ شؤونِ حياتهم مرتبطٌ بالسلطانِ وهُمْ مُجـرَّدُ كُسُـورٍ عَشْـريَّة لَـنْ يصبحوا يوماً أرقامـاً صحيحةً وفـقَ الثقافة الكَسْـرويَّة التـي طَبَعَتْ الثقافـة العربيَّة والإسلاميَّة بهذه الطَّاعة المقيتة، ثمَّ أضافَ، وأبْدَعَ، وقنَّـنَ، ساسـةٌ، وفقهاءٌ، وعلمـاءٌ، الكثير من الخصوصيَّـة المتعلِّقة بنـا وبحضارتنا إلى هذه الطَّاعة.

وإذا كانـت الطَّاعـة مشـروعاً مفتوحـاً لا نهاية لـه ولا حدّ، فاقـرأ عبد السَّلام ياسـين ينتقدُ الفِكْرَ السياسيَّ السُّنيَّ الذي كرَّس الطَّاعة غير المشروطة للسُّلطانِ كعقيدةٍ إسلاميَّةٍ لا يحلُّ غيرها، وتمَّ إغلاق باب الاجتهاد بعد فتوى تاريخيَّة ترى أنَّ مَنْ اسـتولى على الإمامةِ بالسَّـيْفِ لا يحلُّ لمُسْـلمٍ يؤمنُ بالله واليوم الآخر أنْ يبيـتَ ليلـةً ولا يراهُ إماماً، حيث تنتقل هـذه الفتوى مع مرورِ الوقت كيما تصبح قاعدةً في السياسـةِ الشـرعيَّة هي: جوازُ إمامة المُتَغلِّب أو المسـتولي بالَّسْيف، وقـد أطلق عبـد السَّلام ياسـين مصطلحاً سياسـياً على أهل السُـنَّة والجَمَاعة هو "أهـل السُـنَّة والطَّاعة" نظـراً لتجذُّر هذا المفهـوم في عقولهم وسـلوكهم، وهذا الأمـرُ ينطبقُ على الشِّـيعةِ كذلك مع فارقٍ جوهريٍّ هو أنَّ: "مُسـايرة علماء أهل السُـنَّة والجَمَاعة للسـلطان، ومُسايرة علماء الشِّـيعة للعامَّة الذين منهم أرزاقهم وعليهم اعتمادهم، يُفسِّرُ سقوط الأُمَّة في دسيسةٍ تاريخيَّةٍ خافيةٍ وبادية، العَالِمُ

118. المرجع نفسه، ص 156 / قارن: ابن قتيبة الدينوري، عبد الله بن مسلم "213 - 276 ه"، عيون الأخبار، تحقيق منذر أبو شعر، بيروت، المكتب الإسلامي، ط1، 2008، ج 1، ص 16 - 25.
119. محمد عابد الجابري، العقل الأخلاقي العربي، ص 157.

الشِّيعيُّ المَرْجِعُ له أتباع، وعَالِمُ القَصْرِ له أطماع، ذاكَ تسلَّط عليه أتباعهُ، وهذا أرْدتهُ أطماعه[120]"، وبهذا يختلف السُّنَّةُ والشِّيعةُ في كلِّ شيءٍ تقريباً سوى قضيةٍ واحدةٍ هي الاتفاق على تسييس الدِّين واستغلاله وتطويعهِ مِنْ جهة، واستبعاد النَّاس وتغييبهم وتهميشهم مِنْ جهةٍ ثانية.

وعلى فترةٍ مِنَ الزمن كانَ أبو الحَسَن الماورديّ في كتابه "نصيحة الملوك" يكتب تحت عنوانٍ بالغِ الدلالة ألا وهوَ: "ترويضُ الخاصَّة على الطَّاعة" ويستندُ فيهِ إلى مُمَاثلةٍ عجيبةٍ يربطُ فيها بيْنَ علاقة الملائكة بالله تعالى، وعلاقة خاصَّة المَلِكِ بالمَلِك، حيث يقولُ بأنَّ الملائكة وهم حسب تعبيره: "أقرب الخلق إليه منزلة" لا يعصون ما أمرهم، ويسبِّحون له في الليل والنهار، فإنَّه على المَلِكِ أنْ يروِّضَ الخاصَّة على طاعتهِ اقتداء بالله تعالى، بل إنَّ الماورديَّ يؤكِّد في كتابه الآخر "تسهيل النَّظر وتعجيل الظَّفَر" ضرورة انتقال طاعة الخاصَّة إلى طاعة العامَّة، أي مِنْ طاعةِ الأعوان والمُقرَّبين مِنَ الأبناءِ والخَدَمِ والوزراءِ إلى طاعةِ الرعيَّة والعِبَاد، ليظلَّ السلطان في درجةٍ تعلو على باقي درجاتِ ومراتبِ المجتمع، حيث يقول في مقدِّمة الكتابِ حول مفهومِ الطاعةِ في مجالِ السياسة السلطانيَّة بكل وضوح: "فوجَبَ التفويض إلى إمرة سلطانٍ مُسْترعَى، ينقاد النَّاس لطاعتهِ، ليكون بالطَّاعة قاهراً، وبالسياسةِ مُدبِّراً" [121]، وبهذا يكون الفقهاء والعلماء حَمَلَة لواء الدفاع عن سيادةِ الشَّريعة، وحقوق النَّاس، يقوم بعضهم، بل بعض أعلامهم، بشرعنة وتقنين الطغيان، والقَهْر، والاستبداد، وتزيينه مِنْ خلال استغلال النُّصوص الدينيَّة.

وينتهي رضوان السيِّد إلى أنَّ التوجُّهات المَكْرورة في جِنْسٍ أو نوعِ الأدبيَّات السُلْطانيَّة تهدفُ إلى التأسيسِ للاستبدادِ أو شَرْعنته، بلْ استئناس السُلْطة أو تدجينها ضمن أعراف تُسْهِمُ في الاستقرار، عن طريقِ اعتبار ذاتها راعيةً وحافظةً للدولة والمجتمع، وينطوي هذا التحديد للإشكاليَّة في منظورِ الكُتَّاب والفلاسفة على انطباع مؤدَّاه أنَّ السلطة باطِشَة في الأصل، وأنَّها تميلُ لاستخدامِ القوَّة، وَهُمْ

120. عبد السلام ياسين، الإحسان، الدار البيضاء، دار الأفق، ط1، 1998، ج2، ص 153.

121. كمال عبد اللطيف، في تشريح أصول الاستبداد، ص 182.

يريدونها أنْ تُقدِّم اعتبارات التعقُّل والتدبُّر، مِنْ أجلِ استقرارِ واستمرارِ السُلْطة، وهنا يأتي دورُ الفقيهِ والمُثقَّف الذي يعتبرُ نفسه "عَقْلَ السُلْطان" الذي يُقدِّم المشورة "فهو المستشار"، ويعينه ويؤازره في الإدارة " فهو الوزير"، وينقل إليه رغبات النَّاس " فهو الوسيط"، ويشارك في صنع الصورة المثاليَّة للسلطة والسلطان "فهو الإعلاميُّ" [122]، وهذه العلاقة بيْنَ السُلْطان وأعوانه لَمْ تنتظم أو تتحدَّد علائقها منذ عصورِ الإسلام الأولى إلى يومنا هذا، ولهذا لَمْ تَشْفَعْ للفقيهِ والمُثقَّف خدماتهُ وطاعتهُ إذا رأى السُلْطان أنَّ الأوَّل قد تَجَاوَزَ ولو نظريَّاً حدوده، وهذا المصيرُ للفقيهِ والمُثقَّف لا يُشيرُ إلى استبدادِ الخلافة أو الإمارة، بقدر ما يشيرُ إلى خَطَلِ توقُّعات الفقيه أو المُثقَّف أو الكاتب المستشار سواء أكان إدارياً أو صاحب رؤية للسُلْطة والدولة والمجتمع.

ولسنا نُسْرِفُ في تقديرِ الدورِ السلبيِّ الذي سَاهَمَتْ فيهِ أخلاقُ الطَّاعة إذا تمَّت الإشارة إلى نصوصِ الآداب السلطانيَّة التي تَجْتَهِدُ داخل سَقْفِها النَّظريِّ المرجعيِّ المُحدَّد والمَعْروف، وفي سياقِ رؤيتها المُنَمَّطَة للتاريخِ العام والتاريخ الإسلاميِّ على وجهِ الخصوص، حيث تجتهدُ في صياغةِ أبوابِ فروض الطَّاعة، تستعيدُ فيها بأساليب مُخْتلفة حُجَجَ النصِّ الدينيِّ، وروايات الزَّمَنِ النبويِّ، ثمَّ أحاديث الرسولِ صلَّى الله عليهِ وسلَّم، ومأثورات الحِكْمَة، وبعض الحِكَايات في التغنِّي وتمجيد الطَّاعة، ولا ينبغي أنْ يُقالَ للسلطان "لا" الاَّ عندما يقول هو نفسه "لا"، وإلاَّ فإنَّ طلبهُ ورغبته دائماً مستجابٌ بـ"نعم"، ذلك أنَّ حصول عَكْسَ ذلك يعني انتهاء السُلْطة، وهو ما ينتجُ عنه بالضرورة مُطَابَقة السُلْطة بالطَّاعة، مثل مُطَابقتها ومُرَادفتها بالقَهْر، فتصبحُ المفاهيم المذكورة مُتلازِمَة، السُلْطة تُذكِّرُ بالقَهْرِ، والقَهْرُ يَسْتدعي الطَّاعة، ويعني استمرار المُلْكِ والسُلْطان [123]، ولذا تغدو الطَّاعة منتهى السَّلامة، وطريق

---

122. (مؤلف مجهول)، الأسد والغوَّاص: حكاية رمزية عربية من القرن الخامس الهجري، ص 19 - 34.

123. كمال عبد اللطيف، في تشريح أصول الاستبداد، ص 184 - 185 / قارن بخصوص الوزراء: أبو منصور الثعالبي، عبد الملك بن محمد "350 - 429 هـ"، تحفة الوزراء، تحقيق سعد أبو دية، عمَّان، دار البشير، ط1، 1994، ص 38 - 49.

النَّاس نحو السَّعادة، وسِرُّ السماح للإنسان بأنْ يكون إنساناً، أمَّا الحُريَّة، والمساواة، والانتخاب، والتشاركيَّة، والمُسَاءَلة، فهيَ إثمٌ عظيمٌ يستوجبُ النَّفيَ والإقصاء.

إنَّ هذا الفيْض مِنَ العنايةِ بتكريسِ أخلاق الطَّاعة، واستبعادِ النَّاس، تدفعُ بنا إلى استقراءِ كيف استطاعَ السُّلْطانُ وبطانتهُ مِنَ الفقهاء والمثقَّفين استغلال الشَّريعة مِنْ أجلِ طموحاتهم؟، ويبدو جليَّاً منذُ بواكيرِ العَهْدِ العباسيِّ تدشين هذا المشروع، حيث ألَّف ابن المقفَّع "رسالة الصَّحابة" للخليفةِ أبي جعفرٍ المنصور يوضِّح له فيها خطَّة تطويع الشَّريعة كيما تصبح مُؤسَّسة مِنْ مُؤسَّساتِ الدولة، وأنَّه ينبغي وَضْعُ الحدود السياسيَّة لاستقلالِ الشَّريعة، وتعدُّد الاجتهاد الفقهيِّ، مِنْ خلالِ وضع مدوَّنة فقهيَّة رسميَّة يلتزمها الفقهاء في فتاواهم، والقضاة في أحكامهم، وبهذا يُصْبِحُ القاضي تحت سلطة الوالي، وتُضْبَط الشَّريعة بضروراتِ السياسة، وتنتفي إمكانيَّة أنْ تكون الشَّريعة مَرْجِعَاً للمُعَارضة، ومَلْجأً للنَّاسِ في مواجهةِ السُّلْطان، ولقد دَخَلَتْ الشَّريعة مع تطوُّر الدولة الإسلاميَّة كطرفٍ في اللعبة السياسيَّة، وكلَّما أرْسَتْ هذه الدولة قواعدها عَمِلَتْ على إخضاعِ الشَّريعة للسلطة السياسيَّة، وأنْ تصبح الوظائف الشَّرعيَّة مِنْ قضاءٍ وإمامةٍ وفتوى جزءاً مِنْ مؤسَّسة الدولة(124)، وطالما أصبح العَالِمُ والفقيهُ والمُثقَّفُ من فئة الموظَّفين في الدولة، فإنَّ التبعيَّة والحاجة ستكون المعيار أكثر من أولويَّات الحقيقة، والمنهج، والمبدأ، والعقل، والحريَّة.

ويتعيَّنُ في هذا المقامِ أنْ يَقْبَلَ السُّلْطان باستراتيجيَّة تطويع الشَّريعة التي مثَّلتْ ضمانة عدم خروج أحد مِنَ العُلماءِ المُعَارضين، أو عموم النَّاس، على حُكْمهِ وتقلُّباتِ مَزَاجه، ولكنْ حتى هذا التطويع لَمْ يكنْ كافياً، وبيان هذا في قضيَّة خلق القرآن الكريمِ ومِحْنَة الإمام أحمد بن حنبل، والذي كان موقفهُ في ظلِّ التعذيبِ والإقصاءِ الذي مُورِسَ ضدَّه، كان موقفه هو ما استقرَّ عليه أغلب فقهاء أهل السُّنَّة والجَمَاعة، أيْ عدم الخروج على السُّلْطان، ويطرحُ عليّ أُومليل

124. علي أومليل، السلطة الثقافية والسلطة السياسية، ص 42.

سؤاله الكبير: لماذا وفقيهُ الحَنَابلة، وإمامُهم، لا يدعو إلى الخروجِ على الأمراءِ مهما كانوا، قد امتُحِنَ ذلك الامتحان العَسير طيلة حُكْمِ خلفاء ثلاثة في العَهْدِ العباسيِّ؟، لماذا اللجوءُ إلى التنكيلِ بهِ، وتعذيبهِ، ثمَّ إلزامه بيته؟ (125)، ويخلُصُ إلى مجموعةٍ مِنْ التفسيراتِ التي يمكن أنْ تُعبِّر عن مواقفِ طَيْفٍ واسعٍ مِنَ العلماءِ والفقهاءِ والأدباءِ مِنْ جهة، وتوجُّهات الدولة والسُلْطان في أغلبِ مراحل تاريخِ الدولة العربيَّة والإسلاميَّة مِنْ جهةٍ أخرى، وهذه تفسيرات ورؤى جديرة التفكير والتأمُّل أكثر مِنْ مرَّة وهي:

1. الإمام أحمد بن حنبل أصبح رَمْزاً لحركةِ مُعَارضة واسعة لَمْ تكن كلُّها تلتزمُ نصيحتهُ في عدمِ مُقَاومة السلطان الجائر، وسوف يَحْمِلُ التيَّارُ الحنبليُّ في بغداد عقيدة الشَّارعِ المُعَارِض.

2. إنَّ السُلْطان لَمْ يكنْ لِيقْبَل إلاَّ أنْ تكونَ معهُ دائماً، وإلاَّ فأنتَ ضدَّه، وموقف الإمام أحمد بن حنبل، أيْ الاعتراف بشرعيَّة السُلْطان القائم، ثمَّ القول بغيرِ رأيه الرسميِّ، فهو شيءٌ غير مقبول، بلْ هو شيءٌ غير مُتَصوَّر في مَنْطِقِ السُلْطة الاستبداديَّة، وحتى أصحاب الإمام ابن حنبل لو كانت السلطة بيدهم لما فعلوا غير ذلك، فلو فرضنا أنَّ النِّظام كان نظامهم، فإنَّهم بدورهم لَمْ يكونوا ليقبلوا مِنْ خصومهمِ إلاَّ موقفاً واحداً: وهو الطَّاعة المُطْلَقة والقول برأيهم.

3. إنَّ الدولة العباسيَّة في الفترة التي تبنَّت فيها مذهب المُعْتزلة، أو على الأقل مذهبهم في أنَّ القرآن الكريم مخلوق، وَجَدَتْ نفسها معزولة عن جمهورِ الفقهاءِ وأهلِ الحديث، ولا سيَّما أنَّ هؤلاء هم الذين لَهُم النفوذ الواسع على "العامَّة"، فالدولة كانت قد تمذهَبَت بمذهب النُّخبة "المُعْتزلة"، إلاَّ أنَّها كدولةٍ تسعى أنْ تكون عامَّة، مِنْ هنا لَجَأت الدولة إلى العنف لتعميمِ مذهبها.

4. إنَّ أهل الحديثِ والفقهاء كانوا يدَّعون أنَّهم الوَرَثة الطبيعيُّون للسلطة العلميَّة - الدينيَّة الأصليَّة، أيْ تلك التي دشَّنها علماء الإسلام الأوائل، أيْ

125. المرجع نفسه، ص 45.

العُلَمَاءُ مِنَ الصَّحابة والتَّابعين مثل عبد الله بن مسعود، وعبد الله بن عباس، وسعيد بن المسيِّب، وسعيد بن جُبير، هنالك بالتالي تيارٌ أصوليٌّ ينبع مِنْ هؤلاء العلماء الأوائل ويمتدُّ عبر تاريخ الإسلام فيظهر بيْنَ الفيْنَةِ والفيْنةِ مَنْ يدَّعي الانتساب إليها، وهناك قطيعةٌ قد حَدَثَتْ بيْنَ الحاضر والماضي، بيْنَ دين الله تعالى ودنيا النَّاس(126).

5. إذا كانت صورة الإمام أحمد بن حنبل قد بقيت حَاضِرة وما تزال في قلبِ الصِّراعِ في التَّاريخِ العربيِّ والإسلاميِّ، فليْسَ لأنَّه كان متشدِّداً ومُتزمِّتاً في الدِّين، فكَمْ مِنْ المُتشدِّدين والمُتزمِّتين مَاتَ ذِكْرُهُم بمجرَّد وفاتهم، بلْ لأنَّه كانَ الشخصيَّة التي كانَ لها موقفٌ إزاء السُلْطة، إنَّه لَمْ يكنْ البطل الوحيد في مِحْنة خلق القرآن الكريم، فقد كُتِبَ له ألاَّ يُقتَل كما قُتِلَ فيها كثيرٌ مِنْ أصحابِه، وهكذا بقيَ حيّاً يُرْزَق ليُجسِّدَ بمواقفِهِ بطل المِحْنَة، مِحْنَةُ المثقَّفين المستقلِّين مع السُلْطة، إلى أنْ مات، ذلك هو سرٌّ بقائِه، بعد مماتِه، نموذجاً للثَّباتِ على الموقف(127).

تأسيساً على ما سَبَق، أضحت الثقافة السياسيَّة التي تُنْتِجُها الدولة السلطانيَّة بواسطة أجهزتها هيَ الثقافة المُطَابِقَة لمتطلَّباتِ الواقع اليوميِّ للنَّاس، وأخلاق الطَّاعة كانت وما تزال ثقافة سياسيَّة أيضاً تُنْشِئُها المؤسَّسة السلطانيَّة، أو الدولة بلغةِ هذا العَصْر، وتتبنَّاها لخدمةِ مشروعها السياسيِّ، وهيَ جزءٌ مِنَ التَّاريخِ الإنسانيِّ كما هوَ الحال في الأدبِ السياسيِّ الفارسيِّ، والأدبِ السياسيِّ البيزنطيِّ، وآداب الأُمراء في العصورِ الوسطى المسيحيَّة، وجميعها ذات وظيفة مُحدَّدَة لا تتجاوزها ولا تحيد عنها: وظيفة التبرير والتسويغ، وإضفاء الشرعيَّة على الدولة، سواء كَتَبَها الفقيه، أو المُثقَّف، أو الأديب، أو المُؤرِّخ، وتسعى إلى تحقيقِ رسالةٍ واحدةٍ هيَ: الدفاع عن السُلْطة، وتبرير قيامها واستمرارها، وإبراز كفاءاتها في

---

126. المرجع نفسه، ص 47 - 48.

127. محمد عابد الجابري، المثقفون في الحضارة العربية: محنة ابن حنبل ونكبة ابن رشد، ص 111 - 112.

حراسة الدِّين، وهنا تحديداً، يبدو استغلال الشَّريعة لإصابةِ هدفيْن اثنيْن: الأوَّل إعلان انتماء السلطة لمُقدَّس الجماعة، والثاني استعمال معطيات هذا المقدَّس النصيَّة في التبرير والدفاع[128]، ونحنُ لا نبتكرُ شيئاً حين نؤكِّد بأنَّ الشَّريعة الإسلاميَّة جاءَت مِنْ أجلِ تقويض هذا الاستئصال الشَّامل الذي تقومُ به السُلْطة السياسيَّة للنَّاس، وتغتالُ عقولهم وحريَّاتهم وحقوقهم، وهذه مِزْية الشَّريعة التي تفرَّدتْ بها، وحَرِصَت الدولة السلطانيَّة على تغييبها وإعادة تشكيل العَقْلِ العربيِّ والإسلاميِّ وفقَ مصالحها على الدوام.

إنَّ قوانين الطَّاعة وأخلاقها تُقْتَبَس مِنْ كتاباتٍ شَارَكَ فيها السلطان نفسه أحياناً، والفقيه، والوزير، في أغلبِ الأحيان، وكانوا جميعاً يُنْتِجُون كتابة تَنْتَصر لتدابيرِ واختياراتِ السُلْطة السائدة، وتحذِّر النَّاس مِنْ مَغبَّة نَقْدِ السُلْطة أو الخروج عليها، وتنشرُ بصورةٍ مُذْهِلة أخلاق الطَّاعة، وفضيلة الصَّبْر، بحجَّة المُحَافظة على النِّظام، والتغلُّب على أزمة الفِتَنِ التي تُزْهَقُ فيها الأرواح، وتُمتَحَنُ فيها الرِّسالة التي تَحْملها الأُمَّة وترعاها السُلْطة[129]، ولَمْ يقتصر الاحتفاء بالطَّاعة ونشرها على السُلْطة وبطانتها بلْ وَصَلَ الأمر نتيجة قرونٍ مِنَ الاستبدادِ، والتهميش، والإقصاءِ الاقتصاديِّ، والتفكُّك الاجتماعيِّ، والفتور الثقافيِّ، إلى درجة أنَّ الإنسانَ العربيَّ، ذاته، باتَ في بعضِ الحالات يسعى إلى الطَّاعة إنْ لَمْ يجدها، نتيجة الانفصام الشَّامل الذي مارستهُ السلطة السياسيَّة طويلاً، وممَّا يعضِّد هذه الوشائج بيْنَ الطَّاعة والإنسان العربيِّ، بروز حالةٍ مِنْ "لذَّة الطَّاعة" لدى أطيافٍ واسعةٍ مِنَ المجتمعِ العربيِّ أنهكتها سطوة السلطة السياسيَّة حتى وَصَلَت إلى هذهِ المرحلة مِنَ الغياب، ولذا فإنَّ نضال الإنسان العربيِّ والمُسْلمِ ينبغي أنْ يكون أولاً، وقبل كلِّ شيء، نضالاً مِنْ أجلِ الحريَّة، التي كانتْ محور شريعتهِ، وغايتها، وأرقى أدواتها ووسائلها ومضامينها.

128. كمال عبد اللطيف، في تشريح أصول الاستبداد، ص 263 - 264.

129. المرجع نفسه، ص 266 - 267.

المبحث السادس | النَّاس في الفكر الإسلاميّ.. الحقيقة والواقع

يكادُ ينعقدُ الاتفاق على أنَّ التحدي الحقيقيَّ الذي يواجهُ الإنسان العربيَّ والمُسْلم، قديماً وحديثاً، هو تأسيس سلطته الفكريَّة مباشرة مِنْ ثقافتهِ العربيَّة، وشريعتهِ الإسلاميَّة، دونَ وساطةٍ، أو وصايةٍ، أو شريك استراتيجيٍّ، ولا سيَّما إذا كان هذا الإنسان يحملُ لواء العِلْمِ والتنوير، وداعياً إلى التحديثِ الاجتماعيِّ والسياسيِّ، إذ ليْسَ وراءه سَنَدٌ مِنْ تراثٍ يشدُّ مِنْ أزره سوى شريعتهِ، وليْسَ أمامه سوى نضالٍ طويلٍ لتجديدِ العَقْل، وبناءِ المجتمع، لأنَّ نُخْبة المجتمع العربيِّ المُعَاصِرِ تعلَّقوا بكلِّ شيءٍ ما عدا الشيء الذي يَضْمَنُ تحقيق المنهجيَّة العلميَّة في التفكيرِ والتخطيطِ والتنفيذ، كانَ عليهم أنْ يجعلوا هذه المنهجيَّة على رأس أولوياتهم، ليْسَ فقط لأنَّها المَدْخل الأمثل الذي دَعَتْ إليه الحقيقة، بل لأنَّها الشرط الأول لجعلِ التنويرِ والعِلْم والاجتهاد أبجديَّات في حياة الإنسانِ العربيِّ، إلى جانب الخروجِ من عوالم التيهِ، والأوهام، والنَّظريَّات الواهية، إلى ميدان الفعل، والإنجاز، والنقد العلميِّ، والخروج من دهاليز فِكْرِ وثقافة الطَّاعة.

وفي طَوْقنا القول أنَّ المُثقَّف والمُفكِّر والفقيه العربيَّ والمُسْلم ما زالَ يتحدَّثُ عن دورهِ ورسالتهِ في بدايات الألفيَّة الثالثة وهو يَخْلِطُ بيْنَ واقعهِ المتردِّي وآفاقه المنشودة، وحصيلة هذا الخلط هو غيابُ الرؤية لديهم نتيجة التناقض بيْنَ ما يدَّعونه، ومكانتهم الحقيقيَّة التي هيَ دونَ طموحاتهم، والإطار الذي يرون أنفسهم فيه، وفي ظل الانسحاب التاريخيِّ [130] لأبناء تيار التنوير بات الحلُّ الوحيد المطروح لمشكلاتِ مجتمعنا المُعَاصر هو القمع، قَمْعُ الأقليَّة للأكثريَّة كَشَرْطٍ لتكوينِ سُلْطة قويَّة، والقَمْعُ الاقتصاديُّ كَشَرْطٍ لإقامةِ اقتصاد استهلاكيٍّ، وقَمْعٌ ثقافيٌّ كَشَرْطٍ لتكوينِ ثقافة محليَّة هشَّة، وهذا كلُّه يُفسِّرُ

130. محمد أركون، الإسلام: الأخلاق والسياسة، ترجمة هاشم محمد صالح، بيروت، مركز الإنماء العربي، ط1، 1990، ص 116.

الجمود الذي يعيشهُ الفِكْرُ الذي تنتجهُ هذه النُّخبة البعيدة عن النَّاس، ذلك أنَّ التعلّق بشعاراتٍ ومفاهيم ثابتة موروثة دون امتحانها على الصَّعيد العلميِّ يحوِّلها إلى صُوَرٍ مُقدَّسة تكرِّس النُّكوص الحضاريَّ، والتبعيَّة الفكريَّة، وهزيمة الإنسان العربيِّ، منذ بدايات العصر الأُمويِّ وحتى يومنا هذا، أمام معركة التنوير التي تنتظره كلَّ يوم.

ولمَّا كانَ مفهوم النَّاس أو الرعيَّة مِنَ المفاهيم الأساسيَّة التي تُحدِّد المجالَ السياسيَّ العربيَّ والإسلاميَّ، ويُشكِّلُ إحدى المكوِّنات الأولى التي تُلازِمُ، ظاهراً وباطناً، كلَّ باحثٍ في الفِكْرِ السياسيِّ، فإنَّ المَرْءَ يقفُ مذهولاً أمام نُدْرة الكتب والأفكار التي دَرَسَتْ الموضوع، ممَّا يجعلُ أيَّ دراسةٍ اجتماعيَّةٍ للمُسْلمين تبدو شبه مُستحيلة، بيدَ أنَّ المُفارَقة تكمنُ في أنَّ النَّاس حصلوا على قِسْطٍ وافرٍ مِنْ المادةِ المكتوبةِ عنهم ولكنْ مِنْ زاويةٍ واحدةٍ بعينها، أو بكلمةٍ أدقّ، تكمنُ الإجابة في طبيعةِ الخطابِ السياسيِّ في ثنايا كتب الآداب السُلطانيَّة، إذ الخطابُ ليْسَ مُوجَّهاً إلى النَّاس، بل لا يُؤبَهُ لهم، وإنَّما هو، كما يبدو جليَّاً في مُقدِّمات كتب الآداب السُلطانيَّة ومُحتويات نُصوصِها، وضمائِر المُخاطَبة فيها، مُوجَّهٌ إلى الرَّاعي في موضوع رعيَّتهِ(131)، وأكثر مِنْ ذلك، لا يَتَعَامَل هذا الخطابُ السياسيُّ مع النَّاسِ بوصفهم كياناً قائماً بذاته، ولا يعتبرهم ذاتاً مُستقلَّةً تستحقُّ خطاباً مُستقلاً بقدر ما هُمْ "موضوعٌ" و "ذاتٌ" تخصُّ السُّلطان وحده، وهم كذلك جزءٌ مِنْ مقتنياتهِ الشخصيَّة، أو إقطاعٌ أبديٌّ تتوارثه أجيال السلطة السياسيَّة بصورةٍ مكرورةٍ ومقيتة.

ولعلَّ سَعَة مفهوم الرعيَّة، أو النَّاس، أو العامَّة، وتعدُّد مداخل القول في دلالاتها، يعودُ إلى عدمِ انتظام أهميَّة وخصوصيَّة هؤلاء الذين لا فائدة منهم إلاَّ عندما يكون جهدهم، وإنتاجهم، وطاعتهم، وطموحاتهم ضمن السياق المرسوم لهم في تصوُّرات السلطة السياسيَّة، مع أنَّ القرآن الكريم رسَّخ تكريم الإنسان، وأعادَ إلى النَّاس، كلِّ النَّاس، مكانتهم، وحقوقهم، فقد وَرَدَ لفظ النَّاس في القرآن الكريم أزيْد

131. عزّ الدين العلام، الآداب السلطانية، ص 182.

مِـنْ 230 مرَّة، والنَّاسُ اسـم جمـعٍ لا مُفْرَد لهُ مِنْ لفظِهِ ومفردهُ إنسـان[132]، ونداء النَّـاس فـي القرآن الكريم ظَهَرَ في 21 موضعاً ضمن تسعِ سُـوَرٍ، خَمْسٌ منها مكيَّة وهـي: الأعراف، ويونس، والنَّمـل، ولقمان، وفاطر، وأربع سُـوَرٍ مدنيَّة هيَ: البقرة، والنِّسـاء، والحجُّ، والحُجُرات، ومِنْ هنا، ليْسَ يخفى بهاء ودلالة قول الشـيخ مُحمَّد الطاهـر بن عاشـور بـأنَّ لفظ "النَّاس" عُرِّفَ بأل في القرآن الكريم كيما يشـمل كلَّ أفـراد مُسـمَّاه، لأنَّ الجمـوع المُعرَّفـة بـاللام للعمـوم، وهي فـي العمومِ أنـصُّ مِنْ عمومِ المُفْرَد المُحلَّى بأل، وإنْ: "نظرتَ إلى صورةِ الخطابِ فهو إنَّما واجَه بِهِ ناساً سـامعينَ فعمَّموه لِمَنْ لَمْ يَحْضُر وقتَ سَـماعِ هذه الآية، ولِمَنْ سـيوجد مِنْ بعد، يكـونُ بقرينـةِ عُمـوم التكليف، وعدم قصدِ تخصيـص الحاضرين، وذلك أمـرٌ تَوَاتَرَ نـقلاً ومعنـى فلا جَـرَمَ أنْ يَعُمَّ الجميع مِنْ غيرِ حاجةٍ إلـى القياس، وإنْ نَظَرتَ إلى أنَّ هـذا مِـنْ أَضْـرُبِ الخطابِ الـذي لا يكون لِمُعيَّـن، فيُتْرَكُ فيه التعييـن لِيَعُمَّ كلَّ مَنْ يَصْلُحُ للمخاطبةِ بذلك" [133]، ممَّا يدلُّ على سـموِّ مقاصد الشَّريعة، وعمومها، ومضامينها الراقيَّة، وشمولها للجميع في كلِّ زمانٍ ومَكان.

وعلى المستوى الفقهيِّ يرى الإمام الشاطبيُّ أنَّ العامَّة هم غير المتخصِّصين فـي العلـومِ الفقهيَّـة، والذين ليْسَ لهـم إلمامٌ بأحكامـهِ، وتمثِّل العامَّـة مجموعة مِنَ النَّاسِ البُسَـطاء الذين يتلقَّون الأحكام الشـرعيَّة[134]، أمَّا الجاحظ فهو يرى أنَّ العامَّـة لهـم لغة خاصَّة بهـم تمتاز بضعفهـا، وذلك يعود إلى تكوينهم الشـخصيِّ والاجتماعـيِّ الضعيـف أصلاً، وهـذه الفوضى اللغويـة تليقُ بهـم [135]، وهذا ابن

---

132. حول المادة اللغوية لكلمة "الناس» انظر:

ابن فارس، أحمد بن فارس القزويني "329 - 395 هـ"، معجم مقاييس اللغة، تحقيق عبد السلام هارون، دمشق، دار الفكر، ط2، 1979، ج 5، ص 369 وما بعدها / الراغب الأصفهاني، الحسين بن محمد "ت 502 هـ"، المفردات في غريب القرآن، تحقيق محمد سيد كيلاني، بيروت، دار المعرفة، ط1، د. ت، ص 509 / ابن منظور، محمد بن مكرم المصري "630 - 711 هـ"، لسان العرب، بيروت، دار صادر، ط1، 1997، ج 6، ص 10، ص 245 وما بعدها.

133. للتوسع حول هذه المسألة انظر: الشيخ محمد الطاهر بن عاشور، تفسير التحرير والتنوير، تونس، الدار التونسية للنشر، ط1، 1984، ج 1، ص 325.

134. الشاطبي، إبراهيم بن موسى "538 - 590 هـ"، الموافقات، تحقيق مشهور حسن آل سلمان، الخُبَرْ، دار ابن عفان للنشر والتوزيع، ط1، 1997، ج 4، ص 47، ص 242، ص 395.

135. الجاحظ، البيان والتبيين، ج 1، ص 15 - 23، ص 144 - 154.

خلِّكان يذكر في ترجمة المُعتزليِّ الشهير أبي هاشمٍ الجُبَّائيّ بأنَّ أحد أولادهِ كان: "عاميّاً لا يَعْرِفُ شيئاً" (136)، في إشارة إلى تلازمِ الجهل مع مصطلح عموم النَّاس، مروراً بالقول أنَّهم فئة كبيرة العَدَد، عظيمة الفائدة في الأعمال غير المهمَّة، وافتقروا إلى السُلْطة على الدوام، فكانت حقوقهم مهضومة، وكلمتهم ضائعة(137)، وصولاً إلى تعريف العامَّة بأنهم سواد النَّاس الذين لَمْ يكونوا يتمتَّعون بأيِّ سلطة، والذين كانوا يعملون في شتَّى حقول الكَسْب، وكانت لهم عوالمهم الخاصَّة بهم فكريّاً ودينيّاً، والتي مِنَ المؤكَّد أنَّها أدنى مِنْ عوالم الطبقة الخاصَّة (138)، ولمَّا كان الفقر رفيق هذه الفئة المسحوقة مِنَ النَّاس أُطلقَ عليهم في العصر العباسيِّ مصطلح "الشُّطَّار والعيَّارين" (139)، وعليه، فإنَّ مصطلح العامَّة يتبلور على مَلْحَظيْن، مَلْحَظ يتعلَّق بإجماعِ السلطة السياسيَّة على تهميشِ وإقصاءِ النَّاس عموماً عن كلِّ شيءٍ يتعلَّق بحياتهم وحاضرهم ومستقبلهم، ومَلْحَظٍ مؤلمٍ يتمثَّل في أنَّ المساواة تتحقَّق بصورةٍ مُذْهلةٍ مِنْ خلال النَّظر إليهم بمنظورِ السلطة وأتباعها مِنَ العلماءِ والفقهاءِ والأدباءِ والسياسيين حيث أنَّ العربيَّ والفارسيَّ والتركيَّ والسُنِّيَّ والشيعيَّ كلُّهم في سياقٍ واحدٍ ما داموا مِنَ العامَّة، مع أنَّ الفُرْقة، والانقسام، والاستقطاب، مَطَالبٌ أساسيَّة مع هؤلاء إذا اقتربوا مِنْ عَالَم الخاصَّة، وخاصَّة الخاصَّة، في تاريخنا وحاضرنا.

وفي السياقِ ذاتهِ، لَمْ يعرف المجتمع العربيُّ والإسلاميُّ سوى في مراحل متأخِّرة جداً مفهوم المُوَاطنة، حيث كان مصطلح الرعيَّة هو المُهَيْمِنُ بتأثيرٍ مِنْ الدولة السلطانيَّة، ولذا مِنَ الصعوبةِ بمكانٍ كتابة دراساتٍ سوسيولوجيَّة حول المجتمعِ العربيِّ والإسلاميِّ نتيجة افتقار المصادر العربيَّة لأيِّ اهتمامٍ بالإنسان والنَّاسِ جرَّاء سيطرة الاحتقار لكلِّ ما يرتبط بهذا الإنسان، حيث تنتشر مصطلحات

136. ابن خلكان، وفيات الأعيان، ج 3، ص 183.

137. حياة ناصر الحجي، أحوال العامَّة في حكم المماليك 678 - 784 هـ: دراسة في الجوانب السياسية والاقتصادية والاجتماعية، الكويت، دار القلم، ط2، 1994، ص 15 - 16.

138. فهمي عبد الرازق سعد، العامَّة في بغداد في القرنين الثالث والرابع الهجريين، بيروت، دار المنتخب العربي، ط1، 1993، ص 137.

139. محمد رجب النجار، الشطَّار والعيارين: حكايات في التراث العربي، الكويت، المجلس الوطني للثقافة والفنون والآداب، سلسلة عالم المعرفة، العدد 45، ط1، 1981، ص 87 - 102.

العامَّة، والدهماء، والغوغاء، والأوباش، والرُّعَاع، وقُطَّاع الطُرُق، والفُسَّاق، والمُفْسِدين، على الرغم مِنْ كونِ هؤلاء هُمْ أساس الدولة، والمجتمع ، ولا ريْبَ في أنَّ التعامُلَ مع النَّاسِ في الفِكْرِ الإسلاميِّ عموماً، والآدابِ السلطانيَّة على وجهِ الخصوص، هو خطابٌ مُوجَّه إلى الحاكم في علاقتهِ بالمحكوم، وهي لا تهتمُّ بهذا الأخير إلاَّ من زاوية خضوعهِ للأوَّل، وبذلك تكونُ في حقيقتها مجموعة مِنَ التقنيات مِنَ المفروض أنْ يستعينَ بها السلطان في كيفية ضبط رعيَّتهِ وأشكال سلوكهِ معها بغايةِ تحقيق هدفٍ أساسيٍّ يتمثَّل في دوام حُكْمِ السلطنة [140]، فجلُّ الأسئلةِ المطروحةِ تَكْمُنُ في أساليبِ تطبيعِ وترويض الرعيَّة وقواعد التعاملِ معها، ومعدَّلات الظُّهورِ أمامها، والاحتجابِ عنها، ومدى قدرتها الجبائيَّة، وأشكالِ تجنيدها وطرق ترهيبها وترغيبها، وحسب.

ولَمْ يكنْ بُدٌّ مِنَ التوقُّفِ عند أبي الحَسَنِ الماورديِّ في كتابه " نصيحة الملوك"، حيث يغيب النَّاس تماماً في مواجهةِ السلطان، وبطانتهِ، مع تقنية مكرورة تأسَّست على استغلال آيات القرآن الكريم في غير سياقها، ومعناها، حيث لا يتورَّع عن القول: "فليس أحدٌ في حُكْمِ هذا اللفظ أَوْلى بالفضل، ولا أجزل قسماً ولا أرفع درجة من الملوك، إذ كان البشر مُسخَّرين لهم وممتَهنين لخدمتهم، ومتصرِّفين في أمرهم ونَهيِهِمْ" [141]، والسلطانُ متفرِّدٌ في كل أمره، والناس مجرَّد هوامش على أطراف الحياة، ولا ضَيْرَ إنْ عاشوا، ولا نَدَمَ إنْ ماتوا، فهو - أيْ السلطان - لا طعامهُ مثل طعام العامَّة، ولا لباسهُ يشبهُ أحد، وطريقةُ حياتهِ، ونومهِ، ورفاهيتهِ، عَالَمٌ مِنَ التميُّز والاستقلال لا يدانيهِ فيهِ إنسانٌ مِنْ شعبهِ [142]، وصولاً إلى التماهي مع نظريَّة التفويض الإلهيِّ فَمِنْ قائلٍ إنَّ السلطان ظلُّ الله تعالى في الأرض [143]، مروراً بالتأكيد على كونِ السلطان القيِّم

140. عزّ الدين العلاَّم، الآداب السلطانية، ص 184.

141. أبو الحسن الماورديّ، علي بن محمد "364 - 450 هـ"، نصيحة الملوك، تحقيق فؤاد عبد المنعم أحمد، الإسكندرية، مؤسسة شباب الجامعة، ط1، 1988، ص 53.

142. أحمد سالم، دولة السلطان: جذور التسلُّط والاستبداد في التجربة الإسلامية، القاهرة، الهيئة العامة لقصور الثقافة، ط1، 2011، ص 189.

143. ابن رضوان، الشُّهب اللامعة في السياسة النافعة، ص 61.

علـى العبـادِ والمنفّـذ لأحـكامِ الله سـبحانه وتعالـى[144]، وتبلغ المسـألة مداها الأخطر عندما يقوم الفقيه والعَالِم أبو بكر الطرطوشيُّ في كتابه "سِراج الملوك" باعتبار التمَاثُل بيْنَ السـلطانِ والخليفةِ شـيئاً عاديّـاً بقوله: "وأقلُّ الواجبات على السـلطان أنْ يُنزِّل نفسـه مع الله منزلة ولاتِه معه، فهذا طريق العَدْلِ الشـرعيِّ"[145]، وهـيَ دعـوات متواصلة مِنْ أجـلِ تكوينِ ذهنيَّة الطَّاعة بيْـنَ النَّاسِ بصورة أبديَّة، فالسلطان يَسْألُ، ويأْمرُ، ويَقتلُ، ويَنْفي، ويَمْنعُ، ويَحْرِمُ، لأنَّ سلطته نابعة مِنْ سـلطة الله تعالى، وهكذا يغدو النَّاسُ مَحْض هشـيمٍ تذروهُ الرياح، ولا قيمة أو قامـة لهـم، بل إنَّهم سـوف يُحَاسَـبون علـى محاولاتهم عـدم الامتثال لسـلطةِ الحاكمِ المُستمدَّة من سـلطة الله سبحانه مُبَاشَرة.

ومِنَ المُتَعَارَفِ عليهِ أنَّ واجبات الرعيَّة الأساسـيَّة نحو السـلطان كما حدَّدها أبو الحَسَـن الماورديّ في كتابه "قوانين الوزارة وسياسـة المُلْكِ" تمحورت حول ثلاثـة مفاهيـم جامعة هـي: المعرفة، والطَّاعـة، والنُّصْرَة[146]، أمَّـا حقوق الرعيَّة مِـنْ مُسَـاءَلة، وحُريَّـة رأيْ، فلا أثـرَ لهـا فـي الفِكْـرِ الإسلامـيِّ إلاَّ بمـا يتوافـق مع رَغَباتِ السلطان، أيْ أنَّ الحقَّ لا يُمْنَحُ للنَّاس إلاَّ إذا كان في سياقِ خدمة الدولة، والحفاظ على السلطان، وإذا رأى السلطان أنْ يُحْسِنَ معاملة رعاياه، ويلاطفهم، فإنَّ ذلك مِنْ هِبَاته وعطاياه، طالما التزموا بقواعد السـلوك التي رسـمتها الدولة لهـم، وهـيَ مِنْحَـةٌ لا يسـتحقُّها إلاَّ مَنْ أطاع، فإنْ رأى السـلطان أنْ يسـلك معهم دروب الشـدَّة والإكـراه، فهيَ أبسـط حقوقه، ذلكـم أنَّ مبدأ الطَّاعة هوَ القاسـم المشـترك بيْنَ جميعِ التيارات المذهبيَّة المنتميَّة إلى أهل السُـنَّة والجَمَاعة، ولا تَـرِد كلمة الطَّاعة في أيِّ نصٍّ مِنْ نُصوصِ التراثِ الفكريِّ والسياسـيِّ الإسلاميِّ إلاَّ وكانت مُتَلازِمَةً ومَقْرونةً مع التوجُّه إلى الرعيَّة وحدهم[147]، فالرعيَّة لا يستقيم أمرهـا إلاَّ بالطاعة، وصلاحها بطاعتها.

---

144. أبو الحسن الماوردي، نصيحة الملوك، ص 63.

145. أبو بكر الطرطوشيّ، محمد بن الوليد "451 - 520 هـ" سراج الملوك، تحقيق محمد فتحي أبو بكر، القاهرة، الدار المصرية اللبنانية، ط1، 1994، ج 1، ص 89.

146. أبو الحسن الماورديّ، قوانين الوزارة وسياسة المُلْك، ص 34.

147. رضوان السيّد، رؤية الخلافة وبنية الدولة في الإسلام، ص 96.

وهـذهِ الأنظـار الفكريَّة لَمْ تتوقَّف عند درجة إلغاء النَّاس وحسـب، بلْ بَذَلَت كلَّ جُهْدٍ مُمْكِنٍ في تأويلِ مفهوم الطَّاعة وصوغهِ في أبواب وفصول، وسـخَّرت لها فَيْضاً مِنَ النُّصوصِ والمتونِ الإسلاميَّة والأقوال والحِكَم الأجنبيَّة، وكرَّست مجموعة مِـنَ الصُّوَرِ التي تشـبِّهُ السـلطان بالـرأسِ، والرُّمْحِ، والبَّحْـرِ، ومنبع النَّهـر، والرياح، وغيرهـا مِـنَ الإيحـاءات الرمزيَّة، لِتُقيـمَ الحجَّة بأنَّ طاعة السـلطان هـيَ جزءٌ مِنْ نامـوسِ الكون، وقبَسٌ مِنْ قوانينِ الطبيعة وسُـنَنِها الضروريَّة التي تفرضُ التسـليم والامتثـال، حتـى مَنَحَتْهَـا مرتبة "الأمـر بالوجوب" وجعلتهـا قيمة متألِّقـة وفضيلة تعكـس روح التَّابِـعِ الصَّالِـح، وتتجسَّـدُ كذلك "صورة الأمـر بالوجوب" فـي الفَصْلِ الـذي خصَّصـه ابن رضوان ل: "وجـوب طاعة المَلِـكَ وذِكْرُ ما لهُ مِـنْ ثواب"، وكان قـد كتبـه أبو حامد الغزَّاليّ مؤيِّداً بالنصِّ القرآنيِّ: "أنَّ مَنْ أعطاه الله درجة الملوك فإنَّـه يجـب على الخلق محبَّتـه ويلزمهُ مبايعته وطاعته"، بـل ويذهـب ابن رضوان إلى القولَ: "فَمَنْ عَصَى السـلطان فقد أطاع الشـيطان"، وبالتالي، يتمُّ تقييد حرية الإنسـان وحرمانه مِـنْ حقوقهِ في النقدِ والمُعَارضة، لأنَّ انتقادَ تصرُّفات السـلطان مِنَ المُحرَّمات(148)، وبهذا ينبثِقُ سـؤالٌ في غاية الأهميَّة: إذا كانت حياة الإنسـان حسب الأدبِ السلطانيِّ بهذه الصورة المؤلمة فماذا تبقَّى له، وماذا لهُ أصلاً، وهل هذا ما وعدتهُ بِهِ الشَّريعة أمْ لا؟.

ويتعيَّـنُ القـولُ بـأنَّ الطَّاعـة تتمظهرُ بوصفها قيمـة وفضيلة، بـلْ وأرفعُ منازل السَّـعادة، ذلكـم أنَّ "سـعادة الرعيَّـة في طاعـةِ الملـوك"، وبينما جـاءتْ المطالبة بـأنْ تكـون الطَّاعة مشـروطة بتطبيقِ العدالة فـي نصوصٍ محـدودةٍ وخجولةٍ كما هـو الحال لدى الماورديّ فـي "نصيحة الملوك"، بَرَزَ طغيان فكرة الطَّاعة المُطْلَقة للسـلطانِ، أعـادلاً كان أمْ جائراً، حيـث لا يتورَّع ابن رضوان عن تقديسِ الاسـتبدادِ عندمـا يقـول: "فإذا عَدَلَ السـلطان، كان لهُ الأجـر، وعلى الرعيَّة الشُـكْر، وإذا جارَ كان عليـه الإصْـرُ، وعلـى الرعيَّة الصَّبْر"، وظاهِـرٌ أنَّ النصوص المؤيِّـدة أو الخَجَولة

148. ابن رضوان، الشهب اللامعة، ص 66 / إبراهيم القادري بوتشيش، خطاب العدالة في كتب الآداب السلطانية، بيروت، المركز العربي للأبحاث ودراسة السياسات، ط1، 2014، ص 54 – 55 / أبو حامد الغزالي، محمد بن محمد "450 – 505 هـ"، التبر المسبوك في نصيحة الملوك، تحقيق محمد أحمد دمج، بيروت، دار الكتب العلمية، ط1، 1988، ص 43.

حول أخلاق الطَّاعة لَمْ تكن سوى هروبٍ إلى الأمام، فالمدافعون عن الصَّبْرِ على الجَوْرِ والطغيانِ اعتقدوا أنَّه تضحيةٌ مِنْ جانب الرعيَّة لحراسةِ الدِّين والوقاية مِنَ الفِتْنة والحفاظِ على كيان الجَمَاعة، استناداً إلى مقولة "سلطانٌ غشوم خيرٌ من فتنةٍ تدوم"، بيد أنَّ هذه الطَّاعة العمياء رفعت مِنْ وتيرة الاستبدادِ السلطانيِّ، وهيَ الوتيرة التي استمرَّت إلى عهد ابن تيميَّة[149]، وباءتْ جميع المحاولات في وقف المشروعِ الأبديِّ الذي كان عنوانه السلطة، وغايته السلطة، ووقوده الشَّريعة والإنسان في مجتمعنا.

ويمكن القول بشيءٍ مِنَ المُجازَفة، وكثيرٍ مِنَ اليقين، أنَّ الاتفاقَ واضحٌ بيْنَ مُختلف مُفكِّري المُسْلمين القدماء والمُحْدثين على اعتبارِ أنَّ النَّاسَ موضوعٌ ل "ذات" السلطان فقط، ويرى الدكتور عزّ الدين العلاَّم أنَّ أكثرَ مِنْ ثلثيْ النَّصِّ السياسيِّ في كتبِ الآداب السلطانيَّة هي تقنيات تَجِدُ مادَّتها في الرعيَّة موضوع السُّلوكِ والتعامُلِ السلطانيِّ، وتأسيساً على هذا الأصل، تتفرَّعُ مجموعةٌ مِنَ الصُّوَر التي لا تخلو مِنَ الدلالة، فمن جهتهِ يصوِّر أبو بكر الطُّرطوشيُّ في كتابه "سراج الملوك" النَّاس بأنَّهم "جَسَدٌ" مآلهُ الموت لولا "الروح" السُّلطانيَّة، و "أرضاً" دون "ماء"، وظلاماً حالكاً لولا ضياء الحكَّام، ويعتبرهم الماورديُّ أيتاماً تضيع حقوقهم مِنْ دون "وليٍّ"، وأمانةٌ في يدِ السلطانِ المُؤْتَمَنُ عليهم، ويصفهم الشيزريُّ بـ"الغَنَمِ" السائبة إنْ تعذَّر راعيها، ونبتاً ذابلاً يتوق إلى قطراتِ "الغيْثِ"، ويُشير ابن عبد ربِّه إلى كونهم "إِبلاً" تحتاج إلى مَنْ يقودها، وَوَلَداً يتعلَّق كيانهُ وأصلُ وجوده "بأبيه"، وهم عند الثعالبيِّ بمنزلة "الخَشَبِ" المُتَهرِّيء لَنْ يقوم أَوَدُه مِنْ دونِ "نار"، ويرى ابن رضوان، وابن طباطبا، وأبو حمُّو الزيَّانيَ، وابن الأزرق أنَّ النَّاس كائنٌ "مريضٌ" يحتاجُ مِنْ أجل استرداد عافيته إلى "الدواءِ" السلطانيِّ[150]، ونزعمُ أنَّ جميع هذهِ المُنْزَلَقاتُ لا أصلَ لها، ولا دليل عليها مِنْ شريعةٍ، أو عَقْلٍ، بل ولا تقفُ على قدميْنِ أمام شمسِ الحقيقة، ومبادىء الحريَّة، والمساواة، والإنسانيَّة، وأبسطِ حقوقِ الإنسان في كلِّ العصور.

149. المرجع نفسه، ص 57 - 58.

150. عزّ الدين العلاَّم، الآداب السلطانية، ص 185.

وفي السياقِ ذاتِه، ما تزالُ العلاقةُ بيْنَ السُّلطتيْنِ السياسيَّة والعلميَّة في مجتمعنا العربيِّ تتركَّزُ بيْنَ أطرافٍ ثلاثة: سلطة الدَّولة، والعُلماء وأهلُ الفقهِ والثَّقافة، والعامَّة، وهذا الطرفُ الأخيرُ مُسْتَبْعَدٌ ومَطْلوبٌ معاً كما يقول الدكتور عليّ أُومليل، فهو مُسْتَبْعَدٌ عن أيَّة مُشاركةٍ، ولكنَّه مطلوبٌ لدعم كلِّ سُلْطة، والعامَّة عبارةٌ عن هوامش ضيِّقة وعديمةِ الأهميَّة أسفلَ أقلام الكُتَّابِ والعلماءِ القُدَماءِ والمُحْدَثين مِنْ حُلَفاءِ وأتباعِ السُّلطة الذين يَسْتَخدِمونَ في بعضِ الأحيانِ مُرَادفاتٍ أكثر تحقيراً وابتذالاً وصَغاراً مثل: "الرُّعاع" و"الغَوْغَاء"، ولكنَّ هؤلاء المَسَاكين لا بُدَّ منهم للبناءِ، والإنتاجِ، وعِمَارة الأرضِ، ودَفْعِ الضَّرائبِ، والمشاركة في معارك السُّلطة داخلياً، وحروبها خارجيّاً، ومِنْ هنا، يغدو النَّاسُ مادَّةً للسياسة، وبُناةً للمجتمع، بشرط ألاَّ يكون لَهُم وَعْيٌ جَمَاعيٌّ بذلك، وإلاَّ طالبوا بحقٍّ مُكافيءٍ للحاجةِ إليهم، إذْ لا يكفي أنْ ينعتهم أغلبُ أهل السياسة والعِلْم بـ"الرُّعاع" [151]، بل لا بُدَّ مِنْ أنْ يَرْسَخ في أذهانِ هؤلاء أنَّهم كذلك، ويبدو جليّاً أنَّ السُّلطة السياسيَّة والعلميَّة نجحتا في هذا المِضْمَار بشكلٍ مُنْقَطِعِ النَّظير بحيث باتَ الإنسانُ العربيُّ منذ ألفِ عامٍ يرفضُ الخروج مِنَ الزنزانةِ التي وُضِعَ فيها حتى لو كانت الأبوابُ مُشْرَعة، وباستثناء تجربة أنْ يتحالف هذا الإنسانُ مع شريعتهِ، وثقافتهِ العربيَّة، وإنسانيَّته، فإنَّ الأبواب المغلقة ستظلُّ كذلك حتى لو دمَّرتها السلطة السياسيَّة ذات يومٍ بأداوتها وأجهزتها وإعلامها ونخبتها الثقافيَّة.

وإذا كانَ لنا مِنْ منجى مِنْ هذا كلِّه قبلَ أنْ نَجْهَرَ بسؤالنا الذي يكادُ يكون أمنية: هل إلى إحترام الإنسانِ العربيِّ والمُسْلِمِ الذي كرَّمه الله تعالى مِنْ سَبيلٍ في مجتمعٍ لا يعترف إلاَّ بالسُّلطةِ والنُّخبة العلميَّة والثقافيَّة المتحالفة معها فقط؟، فإنَّ ذلك لا يكون إلاَّ بالعِلْمِ والتنوير والوسطيَّة والاجتهاد والعَقْلِ في آنٍ واحدٍ معاً، ولعلَّ في شخصيَّة أبي حيَّان التوحيديِّ إمكانية بيان "خيانة المُثقَّف" لمجتمعهِ وتنكُّرهِ للنَّاس البُسَطاءِ على الرغم مِنْ أنَّ أُولى واجباتِ المُثقَّفِ والمُفكِّرِ والفقيهِ هيَ الدفاع عن قضايا هذا الإنسان المُسْتَضْعَف والذي جاءَ معظم أبناء هذه النُّخبة على أكتافهِ، والتوحيديُّ لَمْ يكنْ بمقدورهِ إذا أرادَ الجاه والثَّراء والسُّلطة إلاَّ

151. علي أومليل، السلطة الثقافية والسلطة السياسية، ص 104.

أنْ يكون مربوطاً إلى "سوق السلطان"، والاستقلالُ الوحيد الذي كانَ مُمْكِناً للعَالِم قديماً - وحتى يومنا هـذا - هو في استناده إلـى العامَّة وقضاياهـم وهمومهم وطموحاتهـم[152]، ولَـمْ يكن هـذا مُمْكناً سـوى بالتماهي مع الشَّـريعة والحقيقة والإنسانيَّة حتى يجد له صدى عند هؤلاء، أمَّا الوقوف على أبوابِ السُّلطة فقد كانَ يَشْهَدُ تزاحماً على نُدْرةِ الواصلين، مع هَشاشةٍ وتناقضٍ في مراكزهم وتقلُّباتهم .

مِـنْ هـذهِ الزاويـة التـي يُضيئها موقـفُ أبي حيَّـان التوحيـديّ، يبـرزُ الوَعْيُ القاتـلُ بيـنَ اعتـدادِ العَالِم والمُفكِّـرِ والمُثقَّفِ والفقيـهِ العربيِّ بقيمتـهِ الذاتيَّة، وبما يَحْملهُ مِنْ مبادئ سـامية في شـريعته، وبيْنَ اضطرارهِ إلى التكسُّـب بها في سـوق السُّـلطة والخذلان، وعندمـا يطرح التوحيـديُّ هذا التناقض علـى معاصرهِ الفيلسـوف مِسْـكويْه يردُّ الأخير قائلاً: "لِمَ طُلِبَتْ الدُّنيا بالعِلْم، والعِلْمُ ينهى عن ذلـك، ولِـمَ لَـمْ يُطْلَبُ العِلْـمُ بالدنيـا والعِلْمُ يأمرُ بذلـك" [153]، وبالتالي يكشـفُ أهْـلُ العِلْـمِ عـن واقعهـم عندما ينسـحبون مِـنْ مواجهـةِ الظلم والجهـل وإلغاء الآخـر، وهم ينتظرون مِنْ أهْلِ السُّـلطةِ والجَاهِ أنْ يكونـوا محتاجين إلى عِلْمِهم، فـي ذاتِ الوقتِ الذي يدَّعونَ فيهِ لِعِلْمِهم اسـتقلالاً هوَ فـي الحقيقةِ إلى الوَهْمِ أقْرَب، وأنَّه مَطْلوبٌ لذاته، في حين أنَّه يتمُّ توظيفهُ وسيلةً لِطَرْقِ أبواب السُّلطة، إذْ كلَّما ارتفع صوت بعض أهلِ العِلْمِ مِنَ الأدعياءِ باحتقارِ الدُّنيا ازدادَ في الواقعِ تنافُسـهم عليها وصراعهم مِنْ أجلها.

ولعلَّ ما يضع سؤالنا – الأمنية في مسارهِ الصحيح، استكمال ما فعله التوحيديُّ الـذي يعـودُ في أصولهِ إلى عامَّة المُسْـلمين الذينَ يُطْلِقُ عليهـم "الرُّعَاع"، فهو لَمْ يتوقَّف عند حدِّ تنكُّرهِ لهم، بل ذَهَبَ كما يرى الدكتور عليّ أُومليل إلى حدِّ التحريض علـى أنْ يُحَـالَ بينهم وبَيْـنَ التعليمِ ما أمكـن، لأنَّ في ذلك تهديداً لأهلِ السُّـلطة، فهو لا يتورَّعُ في كتابه: "الإمتاع والمُؤانسـة" عن قول: "لا ترفِّهوا السَّـفلة فيعتادوا الكَسَـلَ والرَّاحة، ولا تجرِّئوهم فيطلبوا السَّـرف والشَّـغب، ولا تأذنوا لأولادهم في تعلُّمِ الأدب فيكونـوا لرداءةِ أصولهـم أَذْهَن وأَغْوَص، وعلى التعلُّـم أصْبَر، ولا جَرَمَ

152. المرجع نفسه، ص 105.

153. المرجع نفسه، ص 106.

فإنَّهـم إذا سـادوا في آخر الأمرِ خَرَبـوا بيوت العِلْية وأهل الفضائـل" (154)، وهكذا يُبْعـدُ التوحيـديُّ العامَّـة عن السياسـة والسُّـلطة، فلا حـقَّ لهم فيها، لأنَّه ببسـاطة طَالَـبَ بحرمانهم مِنَ العِلمِ، لـكأنَّ احتكار الحياة، والعِلْم، والنُّفوذ، والجاه، والثَّراء، والمناصـب، مِنْ قِبَل السُّـلطة السياسـيَّة وأتباعها، مسـألةٌ نَزَلَتْ فيهـا آياتٌ قرآنيَّة، أو أحاديـث نبويَّـة، أو أنَّ ميـزان الحيـاة سـينقلبُ إذا حَصَلَ النَّاس، جميـع النَّاس، على أبسـطِ حقوقهم التي في غاية الوضوح في الشَّـريعة، والإنسـانيَّة، والحقيقة.

إنَّ الإشكاليَّة الكُبْرى التي مَنَحَتْ السلطة السياسيَّة وبعض العُلماءِ والمُثقَّفين والفقهاءِ فُرْصـة سَـرِقَة الإسلام مِـنْ حيـاة النَّـاس منـذ استشـهادِ الخليفـة عُمَر بن الخطَّـاب، تعيينـاً، هـيَ السـكوتُ التاريخـيُّ منذ ما يزيـد عن ألفِ عـامٍ على هذه الجريمـة، تـارةً بذريعـة الواقعيَّة، وتـارةً أُخرى بذريعـة أنَّ الإسلامَ يفهمـهُ العلماءُ والمُثقَّفـون والفُقهاء فقط، ودائماً بذريعة أنَّ السياسـةَ تُـوردُ المَهَالك، وبيانُ ذلكَ أنَّ أبـرز نقاط النَّقْدِ الـذي يوجِّههُ المُعْتزلةُ - مثلاً - في تاريخنا الإسلاميِّ إلى أهل الحديـث الشـريف أنَّهـم "مُشبِّهة"، أيْ يفهمون الشَّـريعة على ظاهرها البسـيط، والذي يقودُ غالباً إلى أحكامٍ مُتناقضة، وبالتالي فإنَّ أهلَ الحديث يُقدِّمونَ تصوُّراتٍ ساذجةٍ للنَّاس تُناسب قُدراتهم العقليَّة، ولهذا فإنَّ منهج المُعتزلة يقومُ أساساً على التأويل، أو بكلمةٍ أدقّ، رفع التصوُّرات الدينيَّة لدى النَّاس إلى مستوى يليق بعقليَّة النُّخبة، وفي الحالتيْن لَمْ يسـأل كلٌّ مِنْ أهلِ الحديث الشَّريف والمُعْتزلة أنفسهم ولو مرَّة واحدة: ماذا يُريدُ الإسلامُ مِنَ النَّاس؟، وما الذي يحتاجهُ النَّاس حقّاً؟.

مِـنْ هنـا، فـإنَّ الرِّهـان كانَ دومـاً علـى النَّـاس وكأنَّهم كـرة يتقاذفهـا أصحابُ المَصَالح والمَطَامِح كما يرغبون، وهنا تحديداً يبرزُ دور الدولة التي تُسَاند الفريق الذي يُحقِّق مصالحها الآنيَّة، ثمَّ تنقلب عليه إلى الفريقِ الآخر، وهذا ما حَدَثَ إبان فتنـة خَلـق القرآن الكريم، وتلك قصَّـةٌ أُخرى، ثمَّ تعاظَمَ الأمر فـي العصور التالية، وتكرَّسـت قوانيـن جديدة في حيـاة المُجتمع، مِـنْ أبرزها أنَّ هناك فارقٌ أساسـيٌّ بيْنَ تصوُّريْن اثنيْن للمجالِ السياسيِّ في الإسلام، الأول تصوُّرٌ فقهيٌّ يرى أنَّ الدولة

154. المرجع نفسه، ص 46 - 47.

أداة لتحقيق الشَّريعة، والثاني تصوُّر سياسيٌّ يرى الشَّريعة أداةً لتحقيق استقرار الدولة، ولعلَّ الماورديّ يُمثِّل أبرز تجلِّيات هذه الرؤى المُتَضَاربة والمُتَناقضة، فهو مِنْ جهةٍ مؤلِّف كتاب"الأحكام السُّلطانيّة والولايات الدينيّة"، وهوَ أيضاً مؤلِّف كتاب "تسهيل النَّظر وتعجيل الظَّفَر"، وكتابهُ الثالث "نصيحة الملوك"، ففي الأول يكون فقيهاً خالصاً دونَ الدخول في مدى مقاربتهِ ومنهجيَّتهِ واستنتاجاتهِ وعلاقتها بالشَّريعة، ثمَّ يصبحُ أديباً وكاتباً سياسيَّاً يطوِّع الشَّريعة لتتطابق مع السياسةِ في كتابيْه الثاني والثالث[155]، والشَّاهدُ هنا، صوتُ السُّلطة يعلو على كلِّ صوتٍ، وحقٍّ، إذا لَمْ تكن الشَّريعة مشروعاً للحياةِ، والحُكْمِ، والإنجاز، وضامناً للحُريَّة، والتشاركيَّة، والعدالة.

وظَاهِرٌ أنَّ أغلب الذين تحدَّثوا عن الماورديِّ، تحديداً، وجدوا فيه مُفكِّراً سياسيَّاً كبيراً مُتَفاعِلاً مع قضايا عَصْرِهِ، ومُحَاولاً، ما أمكنهُ ذلك، إيجاد حلولٍ للمُشْكلاتِ المُستجدَّة التي عاشتها الدولة الإسلاميَّة آنذاك، وعلى رأسها التسلُّط البويهيّ، ومشكلة الخلافة الإسلاميَّة وَوَحْدَتها، والعملُ على إنقاذها بكلِّ الطُرُقِ حتى يبقى للمُسْلمين شيءٌ اسمه"الخلافة"، ولا يُهمُّ أنْ تكون حقيقيَّة أو شكليَّة، وهذا ما دَفَعَ الدكتور عزّ الدِّين العلاَّم إلى تدوينِ ملاحظةٍ دقيقةٍ هيَ أنَّ مَنْ دَرَسوا الماورديَّ وأفكاره إنَّما يستشهدون على الخصوصِ بفقراتٍ مِنْ كتابه"الأحكام السُّلطانيَّة " وليْسَ مِنْ كتبهِ السياسيَّة الأُخرى ك "تسهيل النَّظر" و "نصيحة الملوك"، أَلم تُسعفهم هذه الكتب لاستشفاف آراء الماورديِّ ومواقفه مِنْ قضايا عصره الكبرى من خلافةٍ وإمارةٍ ووزارة ؟ [156]، وهذا كلُّه يُقدِّم رؤية واضحة المعالم مؤدَّاها إنَّ هذه الكتب تُمثِّل "نزعات أخلاقيَّة" عامَّة تُبرِّرُ التفاصيل التاريخيَّة لا أكثر ولا أقلّ، إذ أنَّ هذه الكتب لا تبحث في أُسُسِ الدولة، ولا تُفسِّر واقع المُسْلمين آنذاك، وإنَّما تُقدِّم صورة هُلاميَّة تصلح لكلِّ زمانٍ ومكان، دون تعليل لأيِّ حَدَث، والغائب الأكبر في هذا الإطار هو الإسلام والنَّاس كما كانوا في الواقع الفعليِّ في تاريخ المجتمع الإسلاميِّ.

155. المرجع نفسه، ص 136.

156. المرجع نفسه، ص 137.

وتبلغ مسـألة سـرقة الحريَّـة مِنْ أهلهـا الحقيقييـن ذروتها عندما نجـدُ النَّاس فـي كتاباتِ علماء ومثقَّفي وفقهاء المُسْـلمين مُجرَّد أحجارٍ على رقعة الشـطرنج، وظلالٍ باهتة، إذْ لا تكاد كتاباتهم المتعلِّقة بالشـؤونِ السياسـيَّة تخلو مِنَ الحديث عَـنْ "أركان المُلْـكِ" وهي الجُنْدُ والمَالُ والعَـدْلُ والعُمْران، وهذا قمَّة التزييف في حقِّ المُسْلمين الذين عاشوا على الهامش منذ قرونٍ طويلة، فهؤلاء النَّاس البُسطاء هُـمُ "الجُنْدُ" الذيـنَ يدافعون عن الأرضِ، وهُمُ الذين يدفعـونَ الأموال، وهُمْ مادَّة "العَدْلِ" الذي يُسَاهم في النَّشاطِ الاقتصاديِّ ليتحقَّق "العُمْران"، وفي خِضَمِّ هذهِ الحَمَلَـة الشَّرسـة تغدو كلمة "الشَّـريعة" فضفاضة في سـياقِ النُّصـوصِ التي كَتَبها هـؤلاء، بحيـث تتجاوز الكلمة المعنى الدقيق لها إلى كلِّ ما هو مُفيدٌ وحَسَـنٌ مِنْ وجهةِ نظرهم، وبالتالي تتطابق "الضرورات الشَّرعيَّة" و "الأمور الوجوديَّة" حسب تعبير ابن خلدون، بحيث تصبح الشَّـريعة مُجرَّد قانون إلى جانب قوانين وأعراف أُخرى ينتظم بها المُجتمع الذي كان أحد أرقى أهداف الإسلام تخليصهُ مِنْ كلِّ هذه التبعيَّـة، والتدليس، والخنـوع، والظُّلْم[157]، وصولاً إلى واقعنـا الحاليِّ الممتدِّ منذ منتصف القرن الهجريِّ الأوَّل.

وليْسَ يخفى أنَّ الفقيهَ والعَالِمَ والمُثقَّفَ ممَّن باعوا أنفسـهم للسُّـلطة تتغيَّر مواقفهـم كلَّمـا تغيَّرت مواقعهم فـي معظم الحالات، فـإذا كانَ الواحد منهم في موقعِ الكتابة مِنْ منطلق السياسة الشَّرعيَّة حَصَرَ استشهاداته في الإطارِ الإسلاميِّ سـواء القـرآن الكريـم، أو الحديث الشَّـريف، إلى مـا أجمعَ عليـه الفقهاء، ضمن تسلسـلٍ دقيقٍ في هذا المجال، فإنْ انتقل إلى حالة العَالِمِ والمُثقَّف قدَّم نفسـه بـذاتِ المنهجيَّـة السـابقة، ولكـنْ إلـى جانـب إضافة حكايـة فارسـيَّة مأثورة، أو حِكْمةٍ يونانيَّة، مِنْ دون أدنى تَفَاضُلٍ مرجعيٍّ، بحيث تتساوى الشَّريعة الإسلاميَّة ومرجعيَّتهـا الخالـدة مع مَلِكٍ فارسـيٍّ أو حَكيـمٍ يونانيٍّ، ويغدو الإنسـانُ العربيُّ حائـراً أمـام هذه الأسـاليب التي تسـعى إلـى تكريس ذهنيَّـة التناقـض، والقبول باللامعقـول، فـي إطـارِ شـريعة إسلاميَّة مِنْ أسـمى غاياتهـا الوضـوح والعقلانيَّة،

157. المرجع نفسه، ص 139 - 143.

واحترام الإنسان مهما كانتْ مكانته الاجتماعيَّة، أو الاقتصاديَّة، أو السياسيَّة، وانتقل التراث الإسلاميُّ مِنْ حالة الاستلهام، والتواصل، والقراءة، إلى حالة العبءِ التاريخيِّ، والحُمُولة الزائدة.

ولعلَّ مِنْ تمامِ العَدْلِ والموضوعيَّة، أنْ نُشير إلى أنَّ التراثَ السياسيَّ الإسلاميَّ قد تحدَّث عن الدولة التي عاش في ظلالها، أو حتى كانَ يطمح إلى ذلك، وهذا التراثُ هو الشَّاهد، وربَّما الوحيد، على ما يُسمَّى "الدولة الإسلاميَّة"، وهو المُعبِّر أيضاً عن مُفارَقة تاريخيَّة كبرى تتمثَّل في الحضورِ الفعليِّ والماديِّ للدولة الإسلاميَّة، في ذات الوقت الذي تغيب فيه جوهريّاً في الجانب الأخلاقيِّ، أو بعبارةٍ أُخرى، صعوبة تحقُّق مثالها كما هو الحال في التَّاريخِ البشريِّ، ما دام هذا التَّاريخُ مجال صراعٍ وقتال، وما دام الإنسانُ العربيُّ كذلك لَمْ يتحوَّل إلى مَلَاك، مِنْ أجل هذا كلِّه، فإنَّنا عندما نتحدَّث عَنْ إسلام الدولة السُّلطانيَّة، أو سلاطين الإسلام بمختلف مُسمَّياتهم مِنَ الخلفاء والأُمراء والسَّلاطين، فالمقصود هو "الواقع" وليس "المثال"، والنِّظام السُّلطانيُّ هو الشَّكلُ الوحيدُ للدولة الذي عرفتهُ الأرض العربيَّة والإسلاميَّة، في مشرقها ومغربها، منذ أنْ تحوَّلتْ الخلافة إلى مُلْك، وهي كما صوَّرها التراث السياسيُّ الإسلاميُّ، وعرَّفها ابن خلدون، دولةُ قَهْرٍ وشَوْكةٍ واستبدادٍ وعَصبيَّة، وهذا على النقيض تماماً ممَّا يدَّعيه البعض حول "مثال" الدولة الإسلاميَّة، حيث يبدو الخلط بيِّناً بين إسلامٍ معياريٍّ، وإسلامٍ واقعيٍّ، بصورةٍ قاطعة.

وهناك اتفاقٌ شَامِلٌ بيْنَ الآداب السلطانيَّة حول وجود تصوُّرٍ هَرَميٍّ للمجتمع العربيِّ والإسلاميِّ يتصدَّر السلطان فيهِ القمَّة بامتياز، ثمَّ تظهر الحَلَقَات المُقرَّبة منهُ مِنَ الأعلى إلى الأسفل حيث تظهر الحاشية، والأعوان، وكبار موظَّفي الدولة، وعِلْيةِ القوم، والمُقرَّبين، أو ما يُعْرَف بالخاصَّة، ثمَّ تأتي العامَّة في القاع، ولقد كانتْ ذهنيَّة النُّخبة الإسلاميَّة ترى هذا التصوُّر والتقسيم شيئاً مقبولاً، بل إنَّها ترتكب خطيئةً كبرى عندما تُكرِّس النظام الفئويَّ، والطبقيَّ، مما يتناقضُ مِنْ حيث المبدأ مع الشَّريعة الإسلاميَّة، ومصدرها الأوَّل القرآن الكريم[158]، وبما أنَّ كمال

158. إبراهيم القادري بوتشيش، خطاب العدالة في كتب الآداب السلطانية، ص 59 - 60.

الشرعيَّة لدى السلطة في الدولـة الإسلاميَّة لا يتـمُّ إلاَّ إذا تطابَقتْ هذه السُّلطة مـع الشَّـريعة، فإنَّ شَـهَادة ووجـود الفقيـه والمُثقَّف هـي الكفيلة ببيـانِ التطابُق مـع الإسلامِ أو الابتعـاد عنه، ولعـلَّ مِنْ أظهر الأدلَّة على دعـوة العلماء إلى تطبيق الشريعة الإسلاميَّة على المستوى النظريِّ، الإمام أبو حامد الغزَّاليّ، الذي لَمْ يتوقَّف عن القدحِ في "علماءِ السوءِ" و "فقهاءِ الدنيا" دون أنْ يتمثَّل ما يدعو إليه، والذي يُعلن أنَّ: "الأمرَ بالمعروف والنَّهيَ عن المُنْكر هو القطبُ الأعْظَمُ في الدِّين" (159)، والمُثير في الأمر أنَّ الإمام الغزَّاليَّ لَمْ يواجه السُّلطة الظالمة بقدر ما أطْبَقَتْ عليهِ وعلـى غيـرِهِ الفتنة المفهوميَّة، والتيهِ الفكريِّ، فما يكاد هؤلاء يخرجون مِنْ متاهةِ قضيَّةٍ ما، حتى تُدخلهم السلطة في متاهاتٍ جديدة.

والغزَّالـيُّ، وهـو مِنْ أشـهر عُلمـاءِ المُسْـلمين، وأكثرهـم قَبُولاً، دعا إلـى "عِلْمِ الآخـرة"، أيْ أنْ يكـونَ طَلَبُ العِلْمِ لوجه الله تعالى لا لوجهِ أصحاب النُّفوذ، وعلى الرغم مِنْ أهميَّة هذا الأمر ومحوريَّته، إلاَّ أنَّ هذه الدعوة تذهبُ بالمُسْلمين بعيداً عن أمورِ حياتهم ومُشْـكلاتهم اليوميَّة، حيث تُسيطرُ السلطة السياسيَّة على تاريخ الإنسـانِ العربـي والمُسْـلمِ، وحاضرِهِ، ولا بـأس إذا وَصَلَ الأمرُ إلى مُسـتقبلهِ أيضاً، فالعلماءُ وفق الغزَّاليّ يفقدون دورهم كلَّما اقتربوا مِنَ السلطة، والمُفارقة العجيبة أنَّه يجعلُ السياسـةِ إحدى فروع الفقه، التي يشـملها نَظَرُ الفقيه، وبالتالي يكون: "الفقيه هو العَالِمُ بقانون السياسة، فكان الفقيهُ مُعلِّم السلطانِ ومُرْشده، والمُلْك والدِّين توأمان، فالدِّين أصْلٌ، والسُّلطان حَارِس" (160)، دونَ أنْ يخبرنا الإمام الغزَّاليّ كيـف أنَّ الواقـع العربيَّ قبله، وأثنـاء حياته، وبعد وفاته أيضـاً، يؤكِّد عكس كلامه، فالغَلَبَة للسُّلطة، والعُلْماء أغلبهم أتباع، إمَّا طمعاً أو خوفاً، والنَّاس بلا حضور.

وليْسَ مُسْتغرباً أنَّ الفِكْرَ السياسيَّ الإسلاميَّ، بعد تجربتهِ الطويلة منذ بداياتِ ظهـورِ الدولـة العربيَّة والإسلاميَّة، قد أنتج طيْفاً واسـعاً مِنَ الرؤى، وألوان الخطابِ السياسـيِّ، وتقنياتـهِ، على أنَّ هذا الفِكْرَ السياسـيَّ رغـم كلِّ تناقضاتهِ ظلَّ يتمحور في ثلاثة اتجاهات:

---

159. علي أومليل، السلطة الثقافية والسلطة السياسية، ص 13.

160. المرجع نفسه، ص 14 - 15.

الأوَّل: خطابُ السياسة الشرعيَّة وهو يظهرُ بجلاء في كتاباتِ أبي الحسن الماورديِّ، وأبي حامد الغزَّاليِّ، وشيخ الإسلام ابن تيميَّة، وغيرهم مِنَ الفقهاء.

الثاني: خطاب الفلسفة السياسيَّة الذي يمثِّله بصورة جوهريَّة التيار الذي كان أبرز منظِّريه الفارابيّ، وابن سينا، وفيلسوف قرطبة ابن رشد.

الثالث: خطاب الآداب السلطانيَّة الذي يضمُّ النصوص التي أنتجها فقهاء وكتَّاب يتوجَّهُ خطابها إلى الملوك والسَّلاطين بصورةٍ أولى وأخيرة للحفاظ على ديمومة تلكم السُّلطة.

وهذا التقسيمُ تنبثقُ منهُ حقيقةٌ مؤدَّاها أنَّ الإنتاج الفلسفيَّ السياسيَّ ونصوص السياسة الشرعيَّة تمثِّل جانباً نظريَّاً خالصاً، بينما يتمّ النَّظَرُ إلى كتبِ الآداب السلطانيَّة على أساسِ أنَّها استراتيجيات في التدبيرِ السلطانيِّ المرتبط بالجوانبِ العمليَّة والتنفيذيَّة(161)، ولعلَّ الاتجاه الأول المُتعلِّق بالسياسةِ الشرعيَّة قد تكوَّن في أتون الخلافِ حول الخلافة بُعيْد استشهاد الخليفة عثمان بن عفَّان رضيَ الله عنه، ثمَّ انتصار معاوية بن أبي سفيان على الإمام عليّ بن أبي طالب رضيَ الله عنهما، وانتقال الخلافةِ إلى المُلْك الوراثيِّ، أمَّا الاتجاه الثاني الذي يمثِّله الخطاب الفلسفيُّ فقد تبلور في صورةِ نصوصٍ منحولةٍ لبعض فلاسفة اليونان أولاً، ثمَّ تطوَّرت كجزءٍ مِنْ فلسفةٍ توفيقيَّةٍ تسعى إلى مَزْجِ الدِّينِ بالفلسفة، وصولاً إلى الاتجاه الثالث المتمثِّل بالآداب السلطانيَّة التي نُقِلَتْ مِنَ التراثِ الفارسيِّ منذ أواخر عهد الأمويين، وبلغت ذروتها بعد انتصار الثورة العباسيَّة(162)، والائتلاف بين هذه الاتجاهات رغم تباينها الظاهر هوَ في حقيقةِ استبعاد النَّاس بصورة نسبيَّةٍ حيناً، أو كاملة في أغلب الأحيان، ولكنَّ الثابت أنَّ مصلحة الجميع مِنْ سُلْطانٍ وبِطَانةٍ ونُخْبةٍ مُثقَّفة اجتمعت على ضرورةِ تهميشِ، أو إبعادِ، أو إلغاءِ، الإنسان العربيِّ الوحيد القادر على المُساءلةِ، والنَّقدِ، والثورة.

161. كمال عبد اللطيف، في تشريح أصول الاستبداد، ص 16 - 23.

162. محمد عابد الجابري، جديد الفكر السياسي بالتراث العربي، الدار البيضاء، مجلة فكر ونقد، العدد 13، 1998، ص 14 - 15.

وقد أصبحَ بيِّنا وصريحاً، الآن، إمكانية استنتاج نوع العلاقة التي تربطُ بيْنَ الحَاكِمِ والمَحْكوم، وبيْن الراعي ورعيَّته، وبيْنَ السُّلطة السياسيَّة وأتباعها، وهي تنتظمُ في أربعةِ أبعادٍ تَحْكُمُ تلكم العلاقة: وأولاها الحَاجَة أو الاحتياج بما تتطلَّبه مِنْ تبعيَّةٍ وافتقارٍ للطالبِ أمامَ المطلوب كحاجةِ الجَسَدِ للرُّوح، والأرضِ للماء، والمريضِ للطبيب، وثانيها الرِّعاية بما تستلزمهُ مِنْ رِفْقٍ وإحسانٍ وتوجيهٍ كما هو شأنُ الراعي مع قطيعهِ، والأبُ مع ابنهِ، والوصيُّ مع يتيمه، وثالثها القوَّة بما تحتويه مِنْ رَهْبةٍ وانسحاقٍ أمامَ شخصٍ مثل السُّلطان، والذي هو كالبحرِ كثير الماء ولكنَّه عميق الهوَّة، ومثل الشَّمس والنَّار قد تُدْفئان ولكنَّهما قد تحرقان، ورابعها الخوف بما يستدعي مِنْ حَذرٍ وابتعاد، وهو خوفٌ لا يتحكَّم فيه عاملا البطش والقوَّة وحسب، بل ينجمُ كذلك عن صعوبة التنبُّؤ بالسُّلوكِ السُّلطانيِّ[163]، ومن أجل هذا كلِّه، وَجَبَ ردع النَّاس حتى لا تسمح لهم أنفسهم الأمَّارة بالسوءِ المطالبة بحقوقهم، أو التفكير بها أساساً، وإذا أصاب أحدٌ مِنْ هؤلاءِ البُسَطاء في مجتمعنا "لوثة" الحُريَّة، أو "انفصام" المُوَاطنة، أو "داء" التفكير، أو "مصيبة" التميُّز، أو "جريمة" الاجتهاد، أو "جنحة" العقل، إذا أُصيب أحدٌ بهذه الخطايا والأمراض فإنَّ الجواب الكافي، والدواء الشافي، هي قيام السلطة السياسيَّة وأدواتها بنشر المزيدِ من هذهِ المضادات الحيويَّة سعياً وراء إعادة ترويضِ العَقْلِ، والفِكْرِ، والشُّعور، الذي ينبغي أنْ يحظى بهِ النَّاس في مجتمعنا، وبهذه الطريقة حقَّقت تجربة القَهْرِ في تاريخنا مشروعها بصورة آنَ لها أنْ تتوقَّف، وتنتهي، من أجل إنسانيَّة الإنسان، قبلَ عروبتهِ، وإسلامه.

---

163. عزّ الدين العلاَّم، الآداب السلطانية، ص 186.

صور وتشبيهات العلاقة بين السلطان والرعيَّة في الأدب السلطانيّ[164]

الصورة	السلطان	الرعيَّة
- افتقار الرعية إلى سلطانها	- الروح - الماء - النُّور - الغيث	- الجسد - الأرض - الظلام - النَّبت
- الحاجة إلى الرعاية السطانيَّة	- الوصيّ - الراعي - الأب - الراعي	- اليتيم - الغنم - الولد - الإبل
- قوة السلطان أمام رعيته	- الأسد - البحر - النسر - النَّار	- الغنيمة - راكب البحر - الجيفة - الخشب
- صعوبة التنبؤ بالسلوك السلطاني	- الصبيّ - المكتسب	- -

ويُضاف إلى هذا، ما كتبهُ أبو بكر الطُرْطُوشيّ في كتابه "سراج الملوك"، وهو الفقيه والعَالِم، حيث الوضوحُ المُطْلق في مركزيَّة السُّلطان، وإلغاءِ النَّاس وأدوارهم وحقوقهم وحريَّاتهم، حيث يقول: "ومثالُ السُّلطان القاهرُ لرعيتهِ، والرعيَّة بلا سلطان، مثالُ بيْتٍ فيهِ سِرَاجٌ منيرٌ وحوله فِئامٌ (جَماعة) مِنَ الخَلْقِ يُعالِجونَ صنائعهم، فبينما هم كذلك طُفِىءَ السِّراج، فقبضوا أيديَهم للوقت (توقَّفوا عن العمل) وتعطَّل جميع ما كانوا فيه، فتحرّك الحيوانُ الشرير، وخَشْخَشَ

164. المرجع نفسه، ص 187.

الهَامُ الخسيس، فدبَّت العَقْرَبُ مِنْ مَكْمَنها، وفَسَقَتْ الفارةُ مِنْ جُحْرِها، وخَرَجَت الحيَّة مِنْ مَعْدَنِها، وجاءَ اللصُّ بحيلتهِ، وهَاجَ البرغوثُ مع حقارتهِ، فتعطَّلت المَنَافع، واستطارتْ فيهم المَضارُّ، كذلك السلطانُ إذا كان قاهراً لرعيتهِ، كانت المنفعةُ بهِ عامَّة، وكانت الدماءُ في أهلها محقونة، والحُرُمُ في خدورهنَّ مَصونة، والأسواقُ عامرة، والأموال محروسة، والحيوان الفاضِلُ ظاهراً، والمَرَافِقُ حاصلة، والحيوانُ الشريرُ مِنْ أهلِ الفُسُوقِ خاملاً" (165)، وهذه كلماتٌ لا يمكن تحديد مصادرها، ومعارفها، إلاَّ مِنْ أطروحة البهتانِ، والقهرِ، والإقصاء، التي ما كان الإسلام، أو الإنسانيَّة، نبعاً لها، أو مُلْهِمَاً.

ثمَّ تقع لنا رواية أخرى تشير إلى الحاجة الكاملة للسُّلطان مِنْ قِبَل الرعيَّة، حيث يقول أبو الحسن الماورديّ في "تسهيل النَّظر وتعجيل الظَّفر" أنَّ الناسَ: "أماناتُ الله التي استودعهُ حفظها، واسترعاهُ القيام بها، لا يَقْدِرون على الدَّفعِ بأنفسهم إلاَّ بسلطانهِ، ولا يَصِلونَ إلى العَدْلِ والتناصفِ إلاَّ بإحسانه، وهو منهم بمنزلةِ وليِّ اليتيم المندوبِ لكفالتهِ، والقيِّم بمصالحهِ، يلزمهُ بِحُكْمِ الاسترعاء والأمانة أنْ يُقوِّمَ زلَّاته، ويُصْلِح خَلَله، ويحفظ أمواله، ويُثمِّر مواده، كذلك مكانهُ مِنْ رعيتهِ في الذبِّ عنهم، والنَّظرِ لَهُم، والقيام بمصالحهم، فإنَّ النَّفع بصلاحِ أحوالهم عَائِدٌ عليه، والضرر مُتعدٍّ إليه". ويقولُ في مَوْضع آخر حول الرَّغبة والرَّهبة في العلاقةِ مع السُّلطانِ: "فأمَّا الرَّغبة فتدعو إلى التآلف، وحُسْنِ الطَّاعة، فإنْ قَبَضَها عنهم زالَ حُكْمها معهم، وتصنَّعوا بالطَّاعة تربُّصاً بالدوائر، وسارعوا إلى المَعْصية، وأمَّا الرَّهبة فتمنعُ خلاف ذوي العِناد، وتحسم سَعي أهل الفساد، حَذَراً مِنَ السطوة، وإشفاقاً مِنَ المُؤاخذة، وذلك مِنْ أقوى الأسبابِ في تهذيبِ المملكة، فإنْ زالت عنهم زالَ حكمها معهم فَلَانْ، واشتدُّوا وَهَانْ، واعتزُّوا، فاستسهلوا معصيته، واستقلُّوا طاعته، وصارت أوامرهُ فيهم لغواً، وزواجرهُ لَهْواً، فإذا جَمَعَ الرَّغبة والرَّهبة، قادهم الرجاء إلى طاعتهِ، وصدَّهم الخوف عن معصيته" (166).

وهذا نموذجٌ جزئيٌّ على المُقَايَسة في علاقةِ السُّلطان بالرعيَّة، حيث يرى

165. أبو بكر الطرطوشيّ، سراج الملوك، ج 2، ص 199 - 200.

166. أبو الحسن الماورديّ، تسهيل النَّظر وتعجيل الظَّفر، ص 275 - 276.

مُحمَّد عابد الجابريّ لدى مقارنتهِ بيْنَ الفِكْرِ الشرقيِّ القديم والفِكْرِ العربيِّ أنَّ ما يجمعهُ الراعي الشرقيُّ هُمُ الأفراد المُتَناثرون الذين يخضعون لنداءِهِ إذا دعاهم بصوتهِ أو "صفيرِه"، وبمجرَّد انشغالهِ أو غيابهِ يطغى الشَّتاتُ على وجودِ الرعيَّة، ولمَّا تَصِلُ المقارنةُ إلى المجتمع العربيِّ يقول: "إنَّنا ننسى، بسبب كثرةِ الاستعمال، أنَّ الرعيَّة تعني في اللغة العربيَّة نفسها "الماشية"، القطيع مِنَ الأكباشِ والنِّعاج، وقليلاً ما ننتبهُ إلى أنَّ "الرَّاعي" عندنا، الواحد الأحد، كثيراً ما يعتبر تعدُّد الرعاة على رعيَّةٍ واحدةٍ، حتى لو كانوا قليلي العَدَد، بمثابة تعدُّد الآلهة، وبالتالي: فكما أنَّ "الشِّرْك" في ميدانِ الدِّين غيْر مقبولٍ ولا معقولٍ فكذلك يَنْظُرُ الحاكمُ إلى "المُشَاركةِ" في الحُكْمِ، إنَّها ما زالتْ عندنا كُفْراً وإلحاداً في السياسةِ على الرَّغم مِنْ شعارِ "التعدُّديَّة" الذي يُلوِّحُ به هنا وهناك، إنَّ التعدُّديَّة لا قيمة لها إذا لَمْ تكنْ مُؤسَّسة على المُقَاسَمة، مُقَاسَمة السُّلطة وتداولها" [167]، وهذا السطو التاريخيُّ على النَّاسِ الذي مارستهُ السلطة السياسيَّة، وسوَّغهُ كتَّاب الآداب السلطانيَّة، انبثقَ مِنْ حقيقةِ أنَّ هؤلاء: "لا يُمَيِّزون بيْنَ شرع النبيِّ وعَدْلِ أنوشروان وعَقْلِ سقراط[168]"، مع أنَّ هؤلاء - تحديداً - هم الذين يدَّعون الوصاية على الدِّين، وتفسيرِهِ، وأحكامِهِ، ونوازله.

وقد تفطَّنَ عزّ الدِّين العلاَّم إلى أنَّ الرعيَّة في الأدبيَّات السلطانيَّة تنتظمُ في تصنيفيْنِ اثنيْنِ: الأوَّل تصنيفٌ أخلاقيٌّ ثلاثيّ الأطراف، والثَّاني تصنيفٌ إلى فئتيْنِ هما الخاصَّة والعامَّة وهوَ تصنيفٌ لا يعترفُ أو يهتمُّ سوى بالخاصَّة، والتصنيفُ الأخلاقيُّ الثلاثيُّ يبدأُ مع أبي بكرٍ المُراديِّ في أبرز كتبه "الإشارة في تدبير الإمارة"، وابن رضوان في كتابه "الشُّهب اللامعة"، حيث يرى هؤلاء النَّاس على ثلاثةِ أصنافٍ هي: كريمٌ فاضِلٌ، ولئيمٌ سَافِلٌ، ومُتوسِّطٌ بينهما، وابن الخطيب في "مقامة السياسة" يقتربُ منهم بقوله: "العليُّون والأوساط والسَّفَلة"، وكتَّاب الآداب السلطانيَّة يطرحون هذه التقسيمات مِنْ أجلِ التأكيد على أنَّ كلَّ صنفٍ مِنَ الرعيَّة يحتاجُ صنفاً مِنَ السياسة، ويبقى السؤال مطروحاً في سياقِ المعيارِ

167. محمد عابد الجابري، العقل السياسي العربي، ص 42 - 43.

168. عبد الله العروي، مفهوم الدولة، الدار البيضاء، المركز الثقافي العربي، ط 10، 2014، ص 46.

الأخلاقيّ؛ كيف نُحدِّد الفاضلَ مِنَ اللئيمِ أو الخيِّر مِنَ الشرير؟، ومَنْ يملك تلكم المعايير؟[169]، وهل قامَ ذلك السُّلطان، ومَنْ معهُ مِنَ الفقهاءِ والكتّابِ والأدباءِ باستلهام هذه التقسيمات مِنَ القرآن الكريم، والسنَّة النبوية، التي جاءَتْ أساساً مِنْ أجلِ الحُريَّة، والعَدالة، والمساواة، أمْ القضيَّة انطلقتْ مِنْ حقيقةِ الرَّغبةِ بالسيطرةِ المُطْلَقة على السُّلطةِ إلى الأبَدِ باسمِ الشَّريعة، أو المَصَالحِ العليا، أو امتلاكِ الحقيقة المُطْلَقة؟.

يمتدُّ النَّسيجُ السلطانيُّ في حياةِ الإنسان العربيِّ، وثقافتهِ، ومناشطِ حياته كافَّة، وليْسَ مِنَ الصَّعْبِ استجلاء الواجبات المطلوبة مِنْ هذا الإنسان في كتبِ الأدب السلطانيِّ، وهيَ نُصوصٌ كثيرةٌ جداً خلاصتها ما أوردهُ أبو بكر الطُرْطُوشيُّ في كتابه "سِرَاج الملوك" حيث يؤكِّد وجوب الطَّاعة للسلطان: "فإذا جارَ عليكَ السُّلطانُ فعليكَ بالصَّبْرِ وعليهِ الوِزْر" [170]، ومَنْ خَرَجَ على السُّلطانِ شِبْراً ماتَ ميتةً جاهليَّة، وليْسَ مِنْ حقِّ الرعيَّة، تحت أيِّ ذريعةٍ كانت، إعلان ثورتها على السُّلطانِ، ويستلزمُ تحريمَ حقِّ الخروج على السُّلطانِ واجب الطَّاعة الذي لا تخلو أغلب نُصوص الأدب السلطانيِّ مِنْ تمجيدهِ، والثَّناءِ عليهِ، إلى درجة اعتبارهِ: "مِنْ أعظمِ الواجباتِ الدينيَّة"، مع أهميَّة الإشارةِ إلى حِرْصِ السلطانِ وكُتَّابهِ على التداخلِ بيْنَ الذاتيْنِ الإلهيَّة والسلطانيَّة، ومِنْ إجلالِ الله تعالى أن يقوم النَّاسُ بإجلالِ السلطان[171]، في تجاوزٍ غير مَسْبوقٍ تجاه الشَّريعة ومضامينها، بحيث تمَّ إعادة إنتاج مجتمع ما قبل الإسلام بصورةٍ مُبتكَرة، وبأدواتٍ تَحْمِلُ عنوةً الإطار الشرعيِّ، وباتت الأصنامُ حاضرةً بأسماءٍ وأشكالٍ جديدة تتوافق مع الواقع الجديد.

ويَجْري هذا المَجْرى أبو حمُّو الزيانيّ أحد الأمراء في المغرب العربيِّ في كتابه "واسطة السُّلوك في سياسةِ الملوك" والذي كتبه لابنهِ، حيث لا يتورَّع عن وصفِ عامَّة النَّاس بالفساد، وأنَّ الشرَّ والهَرَجَ مِنْ أبرزِ مكوِّنات عقولهم، وأنَّه في اللحظة التي يُسْمَحُ لَهُم بالكلامِ سوف يتبلورُ لديهم الفِعْل، ولهذا يقول: "اتَّقوا

169. عزّ الدين العلاَّم، الآداب السلطانية، ص 195.
170. أبو بكر الطرطوشيّ، سراج الملوك، ج 2، ص 462.
171. عزّ الدين العلاَّم، الآداب السلطانيَّة، ص 198.

العامَّـة فإنَّهـا إنْ قامـتْ لَمْ ترفد، وإنْ طَلَبَت لَمْ تجـد" [172]، بل ويحذِّرهُ في وصيَّةٍ بَالغـةِ الدلالـة: "بألاَّ يتركهـم لأغراضهم الفاسـدة، وعقولهم التي هـيَ عن الصواب شـاردة" [173]، وتفسـير هـذا التناقـض، والعجز، والفوضـى، والتوحُّـش الفكريّ، أنَّ النَّاس غيْر قادرينَ على إصلاحِ أنفسـهم، وتقويم سـلوكيَّاتهم، وليْسَ سوى السلطة السياسـيَّة ورجالاتها لديها ولديهم القـدرة على تقويمِ الاعوجاج، ووضعِ النَّاس في السـياقِ الرشـيد[174]، ولَـمْ يبتعد ابـن رضوان كثيراً عـن هذهِ المعانـي والمضامين عندمـا يؤكِّـد أنَّ: "فسـادَ الرعيَّـةِ بلا مَلِـكْ، كفسـادِ الجِسْـمِ بلا روح" [175]، وهكـذا تَذْهَبُ مصنَّفاتٍ يكتبها أُمراء وعلماء وفقهاء وأدباء بالإنسانِ في المجتمع العربيِّ والإسلاميِّ بعيـداً وكأنَّه بلا مرجعيَّاتٍ ناظمةٍ لحياتهِ، وحُريَّاتهِ، وحقوقهِ، وواجباتهِ، بل أنَّ هذه المرجعيَّات يتمُّ توظيفها وتسويغها من أجل تلكم الغايات التي تريدها السـلطة السياسـيَّة، في خطوةٍ كبرى نحو تعميق قابليَّة الخضوع لدى الإنسان في مجتمعنا بشكلٍّ تدريجيٍّ حتى انتهى إلى واقعهِ الكارثيِّ بدايات الألفيَّة الثالثة.

ولا أظنُّ عاقلاً، فضلاً عن أنْ يكونَ عربيَّاً ومُسْـلِماً، يمكن أنْ يسـتوعب مغالاة الطُرْطُوشـيّ عندما يقول: "طاعة الأئمَّة فَرْضٌ على الرعيَّة، كما أنَّ طاعة السـلطانِ مقرونـةً بطاعـةِ اللـه، اتَّقـوا الله بحقِّهِ، والسـلطانَ بطاعتـهِ، مِـنْ إجلالِ الله تعالى إجلال السـلطان، عـادلاً كانَ أو جائراً، الطاعـةُ مِلَاكُ الدِّين، الطاعةُ مَعَاقِلُ السلامة، وأرفعُ منازلِ السـعادة والطريقةُ المُثلى، والعروة الوثقى قِوامُ الأُمَّة، وقيامُ السُـنَّةِ بطاعـةِ الأئمَّـة عِصْمةٌ مِنْ كلِّ فتنة، ونجاةٌ مِنْ كلِّ شُـبْهة" [176]، وهـذا الغلوُّ البيِّنُ الـذي قـامَ بـهِ صاحبُ "سِـرَاج الملـوك" ليس جديـداً عليـهِ، أو على كُتَّـاب الآداب السـلطانيَّة، وينطبـقُ على نصوصهم جميعاً قولُ الدكتـور كمال عبد اللطيف الذي اعتبر هذا النصَّ: "بمثابة ذاكرةٍ عجيبة، خليطٍ مِنَ القول والحكاية والنَّظم والحادثة

172. أبو حمُّو الزيانيّ، موسى بن يوسف "723 - 791 هـ"، واسطة السلوط في سياسة الملوك، تحقيق محمود بوترعة، الجزائر، دار الشيماء للنشر والتوزيع، ط1، 2012، ص 152.

173. المصدر نفسه، ص 152 - 153.

174. أحمد سالم، دولة السلطان، ص 187.

175. ابن رضوان، الشُّهب اللامعة، ص 62.

176. الطرطوشي، سراج الملوك، ج 1، ص 244.

والموعظة، صحيحٌ أنَّه نصٌّ في تدعيم الاستبداد، تدعيم دولة القَهْرِ والغَلَبَة، حتى عندما تجور وتظلم، إلاَّ أنَّه قبل ذلك نمطٌ مُتميِّز بما أطلقنا عليه: الاستواء النصيّ واكتمال النمطيَّة" [177] وبصورةٍ أدقّ، كتَّاب الأداب السلطانيَّة يتناقضون مع أنفسهم في كلِّ نصوصهم، ولكنَّهم يستثمرون ذلكم التناقض، وَهُمْ بكاملِ الوَعْيِ الفقهيِّ والتاريخيِّ، ولا تثريب عليهم ما دامت الغاية بقاء السلطة، وديمومتها، وَهُمْ لَهُم ما يُتاحُ مِنْ مَالٍ، وجَاهٍ، ونُفوذ.

وغايةُ القولِ، هنا، أنَّ الرابطَ بيْنَ المُفكِّرِ، أو الأديبِ، أو الفقيهِ، السُلطانيِّ، مِنْ زاوية، وبيْنَ السُّلطةِ السياسيَّةِ ومتطلَّباتها مِنْ زاويةٍ ثانية، قَطَعَ أشواطاً شاسعةً مِنَ التكيُّفِ، إلى التجاورِ، إلى التعايشِ، إلى الترويضِ، وصولاً إلى القناعات الذاتيَّة، والمُبَادرات الخلَّاقة، في خدمةِ السُّلطة، وتسويغ وجودها، وعندما ظَهَرَتْ الحاجة إلى إرساءِ قواعد التنظيمِ السياسيِّ في الدولة الإسلاميَّة، تَنَاسَى الطامحون إلى السلطة مبادىء وقواعد الشَّريعة "ووضعوا رماحهم في خدمة الخليفة لأنَّه بدورهِ أفضلُ فَرْدٍ في الجَماعة، أي خليفة الله في أرضه" [178]، وبهذا تمَّ ترسيخ لحظة ما قبل السياسةِ في الأدبِ السلطانيِّ، وذلك مِنْ خلالِ تدعيم خطاب الدِّين والأخلاق بميثولوجيا الزُّهدِ الإسلاميَّة، وبالتالي لَمْ تتمكَّن الآدابُ السلطانيَّة مِنْ تجاوزِ السَّقفِ الذي رُسِمَتْ ملامحهُ خلال التَّاريخ الإسلاميِّ، واستمرَّت على الدوام تنظرُ إلى المُلْكِ باعتبارهِ شأناً مُقدَّساً، والنَّظر إلى الطَّاعة باعتبارها أمراً دينيَّاً، وهو ما حوَّل العقيدة في الثقافة السياسيَّة السلطانيَّة إلى سقفٍ في التبرير السياسيِّ [179]، بل أصبحت الآداب السلطانيَّة تشبهُ الألغاز التي لها خَلْطُها واختلاطُها، استمرارُها وتكرارُها، توظيفها لأنماطٍ فكريَّةٍ مُتعدِّدة ومُتَنَاقضة، تسييسها للمُتَعَالي، وإعلائِها مِنْ شأنِ السياسيِّ، توتُّرها الأخلاقيُّ بيْنَ الأخلاق - المعايير، والأخلاق - الأقنعة [180]، وما يزال الفِكْرُ العربيُّ والإسلاميُّ أسير هذه المتوالية المُزْمِنة على الرَّغم مِنْ

177. كمال عبد اللطيف، في تشريح أصول الاستبداد، ص 94.

178. الصادق النيهوم، ثلاث كلمات تقال بأمانة عن مشكلة التراث العربي، إعداد وتحقيق سالم الكبتي، د. م، دار تالا للطباعة والنشر، ط1، د. ت، ص 16.

179. كمال عبد اللطيف، في تشريح أصول الاستبداد، ص 258 – 259.

180. المرجع نفسه، ص 261.

محاولاتِ بعض المُفكِّرين والعلماء الانعتاق منها، وتجاوزها.

وإنَّما يَعْنينا ويُعنِّينا ذلك الأمل المرتبط بأدوارِ العُلْماءِ والفقهاءِ والمفكِّرين تجاه النَّاسِ في مجتمعنا عبر مراحلِه التاريخيَّة جمعاء، إذْ مُحَاولة فَصْل السياسة عن السُّلطة العلميَّة، إجمالاً، محاولةٌ فاشلةٌ في التصوُّر الشرعيِّ والتاريخيِّ والاجتماعيِّ للدول الإسلاميَّة، بل إنَّ محاولات تفكيكِ المؤسَّسات الدينيَّة أدى إلى حدوثِ شُرُوخٍ قاتلةٍ في بِنْيَة تلكم الدول، وتاريخ الاستبداد هو تاريخ إقصاء السلطة العلميَّة الحقيقيَّة عن دورها في المجتمع والدولة(181)، ولكنَّ هذا الأمل لَمْ تكتمل ثمارهُ بصورةٍ جوهريَّة في حياتنا حتى هذه اللحظة، ولَمْ ينتقل مِنْ سياقِ الكلمةِ إلى ميْدانِ الفِعْلِ، حيث تنتشرُ على النَّقيضِ مِنْ هذا مشاريع تدجين العُلْماء، وتقليص أدوارهم، بالتعاونِ التاريخيِّ بيْنَ السُّلطةِ السياسيَّةِ ومجموعةٍ ممَّن ينتسبون إلى فئةِ العُلْماءِ والفقهاءِ والمفكِّرين والمثقَّفين، بل إنَّ بعضهم يملكُ مِنَ العِلْمِ والتجربة ما يُؤهِّله للمساهمةِ في النَّهضة المأمولة، ولكنَّهم ارتكسوا إلى جانبِ السُّلطة، وابتعدوا عن الضميرِ الإسلاميِّ الذي كانَ اللافتة الأولى التي جَمَعتْ، وما تزال، ثلَّة تسعى إلى رَسْمِ ملامحِ التغيير، والاجتهادِ، والعَقْلِ، والمنهجيَّةِ، والالتزامِ بقضايا النَّاس وحقوقهم(182)، بيد أنَّ تراث ومرجعيَّة ومنجزات وآفاق هؤلاء يتمُّ تغييبها بشكل دوريٍّ مقابل طغيان الأدوار والمشاريع والرؤى التي تتماهى مع

---

181. وائل حلاق، نشأة الفقه الإسلامي وتطوره، ص 264 – 280.

182. حول نماذج من العلماء الذين ساهموا في البناء الحضاريّ العربيّ والإسلامي بصورة صادقة انظر:
محمد محمود بن بيه، الأثر السياسي للعلماء في عصر المرابطين، جدَّة، دار الأندلس الخضراء، ط1، 2000، ص 40 وما بعدها / آسيا سلمان نقلي، دور الفقهاء والعلماء المسلمين في الشرق الأدنى في الجهاد ضدَّ الصليبيين خلال الحركة الصليبية، الرياض، مكتبة العبيكان، ط1، 2002، ص 200 وما بعدها / عبدالله الخزعان، أثر العلماء في الحياة السياسية في الدولة الأموية، الرياض، مكتبة الرشيد، ط1، 2004، ص 50 – 95 / خليل الكبيسي، دور الفقهاء في الحياة السياسية والاجتماعية بالأندلس في عصري الإمارة والخلافة، بيروت، دار البشائر الإسلامية، ط1، 2004، ص 82 وما بعدها / عبد الحكيم سيف الدين، العلماء والسلطة: دراسة عن دور العلماء في الحياة السياسية والاقتصادية في العصر العباسي الأول، الاسكندرية، المكتب الجامعي الحديث، ط1، 2008، ص 145 وما بعدها / عبد الله الشهري، دور العلماء والمفكرين في مواجهة الغزو المغولي، الرياض، دار الفضيلة، ط1، 2013، ص 115 – 175 / ماجد الكيلاني، هكذا ظهر جيل صلاح الدين وهكذا عادت القدس، ص 177 – 251.

السلطة وطموحاتها وأدواتها وأتباعها في المجتمع.

ولقد جذَّرتْ الآدابُ السلطانيَّة مجموعة مِنَ المُحرَّماتِ على النَّاسِ في المجتمع العربيِّ والإسلاميِّ عدم التفكيرِ بها، أو مناقشتها، وهذه المجالات المحرَّمة هيَ: السياسةُ، والشَّريعةُ، وشَخْصُ السُّلطان، فالسياسةُ تدبيرها بيْدِ السُّلطانِ صاحب الوقت طالما أنَّه يَحْكُم مجموعة مِنَ الدهماءِ التي لا تفقه شيئاً، والشَّريعة ينبغي حَصْرَ تفسيرها وتأويلها وأحكامها لعلماءِ السلطة السياسيَّةِ الذينَ هُمْ أعلمُ وأوْلى بالشَّريعةِ مِنْ أولئك الذينَ جاءت مِنْ أجلهم، أمَّا شخص السلطان فهو أعلى وأرقى وأنقى وأبهى مِنْ أنْ يقوم النَّاسُ بالانشغالِ به، والطعنِ عليه، أو انتقادِ سياساتهِ، بل وعليهم التماهي مع حالاتهِ النفسيَّة، وتقلُّباتِ مزاجه[183]، ويبدو أنَّ السلطان في كلِّ زمانٍ ومكان يسعى أنْ يصبح مَلِكاً متفرِّداً بالسلطة، استحواذيَّاً وكُلانيَّاً، وهيَ إشكاليَّة جدليَّة تاريخيَّاً في الفِكْرِ العربيِّ والإسلاميِّ[184]، وما تزال ماثلة إلى يومنا هذا، حيث ظلَّت الشريعة الإسلاميَّة جزءاً مِنَ المشروعِ السياسيِّ السلطانيِّ منذ البداية لأنَّ السلطان ورجاله من العلماءِ يعلمون مركزيتها ودورها وتأثيرها.

ويُمْعِنُ الأدبُ السلطانيُّ في استبعادِ النَّاس من دولتهم، ومجتمعهم، وشريعتهم، وثقافتهم، مقابل إنتاج دولة القَهْرِ، دولة الحَاكِم المُفْرَدِ المُطْلَق، دولة التفويضِ الإلهيِّ[185]، وهو كذلك الراعي لزمامِ أُمور العَالَم، ودولة الطَّاعة المُدعَّمة والمبرَّرة بالرسالةِ السماويَّة[186]، وقد أصرَّ السلطان، وكتَّاب السلطان، على النَّظرِ إلى المُلْك باعتباره شأناً مُقدَّساً، والنَّظر إلى الطَّاعة باعتبارها أمراً دينيَّاً، وهو ما حوَّل العقيدة في الثقافةِ السياسيَّةِ السلطانيَّةِ إلى سَقْفٍ في التبريرِ السياسيِّ[187]، وبالتالي يصبحُ الإنسانُ العربيُّ، قديماً وحديثاً، ضمن منظومة إعطاء الأوَّليَّة ل "الطَّاعةِ" على "المُطَاع"، والمُطَاعُ سيكون مَنْ يتمكَّن مِنْ إقصاءِ رفاقهِ بعد انهزامِ خصمهم المُشْتَرك، أيْ الشَّريعة والنَّاس، وهذا الوضع الغريب

---

183. عزّ الدين العلاَّم، الآداب السلطانيَّة، ص 198 - 199.

184. فهمي جدعان، المحنة: بحث في جدلية الديني والسياسي في الإسلام، ص 292 - 294.

185. محمد عابد الجابري، العقل السياسي العربي، 361 - 365.

186. كمال عبد اللطيف، في تشرح أصول الاستبداد، ص 258.

187. المرجع نفسه، ص 259.

والعجيب والمقلوب والمتناقض استمرَّ قائماً في دولة الإسلام باختلاف مسميَّاتها التي تحوَّلت فيها البيْعة والخلافة إلى شكليَّات، وانتهى فيها فقه السياسةِ إلى كلمة واحدة: "مَنْ اشتدَّتْ وطأتهُ وَجَبَتْ طاعته" [188]، والإنسانُ العربيُّ، مِنْ قَبْلُ ومِنْ بَعْد، لَمْ تقمْ الشَّريعة بتحويلهِ إلى مرتبة العلماء، بل صيَّرتهُ حُرَّاً [189]، وشتَّان.

وشبيهٌ بهذهِ الرؤى التكامُلُ والتعاضُدُ بيْنَ الاستبدادِ والطغيانِ في المجتمعِ العربيِّ والإسلاميِّ، فالاستبدادُ يسعى إلى السيطرةِ على الثروةِ، والنُّفوذِ، والسُّلطةِ، ومراكزِ القوى، وتكميمِ الأفواه، وطاعةِ النَّاس، بينما يتفوَّق عليه الطغيان باستحواذِ ما سَبَقَ كلِّه إلى جانبِ التغلغلِ في نَفْسِ وروحِ وكيانِ الإنسانِ نفسه، ومِنْ نتائج تحالف الاستبداد والطغيان في مجتمعنا، القديم والحديث، انبثاق واستمرار مختلف صُوَر الهَدْرِ للحياة العربيَّة، وللإنسانِ العربيِّ: هَدْرُ الدَّم، وهَدْرُ الكيانِ والكَرامة، وهَدْرُ الفِكْرُ والوعي، وهَدْرُ المُواطنة، وهَدْرُ القُدُرات والطَّاقات، والسُّلطة السياسيَّة تُبْدِعُ في مطاردةِ تجلِّياتِ ومبادراتِ وطموحاتِ الإنسانِ العربيِّ واعتقالها [190]بصورةٍ كرَّست ذهنية الخوف والرعب مِنَ المستقبل، ولسوفَ يظلُّ الإنسانُ العربيُّ خاضعاً لهذه التجربة ما لَمْ ينعتق فكريَّاً وأخلاقيَّاً مِنْ قيودِ هذا الإرث بصورةٍ تمنحهُ القُدْرة والإرادة على البناءِ، والتغييرِ، والتفكيرِ الحُرِّ، وهيَ قضيَّةٌ بالغة الأهميَّة تؤشِّر على جدارة هذا الإنسانِ بالحياةِ، والتفرُّد، والعطاء، وهيَ طريقٌ طويلة جداً، ومؤلمةٌ، وشاقَّةٌ، ولكنَّها ليْسَت مستحيلة، أو مُعْجِزة، أو مغلقة.

ولمَّا كانَ التاريخُ مفتاح العَقْلِ، والسلطة هيَ مفتاح التَّاريخ، فقد بَرَزَت هذه الحقيقةُ في تاريخ الدولة العربيَّة والإسلاميَّة بصورةٍ خاصَّة، عندما مَارَسَت السُّلطةُ السياسيَّةُ بشكلٍ مُبَاشر أو غيْر مباشر دوراً جبروتيَّاً طاغياً في تشكيلِ العَقْلِ العربيِّ، والعَقْلِ الجَمْعيِّ الإسلاميِّ، وانعكستْ التأثيرات القَهْريَّة للسُّلطة على شتَّى مجالاتِ الفِكْرِ والعِلْمِ والسياسةِ والاقتصاد وغيرها، ولقد فَعَلَت السُّلطة

188. محمد عابد الجابري، العقل الأخلاقي العربي، ص 252.

189. الصادق النيهوم، محنة ثقافة مزوَّرة: صوت النَّاس أم صوت الفقهاء، دمشق، رياض الريّس للكتب والنشر، ط 2، 1996، ص 38.

190. مصطفى حجازي، الإنسان المهدور: دراسة تحليلية نفسية اجتماعية، الدار البيضاء، المركز الثقافي العربي، ط 1، 2005، ص 78 – 80.

كثيراً في التَّاريخ، وفَعَلَ التَّاريخُ كثيراً في العَقْلِ، وصَارَ الإنسانُ العربيُّ أسيراً للفِعليْنِ معاً، فِعْلُ السُّلطة في التَّاريخ "تاريخ السُّلطة"، وفِعْلُ التَّاريخ في العَقْلِ "سلطة التَّاريخ"، وانبثقَ عن هذا كلِّه العَقْلُ العربيُّ الخاضِعُ للسُّلطة بصورةٍ شبه مُطْلَقة، كما أورثتهُ سلطة التاريخ خضوعاً شبه كليٍّ للماضي ومخرجاته كافَّة[191]، وفي خضمٍّ هذه الثنائيات باتَ الإنسانُ العربيُّ تائهاً بيْنَ تاريخٍ بدأ جميلاً ولَنْ يعود، وحاضرٍ لا يملكُ منهُ شيئاً، ومستقبلٍ لا يعلم عنه شيئاً أيضاً، والنتيجة هيَ تكريس القبول بالواقع السياسيِّ والاجتماعيِّ والاقتصاديِّ منذ استشهاد الخليفة الراشديِّ الثاني عُمَر بن الخطَّاب حتى يومنا هذا، وتصبح، بالتالي، الطَّاعة هيَ البديلُ المَشْروعُ للحياةِ ذاتها.

191. عبد الجواد ياسين، السلطة في الإسلام، ص 7 - 8.

خواتيم أَمْ مُقدِّمات

أمَّا قبلُ،

فقد باتَ بيِّناً أنَّ مأساويَّة الآداب السلطانيَّة تتجلَّى في حضورها في العَقْلِ العربيِّ المُعَاصِر، وما تُمثِّله مِنَ استبدادٍ مِنْ قِبَلِ السُّلطة السياسيَّة تجاه الإنسانِ العربيِّ غيْر المُعْتَرَف بهِ، فما زالَ الإلغاءُ حاضراً، والتهميشُ استراتيجيَّة دائمةً بامتياز، ولا يُنْظَرُ للنَّاسِ في المجتمع العربيِّ إلاَّ في حدودِ حَشْدهم وراء قرارٍ ما، أو جَمْعِهم في صورةٍ وطنيَّةٍ شَكلانيَّة تضمنُ حُضورَهم في ذاكرةِ السُّلطة مِنْ أجلِ توظيفها وقت الحاجة، وهذا كلُّه يتناقضُ مع مركزيَّة الإنسان في الشَّريعة الإسلاميَّة، والثقافة العربيَّة، والعهود الدوليَّة المُتعلِّقة بحقوقهِ وامتيازاتهِ وواجباته.

وعلى استفاضةِ موضوع الآدابِ السلطانيَّة وتحديداً أخلاق الطَّاعة في الفِكْرِ العربيِّ والإسلاميِّ على هذا النحو، وما يَمْلِكُهُ هذا الأمرُ مِنْ سِحْرٍ خاص، وجاذبيَّة استثنائيَّة، إلاَّ أنَّنا نقتصرُ على جزءٍ يُمثِّل الكُلّ، وفرعٍ يُعْطي صورة الأصل، ومِنْ ذلك، تمحورت رؤية الدراسة حول أصليْن اثنيْن ساهما في تراجع دور الإنسان العربيِّ في المجتمع العربيِّ والإسلاميِّ، نتيجة طغيان السُّلطة السياسيَّة في التفكير والسلوك والغايات، وهما: إلغاءُ وجودِ الإنسان، وتعطيل قدراته تاريخيَّاً، مِنْ هنا، كان لازماً البحثُ عَنْ مُقوِّماتِ الإبداع، وشرائط التجديد مِنْ خلال مفاهيم القيم، والمنهج، والحُريَّة، والعقل، وقبول الآخر، وغيرها مِنَ المسائل مِنْ أجلِ التحرُّر مِنْ آفات الخضوع والإذعان التي كرَّستها قيم الطَّاعة، والعَقْل المستقيل، عموماً.

وأمَّا الآن،

فغايـةُ ما نسـعى إليهِ، هنا، هو التسـاؤل عَـنْ عَجْزِ الفِكْـرِ العربيِّ والإسلاميِّ الحديثِ والمُعَاصِرِ عَنْ الخروج مِنْ إشـكاليَّة أخلاق الطَّاعة، وكيفَ ينبغي إعادة الاعتبار للإنسـانِ الذي أنْهكتهُ قرونٌ مِنَ الإلغاءِ والإقصاء؟، وكيفَ يُمْكن تأسـيس نظريَّـةٍ عربيَّـةٍ وإسلاميَّـةٍ جديدةٍ مؤدَّاهـا النِّضالُ بالإنسـانِ، ومِنْ أجلِ الإنسـان، وفـق اسـتلهامِ المرجعيَّـة الحقيقيَّة للشَّـريعة القائمـة على العدالة، والمُسَـاءَلة، والعِمـارة، مِـنْ جهة، والتأكيد على ضـرورة الحياة في مطالـع القرن 21 بدلاً مِنَ الاستكانة في منتصفِ القرن الهجريِّ الأول مِنْ جهةٍ أُخرى، والأهمُّ، كيفَ نتخلَّص مِـنْ أخلاق الطَّاعة في إطارِ سـياقِ الدولةِ والمُوَاطنِ والدُّسـتورِ وليْسَ السُّـلطان والبِطَانة والرَعيَّة؟.

وأمَّا بعد،

هَلْ يملكُ الإنسانُ العربيُّ، اليومَ، أنْ يقولَ شيئاً ذا جدوى عَنْ مُستقبلٍ لا يراه؟، ذلك أنَّ الصعوبات التي تواجه التفكير بهذا الأمرِ لا حَصْرَ لها، غيْرَ أنَّ الاجتهادَ في هذا السـياق ليْسَ ممَّا يمكن تجاوزه، حيث أنَّ مناط المُسـتقبل ذو علاقةٍ واضحةٍ برصدِ الواقع، وبيان العلاقة بيْنَ الوسـيلةِ والغاية، واستشـراف أحوال المُجْتمعِ في قابِلِ الأيَّام، وهذا ما جَعَلَ تاريخ الفِكْرِ العربيِّ والإسلاميِّ يتبلور في عدَّة أُطُرٍ منذ بدايتهِ حتى هذا الوقت، فقد أتى على المجتمع العربيِّ والإسلاميِّ حينٌ مِنَ الدَّهرِ سيْطرَ فيه القلق والتوزُّع، وفقدان الفاعليَّة، والانكفاء، وضَعْفُ المُبادَرة، والاجترار التاريخيِّ مِنْ زاوية، واتِّساع رُقْعة التوثُّب والمُغامَرة مِنْ زاويةٍ أُخرى، وفي الحالتيْن كانت النتيجة أنَّ تفكيرنا طغى عليه الطَّابَع السِّحريُّ لا العَقلانيّ، وبَرَزَ بوضوحٍ كبيرٍ أنَّ القطيعة الفكريَّة بيْن الإنسـانِ العربيِّ وشـريعتهِ، وثقافتـهِ، وموروثهِ الحَضاريِّ وَصَلتْ إلى أقصى أشواطها.

بهذهِ الرؤى يرومُ الإنسانُ العربيُّ الإبداع، وتقديم مشروعه نحو إعادةِ تشكيلِ العقل، حيث يؤكِّدُ أنَّ الشريعة الإسلاميَّة والثقافة العربيَّة، هما، منذ اللحظة الأولى، عَمَـلٌ تحـرُّريٌّ، وعلـى المسـتويات كافَّة، فقد تحرَّر الإنسـانُ مِنَ الـضَّلالِ والأوهامِ والطواغيـتِ والأربـاب، في نقلـةٍ تصوُّريَّـةٍ واعتقاديَّةٍ كبرى، ثمَّ انتقـلَ إلى تحريرهِ

مِنَ الجهل والخوف والأُميَّة وإلغاءِ الآخر، في نقلته المَعْرفيَّة الجادَّة، وصولاً إلى تحريرِهِ مِنَ الخضوع للفوضى، والاستسلام للعشوائيَّة العمياء، وتبصيره بقوانين العمل والحركة التي يسيرُ الكون والعَالَم والتَّاريخ بموجبها، في نقلتِهِ المنهجيَّة، ذلكم أنَّ الشَّريعة، شريعتُنا، تحضُّ الإنسانَ على التَسَارُعِ الحضاريِّ: عَمَلاً وإنجازاً، وإبداعاً مسؤولاً، وتعلن رفضها للكَسَلِ، والقعود، والنكوص، والاتِّكال، والاستخلاف السَّالبِ للعَالَمِ دونِ تغييرٍ أو إعمار، وهكذا يغدو الإنجازُ الحضاريُّ وسيلةً إلى غايةٍ أكبر دوماً، ويكتسبُ في الوقت نفسه قيماً أخلاقيَّة تصدُّه عن استخدام طاقاتهِ وقُدُرَاتِهِ في غير الطَّريق الذي تحتِّمُهُ الغاية النَّبيلة، والبعيدة، في طريق البناء والعلم والتقدَّم، والمُسَاءَلةِ، والبناءِ، والنَّقدِ، والتشاركيَّة، أيْ أخلاقُ الإنجاز، لا أخلاق الطَّاعةِ والقَهْرِ والخُضوع.

ولهذا أصبحَ مجالُ القَوْلِ في الخطابِ السياسيِّ، في واقعنا المُعَاصِر، أنَّنا بحاجةٍ إلى منظومةٍ جديدةٍ مِنَ المعايير الأخلاقيَّة، والقيم الأخلاقيَّة، والغايات الأخلاقيَّة، التي تَمْلكُ القدرة على إعادة إنسانيَّة الإنسانِ إليهِ في مجتمعنا العربيِّ والإسلاميِّ، وفق رؤى ومَضامينِ الشَّريعة الإسلاميَّة، والثقافة العربيَّة، والخصوصيَّة الحضاريَّة، وهذه مُبَادَرةٌ حقيقيَّةٌ لا نَرومُ مِنْ ورائها ممارسة دورَ الأستاذِ على النَّاس، وإنَّما المقصودُ التذكيرُ الدائمُ بالأزمةِ الأخلاقيَّةِ والفكريَّةِ التي تَعْصِفُ بنا منذُ قرونٍ طويلةٍ حيث تحوَّلت مع مرورِ الوقتِ إلى ذهنيَّةٍ مُتَلازمةٍ مع صيرورتنا التاريخيَّة، فلا الإنسانُ العربيَّ مسموحٌ له التماهي مع شريعتهِ، ولا هُوَ قادرٌ على اللحاقِ بركْبِ الحضارة، ولَمْ تستطعْ التوفيقيَّة والتلفيقيَّة التي تَسْكُنُ عقله أنْ تُنْتِجَ إبداعاً حضاريَّاً قابلاً للحياةِ في بلادنا، وتمَّ استباحة جميع ميادين البناءِ الحضاريِّ المتوقَّعة في مجتمعنا بصورة دوريَّة وهيَ: الجامع والمدرسة والأُسْرة، وهي ثلاثُ مؤسَّساتٍ غائبة ومُغيَّبة وقتيلة، والإنسانُ العربيُّ، مِنْ قبلُ ومِنْ بَعْد، تمَّ تشكيلُ عَقْلِهِ، وقناعاتِهِ، وسَقْف طموحاتِهِ بالتوافقِ مع مُحدِّدات السلطة السياسيَّة، ومستلزماتها، وباتَ عليهِ، أيْ الإنسان، أنْ يُقدِّم أوراق اعتمادهِ كشيءٍ ضمن الأشياءِ التي في مجموعها يجب أنْ تعمل لخدمة الأهداف الكبرى، والسُّلطةِ العُظْمى، والمَشروعِ الأسمى، لأنَّه التابع، والجَاهل، والأصْغَر.

ويَدْخُلُ على الكثيرِ مِنَ المُفكِّرين والمثقَّفين والعلماء والفقهاء أنَّ الإنسانَ الصَالِحَ هو الذي يستكينُ للأمْرِ الواقع، ويستبدلُ الإبداع، والإنتاج، والمنهجيَّة العلميَّة، بالتحوُّل إلى "إنسانٍ آليٍّ"، يوظِّف المِحْراب للنُّكوصِ والشكوى والهروب، مع أنَّه للدعاء والانطلاق والسموّ، ولا يَعْرِفُ المنهجَ القرآنيَّ في البناء والتغيير والحريَّة، لأنَّ التربيَّة والتعليم، والإعلام، والمؤسسات الدينيَّة الرسميَّة، والأسرة، شعارها الأوحد: لقد وعَدَك الله تعالى بجنَّةٍ عرضها السماء والأرض، أمَّا هذه الحياة الدنيا ليستْ لك!!، وبذا تنتقل مفاهيم عِمَارة الأرض، والاستخلاف، والتدافع الحضاريّ، والإيجابيَّة، مِنْ ميدان الحقيقة والواقع إلى عوالم سحريَّة وغرائبيَّة، وتتحوَّل الشَّريعة إلى شَعَائر حركيَّة بلا مضمون، ويتحوَّل الجامع إلى المسجد، وتغدو التجربة النبويَّة في السيرة مجرَّد فصولٍ جديدةٍ مِنْ كتب التاريخ، وبصورةٍ أوضح، لَمْ تتوقَّف محاولات إسقاط الشَّريعة في مهاوي التاريخيَّة، والزمنيَّة، وعدم الصلاحيَّة لحياة المجتمع العربيِّ والإسلاميِّ بعد نهاية التجربة الراشديَّة، ولمَّا فَشِلت هذِهِ المحاولات تمَّ تغيير الهدف نحو الإنسان العربيِّ مِنْ خلال القَهْرِ، والاستبدادِ، والإقصاء.

وقد سَبَقَهم إلى الوقوعِ في مِثْلِ هذا الوهم، أيْ اعتقاد بعض تلكم النُّخبة أنَّ الشَّريعة انتهتْ منذ زمن الراشدين، بعد قيام السلطةِ السياسيَّة باحتكارِ الإسلام خوفاً مِنْ نهوضِ الإنسان العربيِّ منذ بدايات الأُمويين ومروراً بالعبَّاسيين، لأنَّ أيَّة قناعة بتلازم الحياةِ مع الشَّريعة نتيجتها الحتميَّة سقوط السلطة السياسيَّة، ولهذا ظلَّ الخطابُ الفكريُّ والسياسيُّ للسُّلطةِ في تاريخنا يقوم على قاعدةٍ ذهبيَّةٍ مؤدَّاها ببساطة: رفض تسييس الإسلام، والسبب ليْسَ الخوف على النَّاس مِنْ نتائج هذا، وإنَّما الخوف من النَّاس إنْ استعادوا الإسلام المَسْروق، وحرَّروا الإسلام المأسور، وباسمِ هذِهِ القاعدة ومِنْ أجلها استباحت السُّلطة كلَّ مظاهر الحياة في المجتمعِ العربيِّ والإسلاميِّ، وليْسَ يخفى أنَّ هذه الرؤية تتبلور على مَلْحَظيْن اثنيْن، مَلْحَظ أنَّ القضاءَ على الإنسانِ تمَّ باسم الحفاظ على الدِّين وعلى يد السُّلطة السياسيَّة ومُشَاركة فريق مِنَ النُّخبة العلميَّة بأطيافها المعلومة، ومَلْحَظ أنَّ مراحل التقدُّمِ الحضاريِّ طوال أغلب مراحل تاريخنا تَرَافَقَتْ مع تصاعد الاستبدادِ السياسيِّ،

وتفسير ذلك أنَّ الدولة الإسلاميَّة عبر مراحلها لَمْ تكن بالمفهومِ الحديثِ للدولة التي تسيطر على جميعِ مرافق الحياة، ولهذا ظلَّ المُنْجَزُ الحضاريُّ، اجتماعيَّاً وثقافيَّاً وعمرانيَّاً، يستمرُّ في التراكمِ الكميِّ والنوعيِّ، فلمَّا أدركتْ الدولة الإسلاميَّة بأسمائها المختلفة أهميَّة السيطرة الشاملة على الإنسان والمجتمع، كانت النتيجة ضياع الدولة، وتفكيك المجتمع، وتراجع المُنْجَز الحضاريِّ، واستبعاد الإنسان، دونَ نسيان الركن الأبرز في معادلة التميُّز والتحرُّر وهيَ الشَّريعة.

مِنْ أجلِ ذلك، يجب على العلماءِ والمُفكِّرين والمُثقَّفين في المجتمعِ العربيِّ والإسلاميِّ إعادة طرح موضوع الاجتهاد المقاصديِّ مِنْ جديد، واستدعائه إلى ساحة اهتمام النَّاس البُسَطاء ومشكلاتهم، وفتح ملفِّه الذي أغلقه المُسْلمون عندما قرَّروا تكريس ظاهرة العقول المُستقيلة في بِنْيَة الفِكْرِ والواقع الذي يسعى الإنسان إلى الحياة ضمن إطاره، وفي ظلِّ شريعتهِ التي تمَّ تغييبها وراء مسوِّغات التمدُّن، والعَوْلمة، واللحاق بركب حضارةٍ ليْست له، وبالتالي يظلُّ العربيُّ والمُسْلم بحاجةٍ إلى ثقافةٍ مقاصديَّة تمنحُ عقله القدرة على التخطيط، وتحديد الأهداف، في ضوءِ الإمكانات والظروف المُحيطة، لأنَّ العقليَّة المقاصديَّة التي ينبغي للإنسان العربيِّ أنْ يجعلها اللافتة الأولى في مسيرتهِ سوف تُخلِّص مجتمعنا مِنْ أمراض الارتجال، والاحتكار المعرفيِّ، والاستلاب الثقافيِّ، والانبهار بالآخر، ممَّا يخلط الأماني بالإمكانات، واليأس بالمُبادَرَة، والتضحية بالمُجازَفَة، والإنسان في بلادنا يدفع ثمناً باهظاً نتيجةً لكلِّ هذه الحروب المُشتَعِلَة في داخلهِ، وفي مُجْتمعه.

ويَجوزُ لنا، عندَ هذهِ النُّقطة مِنَ السياق، أنْ نقول أنَّ الثقافة المقاصديَّة الشَّرعيَّة تُحقِّق نقلةً منهجيَّة في المجال التربويِّ، وتربية العَقْلِ على وجهِ الخُصُوصِ، حيث يُمْكن مِنْ خلالِ تعميمِ هذه الثقافة الانتقال مِنْ مرحلةِ التلقين والتلقِّي والتوارث، إلى عمليَّة التفكير والفاعليَّة والاستدلال والاستقراء والاستنتاج، وتكوين العَقْل الفَاعِل والنَّاقد، والشخصيَّة المُستقلَّة في إطارِ الشريعةِ الإسلاميَّة التي تملك المفاتيح والمعايير المنهجيَّة، وتملك كذلك شروط القبول والرَّفض، وأدوات البحث والنَّظَر، وبهذا يصبح العَطاء التربويُّ مِنْ أبرز سمات ثقافة

المقاصد، وينتقلُ الإنسـان في مجتمعنا العربـيِّ والإسلاميِّ مِنْ مقاعد المُتفرِّجين في مُجتمعهِ إلى ميْدانِ العمل والإنتاج والإبداع، ويمنحُ عقله دليل التفكير، ويرفد طاقاتـهِ بآليـات الاجتهـاد والمُحاكَمَة والنَّقد العلميِّ، وعلى ما اسـتجدَّ مِنْ أسـباب الحديثِ عَنْ الاجتهاد المقاصديِّ ودورهِ في بناءِ العقل، وتحقيق غايات الشَّـريعة الإسلاميَّـة، وتَمْكيـن الإيمـان مِـنْ نفس الإنسـان العربيِّ والمُسْـلم، فإنَّـه لا بُدَّ مِنَ الإشـارة إلـى المُنْزَلَقـاتِ التي قد تُصَاحِبُ التوسُّـع بالرؤيةِ والاجتهـاد دون ضوابط منهجيَّـة، وثوابـت شـرعيَّة، فكلَّما فَتَحَ المُسْـلمون باباً باسـم الاجتهـاد والمَصْلَحة، نجـد البعـض يُغلِقُـونَ ذات الباب باسـم ذات المصلحة ومسـوِّغاتها، بحيث يغدو الاجتهاد مِنْ خارج النُّصوص، ويبرزُ التفسير المُتعسِّف نتيجة الجَهْل، وإلغاءِ الآخر، والتهميـش، والإقصـاء، غير أنَّ الحقيقة تقتضي القول أنَّ إسـاءة اسـتخدام الحقِّ لا ينبغـي أنْ تقودنـا أبداً إلى مُصادَرة أصل الحـقِّ، ذلك أنَّ عدم فهم النُّصوصِ، وربَّما الرغبـة بعـدم فهمها، إلى جانب عـدم تقدير الإمكانات، ووضوح الأهداف بشـكل دقيـق، أدى إلى حالةٍ مِنَ الفوضى الذهنيَّـة، والتناقض في الرؤى، وبَعْثَرَة العقول، والجهود، والرصيد الثقافيِّ.

وإنَّ مِنْ عجائبِ المُجتمع العربيِّ والإسلاميِّ المُعَاصِر اسـتمرار الحراثة في البحـر، وانتظـار الـذي لا يأتي، وتكـرار الأخطاء بشـكلٍ يوميٍّ، ونحـن نظنُّ أنَّنا نُحْسِـنُ صُنْعاً، فالمُسْـلِمون ينقسـمون بيْنَ مُسْـلمين قابعين في القرنِ الهجريِّ الأول، وفئـةٍ ثانيـةٍ يتخاذلونَ بأدلَّة شـرعيَّةٍ تقودها أوهامُهُمْ. أمَّـا الذين ينبغي أنْ يقـودوا مسـيرة التجديـد والبناء فمـا زالَ الإسلامُ بانتظارهم في رحلةِ الألف عام التي بدأت منذ استشـهاد أسـتاذ الاجتهاد الأوَّل عُمَر بن الخطَّاب رضيَ الله عنـه ولَـمْ تتوقَّف حتى الآن، وتأسيسـاً على هذه الفلسـفة المهزومـة، والتديُّن المنقـوص، والثقافـة المغشوشـة، تنتشـرُ فـي مُجْتمعنـا العربـيِّ والإسلامـيِّ شـعارات التخلُّـف بصورةٍ مُريعـة، مع أنَّ كلَّ الشَّـواهدِ القُرآنيَّـة والنبويَّة تؤكِّدُ أنَّ التدافـع الحضـاريَّ، والفاعليَّـة، والإنجـاز، والإيجابيَّـة، هـي رصيدُ الإنسـان العربـيِّ الوحيـد مِـنْ أجل حجز مـكانٍ تحت شـمس الحقيقة التـي يصرُّ البعض على اسـتبعادها دائماً.

لا ريبَ أنَّ مستقبل الإسلام مرهونٌ بأنماط الوعي والفِعْلِ عند أبنائه قبل أنْ يكونَ مرهوناً بنواياهم وطموحاتهم، كما أنَّ حضورَ الإسلام في المجتمعِ العربيِّ والعَالَم على حدٍّ سواء يقتضي بناء إنسانٍ جديرٍ بأنْ يُقتَدى به، ولعلَّ الخطوة الأولى نحو هذا البناء هي تكريس الحضور الحقيقيِّ للعلماءِ والمُفكِّرين والمثقَّفين المُسْلمين الذينَ غابَ أَثرهم عن حياة النَّاس وهمومهم، وباتَ من المُمْتَنع تماماً العثورُ على نخبةٍ مِنْ هؤلاءِ تقودُ المُجتمع العربيَّ والإسلاميَّ المُعَاصِر، بل وتُقدِّم النموذج المأمول الذي يسعى إلى تمثُّل هذا الدِّين وآفاقه، وفي هذا الإطار، فإنَّ إشكاليَّة بناء نخبةٍ مثقَّفةٍ بوصفها الضمير اليوميّ للمُسْلمين وموقفها مِنْ تطورات الحياة السياسيَّة والاقتصاديَّة والاجتماعيَّة، مسألةٌ مُزْمِنةٌ في التَّاريخِ العربيِّ والإسلاميِّ حتى يومنا هذا، فما كادَ خبرُ وفاة الرسول عليه الصلاة والسلام ينتشر حتى بدأت هذه الإشكاليَّة بصورةٍ صارخةٍ كما هو معروف في حادثة سقيفة بني ساعدة، وما تزال قضية "الإمامة والسياسة" مستفحلةً في العقل العربيِّ، إذْ إنَّ تحديدَ موقفٍ متمايزٍ تجاه السلطة السياسيَّة، تعييناً، أصبحَ يواجه العلماء وأهل الرأي بعد أنْ تحوَّلت مؤسَّسة الخلافة إلى مُلْكٍ عَضوض، وبدأت معالم الكسرويَّة تلوحُ في دمشق زمن الخليفة معاوية بن أبي سفيان.

وما مِنْ شكٍّ، أنَّ موقف العلماء في التَّاريخِ الإسلاميِّ تجاه السلطة السياسيَّة لَمْ يكنْ موقفاً نظريّاً فحسب، وكما يبدو للوهلةِ الأولى، بل هوَ شديد الارتباط بالتحوُّلات الاقتصاديَّة والاجتماعيَّة التي عاشها المجتمع العربيِّ والإسلاميِّ، ولعلَّ هذه مِنْ أخطر الرؤى التي يكرِّسها بعض الباحثين الجدد لتاريخ الفكر العربيِّ والإسلاميِّ حين يقومون بالفصلِ التعسفيِّ بين الأدبيات النظريَّة مِنْ جهة، وبين الواقع الحقيقيِّ لهذهِ المجتمعات عبر مراحلهِ الطويلة حتى بداية الألفيَّة الثالثة، وأكثر مِنْ ذلك، فإنَّ ركود الثقافة العربيَّة والإسلاميَّة في عصور التدهور قد ساهم في تراجع دور العلماء، وانحسار مكانة المفكِّرين بصورةٍ خاصَّة، مما فتح الطريق أمام اللاهثينَ مِنَ المتعلِّمين المتهافتينَ على أبواب أصحابِ النفوذ، ويبدو هذا جلياً مِنْ خلال التنافسِ على المناصب الذي سعى إليه بعض العلماء عَنْ طريق الارتباط بالسُّلطة بأشكالها المُختلفة، مع ما يستلزم

ذلك مِنْ خضوعٍ وتدجينٍ وتملُّقٍ على حساب المبادىء والحقيقة والموضوعيَّة.

وليسَ خافياً على أصحاب البصائرِ أنَّه مِنْ أسوأ اللحظات في تاريخنا العربيِّ المُعَاصر محاولة البعض الربط بيْنَ التراث العربيِّ والإسلاميِّ، وبين النظريات الأيديولوجيَّة الحديثة بشتى منطلقاتها وأهدافها، وذلك على أساس أنَّ العربَ والمُسْلمين مِنَ الشعوب المؤمنة، وبالتالي يجب تأويل هذا الإيمان دينيّاً على نحوٍ يُبرِّرُ الأحداث ولا يفسِّرها، وبكلمةٍ أوضح يكرِّسُ الكَسَل الذهنيَّ بدلاً من توظيف العقل، والمنهجيَّة العلميَّة في التفكير، ذلكم أنَّ التأمَّلَ الصادق للمُجتمع العربيِّ والإسلاميِّ في العصر الحديث يشيرُ إلى أزمةٍ حقيقيَّةٍ مؤدَّاها عجز هذه المُجْتمع عن حلِّ مشكلاته الداخليَّة والخارجيَّة، وفي الوقت ذاته قيامه بوأدِ مكوِّنات المجتمع المختلفة وفي مقدمتها النُّخبة الحقيقيَّة من العلماء، بيد أنَّ الحقيقة الساطعة في هذا السياق أنَّ السلطة العربيَّة وجدت على الدوام من أبناء النخبة مَنْ يقف إلى جوارها، تحقيقاً لحلم هؤلاء في التحديث، أو طمعاً في بعض الجاه والنفوذ، ولذلك عرف تاريخنا الحديث أصنافاً متعدِّدَة مِنَ العلماء، فمنهم الشهداء، والعملاء، والأشقياء، والخوارج، والمعتزلة، ومنهم مَنْ عاش متجوِّلاً بين عدَّة شخصياتٍ في آنٍ واحدٍ معاً.

وبيانُ ذلك أنَّ غيابَ العلماءِ عن الواقع العربيِّ والإسلاميِّ المُعَاصر على الرغم مِنْ وجود الكثير منهم ضمن المشهد الثقافيِّ والأكاديميِّ مسألةٌ لَمْ تعد بحاجةٍ إلى دراسةٍ أو توثيق، وقد ترتَّب على هذا الغياب ظهور الفرديَّات العلميَّة التي لا يجمع بينها أيُّ جامع، مما أدى إلى حالةٍ مؤلمةٍ من "البداوة الفكريَّة" التي جعلت أغلب المفكِّرين والعلماء يدخلون الألفيَّة الجديدة كما لو كانوا منقسمين إلى قبائل متناحرة، ولذا فإنَّ رحلة البحث عن عَالِمٍ ومُفكِّرٍ مُسْلمٍ وعربيِّ الوجهِ واليدِ واللسان، تستلزمُ التوضيح بأنَّ تحقيقَ حضورٍ لهذا النموذج لَنْ يكونَ حسب النَّمط الأوروبيِّ، كما يريد البعض، إذْ لَمْ يحدث في مجتمعنا ثورة علميَّة وعصر تنوير مِنْ جانب، ولَمْ تقم ثورات تحرريَّة ضدَّ المسجد والإقطاع كما حدث ضدَّ الكنيسة والنظام الإقطاعيِّ في أوروبا في العصور الوسطى مِنْ جانب آخر، وإنَّما هنالك الكثير مِنَ الشروط الثقافيَّة والماديَّة، والتطورات السياسيَّة والاقتصاديَّة، التي

يملكها المجتمع العربيُّ وتجعل ظهور طائفةٍ مِنَ العلماء والمفكِّرين المُسْلمين الذين يلامسونَ هُمَوم النَّاس أمراً ممكناً، وبطريقةٍ أكثر شموليَّةٍ وعمقاً ونضجاً، والنموذج الغربيُّ، في المحصِّلة النهائيَّة، هو نموذجٌ غير قابلٍ للتكرار، وذلك لأنَّ انتصاره في أوروبا كان مشروطاً بظروف تاريخيَّة - مجتمعيَّة داخليَّة، ورهن أطماعٍ استعماريَّة خارجيَّة، وهذه الحقائق يبدو أنَّها لم تصل بَعْدُ إلى عموم النُّخب السياسيَّة العربيَّة، وإلى أغلب العلماء والمفكِّرين، ومِنَ المُسلَّم بهِ أنَّ الضحيَّة في الحالتيْن هو المجتمع العربيُّ والإسلاميُّ الذي تحوَّل إلى مجتمع المغلوبينَ على أمرهم، فلا طبقة أصحاب النفوذ مقتنعة بجدوى وجودهم، ولا العلماء يقومون بواجبهم النقديِّ والتحليليِّ المأمول.

وفي مَلْمَحٍ آخر، تحوَّل العربُ والمُسْلمون الذين انغمسوا في العملِ السياسيِّ مِنْ حالة القيادة، والبناء الحضاريِّ، وقَبول الآخر، إلى شرطةٍ حقيقيَّةٍ للأفكار، يقوم برنامجهم السياسيُّ على استباحة كلِّ مَنْ يُخالفهم دونَ رادعٍ مِنْ شريعةٍ أو قانون، ومِنْ ذلك أنَّ العربَ قبل الإسلام لم يحاولوا قطُّ مُهاجمة مكَّة المُكرَّمة، أو التعرُّض للكعبة المُشرَّفة، لكنَّ الصراع السياسيَّ القاتل في الدولة الإسلاميَّة أدى إلى قيام جيش الخلافة الأُمويَّة بضرب الكعبة بالمنجنيق، واستباحة مكَّة المُكرَّمة والمدينة المنوَّرة، مَنْ أجل القضاء على حركة عبد الله بن الزبير في الحجاز، حدثَ هذا في صدر الدولة الإسلاميَّة تحت جُنْحِ السياسة، وقبلَ أنْ يفعل القرامطة ما فعلوه بالحرم الشَّريف بعد ذلك بقرون، هذا مع أنَّ الأُمويين هم السُّلطة، أمّا ابن الزبير والقرامطة فهم المُعارَضة، وقد أَفْقَدَ هذا الأمر الحضارة العربيَّة والإسلاميَّة فرصة بناء نظريَّة سياسيَّة مُحدَّدة ومُتكامِلة، وإنَّما كانت في معظم حالاتها تنظيراً، أو تبريراً، أو رفضاً مثاليّاً للسُّلطة، أو استبعاداً كاملاً للنَّاس.

مِنْ هذه القاعدة والخلفيَّات التاريخيَّة والسياسيَّة بدأ الإنسان العربيُّ والمُسْلمُ المُعاصر تجربته في السياسة، والدولة، والأحزاب، والمُعارَضَة، وظاهرٌ أنَّه إرثٌ سياسيٌّ مُثْقَلٌ بالإشكاليَّات، حيث ما زالت الحيرة السياسيَّة تتوزَّع هذا الإنسان بين انتماءٍ وآخر، وكأنَّ العمل السياسيَّ قد تجمَّد عند مستوى الحَماسة الوطنيّة، والتمرُّد، والرفض، أمَّا العمل السياسيَّ اليوميَّ بوصفه عملية بناء، وتداول للسُّلطة،

وقبول للآخر، فما زال شبه غائب عن الفكر السياسيِّ للإنسان في مجتمعنا الذي تطارده شرطة الأفكار وتحرمه من التفكير بالإجابة عن السؤال المهزوم تاريخيّاً : كيف الحُريَّة في الدولة، والدولة بالحريَّة؟؟، مع أنَّ القرآن الكريم، والأحاديث النبويَّة الشريفة، نصَّانِ باذخانِ بالحثِّ على كرامةِ الإنسان، وحريَّاتهِ، وقيمتهِ، وقامتهِ، وحقوقهِ، وواجباتهِ.

إنَّ الاضطراب المفاهيميَّ في تحديد النَّهضة المنشودة في المُجتمع العربيِّ والإسلاميِّ ومقوِّماته، يعود في معظمهِ إلى طغيان الأيديولوجيا على العِلْمِ والموضوعيَّة، بُغْية تصنيف، وتفسير، وحتى صناعة التَّاريخ وفق رغباته، أمَّا الوجه الآخر الذي تقتضيه الحقيقة، أنَّ الخلل الرئيس في الخطابِ العربيِّ والإسلاميِّ حول النَّهضة ينبثق مِنْ عدم إدراك مفهومٍ شامل حولها، فضلاً عن عدم التمييز بيْنَ خطوات سياسيَّة، أو اقتصاديَّة، تندرج في سياق عمليَّة إصلاحيَّة، وبيْنَ عمليَّة تنمويَّة مُتكَاملة تتلازمُ معَ الأبعاد السياسيَّة والاقتصاديَّة والاجتماعيَّة كافَّة، وتصنع تراكماً على هذه الأصعدة بصورةٍ متوازية، إذْ النَّهضة المنشودة ليست مؤشِّرات بشريَّة واقتصاديَّة فحسب، وإنَّما هي عمليَّة توسيع لخيارات الإنسان العربيِّ وطموحاتهِ، وفي إطارِ مُقاربةٍ شاملةٍ تضمُّ حريَّة هذا الإنسان، وقدراته المعرفيَّة، وبهذا تُعدُّ النَّهضة قرينة التنميَّة، وَصِنْوها.

ويُظْهِرُ تدقيق النَّظر أنَّ طروحات أغلب المُفكِّرين في مجتمعنا حول قضية النَّهضة بعيدة تماماً عن حياة الإنسانِ العربيِّ وواقعهِ الحقيقيِّ، ولا نكاد نعثر في ثنايا هذه الطُّروحات على آلياتٍ وبرامج واضحة المعالم، مُقابل بلاغة لفظيَّة بديعةٍ فقط، إلى درجة أنَّ البعض يعتقد أنَّه قادر على تغيير العالَم، ويكاد الاتفاق ينعقد على أنَّ هذه المُقارَبات حول النَّهضة المنشودة تُمثِّل تضليلاً أيديولوجيّاً، واحتكاراً معرفيّاً، إذْ كيْفَ يمكن استدعاء عصر النَّهضة في القرن التاسع عشر ليكون حاكماً ومعياراً على عصرنا هذا، أو اعتبارهِ نموذجاً، وأوَّلُ ما يكون مِنْ مظاهر هذه الرؤى سيطرة ذهنيَّة التقليد على ذهنيَّة النَّقد، حيث تسود عقليَّة الاتِّباع، وتغيب مَلَكة الإبداع والتجديد، وعلى هذا الأساس يظهر تكرار ذات المقولات النهضويَّة دون الإحاطة بتاريخيَّتها، أو أبعادها، أو آفاقها، فالفِكْرُ العربيُّ والإسلاميُّ حين يُصرُّ على

العودة إلى عصر النَّهضة بقصد التتلمذ فإنَّه يعترف بشكلٍ صريحٍ بنضوب الثقافة العربيَّـة والإسلاميَّة المُعَاصِرة، ويؤكِّد بصورةٍ قاطعةٍ الانصراف عن الإنتاج الثقافيِّ، والعلميِّ، إلى تاريخ المَنَاقب، والنَّماذج، والأوثان، والأوهام.

ومِـنْ هنا، ينطلقُ المشـروعُ التجديديُّ في الفِكْرِ العربـيِّ والإسلاميِّ المُعَاصِر مِنْ حقائق شـتَّى، حيث تُشـكِّل قضيَّة المعرفة التاريخيَّة العميقة والمُنْفَتِحة على "الـذاتِ" أولاً، وعلـى "الآخَر" وثقافاتِهِ ولُغَاتِهِ ثانياً، تُشـكِّل ركناً أساسـيَّاً في سـبيل تكوين وعي تاريخيٍّ إنسانيٍّ، يتحوَّل بدورِهِ إلى مسؤوليَّة جماعيَّة تتبلور إلى تعاونٍ فِعْليٍّ، وبدونه تنتقل الشَّـريعة الإسلاميَّةُ مِنَ "العالميَّة" فكراً وقيادةً وطموحاً إلى مُجرَّد "مُبَادَرَة" محليَّة غير واعية بمحدوديَّتها، ومع بلوغنا هذه المرحلة المُتقدِّمة مِـنَ التفكيـر تبـرز أهميَّة اعتمـاد منهج نقديٍّ مُتـوازنٍ يرى الإيجابيـات، ولا يُهْمِلُ السلبيَّات، في ضوءِ أخلاقٍ معرفيَّة تحترمُ الإنسان، وتتوقَّع منهُ الذكاء والفهم وقبول الحقائـق، ومِنْ وجوهِ انتفاع الفِكْرِ الإسلامـيِّ بالمنهجيَّة العلميَّة تجديد المنظومة الفقهيَّة بالاجتهاد في موضوعِ الحُريَّات السياسيَّة والدينيَّة، والتخلُّص مِنْ ثنائيَّة دار الإسلام ودار الحَرْب، التي ترتبط بظروفٍ سياسيَّةٍ وجغرافيَّةٍ تمَّ تجاوزها في العصر الحديـث، وخاصَّـة في ظلِّ اختلاط الشـعوبِ والأفـكارِ في جميعِ أرجاءِ البسـيطة، وهذا يتمُّ مِنْ خلال الاستفادةِ مِنَ التجربة التاريخيَّة، دونَ أنْ يعني ذلك الاحتجاب بها، أو اعتبارها نهائيَّة، أو مُقدَّسـة، ومِنْ هنا، يبدو جليَّاً أنَّ إشـكاليَّة التجديد هيَ الوعي بالعلاقة الجدليَّة بيْنَ الفِكْرِ الدينيِّ والتجربة التاريخيَّة، وقبل ذلك مِنْ خلال سيادة الأُمَّة، والإنسان، مِنْ أجلِ حاضرِهِ ومستقبله.

إنَّ تجديدَ الفِكْرِ العربيِّ والإسلاميِّ يتطلَّبُ إعادة الأمورِ إلى نصابها داخل هذا الفِكْرِ نفسـه، ومِنْ تمامِ الموضوعيَّة هنا القول بأنَّه لا شـيء أبداً يزيد الإشـكاليات الفكريَّـة تعقيداً سـوى الطَّرح الخاطئ لهـا، والفِكْرُ العربيُّ والإسلامـيُّ المُعَاصِر ما زالت محاورهُ الأساسـيَّة جالسـةً علـى مُدرَّجـات الأحلام ولَمْ تنزل بَعْـدُ إلى ميْدانِ الواقـعِ والمنهجيَّـة العلميَّـة، فالمُفكِّـرُ والعَالِـمُ والفقيـهُ والمُثقَّـفُ فـي مجتمعنا يتحـدَّث عن كلِّ شـيءٍ إلاَّ المُسـتقبل، وحتى قضايا الحاضر التـي يطرحها لا يعنيهِ منها إلاَّ ما كانَ له دلالة بالنسبة للتَّاريخ، أمَّا التخطيط للغد فما زال غائباً عن مجال

اهتماماتهم، ولا نجد له أيَّ أثرٍ في تفكيرهم، لا على شكلِ فكرة، ولا على شكل دعوة إصلاحيَّة، ومِنَ المؤلمِ في هذه القضيَّة كلِّها أنَّ أغلب هؤلاء فعلوا ذلك عن وعيٍ مُسْبَقٍ به، لأنَّ طموحهم كان بناء نَظريَّة في مجتمعنا تصلح لتبرير وجودهم، وبقاء امتيازاتهم، بمعنى تبرير الذي حصل، بدلاً مِنَ الاستعداد للمُستقبل.

مِنْ زاويةٍ ثانية، وبصورة مُغَايرة تماماً لِمَنْ تجاهلوا المُستقبل، بَرَزَ مجموعة مِنَ الدَّارسين الذين أهملوا الحاضر، واقتصرت رؤيتهم على ربط "الماضي" بـ"المُستقبل"، أمَّا حاضر الإنسان العربيِّ فإنَّه غيْر "حاضر"، ليْسَ لأنَّ هذا الواقع مرفوض وهجين فحسب، وإنَّما لأنَّ قوَّة الماضي امتدت إلى المُستقبل وجعلته يدور في فَلَكه، وربَّما كان هذا شَكْلٌ مِنَ التعويضِ عن الحاضر الذي لا نملكُ منه سوى اسمه، وربَّما كان ذلك أيضاً تضخُّماً للذاتِ التي لا تريد الاعتراف بالزَّمان الذي تركها في نهايات القرن الرابع الهجريِّ، ولكنَّ المؤكَّد أنَّ الإنسان العربيَّ المُعَاصِر يحيا في مُجتمعٍ استطاع أبناء النُّخبة السياسيَّة والعلميَّة فيه سَرِقَة الشَّريعة الإسلاميَّة، وسَرِقَة الجامع، وسَرِقَة يوم الجمعة، واستبعاده هو أيضاً، وأصبحَ الماضي الذي أعاد هؤلاء صياغته بهدف الارتكاز عليه نحو مشاريع التجديد، أصبح هذا الماضي هو ذاتهُ مشروع التجديد، ومِنْ هنا، فإنَّ الطريق نحو تجديد الفِكْرِ الإسلاميِّ، ينبغي أنْ يكون منطلقها الأساسيُّ هو المنهجيَّة العلميَّة، في إطار الشَّريعة الإسلاميَّة، والثقافة العربيَّة، ذلك المُنْطَلَق الذي مِنْ أجلِهِ، وفي سبيلِهِ، كانت مُعْجِزة الرسول محمَّد صلى الله عليه وسلَّم هيَ القرآن الكريم، الذي ما زال البعض يحتفظ به في بيته كجزءٍ مِنَ التراث بدلاً مِنْ تحويل غاياتِهِ إلى مشاريعِ بناء للعَقْلِ، والإنسانِ، والمستقبل، وشتَّان.

نجدُ أنفسنا بعد هذه الرؤى، في مواجهةِ حقيقة أنَّ المُنتَصر دوماً يُقدِّم للمغلوبِ رؤيتهُ الخاصَّة للصِّراع والقائمة على التَمَاثُل والصُلْح، وهذه التوجُّهات لا تقولُ بأنَّ المُنتَصر لا يفهمُ كُنْه الصِّراع، أو تغيب عنه إرادة المغلوب بالمُقَاوَمة، ولكنَّه يُمنْهِجُ للمغلوبِ الاستمراريَّة الشرعيَّة لانتصاره، وإنكارهُ لا يَطْمِس حقيقة الصِّراع مع المغلوب، بل يَطْمِسُ طبيعة الصِّراع العدائيَّة مقابل الوِفَاق والانسجام،

مع وَعْدِ المغلوبِ دائماً بِحُلمِ المساواة الوهميَّة خارج الواقع والحقيقة بالتأكيد، وممَّا يؤسف عليه أنَّ الكثيرين مِنَ المُثقَّفين والمُفكِّرين والعلماء العرب والمُسْلمين أبهرتهم فكرة التماثل والمساواة بيْنَ المُنتَصر والمغلوب، بين المَدَنيَّة الأوروبيَّة والمَدَنيَّة الإسلاميَّة، ولا يكاد ينجو مِنْ هذه الأيديولوجيَّة المُزيَّفة إلاَّ القليل ممَّن كان المنهج طريقهم وغايتهم.

في ضوءِ هذهِ الحقائق، فإنَّ تاريخَ مقاومة التغريبِ والاحتلالِ هو تاريخُ التواصل والاستعلاء مع الشَّريعة الإسلاميَّة، وتاريخ التبعيَّة والإذعان والتماهي مع الآخر المُستَعمِر هو تاريخُ الخُروجِ عن هذه الشَّريعة واستبعادها مِنْ حياةِ الإنسانِ في مجتمعنا، وفي مواجهةِ الاختطاف اليوميِّ لمفاهيم الإسلام، والاستئصال البطيء لإمكانيَّة استلهام الشَّريعة، باتَ التوفيق القانونيُّ والاجتماعيُّ والمؤسَّساتيُّ ليْسَ سوى التنازل الدائم عن حقِّنا كَعَربٍ ومُسْلمين في أنْ نكونَ عرباً ومُسْلمينَ بكل ما في المفهوم مِنْ معنى، وإذا كان الغَرْبُ الاستعماريُّ قد فَشِلَ نسبيَّاً في نفيْ الإسلام عن حياتنا بعد أنْ استخدم كلَّ قواه، فقد جاءَ مِنْ أبناء هذه المجتمع مَنْ يُمهِّد الطريق لهذه الجريمة بذريعة التقدُّم حيناً، واللحاق بركب الحضارة أحياناً، وبالتالي فإنَّ المهزومينَ "الآنَ" يملكون إرادة التمايز والتميُّز عن المُنتَصِرين الذينَ ما تزال حَمَلاتُهم المُتعدِّدة تغزو عقولنا قَبْلَ بلادنا، غير أنَّ هذا كلِّه مشروطٌ بأنْ نُعيدَ الإسلام، والعروبة، والمنهج، إلى حياتنا، قائداً، وحِصْناً، ومشروع حياة.

إنَّ نضال العلماء والمثقَّفين في المُجتمعِ العربيِّ المُعَاصر ينبغي أنْ يكون أولاً، وقبل كلِّ شيء، نضالاً مِنْ أجلِ الحُريَّة، التي يُكرِّسها الإسلام بصورةٍ رائعة، ليس فقط للقيمةِ الاجتماعيَّة، والسياسيَّة، والأخلاقيَّة لهذا الحريَّة، بل لأنَّها هيَ الكفيلة بتحقيق الشروط الأساسيَّة لوجود العُلْماء المُسْلمين واستقلاليَّتهم، وبكلمةٍ أوضح، تحقيق حريَّة الرأي والتعبير، وإذا تمَّ تأجيل هذا الهدف باسم أهدافٍ أُخرى مهما كانت، فإنَّ النتيجة هي تمهيد الطريق أمام مَنْ يدَّعون تحقيق أهداف المجتمع العربيِّ والإسلاميِّ، وهم لا يفعلون شيئاً سوى مصادرة حريَّات النَّاس وحقوقهم، بعد أنْ تمَّت مُصَادرة الإسلام ذاته، وصفوة القول،

إنَّ أغلب العلماء طرحوا أساليب كثيرة من أجل التغيير المأمول، إلاَّ أنَّهم لم يستخدموا حتى الآن حقيقة النضال مِنْ أجل الحريَّة، وبالحريَّة، والتي أساسها تمثُّل الإسلام بصورةٍ صادقة، والحريَّات العامَّة، والتعدُّديَّة، وقبول الآخر، وظاهرٌ أنَّ المحاولات السابقة فشلت في أهدافها لأنَّها ابتعدت عن جوهر التغيير بالحريَّة، وهو ما فتح الباب على مصراعيهِ أمام أشكالٍ مُبْتكَرةٍ جداً مِنَ الاستبداد، والقَهْرِ، والتهميشِ، والإلغاءِ، والاستبعاد.

وليْسَ ثمَّة شك، إنَّ المجتمع العربيَّ والإسلاميَّ لَنْ ينتصر في معركةِ بناء الذات، وتحقيق الاستقرار، والاستقلال، والتقدُّم، وهو ضدَّ الإسلام، أو خارجه، أو مِنْ دونه، كما يمكن القول أيضاً، وبالقَدْرِ نفسه مِنَ الصواب، إنَّه مِنَ العسير تحقيق ذلك الانتصار دون التواصل، والتعلُّم، والمثاقفة مع الآخر، ومِنْ أجلِ هذا كلِّه تنبثق مجموعةٌ التساؤلات الباحثة عَنْ إجاباتٍ منهجيَّةٍ تؤدي إلى إمكانية تجديد الفكر الإسلامي: مَن الذي يستطيع، أو يجب أنْ يقوم، بالتجديد أو يشارك فيه، وما هي منهجيَّة هذا التجديد وآفاقه؟ مَنْ هيَ المؤسَّسة القادرة على تحقيق آمال وأهداف الإنسان العربيِّ والمُسْلم في التجديد والتقدُّم؟ ثمَّ أينَ هيَ الدولة، وأينَ هو المجتمع، وأين هم العُلَماء والمفكِّرون والمثقَّفون مِنْ هذا التجديد، ومنطلقاتهِ، وآفاقهِ؟، قبل البحث عن إجابات لهذهِ التساؤلات لا يمكن استئناف المشروع الحضاريِّ العربيِّ مِنْ جديد في مطالع الألفيَّة الثالثة.

إنَّ الإجابة عن الأسئلة السابقة وغيرها تقتضي إعادة النَّظر في رؤيتنا للإسلام، والمجتمع، والثقافة، والتَّاريخ، في آنٍ واحدٍ معاً، وتقتضي كذلك تجديد رؤيتنا لمفاهيم مثل العِلْم، والعَقْل، والحضارة، والحَداثة، والتي يتمُّ التعامُلُ معها كمفاهيم ناجزة ونهائيَّة، وليْس خافياً في هذا الإطار، أنَّ الرؤية الثاقبة إلى الإسلام لَمْ تعد ممكنة، بما في ذلك لدى فئة مِنَ النُّخبة العلميَّة والمثقَّفة ذاتها، مِنْ دون مراجعة هذه المفاهيم، وقد باتَ واضحاً أنَّ السلطة السياسيَّة والحلفاء معها مِنَ العلماءِ والفقهاءِ والسياسيين وخصومهم بشتَّى أنواعهم يستخدمون في صراعاتهم الفكريَّة المفاهيم ذاتها والمعاني ذاتها أيضاً، وهم في الحقيقة لا

يستخدمون سوى رؤيتهم لأنفسهم، والقائمة على التضليل والتعصُّب والانحياز، لأنَّ غايات هؤلاء هيَ مصالحهم وليْسَ الإنسان العربيَّ الذي يدَّعون أنَّهم يحاربون مِنْ أجلهِ، ومِنْ أجلِ تقدُّم المجتمع وريادتهِ، في أكبر عملية احتيالٍ تاريخيٍّ مستمرَّة منذ قرونٍ طويلةٍ جداً بوسائل مبتكرة، وأهدافٍ لا تتغيَّر، وضحيَّة واحدة مُسْتَهَدَفة على الدوام.

ولعلَّ السؤال الأكبر الذي يطرح نفسه على الإنسان العربيِّ المُعَاصِر، كيف يُجدِّد التفكير بالإسلام، وكيف يُحقِّق الاستقلال التاريخيَّ لذاته؟ ولعلَّ الإجابة أيضاً تكمن في البداية مِنْ خلال التحرُّر مِنْ سلطة النموذج النَاجِز، وآليات التفكير التي يُكرِّسها وتُكرِّسه أيضاً، ناهيك عن انسجامه مع دينهِ دون وساطةٍ أو وصاية، حتى لا تنقطع الصلة بيْنَ الإنسان العربيِّ والإسلام فيظهر لدينا خطابُ تضمينٍ لا خطاب مضمون، بمعنى إمَّا أنْ تكون مفاهيم هذا الإنسان قادمة من تاريخٍ عربيٍّ وإسلاميٍّ، أو مِنْ حاضرٍ غربيٍّ، وفي الحالتيْن بغيب المضمونُ للإنسان العربيِّ، والحقيقيِّ، والفعَّال، والحضاريِّ، ومستصفى القول، إنَّ تجديد الفِكْرَ الإسلاميَّ ينبغي أنْ يتلازمَ مع إعادة بناء الحاضر مِنْ جهة، وإعادة بناء الماضي مِنْ جهة أُخرى، وليسَ ضرورياً أنْ ينتظر أحدٌ الإعلان عن بداية تجديد الفِكْرِ الإسلاميِّ، لأنه لَمْ تحدث نهضةٌ فكريَّةٌ في التَّاريخِ بقرارٍ مِنْ دولةٍ ما، وإنَّما هم المفكِّرون، والمثقَّفون، والعلماء، الذين يقودون المجتمع في طريقٍ شائكٍ ولكنَّه مضمون، وطريق طويل ولكنُّه الوحيد، وإدراك أنَّ الغاية الأجلَّ ليستْ إحياءَ الفِكْرِ الإسلاميِّ، فهو لم يَمُتْ، وليْسَت انتقاء عناصر مِنَ الإسلام في هذه المرحلة أو تلك، تستجيب لجمود المتطرِّفين أو صراخ الثوريين، ولكنَّ هذه الغاية هيَ تمهيد الطريق لمشروعٍ عربيٍّ وإسلاميٍّ جديدٍ تجعل السؤال: متى نُجدِّد التفكير بالإسلام؟ سؤالاً مُبرَّراً وجوهرياً.

لقد مَنَحَت التجربة الحضاريَّة العربيَّة والإسلاميَّة الأصيلة الإنسان الموقف الوسط الذي يُميِّزه عَنْ سائر المواقف القلقة والنسبيَّة، والمتأرجحة، يُقدِّم ثوابت حقيقيَّة تدفعه إلى العمل والتألُّق بدلاً مِنَ الزهد السلبيِّ، والفرار مِنَ المواجهةِ مع

الذات، فقد مَنَحَتْ هذه التجربة الإنسانَ العربيَّ مفتاحيْن للخلاصِ، كلَّما ضيَّقت حركة التاريخ الخناق عليه، وَوَجَدَ نفسهُ يسير باتجاه مناطق العُزْلة والتَّبعيَّة، وأوَّلُ هذه المفاتيح: التغيير الذاتيُّ، وثانيهما: الإعداد الذاتيُّ، وبدونهما لَنْ تبدأ حركة صوب التقدُّم إلى المواقع الأماميَّة أبداً، وفي هذيْنِ المفتاحيْن مساحة واسعة تحتلُّها مسألة إعادة تشكيل العقل كشرطٍ أساسيٍّ للتحقُّق بالتغيير الذاتيِّ، والإعداد الذاتيِّ على السواء.

ثمَّ أخرى، إنَّ هزيمة أخلاق الطَّاعة، اليوم، تستلزم قيام النُّخبة مِنَ العلماء والمفكِّرين والمثقَّفين بوظيفة النَّقد العلميِّ والمنهجيِّ، وبناء الرؤى، وصناعة الإنسان الحُرِّ، وترشيد المشاريع، وليْسَ تقديم بدائل تاريخيَّة للواقع العربيِّ والإسلاميِّ المعاصر، لأنَّ هذا يدخل في ميدان الأيديولوجيًا، على ألاَّ تصبح العقلانيَّة منطلقاً نظريّاً يدمِّر الواقع نفسه مِنْ أجل إعادة بنائه، إلى جانب بناء شرعيَّة حقيقيَّة مِنْ خلال تمكين الإنسان العربيِّ والمُسْلم مِنَ المشاركة في صنعِ حاضرهِ ومستقبلهِ بعد أنْ حَمَلَ عبءَ تاريخهِ منذ ما يزيد على ألفِ عام.

سيظلُّ مِنْ شأن العَقْلِ العربيِّ أنْ يعودَ غائيّاً وتحليليّاً واستقرائيّاً ومقاصديّاً، ويدرك أنَّه لا مكان في مسار الحضارة العربيَّة والإسلاميّة للمُصَادَفة والعشوائيَّة، ولا مجال لانتفاءِ الأسباب، وربَّما كانَ أدنى مِنْ هذا مُقْتَرَباً إلى تمثُّل الحقيقة، وأوفى بأبعادها منهجاً، التأكيد على أنَّ الشَّريعة تُخاطبُ عَقْلَ الإنسان، وتقودهُ إلى الإيمانِ، والاجتهادِ، والتفكير، كما أنَّ أبرز معالم هذا العَقْل المَقاصديِّ هو امتلاكُ القدرة على التفريقِ بين المُقدَّس والمُطْلَق مِنْ زاوية، والبَشَريِّ والنسبيِّ مِنْ زاويةٍ أُخرى، ومِنْ هنا، فإنَّ الاجتهاد لفهم تاريخِ وحاضرِ ومستقبلِ المجتمع العربيِّ والإسلاميِّ ليْسَ سوى محاولة عقليَّة وفكريَّة لاستلهام النصِّ الشرعيِّ بمحوريهِ القرآن الكريم والحديث الشريف والسنَّة النبويَّة، إلى جانبِ الثقافة العربيَّة، وتكريس حريَّة الإنسان باستمرار، وهو ما يستلزم الإشارة إلى أهميَّة التقويم، والمُرَاجعة، والاختبار، والنَّقد، والبناء، والإيجابيَّة.

وأكثر مِنْ ذلك، إنَّ حملات سَرِقة الشَّريعة، والثقافة العربيَّة، واستبعاد الإنسان، أيْ تحقيق النَّصر على العنصر الأكثر فعالية وإيجابيَّة في حياة الإنسان العربيِّ والمُسْلم، لَمْ تجعل الإسلام يغيب عن الحياة اليوميَّة لهذا الإنسان، ولَمْ تنجح في إرغام ثقافته العربيَّة على الانحسار، ولكنَّها منحته أبعاداً جديدة، وجعلته محور التحقُّق الذاتيِّ، والأصالة، في ذات الوقت الذي جعلت فيه هذه الحَمَلات الإنسان غريباً عن نفسهِ وعن مجتمعهِ، وإذا استمرَّ النَّقد الأيديولوجيُّ الذي يطبع الفِكْرَ العربيَّ والإسلاميَّ المُعَاصِر فإنَّنا نكون قد شاركنا في تعميق الطابع الأيديولوجيِّ لهذا الفِكْر، والمأمول أنْ يعود العُلماء والفُقهاء والمفكِّرون في مجتمعنا إلى الخطوط الخلفيَّة حيث موقعهم الأصيل مع النَّاس، ومِنْ أجل النَّاس، وهذا تحديداً ما يريده الإنسان العربيُّ منذ مئات السنين.

وجملة القول، إنَّ ظاهرة الوأد للإنسانِ العربيِّ تستفحلُ في معظم جوانب حياتنا العربيَّةِ والإسلاميَّةِ الفكريَّة، والعلميَّة، والصناعيَّة، وليس السياسيَّة والثقافيَّة وحسب، ولكنَّها ظاهرةٌ لا تؤِّشر إلى "نهاية الثقافة العربيَّة"، أو "موت الإنسان العربيِّ"، بقدر ما تؤكِّد البداية البطيئة نحو النُّهوض بكلِّ ما في العبارة مِنْ معنى، والإنسانُ العربيُّ ينبغي أنْ يساهم بصورةٍ أساسيَّة في صنعِ أحداثِ مجتمعه، وأنْ يكفَّ عن ممارسة دور المُتفرِّج أو الهَارِب، لأنَّه ببساطة يعملُ لحساب الأُمّة والثقافة والمجتمع الذي أسَّسه الرسول العربيُّ مُحمَّدٌ صلَّى الله عليهِ وسلَّم، وإذا ما واجه الإنسان، في مجتمعنا، اليوم، أسئلة التغيير، والتقدُّم، والحضارة، والحريَّة، والعقل، والبناء، والاجتهاد، فإنَّ في القرآن الكريم، والسنَّة النبوية، والأحاديث الشريفة، والثقافة العربيَّة، وتاريخ المجتمع العربيِّ والإسلاميِّ، الإجابات التي يسعى إليها وفق المنهج العلميِّ، على أنْ يكون هذا كلُّه من أجل الحُريَّة، والمساواة، والعدل، بل إنَّ الإنسان العربيَّ والمُسْلِمَ لا مستقبل له دون الحريَّة، والمساواة، والعدل، التي بدأ وتميَّزَ وانتهى إبداعهُ بها : "ولسوف يرضى" (سورة الليل : الآية 21).

الملاحق

ملحق {1}

"مَنْ أنزلَ نفسه بمنزلةِ العَاقل أنْزَله النَّاس بمنزلة الجاهل ومَنْ رضيَ عن نفسهِ سخطَ الله والنَّاس عليه، ولا تُقدِّر أنَّ الملوك يحتاجون إلى أهل الكَيس والفطنة فربَّما كانَ البغلُ والحمار وهما مِنْ أبلد الحيوانِ مِنْ مراكب الملوك مكرمين عندهم، والقرد، وهو أذكاها وأفطنها، ممتَهناً مستذَلاً لأنَّه ليس أمر العالم كلّه يجري على الكيَس والفطنة ولا على الذكاء والمعرفة ولكنْ لكلِّ مقامٍ مقال ولكلِّ شيءٍ مكان. فاعلم أنَّ بعض النَّاس يصلح للجدِّ وبعضهم للهزل وبين هذيْن درجات مختلفات، وأنَّ اختلاف مقادير الناس عند الملوك كاختلاف مقادير الأطعمة عند النَّاس فإنَّ المرء قد قد يملُّ الأطعمة الحلوة والدسمة فتميل نفسه إلى الحِرّيفة والمالحة وإنْ كان أطيب في الطعم فإنَّ للمالح موقعاً من النَّفس لا يكاد يُغني عنه ما هو أطيب طعماً منه، وقد يميل المرء إلى اللون الذي يوافق مزاجه وتلتذُّه نفسهُ ويقْبلُهُ طبعهُ فَتُحْدِثُ مُداومتهُ له ضرْباً من الملالة حتى لا يجد له لذَّة إلاَّ بعد ما يجمُّ به نفسه وهذا مثلُ مَنْ يريد أنْ يقتصر الملوك عليه من أهل الفضل والمعرفة والعلم والحكمة.

واعلم أنَّ أنفق النَّاس عند الملوك مَنْ مَزَجَ الجدَّ بالمُهازلة والتحقيق بالمقاربة فإنَّ أطيب الحلو ما مازجه شيءٌ من الخبز وكلُّ نافعٍ زاد عن حدِّه فهو ضارٌّ لمستعمله فإنَّ الحِمْية نافعة فإنْ كثُرت كانت إلى العطب مؤديَّة، وقد يُستضاءُ بنور الشمس فإنْ أُطيلَ النَّظر إليها أعشتْ الناظر، والماء الذي به حياة الإنسان إذا كثُر غرَّقه كثيره، والدواءُ قليلهُ نافعٌ وكثيره قاتل، والغذاء فالمقدار الكافي منه حافظ للحياة وفي الإكثار منه أسباب الهلاك، وكما أنَّ زلَّة البخيل في التقتير كذلك زلَّة السخيِّ في التبذير، وكما أنَّ زلَّة الجاهل في العجلة كذلك زلَّة العالِم في التؤدة، ولا تُنافِسْ في قُرْب المجلس عندهم فإنَّك أحد رجليْن، إمَّا كنتَ غيرَ قريبٍ من قلبه فاستقصاؤكَ في القُرْب منه يزيدكَ ثقلاً عليه وبُعْداً منه

أو قريباً مـن قلبهِ فأقلُّ ما يجب عليك من خدمته إيثـارُكَ بالقرب منهُ مَنْ يحتاجُ إلـى التألـف له، وأذكِّرك قـول بعض الحكماء: إنَّ لكلِّ شـيءٍ حدًّاً فمـا جاوزه كان سـرفاً ومـا قصرَ عنه كان عجـزاً، فلا تبلغ بك النصيحة للملك أنْ تُعادي له حاشـيةً مـن أهلهِ وخاصةً مـن قومهِ فليس ذلك من حقِّهِ عليك ولكن أقْضى لحقِّهِ وأدْعى للسلامة إليكَ أنْ تستصلحَ له جهدكَ فإنَّكَ إنْ فعلتَ ذلك شكرتَ لهُ نعمتهُ وأمنتَ حجَّتهُ وقلَّلتَ عدوَّكَ عنده... وقال بعض الحكماء: إذا رأيتَ السلطان يجعلكَ أخاً فاجعله ربّاً فإنْ زادكَ فَزِدْه".

مؤلف مجهول، الأسد والغواص، ص 51 - 55.

ملحق {2}

"اعلمـوا أنَّ منزلـة السـلطان من الرعيَّـة بمنزلة الروح من الجسـد، فإذا صَفَت الروح من الكَدَر سَـرَت إلى الجوارح سليمة، وسَرَتْ في جميع أجزاء الجسد، فأمِنَ الجسـد من الغير، فاستقامت الجوارح والحواس، وانتظم أمر الجسد، وإنْ تكدَّرت الـروح أو فَسَـدَ مزاجهـا، فيـا ويحَ الجسـد، فتسـري إلى الحـواس والجـوارح كَدِرَة، منحرفة عن الاعتدال، فأخذَ كلُّ عضو وحاسَّة بقسطهِ من الفساد، فمرضت الجوارح وتعطَّلت، فتعطَّل نظام الجسد، وجرى إلى الفساد والهلاك.

ومثـال السـلطان أيضـاً مثال النَّـار، ومثال الخَلْق مثال الخشـب، فمـا كان منها معتـدلاً لـم يَحْتَجْ إلى النَّار، وما كان منها متأوِّداً احتاج إلـى النَّار ليقام أوَدُه، وإنْ قصَّرتْ النَّار لم يَلِن الخشب لقبول الاعتدال، فيبقى متأوِّداً، وإذا كانت النار معتدلة اعتدل الخشـب، كذلك السـلطان فـي أطواره، إنْ أفرطَ أهلـكَ الخلق، وإنْ فرَّط لم يستقيموا، وإنْ اعتدل اعتدلوا.

ومثالـهُ أيضـاً مثالُ عينٍ خرَّارة في أرضٍ خوَّارة، فإنْ حَلا مشـربهُ وعَذُبَ طعمه وسَـلِمَتْ من الكَدَر والفسـاد أوصافه، اختلـجَ في الأرض فابتلعتهُ صافيـاً صِرْفاً، ثمَّ

شَرِبتهُ عروق الأشجار فاغتذت به كذلك، فغلُظَتْ سوقها، وَفَرَعَتْ أغصانها، وامتدَّت أفنانها، ثمَّ أخرجت أوراقها، وأبرزت أزهارها، ثمَّ قَذَفَتْ ثمارها فجاءت على أتمِّ طبيعتها كُبْراً وطعماً، ولوناً ورائحة، فتقوَّت بها العباد، وأكلت حظوظها البهائم والحشرات، وسقط عليها الطير، فأحرز كلٌّ منها قوته، واستقام النظام، وإن كان في حواشي الأرض ما يَدُقُّ عن الإنبات والنفع، ويُكْدي عن الزكاة والرَّيْع، أو كان فيها من الشجر ما يَبرزُ حَمْلهُ ويقلُّ رَيْعه، أعطى كلُّ ذلك الغاية من نفسه، وأطلَعَ ما في قواه، ولم يغادر ممكناً إلاَّ وفَّاه.

وإنْ كانَ في العين كَدَرٌ أو فسادٌ أو ملحٌ، شربتها الأشجار كذلك، ففسدَ مزاجها، وأضرَّ الجزءُ الفاسدُ بالطيِّب، فرقَّت سوقها، وضَعُفَتْ أغصانها، وتغيَّرت أوراقها، وقلَّت أزهارها وثمارها، ودخلَ الفساد على جميع ذلك، فجاءت الثمرة وهي نَزْرٌ قَدْرُها، رديءٌ طعمها، كاسفٌ لونها، فدخل بذلك من النقص على جميع الحيوان مثل ما دخل من المنافع عليهم في الأولى".

أبو بكر الطرطوشيّ، سراج الملوك، ج1، ص 205 - 207

ملحق {3}

"قال حكماء العرب والعجم: مثلُ مضارِّ السلطان في جنب منافعهِ، مثلُ الغيثِ الذي هو سُقيا الله تعالى، وبركات السماء، وحياة الأرض ومَنْ عليها، وقد يتأذى بها المسافر، ويتداعى لها البنيان، وتكونُ فيه الصواعق، وتَدرُّ سيوله فَتُهلِكَ الناس والدواب والذخائر، ويموجُ له البحر فتشتدُّ بليَّتهُ على أهله، ولا يمنع ذلك الخَلقَ - إذا نظروا إلى آثار رحمة الله تعالى في الأرض لتي أحيا، والنبات الذي أخرج، والرزق الذي بسط، والرحمة التي نشر - أنْ يُعظِّموا نِعمة ربِّهم ويشكروها.

ومثاله أيضاً مثل الرياح التي يرسلها الله تعالى نَشْراً بين يديْ رحمته فيسوقُ بها السحاب، ويجعلها لقاحات للثمرات، وَرَوَاحاً للعباد يتنسَّمون منها،

ويتقلَّبون فيها، وتجري بها مياههم، وَتَقِدُ بها نيرانهم، وتسيرُ بها في البحر أفلاكهم، وقد تضرُّ بكثير من النَّاس في برِّهم وبحرهم، وتخلصُ إلى أنفسهم، فيشكرها الشاكرون، وقد يتأذَّى بها كثير من الناس، ولا يُخرجها ذلك عن منزلتها من قَوام عباده وتمام نعمتهِ.

ومثالهُ أيضاً مثال الشتاء والصيف اللذين جعل الله تعالى حرَّهُما وبردهما صلاحا للحرث والنَّسل، ونتاجاً للحَبِّ والثمر، يجمعهما البرد بإذن الله تعالى ويُخرجهما الحَرُّ بإذن الله، فتنضجُ على اعتدال، إلى غير ذلك من منافعهما، وقد يكون الأذى في حرِّهما وبردهما وسمومهما وزمهريرهما، وهما مع ذلك لا يُنْسَبانِ إلاَّ إلى الصلاح والخير، وقد غَمَرَ صلاحهما أذيتهما.

ومثالهُ أيضاً مَثَلُ الليل الذي جعله الله سَكَناً ولباساً ونوماً وراحة وسُباتاً، وقد يستوحش له أخو الفقر، ويُسارع فيه أهل الدعارة والفساد، واللصوص، وتعدو فيه السباع، وتنتشرُ فيه الهوام، وذوات الحُمَّة والسموم القاتلة، ثمَّ لا ينسى العباد نِعَمَ الله تعالى عليهم به، ولا يرزأُ صغيرُ ضررهِ بكبير نفعه.

ومثاله أيضاً مثال النهار الذي جعله الله تعالى ضياءً ونوراً ونُشوراً واكتساباً وانتشاراً، وقد تكون فيه الحروب والغارات، والتعب والنَّصَب، والشخوص والخصومات، فتستريخ الخلق منه إلى الليل، ثمَّ لم ينسَ العباد نعمة الله تعالى عليهم فيه، وهكذا كلُّ جسيمٍ من أمور الدنيا يكون ضرره خاصَّاً، ونفعه عامَّاً، فهو نعمة عامَّة، وكل شيءٍ يكون نفعه خاصَّاً فهو بلاءٌ عامٌّ، ولو كانت نِعَمُ الدنيا صفواً من غير كدر، وميسورها من غير معسور، لكانت الدنيا هي الجنَّة التي لا تعب فيها ولا نصب..."

أبو بكر الطرطوشيّ، سراج الملوك، ج1، ص 202 - 204

ملحق {4}

"اعلم أنَّ أقسام النَّاس ثلاثة: كريمٌ فاضل، ولئيمٌ سافل، ومتوسِّطٌ بينهما، فأمَّا الكريم فملْكهُ وضبطهُ بالإكرام والإنصافِ والمودَّة والاستعطاف، والكريم مأمونٌ إذا شبعَ قَدِر، ومخوفٌ إذا جاعَ وقَهر، واللئيم مخوفٌ إذا شبع وقَدِر فارفع الكريم جهدك، فإنَّك كلَّما رفعته، وتواضعَ لك وضع اللئيم جهدك فإنَّك إذا رفعته ترفَّع عليك، وامزج للمتوسط الرغبة بالرهبة، وقابل له الإكرام بالإهانة، فإنه يطيعك خوفاً من عقابك ورجاء ثوابك، وأمَّا الكريم فلا بقاء له من خوف العقوبة عندك.

ولعلم أنَّك إذا أهنت الكريم فتحت على نفسك باباً من اللوم والمضرة، وإذا أكرمت اللئيم اقتضيت منه شرَّاً، وزاد بإكرامك له تمرُّداً، وإذا عاملت المتوسط بأحد الطرفين انتقض عليك الطرف الثاني منه، وقد كان بعض ملوك الفرس يجعل لكل طبقة من الناس جنساً من اللباس يعرف به مكانه، فلا ينتقل عن لباسه حتى يرى له من الفعل ما يستدل به على فضله، فينتقل بإذن الوزير إلى الطبقة التي فوقه، وذلك إحراز منهم لإيقاع السياسة في موضعها، ومعاملة كل طبقة بما تستحقه.

قال زياد بن أبيه: ما غلبني أمير المؤمنين معاوية في شيء من أمر السياسة إلا مرة واحدة، استعملت رجلاً فكسر خراجه فخشي أنْ أعاقبه ففرَّ إليه واستجار به، فكتبت إليه: إنَّ هذا أدب سوء لمن قبلي، فكتبَ إليَّ أنه لا ينبغي لنا انْ نسوس الناس سياسة واحدة، لا نلين جميعاً، فنجعل الناس في المعصية، ولا نستدُّ جميعاً، فنحمل الناس على المهالك، ولكنْ لتكنْ أنتَ للشدَّة والغلظة، وأنا للرأفة والرحمة".

ابن رضوان، الشهب اللامعة في السياسة النافعة، ص 318 - 320

ملحق {5}

"اعلم - أرشدَكَ الله - أنَّ الزمانَ وعاءٌ لأهله، ورأس الوعاء أطيب من أسفله، كما أنَّ رأس الجرَّة أرقُّ وأصفى من أسفلها، فلئن قلتَ: إنَّ الملوكَ اليوم ليسوا كمن مضى من الملوكِ فالرعيَّة أيضاً ليسوا كمن مضى من الرعيَّة، ولستَ بأنْ تَذُمَّ أميرَكَ إذا نظرتَ آثارَ مَنْ مضى منهم بأولى مِنْ أنْ يذمَّكَ أميرُكَ إذا نَظَرَ آثارَ مَنْ مضى من الرعيَّة، فإذا جَارَ عليكَ السلطانُ فعليكَ الصَّبرُ وعليهِ الوِزْرُ ".

أبو بكر الطرطوشيّ، سراج الملوك، ج2، ص 462

ملحق {6}

"حدَّثني أبو صالح الأنطاكي عن الحجاج بن محمد عن ابن جريج عن اسماعيل بن محمد قال: قدم علينا عبد الملك حاجّاً في سنة خمس وسبعين، فصعد المنبر، فحمد الله وأثنى عليه ثمَّ قال: أمَّا بعد ذلكم أيها الناس فلستُ بالخليفة المستضعف - يعني عثمان - ولا بالخليفة المداهن - يعني معاوية - ولا الخليفة المأفون - يعني يزيد - ألا وإنَّ مَنْ قبلي مِنَ الولاة كانوا يأكلون ويؤكَلون، وإنِّي والله لا أداويكم إلاَّ بالسيف، فمن أحبَّ أنْ يُبدي صفحته ليفعل، فلا تكلِّفونا أعمال المهاجرين، ولستم تعملون أعمالهم، فوالله ما زلتم تزدادون استجراحاً ونزداد لكم عقوبة، حتى التقينا نحن وأنتم عند السيوف، هذا عمرو بن سعيد قال برأسه كذا، فقلنا بسيفنا كذا، ألا فليبلغ الشاهد الغائب إنه ليست من لعبةٍ إلا ونحن نحتملها، ما لم تبلغ أن تكون صعود منبرٍ أو نصب راية، ألا وإنَّ جامعة عمرو بن سعيد التي جعلناها في عنقه عندنا، وإني أُعطي عهداً ألاَّ أجعلها في عنق أحدٍ فأخرجها منه إلاَّ صعداً، أقول قولي هذا وأستغفر الله لي ولكم".

البلاذري، أنساب الأشراف، ج7، ص 212 - 213

ملحق {7}

"وأصـل مـا تُبنـى عليه السياسـة العادلـة فـي سـيرة الرعية بعد حراسـة الدين وتخيُّـر الأعوان أربعة: الرغبة، والرهبة، والإنصاف، والانتصاف، فأمَّا الرغبة فتدعو إلى التآلف، وحُسْن الطاعة، وتبعث على الإشفاق، وبذل النصيحة، وذلك من أقوى الأسباب فـي حراسة المملكة، فإن قبضها عنهم زال حكمها معهم، وتصنَّعوا بالطاعة تربُّصـاً بالدوائر، وسـارعوا إلى المعصية عند هجوم النوائب، فهو منهم بين نفاق وإنْ سـاتروه، وبين شـقاق وإنْ جاهروه، ولا خير في ما تردد بين نفاق وشقاق، وقال أبرويـز: أجهـل النـاس من يعتمد فـي أمـوره على من لا يأمل خيـره، ولا يأمن شـرّه.

وأمَّا الرهبة فتمنع خلاف ذوي العناد، وتحسـم سـعي أهل الفسـاد، حذراً من السـطوة، وإشـفاقاً من المؤاخذة، وذلك أقوى الأسـباب في تهذيب المملكة، فإن زالت عنهم زال حكمها معهم فَلَانَ، واشـتدُّوا وهَانَ، واعتزوا، فاستسـهلوا معصيته، واسـتقلوا طاعته، وصارت أوامره فيهم لغواً، وزواجره لهواً، وقد قيل: من أمارات الجد حسن الجد، وإذا جمع بين الرغبة والرهبة قادهم الرجاء إلى طاعته، وصدَّهم الخوف على معصيته، وانبسط فيهم الأمل، وكثر منهم الوجل فعزَّ سلطانه، واستقام أعوانـه، قال بعض الحكماء: مـن أعرض عن الحذر والاحتراس، وبنى أمره على غير أساس، زال عنه العزُّ، واستولى عليه العجز.."

الماورديّ، تسهيل النظر وتعجيل الظَّفَر، ص 275 – 276

ملحق {8}

"وأمَّا الحذر من السلطان، فهو وثَّاب بقدرته، متحكِّمٌ بسطوتهِ، يميل به الهوى فيقطع بالظنِّ، ويؤاخذ بالارتياب، فالثقة به عجز، والاسترسال معه خطر، وقد قيل: ثلاثة لا أمانَ لهم، السـلطان والبحر والزمان، وقيل: إذا تغيَّر السـلطان تغيَّر الزمان،

والحـذر منـه في حالتي السـخط والرضا أسـلم لأنه يسـتذنب إذا مـلَّ، حتى يصير المحسن عنده كالمسيء، فاستخلص رأيه بالنصح، واستدفع تنكُّره بالحذر، وقد قال بعض الحكماء: إصحب السلطان بثلاث: الحذر، ورفض الدولة، والاجتهاد في النصح.

وحذرك منه يكون بثلاثة أمور:

أحدهـا أنْ لا تعـول علـى الثقة في إدلال واسترسـال، فما جرَّت الثقـة إلاَّ ندماً كما قال الشاعر:

ما زلتُ أسمعُ كم مِنْ واثقٍ خَجِلٍ حتى ابتليتُ فصرتُ الواثق الخجلا

وقد قيل: الخرق الدالَّة على السلطان، والوثبة قبل الإمكان، فاقبض نفسكَ إذا قدَّمك، وتَوَاضَع له إذا عظَّمك، واحتشمهُ إذا آنسك، وَلِنْ له إذا خاشنك، واصبر على تجنُّبـهِ إذا غالَظَـك، فهو علـى التجنِّي أقدر، فكن على احتمالـهِ أصبر، فربَّما كانت مجاملتـه لـكَ مكراً، وتجنِّيهِ عليـكَ عذراً، فقد قيل في بعـض الصحف الأولى: حُبُّ المَلِك وهواه يشبه الطلَّ الذي ينزل على العشب .."

الماورديّ، قوانين الوزارة وسياسة المُلْك، ص 168 - 171

ملحق {9}

"خلافاً للشـافعي، وقد تقدَّم شـروط الإمام عندنا وعنده، وبيان صحَّة سـلطنة التُرك عندنا خلافاً له، ولا نشـكُّ أنه يلزم منه صحَّة الولايات الشـرعيَّة على مذهبنا منهـم خلافاً له، فإنه إذا لم يقل بصحَّة سـلطان الترك فكيـف يجوز التوليَّة منهم؟، فيتعيَّن على السـلطان أنْ لا يولِّي أحداً من الشـافعيَّة ولايةً ولا قضاءً أصلاً لأنَّ في زعمهـم أنَّ السـلطنة فـي قريـش، وأنَّ التُـرك لا سـلطنة لهم وإنَّما هم أهل شـوكة وخوارج على الخلافة، فإذا ولَّاهم السـلطان، وقبلـوا الولاية كانوا مقلِّدين لمذهب أبي حنيفة لأجل الولاية، ويخالفونه في الفروع والأصول .."

نجم الدين الطرسوسيّ، تحفة التُرك فيما يجب أنْ يُعْمَل في المُلْك، ص 71

ملحق {10}

"إنِّـي التمسـتُ لأمـوري رجلاً جامعـاً لخصـال الخيـر، ذا لطـفٍ فـي خلائقهِ، واسـتقامةٍ فـي طرائقـهِ، قـد هذَّبتـه الآداب، وأحكمتـه التجـارب، إنْ ائتمنَ على الأسـرار كتمهـا، وإنْ قُلِّدَ مهمات الأمور نهضَ بها، يسـكتهُ الحلـمُ، وينطقهُ العلمُ، تكفيهِ اللحظة، وتغنيه اللمحة، لهُ صولة الأمراء، وأناة الحكماء، وتواضع العلماء، وفهم الأدباء، يسترق قلوب الرجال بحلاوة كلامه، ويُعجز الفضلاء بفصاحة لسانه وحسـن بيانه، ويُودِعُ محبته القلوبَ بلطائف إحسـانه، إنْ أُحْسِنَ إليه شَكَر، وإنْ ابتلـيَ بالإسـاءةِ صبـر وانتظر، فهذا الـذي يصلح أنْ تُعْقَد له الأمـور، ويفوَّض إليهِ سياسة الجمهور .."

أبو منصور الثعالبيّ، تحفة الوزراء، ص 43

ملحق {11}

"بعـد ذلك أقبـلَ الطاووس في حلَّـة ذهبيَّة، وازدان كلّ جنـاحٍ بألف لون، جاء كأنه عروس يوم الجلوة، وكلّ ريشةٍ منه مجلوَّة..

قال: ما أنْ فرغ نقاش الغيب من نقشي، حتى أمسكَ الصينيون بأقلام النقش، وعلى الرغم من أنّي جبريل الطير ولكن ألمَّ بي أمر من القضاء ليس بالحسن، فقد شاركني ذات المكان ثعبان قبيح، حتى أخرجني ذليلاً من الجنَّة، وما أنْ بدَّلوا مكان خلوتـي، حتـى أصبحت قدمـاي كالجبيرتين قبحاً، فاسـتقرَّ عزمي فـي هذا المكان المظلم على أنْ أجد لي مرشداً إلى الخلد، ولستُ ذلك الطائر الآمل في السلطان، بـل يكفينـي أنْ أكـون حارسـاً، ولكنْ أنَّـى للسـيمرغ أنْ يحظى بمكانتـي، لقد كان الفـردوس الأعلى مكاني، لـذا ليس لي من عملٍ آخر في الدنيا غير محاولة العودة إلى الجنَّة مرة اخرى.

قـال لـه الهدهد: يـا مَنْ ضللـتَ الطريق بفعل نفسـك، إنْ كلَّ مـا تريده هو منـزل ذلك السـلطان، فلتقل: تقدَّم قريباً منه، فهـذا أفضل من ذاك، حيث تجْمُل الدار بحضرة السلطان...

إنَّ دار النَّفـس جنَّـة خلـدٍ مليئة بالرغبـات والنزوات، أمـا دار القلب فغَّاصة بالصـدق، وحضـرة الحـق بحـرٌ خضمٌ عظيـم، وقطرة صغيـرة منه تسـاوي جنَّات النعيـم، مَـنْ يملـك البحر يملـك القطـرة، وكلُّ ما عـدا البحر هَوَسٌ وخيـال، فإنْ تسـتطيع سـلوك الطريق إلى البحر، فلمَ تُلْزم نفسك بالإسراع صوب قطرة ندى؟، فمَـنْ يعـرف كيف يُناجي الشـمس بالأسـرار فأنَّى يعاود الاكتفـاء بالبقاء في ظلِّ ذرروةٍ مـن شـعاع؟، وكلُّ مَـنْ أصبحَ كلَّاً، فـأيُّ صلةٍ للجزء به؟، ومَـنْ أصبحَ روحاً، فـأيُّ صلـةٍ للأعضاء بهِ؟، فإنْ كنتَ رجل كُلّ، فتأمَّل الكُلّ، واطلب الكُلّ، وكُنْ كُليَّاً، وصِـرْ إلى الكُلّ، وتخيَّر الكُلّ.."

فريد الدين العطَّار، منطق الطير، ص 193 - 194

ملحق {12}

"مَثَلُ الإسلام والسـلطانِ والنَّاس مَثَلُ الفُسْطاط والعمود والأطناب والأوتاد: فالفسـطاط الإسلام، والعمـود السـلطان، والأطنـاب والأوتـاد النَّـاسُ، لا يصلحُ بعضهُ إلاَّ ببعض.

الناسُ على دين السلطان إلاَّ القليل، فليكن للبرِّ والمروءةِ عندهُ نَفَاقٌ فَسَيكْسُد بذلك الفجور والدناءة في آفاق الأرض.

شـرُّ المـالِ ما لا يُنْفَقُ منه، وشـرُّ الإخوانِ الخاذل لإخوانهِ، وشـرُّ السـلطان مَنْ خافَهُ البريء، وشرُّ البلاد ما ليس فيه خصبٌ ولا أَمْن.

خَيْرُ السلطانِ مَنْ أشْبَهَ النَّسرَ حوله الجِيَف، لا مَنْ أشْبَهَ الجيفةَ حولها النسور.

همومِ الناس صغار، وهموم الملوك كبار، وألباب الملوك مشغولة بكلِّ شيءٍ يجلُّ، وألباب السُّوَقِ مشغولةٌ بأيسر الشيء، فالجاهل منهم يعذِرُ نفسهُ بدَعَةِ ما هو عليهِ مِنء الرِّسْلة ولا يعذِر سلطانه مع شدَّة ما هو فيهِ مِنَ المؤونة، ومِنْ هناك يُعزِّزُ الله سلطانهُ، ويرشده، وينصره.

قال كسرى: لا يُنْزَلُ ببلدٍ ليسَ فيه خمسة أشياء: سلطانٌ قاهر، وقاضٍ عادل، وسوقٌ قائمة، وطبيبٌ عالم، ونهرٌ جارٍ.

واعلم أنَّ الرعية إذا قَدَرَت على أنْ تقول قَدَرت على أنْ تفعل، فاجْهد ألاَّ تقولَ تسلمْ مِنْ أنْ تفعل .."

ابن قتيبة الدينوري، عيون الأخبار، ج 1، ص 16 - 25

ملحق {13}

"يجب على السلطان أنْ يُنْزِلَ نفسه من الله تعالى بمنزلة ولاتهِ ونوابه، لأنَّه في ملك الله الذي أقامه فيه يتصرَّف، وبشريعته التي أمره بها يعمل، فكما أنَّ مَنْ أطاعه مِنْ نوابهِ ونصَحهُ في مملكته، استحقَّ شكره واستمراره، وأنَّ مَنْ خالفَ ما حدَّده له وأوجبهُ استحقَّ عزله وغضبه، فكذلك حال السلطان مع الله تعالى في رعاياه، إنْ أطاعه فيهم أو عصاه.

وكذلك ينبغي للسلطان مشاورة العلماء العاملين الناصحين لله ورسوله وللمسلمين فيعتمد عليهم في أحكامه، ونقضه وإبرامه، وجدير بملك يكون تدبيره بين نصيحة العلماء، ودعاء صلحاء، أنْ يقوم عمده، ويدوم أمده.

إذا طرأ على الإمام أو السلطان ما يوجب فسقه، فالأصحُّ أنَّه لا ينعزل عن الإمامة بذلك، لما فيه من اضطراب الأحوال، بخلاف القاضي إذا طرأ عليه الفسق، فالأصحُّ أنْ ينعزل.

وإذا خَـرَجَ علـى الإمـام طائفة من المسـلمين فَرامَـتْ خلعـه، أو منعته حقّاً عليها له، سألهم ما ينقمون، فإنْ ذكروا له شبهة أزالها، أو علّة أزاحها، فإنْ أصرُّوا على مشـاققته وَعَظَهُمْ، وخوَّفَهُمْ بقتالهِ لهم، فإنْ أصرُّوا المشـاققة قاتَلَهُمْ، لقوله تعالـى: "فَقَاتِلُـوا التـي تَبغي حتـى تفيءَ إلى أمـر الله" (الحجـرات: الآية 9)، ولا يقاتلهـم بمـا يعـمُّ كالمنجنيق والنـار إلا لضـرورة، ولا يَتْبَعْ في الحـرب مُدْبِرَهُـمْ، ولا يَدْفـف علـى جريحهم، ولا يسـبي حريمهم، ولا يَغنم أموالهـم، لأنَّ المقصود دفعهم عن الباطل، ورجوعهم إلى الحق، ولا يضمن أهل العدلِ ما أتلفوه عليهم فـي الحرب مِنْ نفسٍ ومال، ومَنْ أُسِـرَ مِنْ رجالهـم حُبِسَ إلى انقضاء حربهم، ثمَّ يُتْـرَك ويُؤْخَـذ عليه العهد أنَّه لا يعود إلى ذلك .."

بدر الدين بن جماعة، تحرير الأحكام في تدبير أهل الإسلام، 71 - 73

ملحق {14}

قـال عمـرو بـن العـاص لابنه عبـد الله: "يـا بُنـيَّ، سُـلْطَانٌ عَادِلٌ خَيْـرٌ مِنْ مَطَرٍ وَابِلٍ، وأسَـدٌ حَطُومٌ خَيْرٌ مِنْ سُـلْطانٍ ظَلوم، وَسُـلْطَانٌ غَشُـومٌ ظَلُومٌ خَيْرٌ مِـنْ فِتْنَةٍ تَدُوم".

ابن عساكر، تاريخ دمشق، ج 36، ص 184

ثبت المصادر والمراجع

أولاً: المصادر باللغة العربيَّة

القرآن الكريم

- 1. ابن الأثير، عزّ الدين أبو الحسن علي 630 - 555" هـ"، الكامل في التاريخ، تحقيق عمر عبد السلام التدمري، بيروت، دار الكتاب العربي، ط1، 2012.

- 2. ابن الجوزي، عبد الرحمن بن علي 597 - 510" هـ"، المنتظم في تاريخ الأمم والملوك، تحقيق محمد عبد القادر عطا ومصطفى عبد القادر عطا، بيروت، دار الكتب العلميَّة، ط1، 1992.

- 3. ابن الطقطقا، محمد بن علي بن طباطبا 709 - 660" هـ"، الفخري في الآداب السلطانية والدول الإسلامية، بيروت، دار صادر، ط1، د. ت.

- 4. ابن العماد الحنبلي، عبد الحي بن أحمد 1089 – 1032" هـ"، شذرات الذهب في أخبار من ذهب، دمشق، دار ابن كثير، ط1، 1986.

- 5. ابن أعثم الكوفي، أحمد بن محمد "ت 314 هـ"، الفتوح، بيروت، دار الكتب العلمية، ط1، 1986.

- 6. ابن تغري بردي، يوسف جمال الدين 874 - 813" هـ"، المنهل الصافي والمستوفى بعد الوافي، تحقيق محمد محمد أمين، القاهرة، الهيئة المصرية العامة للكتاب " مركز تحقيق التراث"، ط1، 1984.

- 7. ابن تيميَّة، أحمد بن عبد الحليم 728 – 661" هـ"، منهاج السنَّة النبوية في نقض كلام الشيعة القدرية، تحقيق محمد رشاد سالم، الرياض، منشورات جامعة الإمام سعود الإسلاميَّة، ط2، 1991.

- 8. _____، أحمد بن عبد الحليم 728 - 661" هـ"، الفتاوى الكبرى، تحقيق محمد عبد القادر عطا ومصطفى عبد القادر عطا، بيروت، دار الكتب العلمية، ط1، 1987.

- 9. _____، أحمد بن عبد الحليم 728 - 661" هـ"، مجموع الفتاوى، جمعها ورتَّبها عبد الرحمن محمد قاسم وابنه، القاهرة، دار الرحمة، ط1، د. ت.

- 10.______، أحمد عبد الحليم 728 – 661" هـ"، السياسة الشرعيَّة في إصلاح الراعي والرعيَّة، تحقيق علي بن محمد العمران، مكة المكرمة، دار عالم الفوائد، ط1، 1429هـ.
- 11. ابن جماعة، محمد بن إبراهيم 733 – 639" هـ"، تحرير الأحكام في تدبير أهل الإسلام، تحقيق فؤاد عبد المنعم أحمد، الدوحة، رئاسة المحاكم الشرعية والشؤون الدينية، ط1، 1985.
- 12. ابن حجر العسقلاني، أحمد بن علي 852 - 773" هـ"، تهذيب التهذيب، بيروت، دار الفكر، ط1، 1984.
- 13. ابن حزم الأندلسي، علي بن أحمد 456 – 384" هـ"، رسائل ابن حزم الأندلسي، تحقيق إحسان عباس، بيروت، المؤسسة العربية للدراسات والنشر، ط2، 1987.
- 14. ابن خلدون، عبد الرحمن بن محمد 808 - 732" هـ"، المُقدِّمة، تحقيق عبد السلام الشدادي، الدار البيضاء، خزانة ابن خلدون " بيت الفنون والعلوم والآداب"، ط1، 2005.
- 15. ______، عبد الرحمن بن محمد 808 – 732" هـ"، التعريف بابن خلدون ورحلته غرباً وشرقاً، تحقيق محمد تاويت الطنجي وإبراهيم شبوح، بيروت، الدار العربية للكتاب، ط1، 2009.
- 16.______، عبد الرحمن بن محمد "ت 808 هـ"، تاريخ ابن خلدون المسمَّى: ديوان المبتدأ والخبر في تاريخ العرب والعجم والبربر ومن عاصرهم من ذوي الشأن الأكبر، مراجعة سهيل زكار، بيروت، دار الفكر، ط1، 2000.
- 17. ابن خلّكان، أحمد بن محمد "ت 608 هـ"، وفيات الأعيان وإنباء أبناء الزمان، تحقيق إحسان عباس، بيروت، دار صادر، ط1، 1978.
- 18. ابن خيَّاط، خليفة بن خيَّاط "ت 240 هـ"، تاريخ خليفة بن خيَّاط، تحقيق أكرم ضياء العمري، الرياض، دار طيبة، ط2، 1985.

- 19. ابن دريد، أبو بكر محمد الأزدي 321 - 223" هـ"، كتاب الاشتقاق، تحقيق عبد السلام هارون، بغداد، مكتبة المثنى، ط2، 1979.
- 20. ابن رضوان، عبد الله بن يوسف المالقي 783 – 718" هـ"، الشهب اللامعة في السياسة النافعة، تحقيق سليمان معتوق الرفاعي، بيروت، دار المدار الإسلامي، ط1، 2002.
- 21. ابن شاهين الظاهري، عبد الباسط خليل 920 – 844" هـ"، نيل الأمل في ذيل الدول، تحقيق عمر عبد السلام تدمري، بيروت، المكتبة العصرية، ط1، 2002.
- 22. ابن عبد الحكم، أبو محمد عبد الله "ت 214 هـ"، سيرة عمر بن عبد العزيز على مـا رواه الإمـام مالك وأصحابه، تحقيـق أحمد عبيد، بيروت، عالم الكتب، ط6، 1984.
- 23. ابن عساكر، علي بن الحسن "ت 571 هـ"، تاريخ دمشق، تحقيق عمرو العمروي، بيروت، دار الفكر، ط1، 1995.
- 24. ابن فارس، أحمد بن فارس القزويني 395 – 329" هـ"، معجم مقاييس اللغة، تحقيق عبد السلام هارون، دمشق، دار الفكر، ط2، 1979.
- 25. ابن قاضي شهبة، تقي الدين بن أحمد 851 – 779" هـ"، تاريخ ابن قاضي شهبة، تحقيق عدنان درويش، دمشق، المعهد العلمي الفرنسي للدراسات العربية، ط1، 1977.
- 26. ابن قتيبة الدينوري، عبد الله بن مسلم 276 – 213" هـ"، عيون الأخبار، تحقيق منذر أبو شعر، بيروت، المكتب الإسلامي، ط1، 2008.
- 27. ___________، عبد الله بن مسلم "ت 276 هـ"، الإمامة والسياسة، تحقيق علي شيري، بيروت، دار الأضواء، ط1، 1990.
- 28. ___________، عبد الله بن مسلم 276 - 213" هـ"، الاختلاف في اللفظ والرد على الجهميَّة والمُشبِّهة، علَّق عليه وخرَّج أحاديثه عمر بن محمود أبو عمر، الرياض، دار الراية للنشر والتوزيع، ط1، 1991.

- 29. ابن قدامة، موفق الدين عبد الله "ت 620 هـ"، المغني، تحقيق عبد الله التركي وعبد الفتاح الحلو، بيروت، دار عالم الكتب، ط3، 1997.
- 30. ابن كثير، أبو الفداء إسماعيل "ت 774 هـ"، البداية والنهاية، تحقيق رياض مراد ومحمد عبيد، الدوحة، وزارة الأوقاف والشؤون الإسلاميَّة، ط1، 2015.
- 31. ابن منظور، محمد بن مكرم المصري 711 – 630" هـ"، لسان العرب، بيروت، دار صادر، ط1، 1997.
- 32. ابن هشام، جمال الدين عبد الملك "ت 213 هـ"، السيرة النبوية، تحقيق مصطفى السقا وإبراهيم الأبياري وعبدالحفيظ شلبي، القاهرة، مطبعة مصطفى البابي الحلبي، ط2، 1955.
- 33. الإسفراييني، طاهر بن محمد "ت 471 هـ"، التبصير في الدين وتمييز الفرقة الناجية عن الفرق الهالكين، تحقيق كمال الحوت، بيروت، دار عالم الكتب، ط1، 1983.
- 34. الأربلي، عبد الرحمن سنبط "ت 717 هـ"، خلاصة الذهب المسبوك مختصر من سير الملوك، اعتناء مكّي السيد جاسم، بغداد، مكتبة المثنى، ط1، 1964.
- 35. الأزدي، علي بن منصور "ت 613 هـ"، أخبار الدول المنقطعة، تحقيق عصام هزايمة ومحمد محافظة ومحمد الطعاني وعلي عبابنة، إربد، مؤسسة حمادة ودار الكندي، ط1، 1999.
- 36. الأشعري، أبو الحسن علي بن الحسين 324 - 260" هـ"، الإبانة عن أصول الديانة، تحقيق صالح التميمي، الرياض، دار مدار المسلم للنشر، ط1، 2011.
- 37. الأشعري، علي بن إسماعيل "ت 330 هـ"، مقالات الإسلاميين واختلاف المصلّين، تحقيق محمد محيي الدين عبد الحميد، القاهرة، مكتبة النهضة المصرية، ط1، 1995.
- 38. الأصفهاني، عماد الدين محمد بن محمد 597 – 519" هـ"، البستان الجامع لجميع تواريخ أهل الزمان، تحقيق محمد الطعاني، (إربد، مؤسسة حمادة للنشر، الدمَّام، مكتبة المتنبي)، ط1، 2003.

- 39. البرزالي، علم الدين القاسم الإشبيلي 739 - 665" هـ"، المقتفي على كتاب الروضتين المشهور بتاريخ البرزالي، تحقيق عمر تدمري، بيروت، المكتبة العصرية، ط1، 2006.
- 40. البسوي، يعقوب بن سفيان "ت 277 هـ"، كتاب المعرفة والتاريخ، تحقيق أكرم ضياء العمري، بيروت، مؤسسة الرسالة، ط2، 1981.
- 41. البغدادي، عبد القاهر بن طاهر "ت 429 هـ"، الفرق بين الفِرَق وبيان الفرقة الناجية منهم، تحقيق محمد محيي الدين عبد الحميد، القاهرة، مكتبة التراث، ط1، د.ت.
- 42. البلاذري، أحمد بن يحيى "ت 279 هـ"، أنساب الأشراف، تحقيق سهيل زكَّار ورياض زركلي، بيروت، دار الفكر، ط1، 1996.
- 43. التميمي، أبو العرب محمد بن أحمد "ت 333 هـ"، كتاب المحن، تحقيق يحيى الجبوري، بيروت، دار الغرب الإسلامي، ط3، 2006.
- 44. الجاحظ، عمرو بن بحر 255 - 150" هـ"، البيان والتبيين، تحقيق عبد السلام هارون، القاهرة، مكتبة الخانجي، ط7، 1998.
- 45. الجهشياري، محمد بن عبدوس "ت 331 هـ"، الوزراء والكتَّاب، تحقيق مصطفى السقا وإبراهيم الأبياري وعبد الحفيظ شلبي، القاهرة، مطبعة مصطفى البابي الحلبي، ط1، 1938.
- 46. الجهشياري، محمد بن عبدوس "ت 331 هـ"، الوزراء والكُتَّاب، تحقيق إبراهيم صالح، أبو ظبي، هيئة أبو ظبي للثقافة والتراث، ط1، 2009.
- 47. الخطَّابي البستي، حمد بن محمد "ت 388 هـ"، غريب الحديث، تحقيق عبد الحميد العزباوي، مكة المكرَّمة، منشورات جامعة أم القرى، ط1، 1982.
- 48. الخطيب البغدادي، أبو بكر أحمد بن علي 463 - 392" هـ"، تاريخ بغداد، تحقيق مصطفى عبد القادر عطا، بيروت، دار الكتب العلمية، ط2، 2004.
- 49. الدينوري، أحمد بن داود "ت 282 هـ"، الأخبار الطوال، تحقيق عبد المنعم عامر، القاهرة، منشورات وزارة الثقافة والإرشاد القومي، ط1، د.ت.
- 50. الذهبي، شمس الدين محمد بن أحمد 748 - 673" هـ"، دول الإسلام، تحقيق حسين مروة، بيروت، دار صادر، ط1، 1999.

- 51. ـــــ، شمس الدين محمد بن أحمد 748 - 673" هـ"، سير أعلام النبلاء، أشرف على التحقيق شعيب الأرناؤوط، بيروت، مؤسسة الرسالة، ط1، 1982.

- 52. ـــــ، شمس الدين محمد بن قايماز 748 - 673" هـ"، تاريخ الإسلام ووفيات المشاهير والأعلام، تحقيق بشار عواد معروف، بيروت، دار الغرب الإسلامي، ط1، 2003.

- 53. الراغب الأصفهاني، الحسين بن محمد "ت 502 هـ"، المفردات في غريب القرآن، تحقيق محمد سيد كيلاني، بيروت، دار المعرفة، ط1، د. ت.

- 54. السبكي، تاج الدين، عبد الوهاب بن علي 771 - 727" هـ"، طبقات الشافعيَّة الكبرى، تحقيق عبد الفتاح الحلو ومحمود الطناحي، القاهرة، مطبعة عيسى البابي الحلبي، ط1، 1964.

- 55. السخاوي، شمس الدين محمد بن عبد الرحمن 902 – 831" هـ"، الضوء اللامع لأهل القرن التاسع، بيروت، دار الجيل، ط1، 1992.

- 56. الشاطبي، إبراهيم بن موسى 590 – 538" هـ"، الموافقات، تحقيق مشهور حسن آل سلمان، الخُبَرْ، دار ابن عفان للنشر والتوزيع، ط1، 1997.

- 57. الشافعي، محمد بن إدريس 204 - 150" هـ"، الأم، بيروت، دار الفكر، ط1، 1983.

- 58. الشهرستاني، محمد بن عبد الكريم "ت 548 هـ"، الملل والنِّحل، تحقيق أمير مهنا وعلي فاعور، بيروت، دار المعرفة، ط3، 1993.

- 59. الشوكاني، محمد بن علي 1250 – 1173" هـ"، رفع الأساطين في حكم الاتصال بالسلاطين، تحقيق حسن محمد الظاهر، بيروت، دار ابن حزم للنشر والتوزيع، ط1، 1992.

- 60. الصابي، إبراهيم بن هلال "ت 384 هـ"، المختار من رسائل الصابي، نقّحه وعلق عليه شكيب أرسلان، بيروت، دار النهضة، ط1، د. ت.

- 61. الصالحي، محمد بن أحمد 744 – 704" هـ"، طبقات علماء الحديث، تحقيق أكرم البوشي وإبراهيم الزيبق، بيروت، مؤسسة الرسالة، ط2، 1996.

- 62. الصفدي، خليل بن أيبك "ت 764 هـ"، الوافي بالوفيات، تحقيق أحمد الأرناؤوط وتركي مصطفى، بيروت، دار إحياء التراث، ط1، 2000.

63. الصفدي، صلاح الدين خليل بن أيبك 764 – 696" هـ"، أعيان العصر وأعوان النصر، تحقيق علي أبو زيد ونبيل أبو عمشة ومحمد موعد ومحمود سالم، دمشق، دار الفكر، ط1، 1998.

64. الطبري، محمد بن جرير "ت 310 هـ"، تاريخ الرسل والملوك، تحقيق محمد أبو الفضل إبراهيم، القاهرة، دار المعارف، ط2، 1967.

65. الطرسوسيّ، نجم الدين إبراهيم بن علي 758 - 721" هـ"، تحفة الترك فيما يجب أن يُعْمَل في المُلْك، تحقيق رضوان السيِّد، بيروت، دار الطليعة، ط1، 1992.

66. العسقلاني، ابن حجر أحمد بن علي "ت 852 هـ"، فتح الباري شرح صحيح البخاري، تحقيق محمد فؤاد عبد الباقي، بيروت، دار المعرفة، ط1، 1959.

67. القرماني، أحمد بن يوسف "ت 1019 هـ"، أخبار الأُوَل وآثار الدول في التاريخ، تحقيق أحمد حطيط وفهمي سعيد، بيروت، عالم الكتب، ط1، 1992.

68. القلقشندي، أحمد بن علي 821 - 756" هـ"، صبح الأعشى في صناعة الإنشا، تحقيق محمد حسين شمس الدين، بيروت، دار الكتب العلمية، ط1، 1987.

69. ـــــــــ، أحمد بن علي 821 - 756" هـ"، مآثر الإنافة في معالم الخلافة، تحقيق عبد الستار فراج، الكويت، وزارة الإرشاد، ط1، 1964.

70. الكلبي، عمر بن الحسن "ت 633 هـ"، أعلام النصر المبين في المفاضلة بين أهليْ صفين، تحقيق محمد أمحزون، بيروت، دار الغرب الإسلامي، ط1، 1998.

71. المجلسي، محمد بن باقر "ت 1111 هـ"، بحار الأنوار الجامعة لدرر أخبار الأئمة الأطهار، بيروت، دار إحياء التراث، ط3، 1983.

72. المرادي، محمد بن الحسن الحضرمي "ت 489 هـ"، الإشارة إلى أدب الأمارة، تحقيق رضوان السيد، بيروت، دار الطليعة، ط1، 1981.

72. المسعودي، علي بن الحسين "ت 345 هـ"، التنبيه والإشراف، صححه وراجعه عبد الملك إسماعيل الصاوي، بغداد، مكتبة المثنى، ط1، 1938.

74. ـــــــــ، علي بن الحسين "ت 346 هـ"، مروج الذهب ومعادن الجوهر، تحقيق محمد محيي الدين عبد الحميد، بيروت، المكتبة العصرية، ط1، 1987.

- 75. المقدسي، المطهر بن طاهر "ت 355 هـ"، البدء والتاريخ، بورسعيد، مكتبة الثقافة الدينية، ط1، د. ت.
- المقري، شهاب الدين أحمد التلمساني "ت 380 هـ"، نفح الطيب من غصن الأندلس الرطيب وذكر وزيرها لسان الدين بن الخطيب، تحقيق إحسان عباس، بيروت، دار صادر، ط1، 1988.
- 76. المقريزي، أحمد بن علي 845 - 766" هـ"، السلوك لمعرفة دول الملوك، تحقيق محمد عبد القادر عطا، بيروت، دار الكتب العلمية، ط1، 1997.
- 77. ______، تقي الدين أحمد بن علي "ت 845 هـ"، كتاب المقفى الكبير، تحقيق محمد اليعلاوي، بيروت، دار الغرب الإسلامي، ط1، 1991.
- 78. النووي، يحيى بن شرف الدين 676 - 631" هـ"، روضة الطالبين وعمدة المفتين، تحقيق عادل عبد الموجود وعلي معوض، بيروت، دار عالم المكتبات، ط4، 2013.
- 79. الواقدي، أبو عبد الله محمد بن عمر "ت 207 هـ"، كتاب الردَّة مع نبذة من فتوح العراق وذكر المثنى بن حارثة الشيباني، تحقيق يحيى الجبوري، بيروت، دار الغرب الإسلامي، ط1، 1990.
- 80. أبو الحسن الماورديّ، علي بن محمد 450 - 364" هـ"، قوانين الوزارة وسياسة المُلْك، تحقيق رضوان السيد، بيروت، دار الطليعة، ط1، 1979.
- 81. ______، علي بن محمد 450 - 364" هـ"، نصيحة الملوك، تحقيق فؤاد عبد المنعم أحمد، الإسكندرية، مؤسسة شباب الجامعة، ط1، 1988.
- 82. ______، علي بن محمد 450 - 364" هـ"، أدب الدنيا والدين، تحقيق مصطفى السقا، القاهرة، مطبعة مصطفى البابي الحلبي، ط3، 1955.
- 83. ______، علي بن محمد 450 - 364" هـ"، تسهيل النَّظر وتعجيل الظفر: في أخلاق المَلِك وسياسة المُلْك، تحقيق رضوان السيد، بيروت، مركز ابن الأزرق لدراسات التراث السياسي، ط2، 2012.
- 84. ______، علي بن محمد 450 - 364" هـ"، كتاب الأحكام السلطانية والولايات الدينية، تحقيق أحمد مبارك البغدادي، الكويت، دار ابن قتيبة، ط1، 1989.

85. ـــــــــ، علي بن محمد 450 - 364" هـ"، نصيحة الملوك، تحقيق محمد جاسم الحديثي، بغداد، وزارة الثقافة، ط2، 1986.

86. أبو المعالي الجويني، عبد الملك بن عبد الله 478 - 419" هـ"، غياث الأمم في التياث الظلم، تحقيق مصطفى حلمي وفؤاد عبد المنعم، الاسكندرية، دار الدعوة، ط1، 1979.

87. ـــــــــ، عبد الملك بن عبد الله، 478 - 419" هـ"، الإرشاد إلى قواطع الأدلة في أصول الاعتقاد، تحقيق محمد يوسف موسى وعلي عبد المنعم، القاهرة، مكتبة الخانجي، ط1، 1950.

88. أبو بكر الطرطوشيّ، محمد بن الوليد 520 – 451" هـ" سراج الملوك، تحقيق محمد فتحي أبو بكر، القاهرة، الدار المصرية اللبنانية، ط1، 1994.

89. أبو حامد الغزّالي، محمد بن محمد 505 – 450" هـ"، الاقتصاد في الاعتقاد، تحقيق إنصاف رمضان، دمشق، دار قتيبة، ط1، 2003.

90. ـــــــــ، محمد بن محمد 505 – 450" هـ"، إحياء علوم الدين، بيروت، دار ابن حزم، ط1، 2005.

91. ـــــــــ، محمد بن محمد 505 – 450" هـ"، إلجام العوام عن علم الكلام، تحقيق هيئة التأليف في وقف إسماعيل آغا، إسطنبول، مكتبة السراج، ط1، 2017.

92. ـــــــــ، محمد بن محمد 505 – 450" هـ"، فضائح الباطنية، تحقيق عبد الرحمن بدوي، الكويت، مؤسسة دار الكتب الثقافية، ط1، د. ت.

93. ـــــــــ، محمد بن محمد 505 – 450" هـ"، ميزان العمل، تحقيق سليمان دنيا، القاهرة، دار المعارف، ط1، 1964.

94. ـــــــــ، محمد بن محمد 505 – 450" هـ"، إحياء علوم الدين، بيروت، دار المعرفة، ط1، د. ت.

95. ـــــــــ، محمد بن محمد 505 – 450" هـ"، التبر المسبوك في نصيحة الملوك، تحقيق محمد أحمد دمج، بيروت، دار الكتب العلمية، ط1، 1988.

- 96. أبو حمُّو الزيانيّ، موسى بن يوسف 791 - 723" هـ"، واسطة السلوك في سياسة الملوك، تحقيق محمود بوترعة، الجزائر، دار الشيماء للنشر والتوزيع، ط1، 2012.
- 97. أبو زرعة الدمشقي، عبد الرحمن بن عمرو "ت 281 هـ"، تاريخ أبي زرعة الدمشقي، تحقيق شكرالله القوجاني، دمشق، مجمع اللغة العربية، ط1، 1984.
- 98. أبو منصور الثعالبي، عبد الملك بن محمد 429 - 350" هـ"، تحفة الوزراء، تحقيق سعد أبو دية، عمَّان، دار البشير، ط1، 1994.
- 99. أبو هلال العسكري، الحسن بن عبد الله"ت 395 هـ"، كتاب الأوائل، تحقيق محمد السيد الوكيل، طنجة، دار أمل، ط1، 1966.
- 100. أبو يوسف القاضي، يعقوب بن إبراهيم "ت 182 هـ"، كتاب الخراج، تحقيق إحسان عباس، بيروت، دار الشروق، ط1، 1985.
- 101. أحمد بن حنبل "241 - 164"، مسائل الإمام أحمد بن حنبل، تحقيق فضل الرحمن دين محمد، دلهي - الهند، الدار العلميَّة، ط1، د. ت.
- 102. تاج الدين السبكي، عبد الوهاب بن علي 771 - 727" هـ"، طبقات الشافعيَّة الكبرى، تحقيق عبد الفتاح الحلو ومحمود الطناحي، القاهرة، مطبعة عيسى البابي الحلبي، ط1، 1964.
- 103. جلال الدين السيوطي، عبد الرحمن بن أبي بكر 911 - 849" هـ"، ما رواه الأساطين في عدم المجيء إلى السلاطين، تحقيق مجدي فتحي السيد، طنطا، دار الصحابة للنشر والتوزيع، ط1، 1991.
- 104. ذو النسبيْن، أبو الخطَّاب عمر بن الحسن "ت 633 هـ"، النبراس في تاريخ خلفاء بني العباس، صحَّحه وعلَّق عليه عبَّاس العزَّاوي، بغداد، مطبعة العارف، ط1، 1946.
- 105. طاش كبرى زادة، أحمد بن مصطفى "ت 968 هـ"، طبقات الفقهاء، تحقيق أحمد نيلة، الموصل، مطبعة الزهراء الحديثة، ط2، 1961.

106. طيفور، أبو الفضل أحمد بن أبي طاهر 280 - 204" هـ"، كتاب بغداد، تحقيق هَنْس كَلَر، بيروت، دار الجنان، ط1، د. ت.

107. عبد الله بن المقفَّع 142 – 106" هـ"، آثار ابن المقفَّع، بيروت، دار الكتب العلمية، ط1، 1989.

108. لسان الدين بن الخطيب، محمد بن عبد الله776 – 713" هـ"، الإحاطة في أخبار غرناطة، تحقيق محمد عبد الله عنان، القاهرة، مكتبة الخانجي، ط1، 1975.

109. مالك بن أنس 179 - 93" هـ"، الموطَّأ، تحقيق محمد فؤاد عبد الباقي، القاهرة، دار إحياء الكتب العربية، ط1، 1951.

110. مؤلف مجهول، كتاب الأسد والغواص: حكاية رمزية عربية من القرن الخامس الهجري، تحقيق رضوان السيد، بيروت، دار الطليعة، ط2، 1992.

111. نصر بن مزاحم "ت 212 هـ"، وقعة صفين، تحقيق عبد السلام هارون، القاهرة، المؤسسة العربية الحديثة ومكتبة الخانجي، ط3، 1981.

112. وكيع، محمد بن خلف "ت 306 هـ"، أخبار القضاة، تحقيق عبد العزيز المراغي، القاهرة، المكتبة التجارية الكبرى، ط1، 1947.

113. ياقوت الحموي، شهاب الدين أبو عبدالله 626 – 574" هـ"، معجم الأدباء (إرشاد الأرديب إلى معرفة الأديب)، تحقيق إحسان عباس، بيروت، دار الغرب الإسلامي، ط1، 1993.

ثانياً: المراجع

- 113. أباه، السيّد ولد، الدِّين والهوية: إشكالات الصدام والحوار والسلطة، بيروت، دار جداول للنشر والتوزيع، ط1، 2010.
- 114. إبراهيم، أيمن، الإسلام والسلطان والمُلْك، دمشق، دار الحصاد ودار الجندي، ط1، 1998.
- 115. أبو زيد، نصر حامد، النص والسلطة والحقيقة: إدارة المعرفة وإرادة الهيمنة، الدار البيضاء، المركز الثقافي العربي، ط1، 2000.
- 116. أبو زهرة، محمد، ابن تيمية: حياته وعصره - آراؤه وفقهه، القاهرة، دار الفكر العربي، ط3، 2000.
- 117. أبو النصر، محمد عبد العظيم، السلاجقة: تاريخهم السياسي والعسكري، القاهرة، عين للدراسات والبحوث الإنسانية والاجتماعية، ط1، 2001.
- 118. أبو سليمان، عبد الحميد، أزمة العقل المسلم، القاهرة، دار القارىء العربي، ط1، 1991.
- 119. أتركين، محمد، السلطة والشرعيَّة في دار الإسلام: دراسة لآليات وقواعد القانون العام الإسلامية، الدار البيضاء، دار النجاح الجديدة، ط1، 2006.
- 120. أركون، محمد، الإسلام: الأخلاق والسياسة، ترجمة هاشم محمد صالح، بيروت، مركز الإنماء العربي، ط1، 1990.
- 121. ـــــ، محمد، تاريخية الفكر العربي، ترجمة صالح هاشم، بيروت، المركز الثقافي العربي، ط1، 2007.
- 122. ـــــ، محمد، قضايا في نقد العقل الديني: كيف نفهم الإسلام اليوم؟، ترجمة هاشم صالح، بيروت، دار الطليعة، ط2، 2000.
- 123. أمحزون، محمد، تحقيق مواقف الصحابة في الفتنة من روايات الإمام الطبري والمحدِّثين، الرياض، مكتبة الكوثر، ط1، 2007.
- 124. أمين، أحمد، ضحى الإسلام، القاهرة، مؤسسة هنداوي للتعليم والثقافة، ط1، 2012.

125. الأنصاري، محمد جابر، تكوين العقل العربي ومغزى الدولة القُطْرية: مدخل إلى إعادة فهم الواقع العربيّ، بيروت، مركز دراسات الوحدة العربية، ط2، 1995.

126. أومليل، علي، الخطاب التاريخي: دراسة لمنهجيَّة ابن خلدون، بيروت، دار التنوير، ط3، 1985.

127. ـــــــ، علي، السلطة الثقافية والسلطة السياسية، بيروت، مركز دراسات الوحدة العربية، ط2، 1998.

128. ـــــــ، علي، في التراث والتجاور، الدار البيضاء – بيروت، المركز الثقافي العربي، ط1، 1990.

129. ـــــــ، علي، في شرعيَّة الاختلاف، الدار البيضاء – بيروت، المركز الثقافي العربي، ط2، 2005.

130. بدوي، عبد الرحمن، الأصول اليونانية للنظريات السياسية في الإسلام، القاهرة، مكتبة النهضة المصرية، ط1، 1954.

131. بركات، حليم، الاغتراب في الثقافة العربية: متاهات الإنسان بين الحلم والواقع، بيروت، مركز دراسات الوحدة العربية، ط1، 2006.

132. بروكلمان، كارل، تاريخ الشعوب الإسلاميَّة، ترجمة نبيه أمين فارس ومنير البعلبكي، بيروت، دار العلم للملايين، ط5، 1968.

133. بشير، سليمان، مقدمة في التاريخ الآخر: نحو قراءة جديدة للرواية الإسلاميَّة، القدس، د. ن، ط1، 1984.

134. البكَّاي، لطيفة، حركة الخوارج: نشأتها وتطورها إلى نهاية العهد الأموي، بيروت، دار الطليعة، ط1، 2001.

135. بلقزيز، عبد الإله: الإسلام والسياسة: دور الحركة الإسلاميَّة في صوغ المجال السياسيّ، الدار البيضاء، المركز الثقافي العربي، ط1، 2001.

136. ـــــــ، عبد الإله، الإسلام والحداثة والاجتماع السياسي: حوارات فكرية، بيروت، مركز دراسات الوحدة العربية، ط1، 2004.

137. ـــــــ، عبد الإله، الإسلام والسياسة: دور الحركة الإسلامية في صوغ المجال السياسي، بيروت، المركز الثقافي العربي، ط1، 2001.

138. ____، عبد الإله، في البدء كانت الثقافة: نحو وعي عربي متجدد بالمسألة العربية، بيروت، دار إفريقيا الشرق، ط1، 1998.

139. بن بيه، محمد محمود، الأثر السياسي للعلماء في عصر المرابطين، جدَّة، دار الأندلس الخضراء، ط1، 2000.

140. بن عاشور، محمد الطاهر، تفسير التحرير والتنوير، تونس، الدار التونسية للنشر، ط1، 1984.

141. بن عاشور، محمد الفاضل، محاضرات، تقديم كمال الدين جعيط، تونس، مركز النشر الجامعي، ط1، 1999.

142. بوتشيش، إبراهيم القادري، خطاب العدالة في كتب الآداب السلطانية، بيروت، المركز العربي للأبحاث ودراسة السياسات، ط1، 2014.

143. بوعجيلة، ناجية الوريمي، حفريات في الخطاب الخلدوني: الأصول السلفيَّة ووهم الحداثة العربيَّة، دمشق، دار بترا للنشر والتوزيع، ط1، 2008.

144. ____، ناجية الوريمي، في الائتلاف والاختلاف: ثنائية السائد والمهمَّش في الفكر الإسلاميّ القديم، دمشق، دار المدى للثقافة والنشر، ط1، 2004.

145. بيضون، إبراهيم، تكوُّن الاتجاهات السياسية في الإسلام الأول: من دولة عمر إلى دولة عبد الملك، بيروت، دار اقرأ، ط2، 1986.

146. الجابري، محمد عابد، الدين والدولة وتطبيق الشريعة، بيروت، مركز دراسات الوحدة العربية، ط2، 2004.

147. ____، محمد عابد، العقل الأخلاقي العربي: دراسة تحليلية نقدية لنظم القيم في الثقافة العربية، بيروت، مركز دراسات الوحدة العربية، ط1، 2001.

148. ____، محمد عابد، العقل السياسي العربي: محدداته وتجلياته، بيروت، مركز دراسات الواحدة العربية، ط4، 2000.

149. ____، محمد عابد، المثقفون في الحضارة العربية: محنة ابن حنبل ونكبة ابن رشد، بيروت، مركز دراسات الوحدة العربية، ط2، 2000.

150. ____، محمد عابد، بنية العقل العربي: دراسة تحليليَّة نقدية لنظم المعرفة في الثقافة العربية، بيروت، مركز دراسات الوحدة العربية، ط9، 2009.

–   151. ـــــــ، محمد عابد، تكوين العقل العربي، بيروت، مركز دراسات الوحدة العربية، ط10، 2009.

–   152. ـــــــ، محمد عابد، فكر ابن خلدون: العصبيَّة والدولة "معالم نظرية خلدونية في التاريخ الإسلامي"، بيروت، مركز دراسات الوحدة العربية، ط6، 1994.

–   153. ـــــــ، محمد عابد، نحن والتراث: قراءات معاصرة في تراثنا الفلسفيّ، بيروت – الدار البيضاء، المركز الثقافي العربي، ط6، 1993.

–   154. جب، هاملتون، دراسات في حضارة الإسلام، ترجمة إحسان عبَّاس ومحمد يوسف نجم ومحمد زايد، بيروت، دار العلم للملايين، ط3، 1979.

–   155. جبرون، امحمد، نشأة الفكر السياسي الإسلاميّ وتطوره: دراسة في المثلث الإشكالي "المدنية والأصالة والعقلانية السياسية"، الدوحة، منتدى العلاقات العربية والدولية، ط1، 2015.

–   156. جدعان، فهمي، أسس التقدم عند مفكري الإسلام في العالم العربيّ الحديث، عمَّان، دار الشروق، ط3، 1988.

–   157. ـــــــ، فهمي، المحنة: بحث في جدلية الديني والسياسي في الإسلام، عمَّان، دار الشروق، ط1، 1989.

–   158. جعيط، هشام، الفتنة: جدلية الدين والسياسة في الإسلام المبكِّر، ترجمة خليل أحمد خليل، بيروت، دار الطليعة، ط4، 2000.

–   159. جوزي، بندلي، من تاريخ الحركات الفكرية في الإسلام، د. م، منشورات الاتحاد العام للكتَّاب والصحفيين الفلسطينيين، ط2، 1981.

–   160. الحامد، عبد الله، المشكلة والحل: الاستبداد والشورى، بيروت، الدار العربية للعلوم، ط1، 2004.

–   161. حجازي، مصطفى، الإنسان المهدور: دراسة تحليلية نفسية اجتماعية، الدار البيضاء، المركز الثقافي العربي، ط 1، 2005.

–   162. الحجّي، حياة ناصر، أحوال العامَّة في حكم المماليك 678 – 784 ﻫ: دراسة في الجوانب السياسية والاقتصادية والاجتماعية، الكويت، دار القلم، ط2، 1994.

- 163. ____، حياة ناصر، السلطة والمجتمع في سلطنة المماليك: حكم سلاطين المماليك البحريّة 661 – 784 ه" دراسة تاريخية وثائقية في واقع الممارسات المختلفة السلطانية والأميرية، الكويت، مجلس النشر العلمي في جامعة الكويت، ط1، 1997.

- 164. حرب، علي، الإنسان الأدنى: أمراض الدين والحداثة، بيروت، المؤسسة العربية للدراسات والنشر، ط2، 2010.

- 165. ____، علي، توافق الأضداد، بيروت، الدار العربية للعلوم، ط1، 2008.

- 166. حسن، حسن إبراهيم، تاريخ الإسلام: السياسي والديني والثقافي والاجتماعي "الجزء الرابع: العصر العباسي الثاني"، بيروت، دار الجيل، ط14، 1996.

- 167. حسين، أحمد، من قضايا الرأي في الإسلام، القاهرة، دار الكتاب العربي للطباعة والنشر، ط1، د . ت.

- 168. حسين، بثينة بنت، الفتنة الثانية في عهد يزيد بن معاوية 60 – 64 ه، بيروت، دار الجمل، ط1، 2013.

- 169. حلّاق، وائل، الدولة المستحيلة: الإسلام والسياسة ومأزق الحداثة الأخلاقي، ترجمة عمرو عثمان، بيروت، المركز العربي للأبحاث ودراسة السياسات، ط1، 2014.

- 170. ____، وائل، نشأة الفقه الإسلامي وتطوره، ترجمة رياض الميلادي، بيروت، دار المدار الإسلامي، ط1، 2007.

- 171. حليقاوي، محمد عبد الفتاح، أ ل م: لافتات على طريق التجديد والوسطيّة، عمّان، وزارة الثقافة، ط1، 2017.

- 172. ____، محمد عبد الفتاح، المثقّفون العرب: دراسة في الحالات والأدوار، إسطنبول، مركز الفكر الاستراتيجي للدراسات، ط1، 2018.

- 173. حميدالله، محمد، مجموعة الوثائق السياسية للعهد النبوي والخلافة الراشدة، بيروت، دار النفائس، ط5، 1985.

- 174. الحوالي، سفر، ظاهرة الإرجاء في الفكر الإسلامي، هولندا، دار الكلمة، ط1، 1999.

- 175. الخالدي، صلاح، الخلفاء الراشدون بين الاستخلاف والاستشهاد، دمشق، دار القلم، ط5، 2010.
- 176. الخزعان، عبد الله، أثر العلماء في الحياة السياسية في الدولة الأموية، الرياض، مكتبة الرشيد، ط1، 2004.
- 177. خليل، عماد الدين، ملامح الانقلاب الإسلامي في خلافة عمر بن عبد العزيز، بيروت، مؤسسة الرسالة، ط 3، 1978.
- 178. خماش، نجدت، الإدارة في العصر الأموي، دمشق، دار الفكر، ط1، 1980.
- 179. الدجاني، أحمد صدقي وآخرون، المثقف العربي: همومه وعطاؤه، بيروت، مركز دراسات الوحدة العربية، ط2، 2001.
- 180. درادكة، صالح، العلاقات العربية اليهودية حتى نهاية عهد الخلفاء الراشدين، عمَّان، الدار الأهلية للنشر والتوزيع، ط1، 1992.
- 181. دمج، محمد، مرايا الأمراء: الحكمة السياسية والأخلاق التعاملية في الفكر الإسلامي الوسيط، بيروت، مؤسسة بحسون للنشر والتوزيع، ط1، 1994.
- 182. الدوري، عبد العزيز، مقدمة في تاريخ صدر الإسلام، بيروت، مركز دراسات الوحدة العربية، ط 2، 2007.
- 183. ـــــ، عبد العزيز، التكوين التاريخي للأمة العربية: دراسة في الهوية والوعي، بيروت مركز دراسات الوحدة العربية، ط1، 1984.
- 184. ـــــ، عبد العزيز، الجذور التاريخية للشعوبية، بيروت، دار الطليعة، ط3، 1981.
- 185. ـــــ، عبد العزيز، العصر العباسي الأول: دراسة في التاريخ السياسي والإداري والمالي، بيروت، دار الطليعة، ط2، 1988.
- 186. ـــــ، عبد العزيز، النظم الإسلامية، بيروت، مركز دراسات الوحدة العربية، ط1، 2008.
- 187. ـــــ، عبد العزيز، أوراق من التاريخ والحضارة، بيروت، دار الغرب الإسلامي، ط1، 2007.

- 188. الرفاعي، أحمد فريد، عصر المأمون، القاهرة، دار الكتب المصرية، ط2، 1927.

- 189. الرواضية، صالح، زياد بن أبيه ودوره في الحياة العامة في صدر الإسلام، الكرك، منشورات جامعة مؤتة، ط1، 1994.

- 190. الريّس، محمد ضياء الدين، النظريات السياسية الإسلامية، القاهرة، دار التراث، ط7، 1976.

- 191. الريسوني، أحمد، الأُمَّة هي الأصل: مقاربة تأصيلية لقضايا الديمقراطية، حرية التعبير، الفن، بيروت، الشبكة العربية للأبحاث والنشر، ط1، 2012.

- 192. الزركلي، خير الدين، الأعلام، بيروت، دار العلم للملايين، ط 15، 2002.

- 193. زيادة، خالد، كاتب السلطان: حرفة الفقهاء والمثقفين، لندن، دار رياض الريّس للنشر، ط1، 1991.

- 194. سالم، أحمد، دولة السلطان: جذور التسلُّط والاستبداد في التجربة الإسلامية، القاهرة، الهيئة العامة لقصور الثقافة، ط1، 2011.

- 195. سالم، السيد عبد العزيز، العصر العباسي الأول: الجزء الثالث، الإسكندرية، مؤسسة شباب الجامعة، ط1، 1993.

- 196. ____، السيد عبد العزيز، دراسات في تاريخ العرب: تاريخ الدولة العربية، الاسكندرية، مؤسسة شباب الجامعة، ط1، د.ت.

- 197. السامرائي، خليل، وآخرون، تاريخ العرب وحضارتهم في الأندلس، الموصل، دار الكتاب، ط1، 1986.

- 198. سعد، فهمي عبد الرازق، العامَّة في بغداد في القرنين الثالث والرابع الهجريين، بيروت، دار المنتخب العربي، ط1، 1993.

- 199. سعدالله، علي، نظرية الدولة في الفكر الخلدوني، عمَّان، دار مجدلاوي، ط1، 2003.

- 200. سعيد، إدوارد، الاستشراق: المفاهيم الغربية للشرق، ترجمة محمد عناني، القاهرة، دار رؤية للنشر والتوزيع، ط1، 2006.

- 201. ___، إدوارد، الثقافة والمقاومة، ترجمة علاء الدين أبو زينة، بيروت، دار الآداب، ط1، 2006.
- 202. ___، إدوارد، صورة المثقف، ترجمة غسان غصن، بيروت، دار النهار، ط1، 1996.
- 203. السيّد، رضوان، الجماعة والمجتمع والدولة، بيروت، دار الكتاب العربي، ط2، 2007.
- 204. ___، رضوان، مفاهيم الجماعات في الإسلام: دراسات في السوسيولوجيا التاريخية للاجتماع العربي الإسلامي، بيروت، دار المنتخب العربي، ط1، 1993.
- 205. سيف الدين، عبد الحكيم، العلماء والسلطة: دراسة عن دور العلماء في الحياة السياسية والاقتصادية في العصر العباسي الأول، الاسكندرية، المكتب الجامعي الحديث، ط1، 2008.
- 206. شاهين، حمدي، الدولة الأموية المفترى عليها: دراسة الشبهات وردّ المفتريات، القاهرة، دار القاهرة للكتاب، ط1، 2001.
- 207. شرابي، هشام، النقد الحضاري للمجتمع العربي في نهاية القرن العشرين، بيروت، مركز دراسات الوحدة العربية، ط2، 1999.
- 208. شرف، محمد جلال، وعلي عبد المعطي محمد، الفكر السياسي في الإسلام: شخصيات ومذاهب، الاسكندرية، دار الجامعات المصرية، ط1، 1978.
- 209. الشرقاوي، عبد الرحمن، ابن تيمية: الفقيه المعذَّب، القاهرة، دار الشروق، ط1، 1990.
- 210. الشعيبي، أحمد، وثيقة المدينة: المضمون والدلالة، الدوحة، وزارة الأوقاف والشؤون الإسلاميَّة، سلسلة كتاب الأُمّة العدد 110، ط1، 2005.
- 211. شلتوت، محمود، الإسلام عقيدة وشريعة، القاهرة، دار الشروق، ط18، 2001.
- 212. الشلفي، عبد الولي بن عبد الواحد، القراءات المعاصرة والفقه الإسلامي: مقدمات في الخطاب والمنهج، الرياض، مركز نماء للبحوث والدراسات، ط1، 2013.
- 213. شمس، محمد عزيز، وعلي بن محمد العمران، الجامع لسيرة شيخ الإسلام ابن تيميَّة خلال سبعة قرون، مكة المكرمة، دار عالم الفوائد، ط1، 1999.

- 214. شنقارو، عواطف محمد، فتنة السلطة، بيروت، دار الكتاب الجديدة المتحدة، ط2، 2001.
- 215. الشنقيطي، محمد مختار، الخلافات السياسية بين الصحابة: رسالة في مكانة الأشخاص وقدسية المبادىء، بيروت، الشبكة العربية للأبحاث والنشر، ط1، 2013.
- 216. الشهري، عبد الله، دور العلماء والمفكرين في مواجهة الغزو المغولي، الرياض، دار الفضيلة، ط1، 2013.
- 217. الشيباني، محمد، مواقف المعارضة في عهد يزيد بن معاوية 60 – 64 ه"البيعة، معارضة الحسين بن علي، معركة كربلاء، معركة الحَرَّة، معارضة عبد الله بن الزبير، حريق الكعبة"، الرياض، دار طيبة للنشر والتوزيع، ط2، 2009.
- 218. صادق، حسن، جذور الفتنة في الفرق الإسلامية، القاهرة، مكتبة مدبولي، القاهرة، ط2، 1993.
- 219. صالح، أحمد عباس، اليمين واليسار في الإسلام، بيروت، المؤسسة العربية للدراسات والنشر، ط1، 1973.
- 220. صبحي، أحمد محمد، نظرية الإمامة لدى الشيعة والإثنا عشريَّة، بيروت، دار النهضة، ط1، 1991.
- 221. الصغير، عبد المجيد، الفكر الأصولي وإشكالية السلطة العلمية في الإسلام: قراءة في نشأة علم الأصول ومقاصد الشريعة، بيروت، دار المنتخب العربي، ط1، 1994.
- 222. الصلابي، علي، معاوية بن أبي سفيان: شخصيته وعصره، بيروت، دار المعرفة، ط1، 2006.
- 223. طقوش، محمد سهيل، تاريخ الخلفاء الراشدين: الفتوحات والإنجازات السياسية، بيروت، دار النفائس، ط1، 2003.
- 224. الطويل، يوسف، النزعة النقدية في فلسفة أبي حامد الغزَّالي: أبعادها وخصائصها وأثرها على الفكر الإسلامي والعالمي، بيروت، مكتبة حسن العصرية، ط1، 2016.
- 225. الظاهر، حسن محمد، دراسات في تطور الفكر السياسي، القاهرة، المكتبة الأنجلو المصرية، ط2، 1989.

272 . الإسلام المسروق | محمد عبد الفتاح حليقاوي

- 226. عاقل، نبيه، دراسات في تاريخ العصر الأموي، دمشق، منشورات جامعة دمشق، ط1، 1975.
- 227. العبادي، أحمد مختار، في التاريخ العباسي والأندلسي، بيروت، دار النهضة، ط1، 1955.
- 228. عباس، إحسان، عبد الحميد بن يحيى الكاتب وما تبقى من رسائله ورسائل أبي العلاء، عمَّان، دار الشروق، ط1، 1988.
- 229. ___، إحسان، عهد أردشير، بيروت، دار صادر، ط1، 1967.
- 230. ___، إحسان، ملامح يونانية في الأدب العربي، بيروت، المؤسسة العربية للدراسات والنشر، ط2، 1993.
- 231. عبد الحيّ، محمد شعبان، صدر الإسلام والدولة الأموية، بيروت، دار الأهلية للنشر والتوزيع، ط1، 1983.
- 232. عبد الرحمن، طه، روح الحداثة: المدخل إلى تأسيس الحداثة الإسلاميَّة، بيروت، المركز الثقافي العربي، ط2، 2009.
- 233. ______، طه، سؤال الأخلاق: مساهمة في النقد الأخلاقي للحداثة الغربية، بيروت، المركز الثقافي العربي، ط1، 2000.
- 234. عبد الفتاح، سيف الدين، الزحف غير المقدَّس: تأميم الدولة للدِّين، بيروت، الشبكة العربية للأبحاث والنشر، ط1، 2016.
- 235. عبد اللطيف، كمال، أبحاث في تاريخ الفكر السياسي المغربي، الدار البيضاء، مطبعة النجاح الجديدة، ط1، 1998.
- 236. ______، كمال، في تشريح أصول الاستبداد: قراءة في نظام الآداب السلطانية، بيروت، دار الطليعة، ط1، 1999.
- 237. عثامنة، خليل، وجمال جودة، الانتقالية السياسية في الوطن العربي، رام الله، جامعة بيرزيت، ط1، 2001.
- 238. العروي، عبد الله، مفهوم العقل: مقالة في المفارقات، الدار البيضاء - بيروت، المركز الثقافي العربي، ط3، 2001.

- 239. ____، عبد الله، مفهوم الدولة، الدار البيضاء، المركز الثقافي العربي، ط2، 1983.
- 240. العش، يوسف، الدولة الأموية، دمشق، دار الفكر، ط2، 1985.
- 241. عطوان، حسين، الأمويون والخلافة، بيروت، دار الجيل، ط1، 1986.
- 242. ____، حسين، الدعوة العباسية: تاريخ وتطور، بيروت، دار الجيل، ط2، 1995.
- 243. ____، حسين، الزندقة والشعوبية في العصر العباسي الأول، بيروت، دار الجيل، ط1، د. ت.
- 244. ____، حسين، الفرق الإسلامية في بلاد الشام في العصر الأموي، بيروت، دار الجيل، ط1، 1986.
- 245. ____، حسين، الفقهاء والخلافة في العصر الأموي، بيروت، دار الجيل، ط1، 1991.
- 246. العظمة، عزيز، التراث بين السلطة والتاريخ، الدار البيضاء، دار قرطبة للنشر والتوزيع، ط1، 1987.
- 247. عفيفي، زينب، الفكر السياسي الإسلامي: مفكرو الإسلام ومشروعاتهم الإصلاحية، القاهرة، مكتبة الثقافة الدينية، ط1، 2011.
- 248. العلاَّم، عز الدبن، الآداب السلطانية: دراسة في بنية وثوابت الخطاب السياسي، الكويت، المجلس الوطني للثقافة والفنون والآداب، سلسلة عالم المعرفة، العدد 324، ط1، 2006.
- 249. ___، عز الدين، السلطة والسياسة في الأدب السلطاني، الدار البيضاء، دار إفريقيا الشرق، ط1، 1991.
- 250. ___، عزّ الدين، النصيحة السياسيَّة: دراسة مقارنة بين آداب الملوك الإسلامية ومرايا الأمراء المسيحية، الرباط، مؤسسة مؤمنون بلا حدود، ط1، 2017.
- 251. العلوي، سعيد بنسعيد، الفقه والسياسة: في التفكير السياسي عند الماوردي، بيروت، دار الحداثة للنشر والتوزيع، ط1، 1982.
- 252. ____، سعيد بنسعيد، خطاب الشرعية السياسية في الإسلام السُنِّي، القاهرة، دار رؤية للنشر والتوزيع، ط1، 2009.

- 253. العلي، إبراهيم، صحيح السيرة النبوية: مؤلف جامع للسيرة النبوية المشرَّفة مرتبة حسب الوقائع والأحداث ويقتصر على الأحاديث الصحيحة، عمَّان، دار النفائس للنشر والتوزيع، ط9، 2010.
- 254. علي، وفاء محمد، الخلافة العباسية في عهد تسلُّط البويهيين، الاسكندرية، المكتب الجامعي الحديث، ط1، 1990.
- 255. عمارة، محمد، الإسلام وفلسفة الحكم، القاهرة، دار الشروق، ط1، 1989.
- 256. ___، محمد، الإسلام وفلسفة الحكم، بيروت، المؤسسة العربية للدراسات والنشر، ط2، 1979.
- 257. ___، محمد، تيارات الفكر الإسلامي، القاهرة، دار الشروق، ط2، 1997.
- 258. العمد، إحسان وآخرون، تاريخ الدولة العباسية، عمَّان، منشورات جامعة القدس المفتوحة، ط1، 1995.
- 259. العمرجي، أحمد، المعتزلة في بغداد وأثرهم في الحياة الفكرية والسياسية، القاهرة، مكتبة مدبولي، ط1، 2000.
- 260. العمري، أكرم ضياء، المجتمع المدني في عهد النبوة: خصائصه وتنظيماته الأولى "محاولة لتطبيق قواعد المُحدِّثين في نقد الروايات التاريخيَّة"، المدينة المنورة، منشورات الجامعة الإسلاميَّة، ط1، 1983.
- 261. ___، أكرم ضياء، عصر الخلافة الراشدة: محاولة لنقد الرواية التاريخية وفق مناهج المحدِّثين، الرياض، مكتبة العبيكان، ط1.
- 262. عنان، محمد عبد الله، ابن خلدون: حياته وتراثه الفكري، القاهرة، المكتبة التجارية الكبرى، ط2، 1953.
- 263. عويس، منصور محمد، ابن تيميَّة ليس سلفيَّاً، القاهرة، دار النهضة العربية، ط1، 1970.
- 264. الغزالي، محمد، الإسلام والاستبداد السياسيّ، القاهرة، دار نهضة مصر، ط6، 2005.

- 265. فروخ، عمر، تاريخ الفكر العربي إلى أيام ابن خلدون، بيروت، دار العلم للملايين، ط4، 1983.

- 266. فوزي، فاروق عمر، التاريخ الإسلامي وفكر القرن العشرين: دراسات نقدية في تفسير التاريخ، بغداد، مكتبة النهضة، ط2، 1985.

- 267. ____، فاروق عمر، الخلافة الأموية: دراسة لأول أسرة حاكمة في الإسلام، عمّان، دار الشروق للنشر والتوزيع، ط1، 2009.

- 268. ____، فاروق عمر، الخلافة العباسية في عصر الفوضى العسكريَّة، بغداد، مكتبة المثنى، ط1، 1977.

- 269. ____، فاروق عمر، طبيعة الدعوة العباسية، بغداد، مكتبة الفكر العربي، ط1، 1995.

- 270. الفيومي، محمد، الخوارج والمرجئة، القاهرة، دار الفكر العربي، ط1، 2003.

- 271. القاضي، أحمد، التربية والسياسة عند أبي حامد الغزّالي، القاهرة، دار قباء، ط1، 2000.

- 271. قانصوه، وجيه، الشيعة الإمامية بين النص والتاريخ: دراسة في مراحل التكوين الأولى، بيروت، دار الفارابي، ط1، 2016.

- 273. الكبيسي، خليل، دور الفقهاء في الحياة السياسية والاجتماعية بالأندلس في عصري الإمارة والخلافة، بيروت، دار البشائر الإسلامية، ط1، 2004.

- 274. كحالة، عمر رضا، معجم المؤلفين: تراجم مصنفي الكتب العربية، بيروت، مكتبة المثنى ودار إحياء التراث العربي، ط1، د. ت.

- 275. كوثراني، وجيه، الفقيه والسلطان: جدلية الدين والسياسة في تجربتين تاريخيتين العثمانية والصفوية – القاجارية، بيروت، المركز العربي للأبحاث ودراسة السياسات، ط1، 2015.

- 276. الكيلاني، ماجد عرسان، هكذا ظهر جيل صلاح الدين وهكذا عادت القدس، دبي، دار القلم، ط3، 2002.

- 277. لابيكا، جورج، السياسة والدين عند ابن خلدون، ترجمة موسى وهبة وشوقي الدويهي، بيروت، دار الفارابي للنشر والتوزيع، ط1، 1980.

- 278. لويس، برنارد، لغة السياسة في الإسلام، ترجمة إبراهيم شتا، د. م، دار قرطبة للنشر، ط1، 1993.

- 279. الليثي، مدحت، فقه الواقع في التراث السياسي الإسلامي: نماذج فقهية وفلسفية واجتماعية، بيروت، الشبكة العربية للأبحاث والنشر، ط1، 2015.

- 280. مبارك، زهير، أصول الاستبداد العربي، بيروت، مؤسسة الانتشار العربي، ط1، 2010.

- 281. مبيضين، مهند، أُنْس الطاعة: السياسة والسلطة والسلطان في الإسلام، بيروت، الدار العربية للعلوم ناشرون، ط1، 2012

- 282. متز، آدم، الحضارة الإسلامية في القرن الرابع الهجري، ترجمة محمد عبد الهادي أبو ريدة، بيروت، دار الكتاب العربي، ط4، 1967.

- 283. محمود، زكي نجيب، المعقول واللامعقول في تراثنا الفكري، القاهرة، دار الشروق، ط5، 1993.

- 284. المرزوقي، أبو يعرب، الاجتماع النظري الخلدوني والتاريخ العربي المعاصر، القاهرة، الدار العربية للكتاب، ط1، 1983.

- 285. مروّة، حسين، النزعات المادية في الفلسفة العربية الإسلاميَّة، بيروت، دار الفارابي، ط2، 2008.

- 286. مسعود، جمال، ووفاء جمعة، استخلاف أبو بكر الصديق رضي الله عنه، المنصورة، دار الوفاء، ط1، 1986.

- 287. المسيري، عبد الوهاب، العالم من منظور غربي، القاهرة، دار الهلال، ط1، 2001

- 288. المصري، جميل، أثر أهل الكتاب في الفتن والحروب الأهلية، المدينة المنورة، مكتبة الدار، ط1، 1989.

- 289. مصطفى، شاكر، دولة بني العباس، الكويت، وكالة المطبوعات، ط1، 1973.

- 290. المعايطة، زريف، نشأة الدواوين وتطورها في صدر الإسلام، أبو ظبي، مركز زايد للتراث والتاريخ، ط1، 2000.

- 291. معروف، نايف، الخوارج في العصر الأموي: نشأتهم، تاريخهم، عقائدهم، أدبهم، بيروت، دار الطليعة، ط3، 1986.

- 292. معيطة، أحمد، الإسلام الخوارجي، اللاذقية، دار الحوار للطباعة والنشر، ط1، 2000.

- 293. المغلّس، هاني عبّادي، الطاعة السياسية في الفكر الإسلامي: النص والاجتهاد والممارسة، فرجينيا، المعهد العالمي للفكر الإسلامي، ط1، 2014.

- 294. مغنية، محمد، الشيعة في الميزان، بيروت، دار الشروق، ط1، د. ت.

- 295. ملحم، عدنان، المؤرخون العرب والفتنة الكبرى: القرن 1 - 4 الهجري دراسة تاريخية منهجية، بيروت، دار الطليعة، ط2، 2001.

- 296. منيمنة، حسن، تاريخ الدولة البويهية: السياسي والاقتصادي والاجتماعي والثقافي، بيروت، الدار الجامعية، ط1، 1987.

- 297. موصللي، أحمد، ولؤي صافي، جذور أزمة المثقف في الوطن العربي، دمشق، دار الفكر، ط1، 2002.

- 298. ميخائيل، حنا، السياسة والوحي: الماورديّ وما بعده، ترجمة شكري رحيّم، مراجعة رضوان السيد، تقديم إدوارد سعيد، بيروت، دار الطليعة، ط1، 1997.

- 299. نافعة، حسن، وكليفورد بوزورث، تراث الإسلام، الكويت، المجلس الوطني للثقافة والفنون والآداب، سلسلة عالم المعرفة، العدد 12، ط1، 1978.

- 300. نبي، مالك بن، تأملات، بيروت، دار الفكر المعاصر، ط 9، 2009.

- 301. ____، مالك بن، من أجل التغيير، بيروت، دار الفكر المعاصر، ط7، 1997.

- 302. النجار، محمد رجب، الشطّار والعيارين: حكايات في التراث العربي، الكويت، المجلس الوطني للثقافة والفنون والآداب، سلسلة عالم المعرفة، العدد 45، ط1، 1981.

- 303. نسيرة، هاني، متاهة الحاكميَّة: أخطاء الجهاديين في فهم ابن تيميَّة، بيروت، مركز دراسات الوحدة العربية، ط1، 2015.

- 304. نصار، ناصيف، الفكر الواقعي عند ابن خلدون، بيروت، دار الطليعة، ط2، 1985.

- 305. ____، ناصيف، طريق الاستقلال الفلسفي، بيروت، دار الطليعة، ط 2، 1979.
- 306. نقلي، آسيا سلمان، دور الفقهاء والعلماء المسلمين في الشرق الأدنى في الجهاد ضدَّ الصليبيين خلال الحركة الصليبية، الرياض، مكتبة العبيكان، ط1، 2002.
- 307. نوَّار، صلاح الدين محمد، نظرية الخلافة أو الإمامة وتطورها السياسي والديني، الاسكندرية، منشأة المعارف، ط1، 1961.
- 308. النيهوم، الصادق، ثلاث كلمات تقال بأمانة عن مشكلة التراث العربي، إعداد وتحقيق سالم الكبتي، د. م، دار تالا للطباعة والنشر، ط1، د. ت.
- 309. ____، الصادق، محنة ثقافة مزوَّرة: صوت النَّاس أم صوت الفقهاء، دمشق، رياض الريّس للكتب والنشر، ط 2، 1996.
- 310. هراس، محمد خليل، باعث النهضة الإسلامية: ابن تيمية السلفي، طنطا، مكتبة الصحابة، ط2، 1405هـ.
- 311. هوروتيز، نيمرود، أحمد بن حنبل وتشكّل المذهب الحنبلي: الورع في موقع السلطة، ترجمة غسان علم الدين، مراجعة رضوان السيّد، بيروت، الشبكة العربية للأبحاث والنشر، ط1، 2011.
- 312. هيكل، محمد حسين، عثمان بن عفَّان: بين الخلافة والمُلْك، القاهرة، مؤسسة هنداوي للتعليم والثقافة، ط1، 2012.
- 313. وات، مونتغمري، الفكر السياسي الإسلامي: المفاهيم الأساسية، ترجمة صبحي حديدي، بيروت، دار الحداثة، ط1، 1981.
- 314. الوردي، علي، وعَّاظ السلاطين، لندن، دار كوفان، ط2، 1995.
- 315. وهبان، أحمد، الماوردي: رائد الفكر السياسيّ الإسلامي، الاسكندرية، دار الجامعة الجديدة للنشر، ط1، 2001.
- 316. ياسين، عبد الجواد، الدين والتديُّن: التشريع والنص والاجتماع، الدار البيضاء، المركز الثقافي العربي، ط2، 2014.
- 317. ____، عبد الجواد، السلطة في الإسلام: العقل الفقهي السلفيّ بين النص والتاريخ، الدار البيضاء، المركز الثقافي العربي، ط2، 2000.
- 318. ياسين، عبد السلام، الإحسان، الدار البيضاء، دار الأفق، ط1، 1998.

ثالثاً: الدوريات

- 318. آل عبد اللطيف، عبد العزيز بن محمد آل عبد اللطيف، الاعتقاد القادري: دراسة وتعليق، مكة المكرمة، جامعة ام القرى، مجلة جامعة أم القرى لعلوم الشريعة واللغة العربية وآدابها، المجلد 18، العدد 139، 1427هـ.

- 320. الجابري، محمد عابد، جديد الفكر السياسي بالتراث العربي، الدار البيضاء، مجلة فكر ونقد، العدد 13، 1998.

- 321. السيِّد، رضوان، الخلافة والمُلْك: دراسة في الرؤية الأموية للسلطة، ضمن بحوث المؤتمر الدولي الرابع لتاريخ بلاد الشام 1987، القسم العربي، المجلد الأول، تحرير محمد عدنان البخيت، عمَّان، الجامعة الأردنية، ط1، 1989.

- 322. ـــــ، رضوان، السلطة في الإسلام: دراسة في نشوء الخلافة، ضمن منشورات المؤتمر الدولي الرابع لتاريخ بلاد الشام "بلاد الشام في صدر الإسلام عام "1985، عمَّان، الجامعة الأردنيَّة، ط1، 1987.

- 323. ـــــ، رضوان، السياسة الشرعيَّة: تطورات المصطلح والمفهوم في القديم والحديث، الرباط، مجلة ألباب، العدد 9، 2016.

- 324. ـــــ، رضوان، الشخصيَّة الإسلامية: دراسة أوليَّة في تكوُّن عقيدة أهل السنَّة والجماعة، عمَّان، الجامعة الأردنية، مجلة دراسات، المجلَّد 13، العدد 4، 1986.

- 325. ـــــ، رضوان، الفقه والفقهاء والدولة: صراع الفقهاء على السلطة والسلطان في العصر المملوكي، بيروت، مجلة الاجتهاد، العدد 3، 1989.

- 326. ـــــ، رضوان، الكاتب والسلطان: دراسة في ظهور كاتب الديوان في الدولة الإسلامية، مجلة الاجتهاد، بيروت، العدد الرابع، 1989.

- 327. ـــــ، رضوان، رؤية الخلافة وبنية الدولة في الإسلام، بيروت، مجلة الاجتهاد، العدد 13، 1991.

- 328. الشواورة، فتحي، سياسة الخليفة المتوكِّل على الله الدينية 232 - 247 هـ: دراسة تاريخيَّة تحليلية، الأحساء، المجلة العلمية لجامعة الملك فيصل "العلوم الإنسانية والإدراية"، المجلد الثاني عشر، العدد الأول، 2011.
- 329. العلاَّم، عز الدين، السلطان بين العمران والسياسة: ملاحظات في الفكر السياسي السلطاني، مجلة الوحدة المغربية، الرباط، المجلس القومي للثقافة العربية، العدد 46 - 47، 1988.
- 330. الملحم، محمد، تحليل تاريخي لموقف الدولة الأموية من خروج ابن الأشعث عليها 83 - 79" هـ"، الرياض، مجلة جامعة الملك سعود، المجلد 13، كلية الآداب، العدد الأول، 2001.
- 331. بكور، بشار، وعبد العزيز برغوث، مفهوم "طاعة الحاكم" في الفكر السياسي الإسلامي: دراسة أحاديث الطاعة، مجلة التجديد، الجامعة الإسلامية العالمية، كوالالمبور، المجلد 21، العدد 42، 2017.
- 332. بيضون، إبراهيم، مؤتمر الجابية: دراسة في نشوء خلافة بني مروان، ضمن منشورات المؤتمر الدولي الرابع لتاريخ بلاد الشام "بلاد الشام في العهد الأموي عام 1987"، عمَّان، الجامعة الأردنية، ط1، 1989.
- 333. درَّاج، فيصل، استبداد الثقافة وثقافة الاستبداد، القاهرة، مجلة فصول، المجلد 11، العدد الثاني، 1992.
- 334. شلق، الفضل، الجماعة والدولة: جدليَّات السلطة والأُمَّة في المجال العربي الإسلاميّ، بيروت، مجلة الاجتهاد، العدد 3، 1989.
- 335. طلفاح، مضر، عمرو بن سعيد الأشدق ودوره في الدولة الأموية 50 - 70 هـ، عمَّان- الجامعة الأردنية، المجلة الأردنية للتاريخ والآثار، المجلد السادس، العدد الأول، 2012.
- 336. هارمان، أولريك، سلطان غشوم خير من فتنة تدوم: نظرات مقارنة في الفكريْن السياسيين الوسيطيْن الإسلامي والأوروبي، بيروت، مجلة الاجتهاد، العدد 13، 1991.

رابعاً: المراجع باللغة الإنجليزية

- 337. choufani, Elias, AL-Riddah and conquest of Arabia. University of taronto press, 1972

- 338. Denny (F. M), "UMMAH in the constitution of Medina", in JNES, 36, 1977.

- 339. Harry Austryn Wolfson, the Philosophy of the Kalam, Structure and Growth of Philosophic Systems from Palto to Spinoza, 4 (Cambridge, MA: Harvard University Press, 1976.

- 340. Ovamir Anjum, Politics, Low and Community in Islam Thought: The Taymiyyan Moment, Cambridge University press, 2012.

- 341. Shaban, Mohammad, the Abbasid Revolution, Cambridge, 1970.

- 342. Yahya Michot, Ibn Taymiyya Against Extremisms: Texts Translated, Annotated, and Introduced. Foreword by Bruce B. Lawrence. BEIRUT and PARIS: ALbouraq, 2002.

- تمَّ بحمد الله تعالى